LE PELERINAGE DE VIE HUMAINE.

Frontispiece.   THE SEA OF THE WORLD.   Line 11,607.

LE PELERINAGE
DE VIE HUMAINE

DE

GUILLAUME DE DEGUILEVILLE.

EDITED BY J. J. STÜRZINGER, PH.D.,
Professor in the University of Würzburg.

PRINTED FOR THE

𝕽𝖔𝖝𝖇𝖚𝖗𝖌𝖍𝖊 𝕮𝖑𝖚𝖇.

LONDON
NICHOLS & SONS, 25, PARLIAMENT STREET.

1893.

WESTMINSTER:
PRINTED BY NICHOLS & SONS
25, PARLIAMENT STREET.

The Roxburghe Club.

MDCCCXCIV.

THE MARQUESS OF SALISBURY. K.G.

PRESIDENT.

S. A. R. LE DUC D'AUMALE.
DUKE OF BUCCLEUCH, K.T.
DUKE OF DEVONSHIRE, K.G.
MARQUESS OF BUTE, K.T.
MARQUESS OF LOTHIAN, K.T.
MARQUESS OF BATH.
EARL COWPER, K.G.
EARL OF CRAWFORD.
EARL OF POWIS.
EARL OF ROSEBERY.
EARL OF CAWDOR.
LORD CHARLES WILLIAM BRUDENELL BRUCE.
LORD ZOUCHE.
LORD HOUGHTON.
LORD AMHERST OF HACKNEY.
THE LORD BISHOP OF PETERBOROUGH.
THE LORD BISHOP OF SALISBURY.
RIGHT HON. ARTHUR JAMES BALFOUR.
SIR WILLIAM REYNELL ANSON, BART.
CHARLES BUTLER, ESQ.
INGRAM BYWATER, ESQ.
RICHARD COPLEY CHRISTIE, ESQ.
CHARLES ISAAC ELTON, ESQ.
SIR JOHN EVANS, K.C.B., F.S.A.
GEORGE BRISCOE EYRE, ESQ.
SIR AUGUSTUS WOLLASTON FRANKS.
THOMAS GAISFORD, ESQ.
HENRY HUCKS GIBBS, ESQ., *V.P.*
ALBAN GEORGE HENRY GIBBS, ESQ.
ALFRED HENRY HUTH, ESQ., *Treasurer.*
ANDREW LANG, ESQ.
JOHN WINGFIELD MALCOLM, ESQ.
JOHN MURRAY, ESQ.
EDWARD JAMES STANLEY, ESQ.
SIMON WATSON TAYLOR, ESQ.
EDWARD MAUNDE THOMPSON, ESQ.
REV. EDWARD TINDAL TURNER.
VICTOR WILLIAM BATES VAN DE WEYER, ESQ.
W. ALDIS WRIGHT ESQ.

PREFACE.

A FEW preliminary words may introduce this first volume of the edition of Guillaume de Deguileville's Three Pilgrimages.

The following *Pelerinage de Vie Humaine* is the first recension of the first Pilgrimage as written by the author in the years 1330 to 1332. The text is printed from MS. *t*, a fourteenth century manuscript preserved in the Bibliothèque Nationale at Paris, marked: *Fonds franc. no.* 1818, which offered the best text, and is in a spelling that differs but slightly from that of the author.

This manuscript has therefore been literally followed, any deviation from it being indicated by one of the following three signs :—

1. By ( ) enclosing letters or words in text *t* which should be omitted, as inconsistent with the meaning, grammar, or metre; e.g., lines 15, 75.
2. By [ ] enclosing letters or words in text *t* which for a like reason should be added from other MSS., or as conjectural emendations; e. g., lines 60, 100.
3. By Italics where other words have been substituted from other MSS. or by conjecture for those in text *t*; e. g., lines 20, 25, 34.

   If only part of a word is in Italics, the italicized letters stand for an abbreviation in MS. *t*, e. g., 41 apa*r*ceue = apceue; yet such extension of some abbreviation is italicized only when the abbreviation might be extended in different ways, MS. *t* using different extended forms as *apparceu* 85, and *apercu* 205, *aperceu* 415.

The ¨ is over that vowel which in Modern French has disappeared from the pronunciation or spelling or has changed its sound; therefore it is over the first vowel in *lëu* 9, *vëu* 10, *scëust* 58, &c., but over the second in *meïsmes* 905. With the exception of *païs* 288, 299, *thaü* 505, 522, *ouÿ* 993, the ¨ is used in those words only which sometimes have the diæresis and sometimes not, as *vëu* 10 and *veue* 42, *së il* 198 and *se ens* 212.

The ' is used with *qui, si, li, ce, ne* (Latin *nec*), whenever their vowel must be elided before another one for the sake of meter.

The mere signs of the MSS. in the "Variants" refer to the correction of the text, e. g., 133, oH^1TM means that oH^1TM have the correct reading *Beneoit*, that 136 $oTAH^1M^1A^7H$ have *estoient*, see also 155, 160, 163, 215, &c.

The number of the manuscripts was so exceedingly large, and the bulk of the work so great, that it was impossible to give all the variations between the different copies.

Only a restricted number of MSS., viz., to*LTAGHBMM*[1], have therefore been consulted throughout and even of these MSS. uninteresting spellings or variations caused by misinterpretation of a particularity in the metrical system, of which we shall speak presently, have not been quoted. The particularity* consists in this, that the feminine lines (namely those terminating in an unaccented syllable) have the same number of syllables as the masculine ones—to wit, eight—the rhythm of the feminine lines is therefore different from that of the masculine ones. The scribes, shocked by this irregularity, have generally in different ways inserted one syllable. To quote these miscorrections has been deemed useless, unless they threw light upon difficulties. Yet as a specimen they have been admitted in the readings of the ABC-Prayer and the subsequent lines (10893, &c). Besides, they will be treated in a general way in the Introduction, as they help to establish the relationship of the manuscripts.

This first Pilgrimage was revised by the author twenty-five years later. As this revised text will be printed together with its English verse translation ascribed to Lydgate, it has not been made use of in this volume. The reasons for reproducing the two recensions at length are the great variations between them, too considerable to be registered in

---

* This particularity, pointed out by Diez (Altromanische Sprachdenkmale, p. 110) since 1845 and insisted upon by Paul Meyer in Furnivall's *"Trial-Forewords to my Parallel-Text edition of Chaucer's Minor Poems"* (Chaucer Soc.), London, 1871, p. 101, and in his description of the Cheltenham MS. (Notices et Extraits des manuscrits, t. xxxiv, p. 172), occurs in several Old French poems, *e. g.* in the Anglo-Norman *St. Brandan's Legend*, in one version of *St. Patrick's Purgatory* (see Vising, Etude sur le dialecte anglo-normand, Upsala 1882 p. 52) and in Everart's Disticha Catonis (see Stengel's edition in his *Ausgaben und Abhandlungen*, n. xlvii Marburg, 1886, p. 109).

readings or in notes, and the fact that both enjoyed great popularity side by side as two distinct works, witness the numerous manuscripts and the translations in foreign languages.

Of the second and third Pilgrimages only one recension exists, because these were composed after the revision of the first—the second, called *Pelerinage de l'Ame* in 1355, the third, *Pelerinage de Jhesus-Christ* in 1358. But it is not within the scope of this short Preface to deal with these questions of date nor with the others relating to the author's life, works, and to the MSS. They can, because of the frequent references which must be made to the text, conveniently be treated only after the text has been made accessible to the reader.

In the List of MSS. (pp. ix.-xi.) the contents of *V* and *D* are not given, because I have not had an opportunity of consulting them, the present owner of MS. *V* being unknown and access to MS. *D* having been refused.

In concluding, I wish to express my obligations to the Earl of Ashburnham, to Mr. Gibbs and Mr. Huth, as well as to the authorities of the Public Libraries of Paris, Cherbourg, Lyons, Tours, London, Berlin, Metz, Munich, and St. Petersburg, for placing their MSS. and early prints at my disposal. To Mr. Gibbs I am further indebted for going over the proof-sheets and adding the readings of *G*; to Professor Groeber of Strasburg for indicating the MSS. of Arras, Tours, Brussels, Metz, and all those of Paris with the exception of *m*, *v*, γ, and ρ; to Professor Paul Meyer of Paris for the description of MS. P^2; to Mr. Neri, Librarian of the University Library of Genoa, for endeavouring to examine MS. *D*. Professor Suchier of Halle, and Professor Thomas of Paris, have laid me under obligations by many personal favours in connection with this work. To all these gentlemen I now take this opportunity of tendering my sincere thanks.

J. J. STÜRZINGER.

Würzburg,
  20 April, 1893.

ERRATA.

Line		
524	*read*	Que D. leur s. b.
633	„	Et de l'ag. les (doi) p.
935	„	qui la e.
972	„	Et en la c. (le) v.
1,225	„	A v. faut m.
1,267	*For*	je *read* j'en
1,273	*read*	ce ci
1,615	„	autres foiz
2,000	„	Mes [tres] b.
2,046	„	La d. (re)d.
2,050	„	Gard(ienn)e de l. c.
2,150	*Full stop at the end of the line.*	
2,186	*read*	Contricion
2,222	„	S. et G. D. est (la) m.
2,362	„	Se de *l'amour* D.
2,379	„	endroit
2,433	„	Quar du ciel le f. d.
2,497	„	Toutevoies la (grant) m.
2,556	„	P. les o. (de) Penit.
2,712	*For*	Dessus *read* Pres de
2,913	*read*	toutevoies
2,915	„	(Quar) bien
3,023	„	P. l. de *qui* e.
3,030	„	Nature
3,116	„	, et je v.
3,122	„	Moi *blasmer* d. m.
3,150	„	t(en)'
3,223	„	*cestes* ch.

Line		
4,066	*read*	M'i at. sans (pl. de) dem.
4,139	„	*Et.*contre tel p.
4,212	„	Et *avenans* ce me s.
4,313	„	*Lors* soit au d. c.
4,537	„	(Par) la g. si me m.
4,538	„	Q. s. que e. (me) d.
4,886	„	P. son (droit) n.
5,015	„	*Et* quant c. q. s.
5,049	„	Non pas q. t. j. l. *preisse*
5,050	„	A m. b. ne *vestisse*
5,181	*For*	full stop *read* comma.
5,311	*read*	S'est voulu p. ce *blasmee*
6,032	„	Q. (me) s. puces es o.
6,233	„	ne'
6,234	„	ne'
6,675	„	*Cil* p. q. est ne t. h.
7,623	„	*Ens n'ai* q. v. et f.
7,624	„	Aussi com v. e.
7,643	„	*Orgueil sui* la cointerelle
7,739	„	Tel poudre quant e. s.
7,740	„	De p. de v. est (es)levee
7,862	„	pance
7,891	„	Qu'aler a p. ne *vourroie*
7,892	„	Se (de)lez m. ch. n.
8,027	„	A. comment qu'*aucuns* c.
10,735	„	(He) s. de S. E.
11,427	„	Les n. (touz) d. i e.
12,082	*For*	—en G *read* me fu G

Line.			Line.		
82	read	D. le p. ne d. α	2,441	read	Sanc i. de son c. t. α
83	,,	Nul, pend. vi α	2,775	,,	A di q. se te f. α
141	,,	Mains mo. P¹	2,789	,,	A. e. la ch. q. pendue α
516	,,	Et av. α	2,790	,,	Fu en cr. et estendue α
571	,,	A. c. entre eus p. α	2,796	,,	D. li mondes a s. v. α
634	,,	Pl. tost q. d'oign. o. α	2,894	,,	P. d. a t. p. α
651	,,	par] pour α	2,950	,,	Par mont d. g. α
684	,,	Pren selon t. e. α	3,036	,,	M. q. t'est. a. α
686	,,	Reg. a. qu'est c. α	3,039	,,	Que biaus fais en mes e-les α
753	,,	Si te di s. f. α	3,040	,,	Avez apris et p. α
935	,,	A. a. q. la e. α	3,074	,,	De moy d. la v. α
1,343	,,	Q. l'une a sa n. α	3,214	,,	Ta face toute et perc. α
1,409	,,	Le besoing c. ten d. α	3,472	,,	G. les si seras s. α
1,509	,,	L. m. a. aus aiss. α	3,631	,,	Q. n'(i) a g. si p.
1,510	,,	Yex l. comme e-es α	3,721	,,	Et p. ce fu elle ent.
1,556	,,	Et ja r. α	4,103	,,	Male voisine saetes α
1,599	,,	S. p. un nouvel b. α	4,104	,,	Et esp. m. α
1,646	,,	Ores estes rev. α	4,266	,,	Quë aucun ne se m. α
1,660	,,	N. t. estes f. α	4,373	,,	P. ce que d. α
1,668	,,	De nouvel ou r. α	4,374	,,	L'avoit et d. α
1,719	,,	Et p. ce se f. s. α	4,379	,,	Que d. voiez m. α
1,726	,,	Ne c. p. q. b. α	4,536	,,	No period at the end.
1,747	,,	Que le s. jë ost. α	5,222	,,	Et en (touz) bons f. e.
1,748	,,	Du ciel et si le m. α	5,752	,,	C. ne deliteuse α
1,810	,,	Ne f. et du t. m. g. α	5,841	,,	Et p. e. de m. f. α
1,828	,,	Et m. α	5,910	,,	Te m. ta. c. j. α
2,045	,,	La b. sui p. a. α	5,964	,,	cuide(s)
2,089	,,	Je les queil s. d. α	6,059	,,	Le c. est α
2,221	,,	En l'ostel d. sui b. α	6,676	,,	P. le mal m. d. la p. α
2,222	,,	Dont G. D. est m.	6,852	,,	P. l. souvent el. α
2,238	,,	P. ou on se p. α	7,099	,,	Mise en c. α
2,277	,,	Ou elle f. d. α	7,166	,,	L'encr. boist. α
2,288	,,	Et d' enf. α	7,167	,,	La meh. af. α

Line.			Line.		
7,168	*read*	L'enf. et l'eng. α	9,795	*read*	Et s., ne c. m. α
7,173	,,	M. tournant qui a m. α	9,799	,,	Q. q. nont ce q. d. α
7,174	,,	Rien n'a et de soi fait p.	9,807	,,	Quant a leur coutes flavelle α
7,211	,,	Moletes s. et fl. α	9,808	,,	Mon sachet et m'escuele α
7,462	,,	Et dont f. m. p. a. α	9,809	,,	C'est la n. m. α
7,495	,,	Dame sui, conestablesse α	9,810	,,	Qu'ainsi nobl. p. q. α
7,496	,,	Chevet. et menerresse α	9,826	,,	Bien le sez 's' e. n. α
7,535	,,	Et point ne r. α	9,947	,,	Et f. p. en leur t. α
7,563	,,	Se (j)o q. q. soit q.	9,953	,,	S. et qu'a f. m. α
7,564	,,	Sembl. fas q. pas ne l. α	9,954	,,	S. r. cel im. α
7,579	,,	Du g. q. fait ar. α	10,427	,,	Male voisine elle est dite α
7,637	,,	Ou temps passe c. α	10,428	,,	Ou autrement Male clique α
7,867	,,	P. corner ch. ench. α	10,461	,,	Y v. hors b. α
7,964	,,	Avoit d' A. g. α	10,593	,,	Es tu, dis, si b. p. α
8,014	,,	Par ce α	10,715	,,	He tres douce P. α
8,015	,,	Q. comment enm. α	10,735	,,	He s. de l'Egl. α
8,016	,,	Dehors soie et ench. α	11,330	,,	Quar a p. la t'ai f. t. α
8,031	,,	Quë esp-tuel s. α	11,340	,,	Q. d. p. t. les n. α
8,085	,,	P. soi vig. α	11,347	,,	Nu et en p. o. α
8,086	,,	En fait, moi h. α	11,475	,,	C. beste
8,188	,,	Q. a ch. p. f. α	11,756	,,	Garde q.
8,190	,,	Combien d. α	11,803	,,	Jeunesse ai nom la l. α
8,715	,,	En tres loial m. α	11,804	,,	La g. c. α
8,717	,,	Ou en soi f. α	11,839	,,	T. je ne me pourroie α
8,829	,,	La v. sui h. α	11,840	,,	De v. ne vourroie α
8,830	,,	M. p. et mal h. α	12,199	,,	Ou c. l. met t. t. α
8,867	,,	firm. d'omme α	12,237	,,	Et amolist ℒℬ
8,873	,,	Ire sui la r. α	12,438	,,	Le c.
8,874	,,	Crapoudine e. α	12,448	,,	Tout ent. et bien f. α
8,939	,,	Bien sai q. c. m. p. α	12,452	,,	Et a. r. e. α
9,073	,,	B. estoit et b. α	12,507	,,	d. ou les lasche α
9,388	,,	Combien q. n. *mengust* m.	12,594	,,	Mains q. α
9,633	,,	J'en s. faite p. α	12,833	,,	Le c. paist, n. pas la p.
9,650	,,	s. la f. v. α	13,113	,,	Et n. p. q. m. b. α

LIST OF ILLUSTRATIONS.

		LINE	PAGE
**	"The Sea of the World" (*Frontispiece*)	11,607	363
†	"The Monk's Tale"		*facing page* 1
†	"The Pilgrim sees the Heavenly Jerusalem as in a Mirror"	39	2
*	"St. Francis aids the Pilgrims of his Order"	143	6
†	"Grace Dieu and the Sacrament of Baptism"	391	13
*	"Reason discourses to the Pilgrims"	1,062	34
†	"Nature scolds Grace Dieu"	1,519	48
*	"Charity exhibits her Charter"	2,018	64
*	"The Carpenter's Square"	2,517	79
†	"Grace Dieu shows the Pilgrim his Armour"	3,815	119
*	"Grace Dieu gives the Pilgrim his Sword"	4,293	133
†	"The Pilgrim puts off his Armour"	4,747	147
†	"Rude Entendement" ("Natural Understanding")	5,095	159
*	"Reason, the Body, and the Soul"	6,205	193
*	"The Parting of the Ways"	6,506	203
*	"The Hedge of Penitence"	6,970	217
*	"The Horn of Pride"	7,784	242
*	"Gluttony riding on a Swine"	10,256	319
*	"Gluttony takes the Pilgrim by the Throat"	10,507	326
*	"Final Assault of the Seven Deadly Sins"	10,685	332
**	"The Pilgrim recovers his Staff of Hope at the hands of Grace Dieu"	10,777	334
*	"The Blessed Virgin and Infant Jesus"	10,894	338
*	"Satan as a Fisher of Souls"	11,469	359
†	"Youth"	11,803	369
†	"The Porter at the entry of the Ship of Religion, whose name is THE FEAR OF GOD"	12,565	392
**	"The Pilgrim enters the Ship of Religion"	12,623	394
†	"Sackbut and Psaltery"	12,695	396
*	"Old Age and Infirmity"	13,045	407
†	"Death"	13,491	421

* Coloured Drawings from Book *G* (Gibbs MSS).
† Tinted Outlines from Book *H* (Huth MSS).
** Lithographs from Book *G*² (Gibbs MSS).

LIST OF MSS.

V = *Pelerinage de la Vie Humaine;* A = *Pelerinage de l'Ame;* J = *Pelerinage de Jésus Christ;* V² = *Pelerinage de la Vie, 2nd recension.*

a =	Paris, Bibl. Nat., f. frc.	376	VAJ								
b	,,	,, 377	...	V²AJ							
c	,,	,, 823	VAJ								
d	,,	,, 824	VAJ								
e	,,	,, 825	...	...	...	V²					
f	,,	,, 827	...	...	V						
g	,,	,, 828	VAJ								
h	,,	,, 829	...	...	...	...	...	...	...		V²A
i	,,	,, 1138	...	...	...	...	...	...	...		V²A
k	,,	,, 1139	...	...	...	...	...	...	VA	
l	,,	,, 1140	...	...	V						
m	,,	,, 1141	...	...	V						
n	,,	,, 1577	...	...	V						
o	,,	,, 1645	...	...	V						
p	,,	,, 1647	VJA								
q	,,	,, 1648	...	...	...	...	A				
r	,,	,, 1649	...	...	V						
s	,,	,, 1650	...	...	...	...	A				
t	,,	,, 1818	...	...	V						
u	,,	,, 1819	...	...	V						
v	,,	,, 9196	VAJ								
w	,,	,, 12462	...	...	V						

x ,, ,, 12463	...	...	...	...	A				
y ,, ,, 12464	JVA								
z ,, ,, 12465	VAJ								
α ,, ,, 12466	...	V^{2}AJ							
β ,, ,, 14976	...	...	...	...	...	J			
γ ,, ,, 19158	...	...	V						
δ ,, ,, 19186	...	...	...	...	...	...	VA		
ε ,, ,, 24302	VJA								
ζ ,, ,, 24303	...	...	V						
η ,, ,, 24304	...	...	V						
θ=Paris, Bibl. de l'Arsenal, 3169	...	...	...	...	...	J			
λ ,, ,, 3170	...	...	...	...	...	...	VA		
μ ,, ,, 3331	...	...	...	...	A				
ξ ,, ,, 3520	...	...	...	...	A				
π ,, ,, 3646	...	V^{2}AJ							
ρ ,, ,, 3647	...	...	...	...	A				
σ ,, ,, 5071	...	...	V						
φ=Paris, Bibl. S. Geneviève, $\frac{f}{Y9}$	VAJ								
A^2=Arras, Bibl. de la Ville, 532	JVA								France
C^1 Cambrai ,, 212 (207)	...	...	V						France
C Cherburg ,, 42	...	...	...	...	...	...	...	V^{2}A	France
L Lyons ,, 686	...	...	...	...	...	...	VA		France
T Tours ,, 950	...	...	V						France
V Libr. of the late M. Valpinçon, Château du Menil-Hubert, Gace (Orne)									France
A London, B. Mus., Addit. MSS. 22937	VAJ								England
A^1 ibid., Addit. ... 25594	...	...	...	...	...	...	VA		England
H^1 ,, , Harl. MSS. 4399	...	...	V						England
G London, Libr. of H. H. Gibbs, Esq.	VAJ								England

List of MSS.

H	London, Libr. of A. H. Huth, Esq.	VAJ									
A^4	Ashburnham Place, Libr. of the Earl of Ashb., Coll. Barrois 488	...	...	...	...	...	...	VA		England	
A^7	ibid. Barrois ... 74	...	...	V							
P^2	Cheltenham, L. of the late Sir Th. Phillipps ... 3655	...	...	V							
B^1	Brussels, B. roy. ... 11069	...	...	...	...	...	...	VA		Belgium	
B	Berlin, Kgl. Bibl., Hamilton 285	...	...	V							
M	Metz, Stadtbibl., ... 315	...	...	...	...	...	...	VA		Germany	
M^1	Munich, Hof= & Staatsb., Cod. Gall. ... 30	...	...	V				—			
P	S. Petersburg, Bibl. imp. F. xiv. No. 4	JVA								Russia	
P^1	S. Petersburg, Bibl. imp. F. xiv. No. 11	...	V²AJ								
R	Rome, Bib. Vat., Reg. 1668	...	...	V							
D	Genoa, Libr. di G. F. Durazzo, xxxviii.									Italy	
		15	4	21	1	6	2	8	3	+V & D	

62

44 V (8 V²), 36 A, 21 J.

ADDITIONAL LIST OF MSS.

χ =	Paris, Bibl. de l'Institut, 20	...	JAV²						
A^3	Aix, Bibl. de la Ville, 110	...	...	V					
C^3	Chartres „ 408 (423)	...	...	V					
P^3	Pont-à-Mousson „ 6	...	...	V					
R^1	Reims „ 1044	...	...	...	...	...	VA		
C^2	Haigh, Bibliotheca Lindesiana, Earl of Crawford, K.T.	V(V²) AJ							
B^2	Brussels, B. roy. 10176-78	VAJ							
B^3	„ „ 10197-98	VAJ							
B^4	„ „ 11069	...	...	...	...	...	VA		
B^5	„ „ 18066-67	JV							
B^6	„ „ 18292-93	...	...	...	...	...	VA		

To these MSS. add the two early Prints:—

$\mathfrak{P}$ = Le romant des trois pelerinages, Paris (about 1500) ... V²AJ

$\mathfrak{P}^1$ = Le pelerinage de lhomme, Paris (Verard), 1511 ... ... V²

THE MONK'S TALE.

LE PELERINAGE DE VIE HUMAINE.

Ci commence le songe du pelerinage dehumaine vie.

A ceuz de ceste region
Qui point n'i ont de mansion,
Ains y sont tous com dit Saint Pol,
Riche, povre, sage et fol,
Soient roys, soient roynes, 5
Pelerins et pelerines,
Une vision veul nuncier
Qui en dormant m'avint l'autrier.
En veillant avoie lëu,
Considere et bien vëu 10
Le biau roumans de la Rose.
Bien croi que ce fu la chose
Qui plus m'esmut a ce songier
Que ci apres vous vueil nuncier.
Or (i) viengnent pres et se arroutent 15
Toute gent et bien escoutent,
Ne soit nul et ne soit nule
Qui arriere point recule ;
Avant se doivent touz bouter,
Touz assëoir et *escouter*. 20

—A *oB**
ny ont p. *cfuy*HP^2, maison η
A moy s. H^1PR, —y, comme mA^4, y] il *o* η
R-s, p-s, s-s *ocfy*A^1CHMR, et] ou *cfy*, et li fol $H^1 A^2$
S. r. contes ou r. A^7
et] ou *gkz*H^1A
veul] vous *P*
me vint *f*
Une nuit a. *cf* Quen *AP* Car en *k* Et en *g*, l.] veu *A*
v.] leu *A*, Bien c. et l. A^2
tres beau *cknuyz*$AHH^1 MPP^2$ noble *f* sage A^7
Le moult bel liure de le roze A^2

—i *ogmnηT*, p.] tous *f*, Or] Si H^1
Tout *o* T-es g-s *cgk*AA^7LP
et] ne *cfyuz*HH^1, —et *g*, Ne s. aucun et aussi nulle A^7 Et ne s. nul ne aussi nulle *k*

esc.*aφ*$A^4A^7AH^1BLP$*kmnzη* acouter *to*TMM^1

3—6. *Peregrini et hospites sunt super terram* (Hebr. xi. 13). *Non enim habemus hic manentem civitatem* (Hebr. xiii. 14).

* —A *oB* means that A is omitted by the MSS. *o* and *B;* the omission of a whole line is indicated by the minus sign — put before the number of the line, *e.g.* —93 *B* = line 93 omitted in *B*.

Le Pelerinage de Vie Humaine.

  Grans et petis la vision
  Touche sans point de excepcion.
  En francois toute mise l'ai
  A ce que l'entendent li lai.
  La pourra chascun aprendre   25
  La quel voië on doit prendre,
  La quel guerpir et delessier.
  C'est chose qui a bien mestier
  A ceuz qui pelerinage
  Font en cest monde sauvage.   30
  Or entendez la vision
  Qui m'avint en religion
  A l'abbaie de Chaalit,
  Si com j'estoië en *mon* lit.

L'acteur parle.
  Avis m'*ert* si com dormoie   35
  Que je pelerins estoie
  Qui d'aler estoie excite
  En Jherusalem la cite.
  En un miroir, ce me sembloit,
  Qui sanz mesure grans estoit   40
  Celle cite apa*rc*eue
  Avoie de loing et veue.
  Mont me sembloit de grant atour
  Celle cite ens et entour.
  Les chemins et les alees   45
  D'or en estoient pavees,

laduision *f*
Toute *oghA¹H¹Mc* Tout ce *P* Pour che *u* Que ie vis sans exc. *A*
Quar t. en f. *A*
Afin que *AA²A¹km* Pour ce q. *Hcfyζ H¹,* lentende *P*
La] Illec *to*...*, a.] entendre *mMf*
on] il *aϕA⁴A¹ABMP* on d.] deura *A²cP*
et] ou *uA²M,* laissier *HcfyPA²M,* deguerpir *A¹*
qui] y *A¹,* bien a *Aζf,* boin *M*
q. en p. *oA¹mη*
Vont *o* Sont *A¹mη,* ce *aϕA⁴H¹ABgmζ*
laduision *f*
En *aϕA⁴A¹A²ABLMH¹PkζHcfy* Chaaliz *o* Chaalith *A²* Chalit *Bg* Chalict *f* Caliq̄ *H¹* mon *A¹BTLMM¹gnζPH¹H* nostre *toaϕA⁴ηmuc,* ie dormoie en mon l. *A,* Ou ie gisoie a men l. *f*

Vis *f,* estoit *to*..., d.] songoie *oA²*
e.] deuenoie *u,* Quen pelerinaige *A*

En] Vi *o,* En vng pays *A,* ce] et *A¹*
Qui de loing la representoit *k,* Que la figure g. *A¹*
Auoie de bien loing veue *u*
Chelle chite et percue *u,* —et *P,* A. et de l. v. *g*
43 and 44 between 50 and 51 *L*

Dor ens e. parees *P*

 35. *Vis m'estoit* in MS. *f* has the required number of syllables, but *avis* only is used in our poem, not *vis*. In support of the proposed reading *Avis m'ert*, it may not be out of place to mention that the "Roman de la Rose" begins with the same words *Avis m'iere* (ed. Michel, i. p. 3).
 38a. Laquelle monstree mestoit *P.*
 45—50. Apoc. xxi. 21, 18, 19, 12.
 * *to*... stands for the whole list of the consulted MSS.; all the MSS. have then the same bad reading.

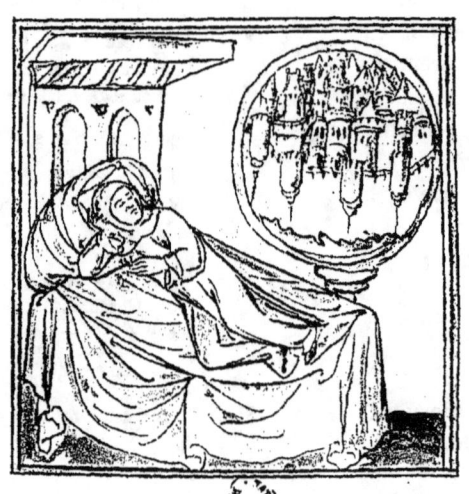
THE PILGRIM SEES THE HEAVENLY JERUSALEM AS IN A MIRROR.

Le Pelerinage de Vie Humaine. 3

En haut assis son fondement
Estoit et son maconnement
De vives pierres fait estoit
Et haut mur entour la clooit. 50
Mont i avoit de mansions,
De lieus et d'abitacions.
La estoit toute leece,
Toute joie sans tristece.
Illuec, pour passer m'en briefment, 55
Avoit chascun generaument
De tout bien plus que demander
Ja mais ne scëust ne penser ;
Mes ce mont me desconfortoit
Que chascun pas [bien] n'i entroit 60
A son plaisir pour l'entree
Qu'estoit mont forment gardee.
Cherubin portier en estoit
Qui un fourbi glaive tenoit,
Bien esmoulu a deux taillans, 65
Tout versatille et bien tournans.
Mont s'en savoit cil bien aidier,
N'est nul tant sache du bouclier
Qui par illec passer pëust
Que mort ou navre ne fëust ; 70
Le prince neis de la cite,
Pour ce qu'avoit humanite,
Au passage mort y receut
Et u coste le glaivë ut.
Son sanc (i) laissa *en* paiage, 75
Ja n'i deust il pas treuage.
Aussi firent ses chevaliers,
Ses champions, ses soudoiers.

a.] estoit *AL*, son] sur *Hy*
E.] Assis *AL*
v.] mues *T* noeue *A*⁷

de belles m. *A*
et nobles habit. *A*

I.] Et la *c*, I. p. men p. *LP*, —men *H*¹*B*,
   me *T*, mont *g*
Auoie *y*
tous b-s *TH*¹*c*
Ne sc. j. *gA*, sceusse *Hy*, scauoient ny *P*,
   nosast hom ne *L*, ne ne p. *M*, passer *M*¹
bien *ALM*¹*P*, —b. toaφ*A*⁴*BTA*⁷, ch. laens
   ni *H*¹, ch. illec p. nentroit *g*
A sa volontei *M*, p.] car de *Hcy*
Questoit f. g. *A*⁴, Qui f. e. g. *g*, Qui m. f. e. g.
   to...
gl. f. *A*

esmoulue *H*¹, et d. t. *M*, et bien t-t *g*, et bien
   tranchant *P*
—et *T*, et b. trenchans *M*, et tournoians *A*
M. b. se s. c. a. *M*¹, Bien sen sauoit c. a. *A*⁴,
   c.] tres *M*, se *T*
de *HyTL*

Qui *P*, ny *H*, Q. m. nafre tost ne f. *L*
Le premier nez *P*, nez *MM*¹, ney *A*, ne *L*,
   vis *A*⁴, Nes l. p. de *H*¹*g*
que print *A*⁴, humilite *H*¹
En ce p. *ALM*¹, A ce p. *P*, le m. *A*⁷, —y
   *APA*⁷*oHH*¹
en eut *AA*⁴*B*
en oaφ*BTALM*¹*A*⁷*H*¹*gHy*, le *tM*, au *A*⁴, au
   passage *P*
La *A*, Tout ce ny *L*, deuist point t. *H*¹
Ainsi *HygA*, les *L*
Les *L*

51.—Joh. xii. 2.

	Tous a son calice burent	a] en g, galice yL
	Et au passer (touz) mort receurent. 80	—touz $A^4H^1A^7M$, t.] le A^7, p. m. y. r. M
	Aus carniaus dessus la porte	
	Dont le portier nul (ne) deporte	—ne aφ
	Pendans en vi les penonciaus	Par dessus vi L, P-s tres riches p. H^1
	De sanc rougis, tains et vermaus.	rouges AP, paintz v. A^4
	Quant tout ce j'o apparcëu, 85	—tout A^7, jo] y euc H, je AaφgB, je me P, Q. iou t. ce a. M
	Je vi sans estre decëu	
	Qu'entrer a force y convenoit,	a] par A^7, y] il P
	S'autre passaige n'y avoit ;	Lautre T
	Toutevois par celle voie	T-is oL, Toutefoys A^4P, Toutevoiez taBT, ceste H^1
	Nul mais passer ne vëoie ; 90	ny HA^1AH^1M, ie M^1
	Chascun estoit tout recrëu,	Quar ch. L, —tout o, repeu A^7
	Quant Cherubin avoit vëu.	
	Bien puet son glaive flamboiant	—93 B, peust AL, sambloiant H^1
	Metre en sauf des ore en avant.	doresenav. AA^4, dorenav. HL, doremais en A^7
L'acteur.	Mais tout ainsi comme levai 95	com ge LH
	Mes iex en haut et regardai,	et je H, et en hault A^7MP
	Une mont grant merveille vi	—mont o
	Dont grandement fu esbahi.	g.] moult forment A^7
	Saint Augustin vi qui estoit	Sains Ambroses deuant la e. H^1, q. seoit M
	Haut aus carniaus et [se] sëoit, 100	se oaφ$A^4BTAA^7H^1HLMP$, —se tM^1, et] ou L, seoit] deoit M
	Et bien sembloit estre oiseleur	s. b. P, semble M, —estre A^7L, oiseleour L
	Ou d'oiseles apasteleur.	Et doiseaux A, Ou doseaulz a-leours M, apastuleour L
	Aveques li avoit plusieurs	oaAMM^1, Auec $tA^4A^7BTLPH^1$, Et auec H, Auec li si a. L
	Autres grans mestres et docteurs	Autour P, —et A^7
	Qui aidoient a amorser 105	amorsier M morseler P
	Les oysaus et apasteler,	espastelier M
	Quar pour (les) pasteaus qu'il tenoient	Et L, par PH^1, leur M, t.] deuoient H^1, qui AP, que A^4
	Et (la) semence qu'espandoient,	qui aφ quilz AA^7
	Pour leurs enmieles morsiaus	Par PH, esmillies A^7, enmulleis M
	Et leurs diz douccreux et biaus 110	
	Maint(es) gens oysiaus devenoient	Et puis $oTALM^1PH^1H$, Et p. dr. L, d.] si A, v.] aloient A
	Et en haut puis (droit) s'en voloient.	

Le Pelerinage de Vie Humaine.

	Mont vy certes de Jacobins,	
	De Chanonnes et d'Augustins,	
	De gent de toute maniere,	115
	De gent laie ou seculiere,	
	De clers et de religieux	
	Et de mendiens (et) souffraiteux	
	Qui ainsi plumes queilloient	
	Et grans elles se faisoient ;	120
	Puis commencoient a voler	
	Pour haut en la cite monter.	
	(Par) dessus Cherubin voloient,	
	(Dont) son dangier mont pou prisoient.	
L'acteur parle.	Aussi tost comme d'autre part	125
	Tournai mes yex et mon regart,	
	Encore plus m'esmerveillay	
	D'une chose que vëue ay.	
	Dessus les murs de la cite	
	Vi autre gent d'auctorite	130
	Qui leur acointes aidoient	
	Et par engin ens (les) metoient.	
	Premier i vi Saint *Benëoit*	
	Qui contre mont les murs avoit	
	Une grant eschiele drecie(e)	135
	En la quelle estoi[en]t fichie	
	Douze degrez d'umilite	
	Par les quieux en celle cite	
	Montoient mont isnelement	
	Ceuz qui estoient de sa gent,	140
	[Mains] moines noirs et blans et gris	
	Sans estre de nulli repris.	

des *o*, vi de freres J. *A*, J-pins *MH*
De frere meneurs *H*¹, et A. *H*
gens *oA⁴A⁷H¹ML*, de maintes m-es *ML*
g-s l-s s-s *A⁷LMP*, ou] et *oA⁴A⁷H¹HMM*¹ *LP*

—et *aφA⁴A⁷AB*, et *tT*, Et m. et *H¹M*¹, De m. et s. *L*. Des m. et s. *M*, De m. de s. *H* Par tout a. *H*¹, aussi *MP*, queroient *P*
se] si sen *H*¹, en *A*, elles] et les *T*
Et *M*, commencerent *P*

P.] Et *H*¹, v.] montoient *M*
sans *A*⁴, pol *T*, pr.] suffroient *M*

Assez tost voir c. *oTLM¹P*, Asses *H*¹

me merueillay *oLM*

a-s g-s *A⁷H¹LMP*, Vi grans g-s doct. *o*, Vi g. de grant a. *TH*
engins *AL*, montoient *P*
oH¹TM, benoiet *t*, vy je *HLP*
Encontre m. *aφ*, —mont *A*⁷
drecie *H¹M¹PH*
oTAH¹M¹A⁷H auoit *P*

P. l. q. viex en la c. *A*⁷, P. l. q. greis en la c. *M*
M-terent *H*, M. tous ligierement *P*
sa] la *o*
Et *H¹LM*¹, M. n. les et li g. *A*⁷, noires *M*

142a.—Ceulx qui veulent sa vie mener
142b.—Monter les fait sans arrester. *L*.

6   *Le Pelerinage de Vie Humaine.*

L'acteur parle.

<blockquote>
Apres Saint Francois [i] revi
  Qui bien se moustroit estre ami
A ceus de sa religion,   145
Quar si com j'o en vision,
Une corde bien cordee
Qui par lieux estoit noee
Contre val les murs mise avoit
Par la quelle chascun rampoit   150
Qui bien estoit son acointe.
Ja nul n'eust la main si ointe
Qu'assez tost en haut ne rampast,
Se forment aus neuz s'agrapast.
Assez d'autres *dessus* les murs   155
Vi dont je ne sui pas sëurs
De tous les nons vous raconter
Ne comment faisoient monter
Leurs acointes de toutes pars,
Quar seulement fu *mes* regars   160
Au coste qui vers moi estoit,
Outre vëoir plus ne pouoit
Dont il me pesoit [mont] forment.
Mais tant vous di et bien briefment
Quë u mur qui vers moi estoit   165
Vi un petit huis et estroit
Le quel le roi de la cite
Faisoit garder en equite.
La clef baillië en avoit
A Saint Pierre en qui se fioit.   170
Bien s'i pouoit certes fier,
Quar par la ne laissoit passer
Nullui fors povres seulement,
</blockquote>

—i *toa*φ*A*⁴*BTPH*, y *GM*¹*L*, je *MA*⁷, Eta. *AH*¹
—bien *a*φ*A*⁴*H*¹, b.] moult *A*⁷

Et comme *L*, si c. vy la v. *A*
Vnes c-s *A*⁷

Que contre les *GM*¹*LA*, Qui aual les *P*
r.] montoit *P*

neust nul *oTAGM*¹*LH*¹*P*, Ne neuist nuls *H*¹, Ja ne eust la... *H*
Que tantost *M*¹, en h.] a mont *H*¹*A*⁷, r.] montast *HP*
f.] bien fort *L*, sa gripast *H*¹
*GLM*¹*P*, sur *toa*φ*A*⁴*A*⁷*BT*, A. da. gens sur *M*, A. d. passer sur l. *A*, A. d. sur l. m. vi *H*¹
sui] fu *oL*, bien seurs *A*, Dont bien recorde certes ne sui *H*¹
neus v. recorder *H*¹

*HH*¹*A*, mon *toa*φ*A*⁴*A*⁷*BTGM*¹*LPM*, furent *A*

pl. on ne p. *A*
*A*⁷*H*¹*GM*¹*LM*, —mont *toa*φ*A*⁴*BTAPH*, De quoy il me p. f. *H*
tout *H*¹, ie *H*
vng *A*⁴ au *PH* en *M*
h. p. *H*¹, huisset est. *L*, et bien e. *B*, et] bien a*A*⁴*A*
—le *B*
en] par *L*
Et la c. b. a. *M*, Et les clers baillies *H*¹, Lres des bailleez *A*
en q.] ou bien *H*, sen *T*
certiffier *A*⁴, B. c. se p. f. *o*, —certes *P*
p. la nef laissast *P*, Q. pluis n. l. *A*
Nulz fors que p. *A*⁴

166.—Cf. *angusta porta* (Math. vii. 13, Luc. xiii. 24), and *guichet petitet et estroit* (Rose, p. 17).
169-170.—Math. xvi. 19.

ST. FRANCIS AIDS THE PILGRIMS OF HIS ORDER.

Le Pelerinage de Vie Humaine.

Quar dit avoit cil qui ne ment
Que riche n'i pouoit entrer   175
Ne qu'un chamel pouoit passer
Parmi le treu d'une aguille.
Mont fu l'entree soutille,
Quar a l'entrer se desvestoit
Chascuns et nuz se despoulloit.   180
Illec assez tost trouvast on
De robes viez a grant foison.
Par la nul vestu ne passoit,
Se des robes le roi n'avoit,
Mais ceuz touz jours i(l) passoient   185
Toutes foiz quë il vouloient.
Mont me plut cetui passage
Pour le commun avantage
Que toutes gens y avoient,
Se vrai povres devenoient.   190
Illuec n'avoit point de dangier,
Mes c'on se vousist despoullier,
Sa vieille robe laissier hors
Pour neuve avoir dedens l'enclos.
Ceste chose doit bien plaire,   195
Quar pas n'y a mont a faire ;
Nulz, voir, tant riche estre ne seut
Qu'il ne soit povre, së il veut ;
Et bon, certes, le fait estre
Pour entrer en si bel estre.   200
Et bon feroit un peu jeuner
Pour estre saoul au souper.

L'acteur parle.
Or vous ai dit assez briefment
De la belle cite comment
U biau mirour je l'apercu   205

Q. d. lui a *G*
ne a*B*, pourroit passer *P*
Nes q. *H*¹, Nesques ·I· chamoix puit *M*,
   cheual *T*, pourroit *GL*
t.] pertuis *AH*¹*PM* pointe *L*
Tant par est l. s. *P*
lentree *AM*¹*P*
nuls *H*¹
A. tost ill. *A*
vielz *P*, vielles *AA*⁷*T*, Vieillez r. a. g. f. *L*,
   D. r. mais a aφ*A*⁴
ni *M*
d.] les *P*, le] dou *H*¹, n.] nestoit *H*
y aφ*A*⁴*A*'*AH*¹*GM*¹*LMPH*

c.] general *P*
auenoient *H*¹, passoient *A*

I. p. n. de reffuz *P*
com *A*⁴*L*, *M*. c. v. estre touz nus *P*
laissast *A*⁷, Ou s. viel r. desuestir *P*
P. faire du roy le plaisir *P*
b.] dieu *B*

nestre ne *A*⁴, sceust o*T*, seust *BL*, e. t. r.
   feust *P*
Qui *H*
En *T*, bien *LP*, tres bien *GL*, li *L*
P. son auoir forment acroistre *M*
Et si fait bon un *M*, Car b. fait *H*¹, Et bon
   fait prendre vng p. de paine *P*
a *T*, saoule *L*, *P*. reposer vne sepmaine *P*

Vng *A*⁴, En *M*, Ou mirouer *L*, Ou b. m.
   app. *H*

174-177.—Math. xix. 24 ; Mc. x. 25 ; Luc. xviii. 25.

Et pour ce, a aler m'i esmu,
De la voul estre pelerins,
Se je pouoie a toutes fins.
Ailleurs, voir, si com songoie
Nul repos je ne vëoie. 210
Bien me sembloit que grant repos
Avroie, se ens estoie enclos ;
Ja mais n'en pensoie partir,
Se la pouoie parvenir.
Si com[me] j'o ce ci pense, 215
Tantost apres me pourpense
Qu'escherpe et bourdon me failloit
Et qu'avoir les me convenoit,
C'est chose mont bien avenant
A chascun pelerin errant. 220
Lors m'en issi de ma maison
Ou par ·ix· mois de la saison
Avoie este sans point issir,
Bourdon commencai a querir
Et escherpe necessaire 225
A ce que je avoie a faire.

L'acteur parle.
Ainsi com(me) querant aloie
Et (en) plourant me dementoie
Ou peusse trouver un mercier
Qui de ce la me peust aidier, 230
Vi une dame en ma voie,
(Qui) de sa biaute me fist joie,
Fille sembloit d'emper[ë]eur,
De roi ou d'autre grant seigneur.
Un chainse avoit a or batu 235
Et cainte estoit d'un vert tissu
Qui tout au lonc, ce me sembloit,
D'escharboucles seme estoit.

—a A^7M, a y al. A, a y al. me smu L, je me
    e. P
Da veul A^7, vueil LH^1, voulu A
—je P

N. plus urai r. ne L, N. r. anoir ne pouoie P

sans M, se y ens P, se ie est. o
ne PA^7, p.] querroie GLP, a part. aϕA^4BTM
la] y P
$oTAGLM^1PH^1H$, jay ce pourpense P
Vng peu a. P, may p. A^1
esquerre P^2
Et querir H

—A a
ysses P

Auoit P

com A^7
men B, d.] guementoie LP
Ou ge p. t. m. L
—la APH^1H, puist a
Vne d. vi to...

chaainse L change P

t. entour ce M
sommei M

U pis avoit d'or un fermail
Et u milieu ot un esmail,   240
En ce milieu rout (une) esteile
Dont j'o certes grant merveille.
Son chief d'or coronne estoit
Et tout entour l'avironnoit
Grant foison d'estoiles luisans.   245
Mont fu certes cil bien puissans
Qui la li avoit donnee
Et (qui) ainsi l'avoit paree.
Courtoise fu, ce me sembla,
Quar premiere me salua   250
En moi doucement demandant
Que j'aloië ainsi querant.
Adonc fu je trestous souspris,
Pour ce que pas n'avoie apris
Que dame de si grant atour   255
Vers moi daignast faire retour,
Mais assez tost je m'avisai,
Si com l'apris et bien le sai
Que qui en soy a plus bonte,
Plus a en soi d'umilite ;   260
Plus a le pommier de pommes,
Plus s'encline vers les hommes.
Humilite (si) est le signe
De tout bon cuer et (de) benigne,
Qui ne porte *tel* baniere   265
N'a (pas) en soi bonte entiere.
[Et] lors li ai je respondu
Si comme il m'estoit avenu
Que d'aler estoie excite

—239 *P*, En *M*
—240 *P*, u] en *M*
—241 *P*, r.] ot *oaBL*, Ou il y auoit *A*⁷
—242 *P*
—243 *P*
lenuirounoit *MP*

c. b.] cellui *HH*¹*A*
= 248 *A*, Q. d. la lui auoit *P*
= 247 *A*, Et q. a. p. lauoit *P*

Que *BM*

D. v. m. *HM*¹*P*

Car . . . . . beaulte *P*, q. a en s. *AH*¹*H*
s. humil. *HH*¹*AT*
pl. a en soy p. *H*

—si *a*φ
—de *H*
t.] ceste *to*...
s.] lui *A*, p. en luy bonne maniere *P*
Et l. *LM*, Adont *M*¹*AH*¹*H*

244a.—Et grant lueur si lui rendoit *P*. This line has evidently been added, as by the omission of lines 239 to 243, a line to ryme with 244 was wanting.

10   Le Pelerinage de Vie Humaine.

    En Jherusalem la cite,   270
    Mais de tant doulent estoie
    Qu'escherpe et bourdon n'avoie
    Et ce aloie je querant
    Et ca et la ce demandant.
    "Biaus (doulz) amis, respondit celle, 275
    Se oïr veuz bonne nouvelle
    De ce que quiers, o moi t'en vien ;
    Onques ne te vint si grant bien
    Com de ce que (tu) m'as trouvee
    Et quë hui m'as encontree.   280
    De quanque tu aras mestier,
    Te voudrai ja tantost aidier."

L'acteur parle.   Adonc ne me peu plus tenir,
    Comment qu'il m'en deust avenir,
    Que tout ne vousisse savoir   285
    Et son nom et qui elle estoit.—
    " Dame, dis je, [le] vostre nom,
    Vostre païs et region
    Et qui vous estes tout de voir
    Voudroie voulentiers savoir,   290
    Si vous pri[e], dites le moi
    Et j'en serai plus lie, ce croi."—
    Adonc elle me respondi :

Grace Dieu parle.   " Je le te dirai, entens i,
    Point ne vueil estre douteuse   295
    A toi ne souspeconneuse.
    Fille sui de l'emper[ë]eur
    Qui sur tous autres est seigneur.
    Envoie(e) m'a en cest païs
    Pour li acquerre des amis,   300

dolens de t. *B*, do.] courecies *M*
et] ne *oaφTM¹PH¹H*, De ce que point ie n. *P*
—je *P*
Et en diuers lieux d. *P*
c.] elle *AMH*
Se veuz oir to..., b-s n-s *M*
o] a o auec *T*
—ne *B*, tauint a*LP*
—279 *P*, —tu a*AM¹T*
—280 *P*, ma renc. *A⁴*

vouldroie t. *LP*, je *MH*

Que quil *GL*, Que c. il *A⁷*, que *H*, me *T*

Son n. et quelle estoit de voir *HL*
le *HH¹AA¹*, —le ta*A⁴BT*, de *GLM¹*, D. dites moy v. n. o*P*, Ma dame di je v. n. *M*

prie *A⁴A⁷PTM¹*, pri to a*M*, Si que v. pri *GL*, prie moult *P*, Si v. supply *HH¹A*
je s. *T*

T e-reur to...

E-ie *oTAA¹M¹PH¹H*, ce a*A⁷P*
acquerir *a*

272a.—Ne escharpe ne bourdon *P*.

Non pas pour ce qu'en ait mestier,
Mais pour ce que mont aroit chier
De toute gent l'acointement
Pour leur profit tant seulement.
Vois tu comment sui paree   305
Et cointement (sui) atournee

D'escharboucles et d'esteles?
Onques ne vëis plus belles,
C'est pour tous ceuz enluminer
Qui de nuit veulent cheminer,   310
C'est pour ce que chascun me truist
Aussi bien de jour com de nuit
Et aussi (bien) de nuit com de jour,
A ce que ne facent folour.
Je sui celle que dois querre,   315
Quant vas en estrange terre.
Tant com m'(ar)as en compaignie,
N'aras ja meilleur amie.
Se sans moi vas en cest païs,
Ne puet que ne soies hais   320
Et de mon pere, le grant roi,
Et de tous ceuz qui sont o soi.
Sans moi nul ne puet bien faire,
(A) toute gent sui necessaire ;
Piec'a le monde fust perdu,   325
Se ne l'ëusse maintenu.
Qui m'a o lui, riens ne li faut
Et qui ne m'a, trestout li faut.
De tout sui gouverneresse
Et de tous maus (je) sui miresse, 330
J'enlumine les non veans
Et donne force aus recreans,
Je relieve les trebuchiez
Et radrece les fourvoiez.

que *T*, N. pour ce quil en *HAP*, N. pas quil en *A*⁴
auoit *P*
t-s g-s *A*⁷*H*¹*LMP*
l-s p-s *P*

sui o*aBGM*¹*MAH*¹, Et si c. a. *L*, Et com c. s. a. *A*, Et comment ie sui at. o*TH*, Et comment s. a. *A*⁴*A*⁷, Et comment ie suis asseuree *P*
Tu n. v. o. *M*, p.] si *P*, O. nulz hom ne vit si b. *H*, Qui sontl uisans pures et nettes *A* illum. *M*

truis *L* truit *AT* tenist *P*
A. d. j-s comme d. n-s *L*, c.] que *A*⁴*A*⁷
—bien *A*⁴*A*⁷*LMM*¹*P*
Affin qui *AA*⁷*L*, Pour ce q. a*A*⁴, f.] seiour *A* telle *P*

T. c. tu mas *H*, en] a *A*⁷*P*
Ne pues auoir *to...*
ce *A*⁴*A*⁷*P*
pues *GT*, puis *P*, —ne *B*

s.] toi *toTLM*¹*M*

A tout g. *A*⁷, A t-es g-s *PH*

Le m. f. p. p. *L*
S. ie ne o*A*⁴*A*⁷*MP*
Q. o luy ma *P*
tout lui deffault *AA*⁷
Je sui de tout *to...*, tous *A*⁷
—je *P*, mireresse *P*, Et si suis d. t. m. m. *A*
Je lum. *T*, nient *H*¹

Et r. *T*
redresce *HH*¹*AG*, rauoie *L*

Esloingner ne vueil nulle gent 335
Fors ceuz qui pechent mortelment,
Mes de tel gent n'ai je cure,
Tant com sont en tel ordure.
Grace Dieu sui apelee
N'autrement ne sui clamee, 340
[Et] ainsi tu m'apeleras,
Quant tu de moi besoing aras.
Ce sera certes mont souvent,
Ainciez que viengnes par couvent

A la cite que vëue as, 345
Pour ce qu'asses tu trouveras
D'empeschemens et de meschiefs
D'aversitez et d'encombriers,
Les quiex ne pues passer sans moi
Ne toi *ne* autres, or m'en croi. 350
Et se sans moi outre passer
Tu pouoies ou eschaper,
La quel chose ne puet estre,
Si te di je quë en l'estre
De Jherusalem n'enterras 355
Sans moi ne le pie n'i metras ;
Quar comment que tu aies veu
Plusieurs choses et percëu
Qu'aucuns i entrent trestous nus,
Qu'aucuns i volent par dessus, 360
Qu'aucuns i entrent par engin
Et li autres par Cherubin,
Nulz fors par moi toutevoies
N'i entre, tout sëur soies,
Quar les uns fais hors devestir 365
Pour eus dedans mieus revestir,
Les autres je fas empenner

nul *T*
For . . . . m-lement *B*, Si ne peche m. *A*⁴
Car *TH*, t.] celle o*A*⁴*M*, celles g-s *P*, De si faite g. *H*¹
soient *H*, t.] celle *A*⁴
—339 *G*
Aultr. *M*, cl.] nommee *LH* donnee *P*
Et *H*¹*GM*¹*LMP*, me ap. *o*
tu o*AH*¹*GM*¹*LP*, tu daucun b. *A*, b.]mestier *P*
Et s. *P*, Et ce s. c. so. *HH*¹*AT*
Einchois q. *A*⁷, Ains q. ta*A*⁴*B*, Ains que tu *HTAH*¹*GLM*¹*P*, p. c.] finaument *L* seurement *P*
En *MP*, veu *A*⁷

peuuent *A*⁴
ne o*AMH*¹*H*, ni ta*A*⁴*A*¹*BTGLM*¹, me a*T AH*
—351 *P*
—352 *P*, –Tu *A*⁷, ou] et a*AH*¹*H*
—353 *P*
—354 *P*, q. ens en *o*, bien q. en *AH*¹*GLM*¹
Car en Jh. *P*
ne] et *A*⁷
—Car *AH*¹*H*, combien q. tu as *P*, q. taies *M*
apperceu a*A*⁴*BTGLMP*, ch.] gens *M*
—tres *A*⁴, entre *M*
Auc. *P*, Et auc. *L*
—361 *L*, Auc. *P*, entre *M*

entrent *A*⁷*M*, seur en s. o*A*⁴*BGLM*¹*PA H*¹*H*
je f. dev. *AH*¹*H*
P. m. les d. *A*⁷, reuertir *L*, De leur viese robe et issir *H*¹
Je f. l. a. *A*, L. a. f. en prierparer *P*

GRACE DIEU AND THE SACRAMENT OF BAPTISM.

Le Pelerinage de Vie Humaine. 13

  De mes vertus pour bien voler,   b.] mieulx *aA⁴LMPAH¹H*
  Puis s'en volent, si com je vueil,
  Ce as tu bien vëu a l'ueil.   370   Ice a. t. v. *AH¹H*
  Les autres, au mieus que je sai,
  En divers lieus met a essai,   Sen *G*, mis ay assay *H¹*, a.] en *H*
  A ce que tous outre passer   Auant q. o. p. *A*
  Les facë et dedans entrer.   faces *T*, et par d. *A⁷*
  Or pues savoir sans doutance, 375
  Se bonne est men acointance.   est atous macoint. *A⁷*
  S'elle te plaist, si le di tost
  Et ne soit plus ton dit repost."   pas *AH¹H*

L'acteur parle.
  Adonc tantost je respondi :   je] li *A⁷*
  "Dame, pour Dieu merci vous pri 380
  Qu'a vous me vueilliez acointier   Que v. *aA⁴AH¹HL*
  Ne ja ne me veuilliez laissier.   —ne *G*, —me *B*, men *M*
  N'est riens qui tant necessaire
  Me soit a ce qu'ai a faire
  Et mont vous merci bonnement 385   b.] humblement *AH¹H*
  De ce qu'a moi premierement
  Estes venue pour mon bien,
  Mestier n'avoie d'autre rien.
  Or m'en menez ou vous vourrez,   me *AH¹HoA⁷*, volez *H¹*
  Je vous en pri, *ne* demourez."   390   nen *tM*, n. d.] plus natendez *L*

L'acteur parle.
  Lors me prist en icelle heure
  Et (me) mena tout sans demeure   —me *B*, tost *L*
  Vers une maison qu'elle avoit
  Qui seuue estoit si com disoit,
  Et la *dist* que trouveroie   395   disoit *toaGM¹LHA⁷*, Et la me dist *A⁴H¹*,
  Tout ce *dont* mestier aroie.   La me disoit *L*, Et me dist q. la t. *A*
  Celle avoit elle fondee   de quoi *to*..., auoie *oTALA*ⁱ *H¹*
  (Si) com disoit et maconnee   C. maison a. e. f. *A*, C. maison a. f. *L*, Car
  .xiii^e. et .xxx. ans avoit   elle a. este f. *A⁷*
  Si comme bien l'en souvenoit. 400   Si com b. li en s. *LA*

Celle maison volentiers vi
Et au vëoir mont m'esbahi,
Quar toute haut en l'air pendoit
Et entre terre et ciel estoit
Tout aussi com fust venue 405
La du ciel et descendue.
Clochiers i ot et belles tours
Et mont estoit biaus ces atours,
Mes ce mont me desconfortoit
Quë une eaue devant avoit, 410
Et celle me failloit passer,
S'en la maison vouloie entrer.
Nef n'i avoit, planche ne pont
Et si estoit le lieu parfont
Si comme apres je l'aperceu, 415
Quant tout dedans plungiez je fu.
Adonc pris Grace a demander
Comment je pourroie eschaper,
Pour quoi tel passage i avoit
Et s'aucun autre ailleurs avoit, 420
Et que par ordre me dëist,
Quel bien celle eaue me fëist.

Grace Dieu parle. Lors me respondi : "Tu que dis ?
Es tu pour si pou esbahis ?
En Jherusalem veuz aler 425
Et passer i dois la grant mer.
La grant mer est ce monde ci
Qui mont *est plain* de grant soussi,
De tempestes et de tourmens,
De grans orages et de vens, 430
Et comment passer la pourras,
Quant de si peu grant paour as ?

a *o*
tout *TAH¹H*, haute *LA⁷*, laire *T*, Q. entre air et ciel p. *y*
Et oultre *L*, c. et t. *A⁷M*

Ainsi comme si *A⁴*, ainsi *AH¹*, c. se *HM¹*
Du c. et illuec d. *P*, De la sus du c. d. *M¹L*

—m. *A⁷*, estoient *A⁴*
Moult ce moult *B*

—411 *P*, Celle yaue me *H*, f.] conuenoit *H¹*
—412 *P*
Et ni *yH*

le p. *B*
—tout *TH*, Come d. *P*
A. luy p. a. *A⁴*, G. Dieu *A⁷*
Comme *G*, dillec esch. *A*
Comment t. *y*, telle *T*
se nul *A*, —autre *B*, Et s. par aill. aloit *M*
—que *a*, Que p. o. le me *A⁷*
c. ordre me deffesist *A⁷*

Que tu dis *HH¹A*, Q. d. tu *P*
Es tu esb. p. si pou *P*
v.] doiz *L*

cest *LM*, yci *A⁴*
a*A⁴A⁷GMPAH¹yH*, m. pl. est *toBTLM¹*, —grant *y*

Et doraiges et de gr. v. *AH¹Hy*

Lines 401-403 between 398 and 399 *A*, lines 399-403 omitted *P*.

Ci ne dois pas paour avoir,
Quar, si comme tu dois savoir,
Plus passe ci d'enfans petis   435
Que de grans gens et d'enviellis.
Ci est le premier passage
De tout bon pelerinage,
Par autre lieu n'a nul chemin
Fors seulement par Cherubin.   440
Par la s'en sont aucuns passez
Et en leur sanc se sont lavez.
Et non pour quant, se ton chemin
Veuz ordener par Cherubin,
Ne t'est pas ce pas contraire,   445
Ains t'est voir mont necessaire ;
Quar se regardes dont tu viens
Et la maison plaine de fiens
Ou par ·ix· mois este tu as,
De toi laver bien mestier as.   450
Pour ce te lo par ci passer,
Pas plus sëur ne pues trouver,
Jadis par ci un roi passa
Qui bien le pas assëura.
Ce fu celui qui le pas fist,   455
Qui ort ne fu ne ne mesfist.
Se passer i veuz, si le di,
Et tost venir te ferai ci
Un mien sergent especial
Qui de Dieu est official.   460
Gardien est de mon mesnage
Et menistre du passage.
Celui t'aidera a passer
A toi baignier, a toi laver.
Celui aussi te croisera,   465
Pour ce que tantost il verra

Si a*A⁴TGLM*, ni *o*, doit *M*
auoir *A⁷*
passes *T*
—et d' *G*, —gens et d' *A⁷*, et env. a*A⁴BM*
Si *A⁴*

Qui en *LM¹*, sens. *a*
nient *H¹*, p. tant *AA⁴*, t.] com *y*
t. point *H*, t. mie *L*, ce trop c. *A*, ce p. trop
  c. *M¹*
Mais t. auant m. *A*

bon *H¹H*, grant *A*
laisse *A*
Quar pas *M*, ny *A⁴AH¹H*

Q. !e p. b. *A*, iass. *A⁷*
qui ne m. *A⁷*, mesprist *AH¹*

Et tantost *BG*

offialz *M*
—est *A⁷*
du] de ce toa*A⁴A⁷BTM¹*, de cest *AH¹L*

et toi l. *A*, Et a t. b. et l. *A*
ainsi *T*
il] y *y*

Que tu veuz outre mer aler Quant *T*, aler o. mer *L*
Et Jherusalem conquester.
Pour mains douter les ennemis l.] tes *A⁷*
La crois il te metra u pis ; 470 Il te oindra le front et le pis *A*
Derriere aussi et sus le chief,
Pour pou douter trestout meschief, P. moins d. chacun m. *A*, P. toy eskiewer de meskief
Il t'enoindra com champion, te oindra a*A⁴A⁷H¹H*
A ce que tous un grant bouton Affin q. *A*, g.] seul *H¹*, t. g. bourdon *A⁷*
Tu ne prises tes anemis. 475
Or respont tost, qu'il t'est avis ?"— que tes a. *B*
L'acteur parle. " Adonc, di je, c'est mon desir ie di *B*
Que tost le me faciez venir." me le *T*, le vous *G*, faces *L*

Lors vint a moi a son commant
L'official qu'ai dit devant. 480 qua *L*, di *M¹*
[I]cil par une main me prist Cil toa*A⁴A⁷BTA*, Cil par me u. *L*, Ce lui p. *GM¹MAH¹Hy*
Et en la dite eaue me mist,
La me lava, la me baigna ..baigna, la me laua *o*
Et par trois foiz ens me plunga. Et la t. f. dedens me *A*, P. t. f. dedans me *L*
Grace ne me menti de rien, 485 men *M*
Il me croisa et m'enoinst bien, et] il *G*, me o. *H¹*, et enoinst *AT*
Puis en la maison me mena la] se *H¹*
Ou mont noble et bel hostel a. —et bel *G*, n. h. et b. *A'*, h.] lieu *L*
La me fist Grace biau semblant, bien *M¹* bon *L*
Plus bel que n'avoit fait devant. 490
La me dist que me mousterroit
Maintes choses et apenroit M.] Pluseurs *H*
Et que mont grant sens feroie,
Se je entendrë y vouloie.
Si comme a moi parloit ainsi, 495
Mont de merveilles tantost vi tost *A⁴BG*
Des quieux ne me tairai mie taieroie *o*

473.—*t'enoindra* supported by *m'enoinst* 486.   481.—For *Icil* see *icel* and *cellui* 503.

Le Pelerinage de Vie Humaine.

17

  Qu'aucune chose (je) n'en die,   —je *A*, ne d. *TA*⁷
  Puis apres quant mon point verrai,
  De mon bourdon je vous dirai   500   b. vous parlerai *H*
  Et de l'escherpe que desir,   De mesch. q. tant d. *H*, q. ie d. *T*
  Quar assez en avrai loisir.

L'acteur parle.
  Premierement en icel lieu   ic.] cellui *AH*
   Vi mis aussi comme u millieu   Fu *L*, m.] ens *H*, ainsi *MH*¹
  Le signe thaü qui du sanc   505   tahu *A*⁴, bahu *B*
  Paint [i] estoit de l'aigneau blanc.   Paintures fu d. *H*¹, Est. tout p. d. *A*, l. en bl. *L*, l. tout bl. *M*¹
  C'est le signe dont signie sont
  Les sergens Dieu enmi le front,
  Et ce vi jë apertement,   —509 *M*, ie vy *A*
  Se mon songe [ci] ne me ment,   510   —510 *M*, ci *AH*¹*H*, s. de ce ne m. *LM*¹
  Quar bien pres je vi un maistre   b. p.] en apres *H*, asses p. *LM*¹*H*¹
  Qui vicaire sembloit estre   soloit *A*⁷
  D'Aarom ou de Moysi,   ou] et *H*
  Quar en sa main tenir li vi   Qui *L*, le *T*
  Une verge au bout crocue   515   crossue *HH*¹, cornue *M*, tortue *A*
  Et si' avoit teste cornue.   si cil *A*
  Robe de lin vestu avoit,   vestue *A*⁴*A*⁷*AH*¹*HGLM*
  Bien croi de voir quë il estoit   vray *A*⁴*A*⁷*AH*, quar *T*
  Cil dont parle Iezechiel   Cellui *A*, Ez. *A*⁴*A*⁷*AGH*¹*H*
  En son neuvisme chapitel.   520
  Quar a la gent u front metoit
  Le saing thaü dont les seignoit.   saint *G*, signe *TA*⁷, tahu *A*⁴
  C'estoit si com *dist* le signe   dist *A*⁷, disoit *to...*
  Par quoi Dieu (leur) seroit benigne,   d. le feroit *H*¹ d. s. a vous b. *A*⁷
  Quar de tel seing veut que ses homs 525   —525 *A*⁷, t.] cel *T*
  Soient trestous seigniez es frons,   —526 *A*⁷
  Et de ce signe u front seignier
  Me fist Grace Dieu et mercier ;   —528 *B*, marchier *HA*⁷, d. au commenchier *H*¹

520.—Ezech. ix. 2, 3, 4.

Et de ce fu je voir mont lies,
Quar il m'en estoit bien mestiers, 530
Non mie de necessite,
Mais d'avenant congruite.

P uis vi ce maistre qui faisoit
  Uns oignemens quë il bailloit
A l'official dit devant 535
En telz paroles lui disant :

L'evesque parle.
"Vecy ·iii· dignes oignemens
Que je te bail pour toutes gens.
Tous ceus qui pelerins seront
Et champion estre vourront, 540
Des deux premiers tu enoindras
Et autre chose n'en feras.
Le tiers sera pour les navrez,
Pour les bleciez, pour les quassez,
Pour ceuz qui au lit de la mort 545
Se gerront sans avoir confort ;
De cest oingnement ceuz oindras
Et loial mire leur seras
En tout oingnant soingneusement
Qui a mestier de l'oingnement. 550
De ce certes ont grant mestier
Tuit pelerin et tuit errier
Qui passent par *ceste* terre,
Quar (tous) i sont tous jours en guerre
Si [que] ne puet que malmenez 555
Souvent n'i soient et navrez,
Et pour ce' a leur definement
Mestier ont de cest oingnement.
Or les (en)oing sans faire faille,
(Quar) pour ce l'oignement te baille. 560
D'aucuns oignemens devers moi,

m. v. *G*, —voir *A⁷A⁴*, m.] tout *L*
Q. b. il mestoit m. *T*, Q. ge croy quil men fut de mielz *L*, Quar ien fus mieulx appareilliez *A*
de] par *A*

Et *A⁴*

V. fait il, ·iii· o. *L*, ·iii·] tres *H*
Q. te baille *T*, t-e g-t *M*

tu oinderas *A⁷*, tu les oind. *A⁴A*
Ny *L*, ne f. *T*, tu ne f. *A⁷*

P. bl. *A⁴*

s.] pour *AG*

touz *L*, s.] diligemment *GL*

m. g. *H¹*
errant *H¹*
c. *A⁴BGA* iceste to *A⁷BTLM¹MH* icelle *H¹*
Q. tous jours il y s. en g. *A⁷*, Q. il y s. *H¹M*, Q. on y est t. j. *A⁴*, Ou chascun est t. j. *L*
Si qui n. p. *M* Si que ne poelent m. *H¹*, E si ne *M¹L*
ni] y *L*, et] ne *HH¹A*
—Et *M*, d.] finement *A⁷*
Ont m. *G*
oing *o*
ce] iaus *H¹*
Auc. *HAA⁷*

Le Pelerinage de Vie Humaine. 19

Pour enoindre le nouviau roi,
Pour les vicaires Moises
Et pour mires si com tu es,
Pour les tables ou nous mengons 565
Et pour thaü que fas es frons
Je retien l'execucion,
L'us et l'administracion.
Or garde que ne mesprengnes
Vers moi ne n'i entreprengnes." 570

Ay pour oindre H^1A^4
p. les m. $A·H$
—nous A^4G
q. je f. H, p. le saing t. A, p. chiaus que serai es H^1, p. chiaus q. f. et ferons A^7
lexcepcion T
—568 B
entre contreprengnes H

L'acteur parle.

Ainsi comme (entre) eus ·ij· parloient,
(Et) leur oignemens ordenoient,
(Tan)tost vers eus une pucelle
Descendit d'une tournelle.
Raison apeler se faisoit, 575
Si com Grace dit le m'avoit.
A eus commenca a parler
Et a dire leur sans flater :

Raison parle.

"Seigneurs qui ainsi devisez
Et de vos oignemens parlez, 580
Qui d'enoindre les autres gens
Tenez ici voz parlemens,
Or entendez deux petis mos
Que tost vous arai ja desclos.
Oignement est douce chose 585
A plaie ouverte et a close.
Assis doit estre doucement
De onni et de dous instrument.
Douz doit estre cil qui le tient,
Quar trop rudesse i mesavient. 590
N'a pas mestier qui est bleciez
De rudement estre traitiez.

—entre A^4, c.] que A^7

Descendue est *to*... Si est d-ue A, tourelle $A·GM^1$ tonnelle L
R. s. f. a. B
S. comme G. le disoit A^4
a l. d. A^4TAL, flaser H^1
a.] ycy A
Et qui de A
de o. $oTA·H^1M$, Et qui A
Levez B, i.] ainsi L
entendens T, d.] ·iii· o
tantost v. a. d. A, Q. t. je v. a. d. A^4L, —ja GH^1

et] ou HH^1M, et enclose B et desclose A^7
Asses A^4 Aussi M
Et oingt A^4, De souef et doux L

t.] grant A^4BG, rude estre A
Nest M
touciez

574-575.—*Raison fu la dame apelee. Lors est de sa tour devalee* (*Rose*, ed. Michel, i. p. 97).

Aucune foiz puet plus blecier   A. cose *H*¹
Rudesse que oignement aidier.
Rudes sont ceus qui sont felons,   595   cilz *M*
Qui sont cruelz comme lions,   cr.] orgueuls *B*, Et orguilheux c. l. *A*⁴
Qui de tout se veulent vengier   t. v. iestre vengiet *H*¹
Sans riens lessier ne espargnier.   ne] et *B*
Tel ne sont pas bon surgien,   Ceulx *A*, cirurgiens *A*⁴*AM*
Bon mire ne phisicien,   600   ne] bon *L*, ne bon ph. *M*
Quar aus bleciez leur oingnement
Veulent baillier trop rudement.
(Et) pour ce sui je descendue
(Pour) vous aviser et venue,
Quë en vous n'ait (nulle) ruderie,   605
(Ne) cruaute ne felonnie.
A vos navrez soiez piteux,   A tous *H*, Aux n. *G*
Misericors et doucereux,
Touz les traictiez bien doulcement,
Et lors vaurra vostre oingnement.   610   Et leur *L* Si leur *G*
Souvent vous devroit souvenir   devra *H*
Que fustes oins pour devenir
Douz, piteux et debonnaire,
Sans ja mais cruaute faire ;   S. cr. j. f. *H*, contraire *T*
Que esclatans par felonnie   615   Et que yreux p. *H*
Ne fussiez jour de vo(stre) vie.   *M*¹
Et que tous maus pardonnissiez
Et a Dieu vous attendissiez ;
Quar se le prophete ne ment,   p.] philosophe *G*
Retenu a tout vengement,   620   ton *o*
Pour ce qui tolir lui vourra,
A mal chief venir en pourra."

619-620.—The passage alluded to is, I think, Deut. xxxii. 35, *mea est vltio*, or Ps. xciv. 1, *Deus vltionum dominus*.

Le Pelerinage de Vie Humaine.

<small>Moysem parle.</small>

Quant Raison out ainsi parle,
  Le vicaire que j'ai nomme
Respondu li a : " Dites moy,   625
Je vous pri, se savez, pour quoy
Ai je teste si cornue
Et la verge au bout ague ?
N'est ce pas pour punicions
Des maus faire et corrections ?   630
Je croy que les mauves hurter
Je doi des cornes et bouter,
Et de l'aguillon (les) doi poindre
Plus (tost) que de l'oingnement oindre."

<small>Raison parle.</small>

" Biau douz amis, a Raison dit,   635
Or m'entent encor un petit !
Bien te connois ce que dit as,
Mes tout encor apris n'as pas.
Maniere, si com dois savoir,
Doiz de poindre et hurter avoir.   640
Premierement doiz aviser
Ceus doulcement que voiz errer
Et puis, se les vois obstinas,
De poindre les bon congie as.
Bien (ap)pertient a ton office   645
De faire *as* mauves justice,
Mes avant soies doucereus,
Que pungitif ne rigoureus.
Encor te dy outrë un point :
Se par rigueur as aucun point,   650
Aucun hurte par son mesfait,
Garde que tu ne l'aies fait
Sans la douceureuse onction
De pitie et compassion.
Quar comment que cornu soies,   655
Par justice toutevoies

—pour H^1, pu-on HH^1GLM^1M
fais H^1A^7, c-n HH^1AGLM^1M

lesguille A^4, —les doy B
H

te] je A^7 se G, —te H^1A
e. t. AA^7, na A^4T, p. nas B
hauoir A^7
—Doiz M, De p. et de h. a. L, Du p. et du
  h. a. A^7, Que tu dois p. ne ses voir H^1
Premier BT

obstinez A
les poindre HA, De l. p. as bons congiez A
appertient t. A^7
H^1, des *to...*

pongitif BMA pointis H^1 pungentis A^7
dy o.] moustrere o

G-s oAH^1M, tu] bien aA^4, —tu oTA^7, q. ne
  l. pas f. M
—la oT, occion B
et de c. B

comme BM combien H^1
justicier M

En ton cuer dois avoir pitie   A o
De celi que tu as jugie.
Souviengne toy quë oins tu fus,   —658 A⁷
Avant que tu fusses cornus,   660   —tu A⁴B, feusses B
Avant que ëusses aguillon,   661=662 A
Que ëusses verge ne baston ;   662=661 A
Ce te doit mont amollïer,   Ce doit toy M
Quant tu veus aucun corrigier.   vois H
Oublier (aus)si ne doiz mie   665
De qui (tu) fais la vicairie,
Onc(ques) ne fu plus debonnaire   plus] si H¹
Que cil dont tu es vicaire ;   d.] de qui H¹
Ce fu celui qui apparoit   cil qui se H
Estre cornu et non estoit,   670
Ce fu Moyses qui passer
Fist Ysrael parmy la mer,   List H
Qui de la verge qu'il tenoit
Passage bon fait leur avoit.
Or entent bien ceste lecon,   675
Quar ce te vaut un grant sermon :   se te vaura vn boin s. M, —te B, —grant A,
Se par dehors sembles cornus,   g.] bon L
De cornes soit ton cuer tout nus,   semble M
Dedens soies misericors
Quel que tu soies par dehors !   680
Fallace d'elenche (puez) faire   delenchez AM deelenche A⁴B de lanche A⁷
[Puez] cy endroit sans (toy) meffaire,   de lecche H¹ dolente GLM¹
Cuer traitis et debonnaire
Aies *com* ton exemplaire !   com] selonc *to*...
Se verge as au bout ague,   685
(Re)garde aussi qu'elle est crocue   crossue MH cornue B tortue A,
Et encline vers l'autre bout,   enclinee oL sencline A, Enclinee est v. H¹
Ce senefie, pas n'en dout,

666.—Or, *Dont tu fais l. v.* See 668.

Qu'en toy aies humilite,   Que tu a. *T*
Quant tu pugnis par equite.   690
Or saiches (donc) pourquoy baillïe
T'est *tel* verge et octroïe :   tel *oTGLM¹A⁴B*, celle *tMAH¹H* ceste *A⁷*
C'est pour ton pueple gouverner
Et pour le faire outre passer
De cest monde le rivage.   695   ce *H*, r.] passage *T*
De ta verge le passaige   ta] la *LH¹*
Doiz tenter, s'il est trop parfont   tenter] sentir *M*
Ou s'i faut faire planche ou pont,   sil *aA⁴TAGLM*, ou] ne *H¹L*, sil y fault pl. ne p. *H*
Quar se pont ou planche il failloit,   pl. ou pont *oTALMH¹H*
A toy fairë appartendroit ;   700   le f. *L*, lapertenroit *H¹*
Pour ce pontifex tu as non,   as tu *A⁷*
Or i entent, c'est ta lecon.   ta] la *H*

Raison parle.

Or te dirai encor pour quoy,
S'entendre veus un peu a moi,
Ceste belle verge tu as   705   Selle b. *T*
Et pour quoy teste cornue as.
Jadiz en ce lieu ci endroit   cest *M*
Le cornu d'enfer habitoit
Et lonc temps par possession   —Et *oTAA⁴A⁷B*
I avoit fait sa mansion,   710
Mes pour ce que ce desplesoit
A Grace Dieu qui fait avoit   faite *H¹*
La maison pour son habiter,   mansion *A*, son] soy *H*, p. y h. *L*
De ces cornes te fist armer,   ces] tes *A* ors *B*
Et la verge baillier te fist,   715   v.] corne *L*
A ce que par toi s'en issist   Affin que *AL*
Li desloiaus habitateur   habiteour *L*, Le faulx desloyal habiteur *H*
Qui en vouloit estre seigneur ;
Celui des cornes tu hurtas,   te *T*
Quant tu du lieu hors le boutas.   720   tu du] de cest *A*
Tu de la verge le batis,   Et *M*, labatis *GLM¹*

Quant du lieu issir le fëis.
Tu les deux biaus labiaus pendans
A tes ·II· cornes et tenans
Conquestas au lieu netïer, 725
Housser, purgier et balïer.
Ce fu quant tu le dedias,
Benëis et saintefias.
Et pour ce que bon champion
Fus en la dedication, 730
Veut Grace Dieu que des armes,
Ou victeur fus, souvent t'armes
En signe et senefiance
Que ne chiece en oubliance ;
A fin aussi quë, ou tu yers, 735
De venir ne soit coustumiers
Le desloial quë as vaincu,
Hurte, boute et abatu ;
A fin aussi que soies pres
De bataillier nouviaus et fres 740
En tout temps et toute saison
Encontre ceus qui la maison
Grace Dieu veulent essillier
Et de ses biens li despoullier
Par disiesmes, (et) subventions, 745
Violences, (et) extortions ;
Mes de ce, si com say de voir,
Ne fais tu pas bien ton devoir,
Quar tu meismes les ottroies
Et d'avoir monstres les voyes, 750
La quelle chose Grace Dieu
Ne tient a soulas ne a gieu ;
Pour ce (te) di sans flaterie

du lion i. tu le fais *L*
doubles *T*, lambiaus *oA¹M¹MH*, des balians p. *H¹*
ches *H* ces *A*

Fu *T*, en] a *A*

Dont vainqueur *A*

Qui *G*, chiee *oL* chieces *MA* kieches *H¹A⁷* cheyes *A¹* cheisse *H*
—que *H*, —ou *A¹*, yes *LM*, Affin q. ou lieu ou t. y. *A*

debatu *L*, et batu *o*, Hors boute, hurte et batu *AT*

tous t. *LM*, et] en *L*, et en *BH¹*, toutes s-ns *T*
que *M*
ess.] assaillier *A*
li] la *HLA⁷A⁴*
—Par *A*, dismes *A⁴A⁷H¹H*
V. ext. *MLH¹*
ceci com *MHA*, —si *o*

Que *G* Quant *M¹L*
deulz auoir *BA⁴*, mestiez *M*, la voie *H¹*

ny *L*
P. ce di bien s. *M¹*

745-746.—See 9245-9243.

Le Pelerinage de Vie Humaine. 25

Que ce n'est (mais) que gaberie
De tes cornes et ton baston. 755
Tes cornes sont de limecon
Qui se mucent pour un festu,
Tout aussi tost com l'ont sentu.

Telz cornes n'ot pas saint Thomas
   Qui au roy l'entree et le pas 760
De sa maison deffendi fort,
Pour ce que sans cause et a tort
Par force asservir la vouloit
Qui tous jours franche estre devoit ;
Miex ama li preudons mourir 765
Qu'il la laissast point asservir.
De saint Ambroise aussi te di
Que sa meson si deffendy
Contre emperris et empereur
Que tout seul il en fu seigneur. 770
Vos palais, disoit il, avez,
Vos tours, vos chastiaus, vos citez,
Les revenues (de) l'empire,
Bien vous doit ce ci souffire.
De ma maison ne vous meslez, 775
Laissiez la moi, riens n'i avez,
A mon temps n'iert (ja) asservie,
Miex voudroie perdre (la) vie.
Ceus ci pas cornes n'avoient
Sans raison ne ne portoient. 780
Se fusses aussi bien cornus
En bien deffendant les frans us
De ta maison que espouse as
Et dont l'anel en ton doit as,
Se de ta vergë (bien) usasses 785
Et Pharaon (bien) arguasses

gabrie *T*
tes] ces *T*, et] de *HL*, et de *A*⁴*MAH*¹

ce muce *A*⁴
Aussi tost comme *H*

a seruir *B*, le *G*
Que *M*, e. f. *L*, d.] voloit *H*¹
li sains hons m. *TA*, a m. *H*¹
Qui *BM*¹*A* Que *M*, —la *T*, laissa *T*, a seruir *o*
ci *o*
empris *GB* empertrix *T* emperieres *A*, C. roy et contre emp. *M*
—il *A*

—de *H*¹
Certes b. v. doyent s. *A*⁴

ja niert *T*, En *LA*, nest *L*

C. cornes si p. *o*, Telle gent pas c. *M*, cornes pas *HTM*¹
—ne *H*, ne les *A*, ne ne les *GLM*
feussent *B*, —bien *A*
frans] grans *A*⁷
Se *G*, ta] la *L*, espousee *oTAA*⁴*BGLH*¹*H*
Et a la garder promis as *L*
vertu *M*¹

E

  En li disant que Dieu servir
  Laissat ta gent sans asserver,
  Que de rien ne les empeschast
  Ne oppreinsist ne ne grevast,   790
  Lors fusses tu bon Moyses
  Et Grace Dieu de son bon mes
  Services, et mont li plëust
  Toute fois qu'arme te scëust.
  Or fay ce des ore en avant,   795
  Si en iert ton honneur plus grant."

L'acteur parle.
  Ainsi comme Raison parloit
   A Moysen et sermonnoit,
  L'official s'en est tourne
  Et avec li en a porte   800
  Les oingnemens et en sauf mis,
  Et puis, si com [me] fu avis,
  Une fame vers occident
  Et un homme vers orient
  Quë a li vinndrent, tantost vi,   805
  Chascuns a li sa main tendi
  Et il les prist et joinst ensemble,
  Et puis leur dist, si com me semble :

L'official parle.
  "Entre vous ·II· tout un serez
  Et foy vous entreporterez ;   810
  Ja mais en jour de vo(stre) vie
  De vous n'iert fait departie,
  Se certaine cause n'i a
  Et par Moysen qui est la.
  Or gardez bien cest sacrement   815
  Et vous entrames loialment!"
  Et cil tuit deus ont ce promis.

Dieu] bien *HA*
Laissa *T*, ta g.] ces gens *L*
ne lemp. *M*¹
oppremist *A*⁷*H* oppressist *GM*¹*LMBAH*¹
 oppressast *A*⁴
bien *M*¹
—Dieu *H*¹

T-s f. quarmer te fust *A*⁴, T-s les f. *A*⁷*AH*¹*H*
—795 *M*, f. ainsi dorenauant *L*, ce tous jours
 dorenau. *A*⁴, dorenavant *H*
—796 *M*, S'en sera *HA* Si sera *A*⁴

li a emporte *H*¹*G*

G, Puis vy comme il me fu auis *H*
orient *A*⁷
occident *A*⁷

Adont les *M*¹, joinst] mist *H*
moi *A*⁴*A*⁷*AH*¹*H*

Et bonne foy vous porterez *H*
Et ja m. jour *T*, en] a *L*
ne sera *A*, Ne serait f. *L*, faict *A*⁴

garder *L*, ce *A*⁴*A*⁷*AH*

Et ce t. d. lui o. p. *A*, —ce *T*

  807 a-b.—Et puis li ont dit comme sage : Conioingniez nous par mariage *M*¹.

Le Pelerinage de Vie Humaine. 27

L'acteur parle.

A tant, ez vous ceulz departis,
L'official est retournez
Et vers Moyses rest alez 820
Qui encore estoit au sermon
Que li faisoit dame Raison ;
Mais ainsi comme il estoient
Ensemble *et en* devisoient,
Tantost une foule de gent 825
Firent cesser leur parlement,
Devant Moysen venu sont
Et requeste faite li ont
Qu'aucun service leur donnast
En sa maison et ottroiast. 830

L'acteur parle.

Adonc cil unes forces prist
Et pres de li venir en fist
Aucuns que tantost tondu a
En leur disant que Diex sera
Leur part et leur heritage ; 835
Soufire doit, se il sont sage.
Quant Moyses si ot ce fait,
Raison tantost vers euz se traist,
A parler a eus commenca :

Raison parle.

"Seigneurs, dist elle, entendez ca ! 840
Grant sens est, que que nul die,
D'(auc) unes fois faindre folie.
(Se) forcilliez et tondus estes
(Aus)si com folz dessus les testes,
Ceste folie est un grant sens, 845
Quar pour ce la je me presens
D'estre tous jours vostre amie
A qui qu'il en prengne envie.
Ceste amour pas ne refuses,
Quar devant toute gent l'avrez. 850

ez *MA*⁷ et *to A*⁴*BT*, ceulz] cest *oT*, A t. de eulx sest dep. *H*, Et a t. deulz sest d. *GM*¹*LH*¹, Adont a t. test dep. *A* et r. *A*⁴*A*⁷*TAGM*¹*LH*¹*H*

r.] est *A*⁴*TA*, en est *H*¹, Est deuers M. et a. *H*

e.] restoient *T*
et en *A*⁴, tuit et d. *to*..., Tous ens. *A*

Ad. le vicaire u. *A*, vne f-e *M*

tondu a.] tondera *H*¹, tondi *B*
li *G*, deulz *M*
et] de *H*
S. leur d. *HM*

Et p. *L*

—est *B*, quel que *M* quoy que *H*¹*H*, n.] on *A H*¹
Daucune *BM*

Ainsi *M* Si com fol. *P*²
un] bien *L*
ce la] chou *H*¹, Et p. ce cy je me pourpens *A*

toutes gens *HA*

E 2

28   *Le Pelerinage de Vie Humaine.*

Se il ne tient a vo folie
Et (se) vous ne me volez mie,
Ja mais en jour que vous vivez   en] au *A⁴AH* a *L*, nul *H*¹
Nulle bonne amie n'avrez.
Je sui Raison par qui estes   855
Discerne des autres bestes.   Dessepares *GM*¹, Separes doles *L*, Depart-
    is hors *A*, D. de toutes b. *H*
Tant commë avec vous m'avrez   Et tant *A*, Tantost c. *L*
Tant seulement hommes serez,
Et quant sans moy voudrez aler,
Bien vous pouez de ce vanter   860
Que n'estes (mais) que bestes mues   *ML*
Et (que) jumens qui sont vestues.   —862 *B*, Et] Ne *M*¹
Sans moi vous n'arez ja honneur,
Combien que soies grant seigneur.   seigneurs *AM*
Se voules faire jugemens,   865
Silogismes ou argumens,   ou] et *A⁴A⁷H*¹*AH*
Sans moy n'arez conclusion
Qui ne viengne a confusion.   voise *A* soit *L*

Or vous diray, se ne savez,   nel *L*
  Comment m'amour vous garderez: 870
Boire et mangier mont sobrement
Vous couvient plus quë autre gent,
Quar yvresce et gloutonnie
Me font tost tourner en fuÿe,   tost] toute *L*, en] a *H*¹
Ire qui' est desmesuree   875   que *M*
Et felonnie (la) desvee
Me font vuidier la mansion   Me f. tost v. la maison *TA⁷H*
Ou ont leur habitacion,   Ou il o. h. *A*
Amour charnel (tout) hors m'enchace   me *oTAA⁷MH*
Et me fait (tost) vuidier la place ;   880   banir de la place *A*
Ce verrez vous *tout* sans glose   trestout *oTAA⁴A⁷GM*¹*LH*¹*H* tantost *tBM*
Ou roumans qui' est de la Rose.   En *M*, r.] liure *H*

    881-882.—*Rose*, ed. Michel, i. pp. 98-100, especially lines 3053-3054; and i. pp. 142-144.

Le Pelerinage de Vie Humaine. 29

Or vous pry que vous vous gardez
De ces vices, ce vous m'amez,
Et de tous autres autressy, 885
Quar je ne tieng pas a ami
Qui a vice s'abandonne
Et de bien se dessaisonne.

q. vous g. *H* q. bien g. *GM*¹*L* q. v. y g. *A*⁴
—885 *A*, toutes *M*
—886 *A*
—887 *A*
—888 *A*

Raison parle.

Encor vous diray deux bries mos
Du lieu tondu qui est enclos 890
D'un cercle ront trestout entour
Aussi com fust chastel ou tour.
Bien semble [estre] un courtil ferme
De haut mur et environne ;
Le lieu dedens tout descouvert 895
Monstre quë a Dieu soit ouvert
Vostre cuer tout entierement
Sans nul moien empeschement.
Le cercle ront fait (la) closture
Que *du* monde n'aiez cure, 900
Quar de li vous faut departir,
S'a vostre Dieu voulez partir ;
Ne pouez pas tous ·II· avoir
Ensemble, ce pouez savoir,
Quar vous meïsmes avez dit 905
Que vostre Dieu avez eslit
A heritage et partie
Par (le)quel dit je ne voi mie
Que du monde doies joïr,
Quar quant aucun s'i veult partir, 910
Quë il ait tout, pas je n'entent,
Ainciez l'un lesse et l'autre prent;
Or prenez ce qu'eslit avez,
Avoir meilleur part ne pouez;
Souffire doit, quar pas ne dout 915

boins *H*¹
lieu] bien *H*
reont tout entour *G*, ront qui est e. *A*
Ainsi *MH*¹
estre *oTAA*⁴*A*⁷*BGM*¹*LH*¹*H*. B. resemble un *M*

a] de *A*

S. p. daucun e. *A*
r.] tout *B*, f. enclosure *H*¹
du. *A*⁴*B* de cest to...
partir *H*¹
Se auec d. v. venir *A*, Si o v. d. *L*
Nel *H*¹

Pour *H*, Parmi l. je *H*¹
deues *H*¹
Que auc. *G*, se v. *TAA*⁴*A*⁷*GM*¹*LMH*
pas ne lent. *A*
Ains laisse lun *AH*

Meilleur part av. *HAA*⁷*L*
S. d., pas je ne d. *H*, q.] et *T*

Que celle part ne vaille un tout.   ceste *MA*
Biau vous soit donc (de) la closture   —de *A*⁷, dont celle enclosure *H*¹
Qui vous enclot et (vous) enmure
En vous du monde dessevrant
Et vostre part bien departant.   920   deportant *G*, b. v. gardant *L*
Du lieu tondu aussi vous soit   ensi *H*¹*M*
Bel, quar par ce on s'appercoit   se pierchoit *H*¹
Que bonnes ovailles estes.
Bien est drois que de ses bestes   d.] raison *H*
Prengne toison le bon pasteur   925 tondison *H*¹ condui *A*⁷ droit *A*⁴
Aucunes foiz pour son labeur ;   A-e *H*¹*AM*¹
Tondre vous puet vostre berchier
A son besoing, mes descorchier
Ne li est pas donne congie,   Ne li ay *H*¹, d.] baille *A*
Quar on ne li a pas baillie   930 Q. nen ne *L*, Que *M*¹
Coustel, mes forces seulement
Pour vous tondre dëuement."   devotement *H*¹, bien d. *H*

L'acteur parle.

Quant Raison ot ainsi parle
A ces tondus et sermonne,
Aus autres qui' illec estoient   935
Services (si) com demandoient   Service *A*⁴*A*⁷*BGLH*¹*H*
Donna Moyses volentiers,
Quar les uns il a fait huissiers   il faisoit h. *M*¹
De sa maison et chambellans,
Les autres voir a fait sergens   940 Et les autres a f. s. *H*¹
Pour serganter et bouter hors   P. dechasser et *A*⁴
Les anemis qui sont es cors,   sont esclos *H*¹
Aus autres grant honneur porta,   Les a. *M*¹
Quar a tous son congie donna   Que *M*¹
D'estre lecteurs du saint palais   945 lacteur ou *A*
Et d'annuncier de Dieu les loys ;   lais o*M*¹*AH*¹*H* fais *A*⁷, Et demander d. D. l. lais *L*
A aucuns autres fist tenir   —A *A*⁴*LH*¹
Unes chandoiles pour servir   Une ch-e *TA*⁴*M*, Chierges cand. *H*¹, Les ch-s p. dieu s. *A*

Le Pelerinage de Vie Humaine. 31

A la grant table qui estoit,	
Mise la ou mengier devoit ; 950	
Aus autres (sa) coupe doree	estoit h. A^4, estoit paree A
Dont sa table est honnouree	
Bailla vuide pour lui servir,	B. a yauls p. H^1
A aucuns autres sans mentir	
Fist porter le jou Jhesucrist 955	jou] douz oT non BH cors A^7 crois AH^1
Sus une espaulle ou il leur mist,	il le m. B, m.] dist. L
Ce fu (sus) l'espaulle senestre	
Qui' a porter plus fort doit estre.	au p. H^1, forte H^1T
Ceuz vout il par especial	
Qu'a li et a l'official 960	a soff. H^1
Fussent ministre et serviteurs	ministres A
A la table et coadjuteurs.	et adjuteur H^1, conducteurs A, et] ou T

L'acteur parle.

Quant tout ce ci fu ordene	
Si com dessus est devise,	dess.] deuant L, dev.] ordene M^1
Chascun commenca a servir 965	
Pour son office desservir ;	Si com ores tout sans mentir H^1
La table alerent aprester,	
Quar bien estoit temps de disner,	Car il A^7AH^1H, de] dou H^1
Les uns (les) napes estendirent,	Li vn des n. H^1
Li autre dessus (le) pain mirent, 970	du pain A^7, le pain dessus H^1K
Li autre (du) vin aporterent,	B, le vin A^4A^7GLH
(Et) en la coupe le verserent ;	
Et avec, ce me fu avis,	comme fu M^1
Ont de l'eauë un petit mis.	Ot B, Y ont H^1, Y ot H, Que ont A^7, Que de leau ont A^4, Que de l. un p. y mis A
Mes avant ce qu'alast disner, 975	
Moyses se vout delivrer	
D'aucuns qui' encor attendoient	
Et (qui) delivre pas n'estoient.	
Ceus vout il faire officiaus	off.] especiaus T

Folio 8 d in M ends with line 950, folio 9 a begins with line 1159; one double leaf containing the lines 951-1158 is missing.

32 *Le Pelerinage de Vie Humaine.*

	De sa meson especiaus	980
	Pour l'autre official aidier	
	Qui [mont] bien en avoit mestier,	
	Quar tel maison, si com disoit,	
	Seul gouverner pas ne pouoit.	

e.] officiaux *T*
982=981 *o*
981=982 *o*, moult *GM¹LAH¹*, Q. b. en a. grant m. *H*

pouoit] deuoit *B*, Pas g. s. ne p. *L*

L'acteur parle.
 Or vous diray comment fait a : 985
  Premierement il appella
Grace (de) Dieu a vois haultaine,
Combien *que* ne fust loingtaine.
Celle en son throne se sëoit
Et de tout garde se prenoit, 990
Et je me sëoie a ses piez
Dont j'estoye joieus et liez.
Elle quant se ouÿ apeler,
Se leva tost sans demourer,
Puis a Moysen s'en ala 995
Et avec li la [me] mena.
Adont quant la vi pres de li,
Moyses devint plus hardy
Et parfist tout outreement
Ce que je vous diray briefment. 1000

comme *A*

—de *TALA⁷H¹H*
L, quelle *t*, C. quel ne fu pas l. *o*, C. que ne fust pas l. *HH¹A⁷GM¹TA*
Elle *H*, Celle a *o*

joyans *H*

Celle avant sans a. *H*, Et q. el se *L*

Et puis *oTGM¹*, —sen *o*, —a *M¹*, Moult liement si s. a. *H¹*
—me *tA⁷*, me *oTALGH¹H*, a elle men m. *A⁴*, mamena *M¹*
A. q. vint p. *H¹*

tout entierement *HA*

L'acteur parle.
 Premierement a ceus enoinst
  Les mains et ensemble les joinst,
Puis prist un glaive bien taillant,
Cler et fourby et flamboiant,
A ·II· taillans, (et) maniable, 1005
Versatile et variable.
Bien me sembla estre celui
Qu'a Cherubin tenir je vy,
Et ce estoit il voirement
Figure[e et] bien proprement. 1010
Cellui bailla il moy present

Premier *B*, c. est oingt *A⁴*, enioinst *T*

vne *H¹*
Cl. f. *T*, fl.] sambloiant *H¹*
et] bien *GL*

semble que fu c. *M¹*

ce] si *T*

—et *toTA⁷H*, Figuree tresbien p. *H¹*, F-re tresb. p. *A⁴GM¹L*, F-re b. et p. *A*

Le Pelerinage de Vie Humaine. 33

A ceuz et leur en fist present	—1012 H^1
Avec unes cles qu'il tenoit	une clef $A^4TAGA^7H^1H$
Que Grace baillie lui avoit.	baillies BL baillee A
Grace mesmes qui la estoit, 1015	
Qui a ce faire li aidoit,	
Leur donna il et dit leur a :	L. d. celle A
"Veez cy Grace Dieu, prenez la !	
Je la (vous) doing en compaignie,	en] a A^7GAH^1H
Pour qu'en faciez vostre amie." 1020	Pour] A ce to... Affin A
Quant celle parole je ouy,	Et. qu. c. p. ouy A
Courroucie fu et esbahy	
En disant : "ha las ! que feray,	
S'ainsi Grace Dieu perdue ay ?	
Donnee l'a ce cornuaus 1025	chils cornuiaus H^1, D. la a ces c. H
A ces nouviaus officiaus,	
Asses miex amasse estre mort	amasse le mort Ha
Que point m'en ëust fait tel tort."	fait de t. M^1LAT; fait t. H

L'acteur parle.
Quant Grace Dieu ainsi me vit
  Desconforte, forment me rit, 1030
Puis m'apela en moi disant :

Q. Grace ensi H^1
me] en $oTAGM^1H^1H$ sen L
P. app. T

Grace Dieu parle.
"Fol, que vas tu ainsi pensant ?
  Me cuides tu tout seul avoir
A amie ? Tu dois savoir

Que v. tu fol a. p. T
tu seule HA^7A^4
—A B

Que bien commun est le meilleur 1035	
Et le profit est trop greigneur	tr.] en L
De une fontaine commune,	
Ou puet chascun et chascune	La ou M^1L Lou G
Puisier eauë a son talent	P. del yauwe H^1
Et avoir en son aisement, 1040	en] a $A^4A^7LAH^1H$
Que ne fait fontaine enclose	
Ou que un seul approchier n'ose.	noise B
Encor (te) di que profitable,	que] si L
Si bonne ne (si) delitable	Si b.] ne sera L

F

34   *Le Pelerinage de Vie Humaine.*

  L'iaue qu'as seul ja ne sera   1045
  Com sera celle ou chascun va.
  Je sui fontaine de tout bien,
  Oncques enclose ne me tien,
  A toute gent vueil profiter
  Et touz veul par amours amer.   1050
  En ce ne pues tu perdre rien,
  Ainsiez en puet croistre ton bien,
  Quar trestous ceus que j'amerai,
  Tes amis touz je les ferai,
  Et plus aras de bons amis   1055
  Miez t'en sera, ce m'est avis.
  Or ne te prengnë (pas) envie
  Së aus autres sui amie !"

L'acteur parle.
  Quant fuy ainsi reconforte
  De Grace qui m'out avise,   1060
  Tantost au prone vi aler
  Dame Raison pour sermonner.
  "Seigneurs, dist elle, entendez moy,
  Vostre profit y gist, ce croy !
  Regardez bien le grant bienfait   1065
  Et le grant bien que vous a fait
  Grace (de) Dieu qui est venue
  Huy pour vous et descendue.
  Considerez quiex dons par ly
  Vous a Moyses departy,   1070
  Quar le glaive vous a baillie
  Que Dieu pour li avoit forgie
  Pour garder que n'entrast pecheur
  Ou païs dont il est seigneur.
  Or entendez quel glaive c'est,   1075
  Comment aus folz perilleus est,
  Combien cil qui en veut user
  Le doit cremir et redouter !

qua s. *H*, Eaue quest a seul ne s. *A*, L. que vn seul ne va *L*

tous biens *HH*¹
Ne point encl. *L*
toutes gens *A*¹*A*⁷*ALH*¹*H*, —vueil *A*
Et toutes gens *A*, Et tout p. a. v. a. *L*
puet *L*, —tu *H*¹
Auant *A*, ton] grant *A*⁷, tout *G*

Tous tes a. *A*
Car pl. *H*¹, Tant p. *L*

ten *HA*
Si *L*

Q. a. fu *A*

ce] je *A*⁴*A*⁷*ATH*¹*H*
le grant prouffit *M*¹
g. b.] prouffit *HA*, f.] dit *M*¹
o*TALA*¹*H*, G. D. q. ci e. v. *L*
et] est *H*¹

quil nait A, pechie *A*⁷
Ou plus ou a signorie *A*⁷

v.] doit *M*¹
craindre *A*

REASON DISCOURSES TO THE PILGRIMS.

Le Pelerinage de Vie Humaine.

Le glaive de ·III· choses sert,
Quar quant aucun paine dessert, 1080
Il fiert de pointe ou de taillant,
Ou fiert de plat en espargnant.
La pointe donne enseignement
Que ja ne soit fait jugement
Ou n'ait tresgrant discretion 1085
En faisant la discution
De la cause non sceüe,
Reposte et mesconnëue.
Mont est cil de fol hardement,
D'oultrecuidie apensement 1090
Qui par yre se veut vengier
Ou par soupecon veut jugier.
Mont est glaive mal assene
A home borne et avugle,
Qui a tastons en veut ferir 1095
Et bien du mal ne sceit choisir.
Ce glaive ne doit pas porter
Hons qui ne scet bien discerner
La sante *de* maladie
Et la grant meselerie 1100
Et la moienne et la mendre.
Mont doit *ains* le juge entendre
Les circonstances du meffait
Que nul jugement en soit fait.
Glaive, si com truis en escript, 1105
Guele devisant si est dit.
Bien doit la gueule deviser
Et ce c'on dit bien discerner
Tout juge qui en veut jugier,
Quar tout ainsi comme allignier 1110
Il a ouï, son jugement
Doit il faire, non autrement.

painne a. *AT*
Len *A*, ou] et *H¹*, fiere *T*
fiere *T*, du *TAM¹H¹*

fait] a *H¹*
naist *H¹*
distinction *H* dissention *H¹*

et] ou *H*
fort *BH¹*
Et d. pensement *A* Dentrecuiderie et ap. *H¹*, apenseement *TG*

suspection *T*

et] ou *L*
en tatons o*A¹M¹*, tantons *A*, trestous *GH¹*
Et ne s. le b. du m. ch. *A*

La] entre, de] et *to...*
Et] Entre *to...*, meslerie *B*
Et] Entre *to...*, Entre le maulvais et le mieudre *H¹*
ains] avant *to...*

Que nul] Ains que *H¹*
—1105 *H¹*
—1106 *H¹*, Bouche *A*
g.] bouche *A* parolle *H¹*
Et] En *A¹* De *BH*, c'on] que *A* quil *H¹*

aliger *A¹* aleguier *A⁷* alleguer *A* allguier *T*
Il vieult faire s. j. *L*
f. et non *H*

Raison parle.

"Or vous diray des ·II· taillans
Dont est li glaive dit trenchans,
Pour quoi ·I· seul pas ne soufist   1115
Et quel enseignement i gist.
Se vostre glaive avez pointu
Par discre(c)tion et agu,   Et par d. est a. *A*
Bien est drois qu'aies justice
En vo(stre) terre sur tout vice,   1120   Qui *G* Car *H*¹
Que tout meffait et tout pechie
De corrigier aies congie,   aves *H*¹
Exceptes les cas retenus
Qu'a retenu li grans cornus.
Et pour (ce) qu'en double partie   1125
Est vo(stre) terre departie,
Pour ce convient que ·II· taillans
Ait le glaive con respondans.   correspondans *A*⁴*A*⁷*ABM*¹*LH*¹*H*
L'une partie est humain cors   part *AT*
Que on apellë homme de hors   1130   appella *B*
Et l'autre si est l'esperit
Qui home de dedens est dit.   —de *BAH*¹, Q. h. dedans si e. d. *A*⁴*A*⁷*H*
C'est vostre terre qui en ·II·   qui est en *A*
Partië est sans entredeus.   Partiez s. *A*, Departie *H*¹, s. nul e. *T*
Ces ·II· comme haut justicier   1135   c.] si com *G*, homes *A*⁴
Pouez, quant temps est, justicier.   —1136 *A*, quen t. *A*⁴, de j. *H*¹
Au cors pour ses pechiez pouez   ses] les *M*¹
Donner travail et paine assez,   Donne *B*
Li penitances encharchier   Li] Les *HA* La p-e *T*, Et *A*⁴*B*, P-e li e. *L*
Pour les pechiez hors enchacier.   1140   encharcier *G*, hors] tous *H*¹
A l'esperit pour divers cas,   par *A*⁴*A*⁷*BGAH*¹*H*
Si comme quant est obstinas   q. il est *GL*
En son pechie et amender   Ou s. p. a. *H*¹
Ne se veut pour amonester,   Ne v. *H*¹
Tourner pouez l'autre taillant   1145   Trouuer pues *T*
Sans rien i aler esparnant.   aler y *GM*¹, y a. r. *H*¹*L*, —i *A*⁷

Navrer le pouez mortelment   Navres H^1AT
Par coup d'escommeniement;
N'est nulle playe si cruel,   cruelle TAH^1
Quar sans remede elle est mortei,   1150   Quant T, elle] il H el L, mortelle TAH^1
Et pour ce mont se doit douter
Qui sur soi sent tel coup ruer.   soi] foy T, sent] seul B
Bien aussi apenser se doit   appenser aussi H
Qui de ce taillant ferir doit,   —1154 A, Cil qui du t. H
Et bien vous di que deu[e]ment 1155 $A^4A^7TAGM^1LH$, Et vous B, —di A
Nul n'en fiert qui premierement   ne f. T
Du plat du glaive feru n'a   du gl.] du taillant HA
Ou qui avant avise n'a   devant H^1
Celui qu'i[l] veut ainsi ferir $A^4A^7BTAGM^1H^1H$, frapper A
Et par tel cop faire mourir.   1160 c. mort lui donner A
Par le plat du glaive j'entent   —Par T, j'] y G
Bon et loial avisement,
Veritable monition   amonicion G
Et vive predication   vraie A
Qui fiert les maus en espargnant 1165
Et les espargne en bien ferant,
C'est la parole Jhesucrist
Ou le respit de la mort gist.   Ou lesperit B
De ce plat user vous deveiz,
Quant vos subjez errer vëez.   1170 uoiez L
Sermonner souvent et preschier   S. et p. s. M^1
Fait mainte foyz pechie laissier.   pechier B, souvente fois H^1
S'ainsi les pouez garantir,   le $A^4A^7BAH^1H$
Miex vaut que du trenchant ferir.

Raison parle.
"Or [s]avez donc comment pouez 1175 sauez A avez to... oyez A^4L
    Selon divers cas et devez
User de plat ou de taillant   du . . du H, Deues vser T
Ou de la pointe en bien jugant,   —la H^1

1171.—Cf. Rom. x. 17.

Quar une foiz devez jugier,
L'autre punir, l'autre preschier.   1180
Pour ce' est dit sans point de fable
Versatile et variable
Ce glaive qui baillie vous est
A ce que l'aiez touz jours prest
De li tourner et varier   1185
A vostre vouloir et muer,
Selonc ce que cas s'offera
Et droit et equite sera,
Et pour ce' est droiz qu'aiez a non,
Tant par effet que par renon,   1190
Cherubin plain de science
Et (de) devine sapience,
Quar se Cherubin n'estïez
Mont de maus faire pourrïez ;
Quant devrïez du plat ferir,   1195
Par aventure sans mentir
Vostre glaive tournerïez
Et du taillant vous ferrïez,
Ou quant vous devrïez jugier,
Avant voudrïez corrigier   1200
En faisant (tres)tout le contraire
De ce qui seroit a faire ;
Pour ce en main de non saichant
N'est pas ce glaive bien seant,
En main aussi de hommë ireus   1205
Rest ce glaive mont perilleus,
Quar flamboiant il fu baillie
Par Grace Dieu et ottroie.
La cause, se savoir voulez,
Si est, quar comment le tournez,   1210

faille *H*, est] ay *H*¹, ce d. e. *B*

Affin q. *A*, lares *B*, pres *T*
Pour le *A*
volente *M*¹*T* plaisir *GL*, Et a voz voluntez muer *A*
S. que le c. souff. *HL* S. le cas qui s. *A*

que ait nom *H*, quaiez nom *A*⁴*A*⁷*LAH*¹*H*
T. come p. *H*¹, que] com *HLT*, et *A*⁴

Et de vine s. *T*
se] de *B*, vous n. *M*
M. de] Assez *HH*¹, Trop de . . vous p. *M*
du pl. de. *L*, —du pl. *H*¹

retorneriez *M*
Et lors d. t. f. *HH*¹ Et puis d. t. v. f. *M*
Et *T*, —vous *T*, d.] vouldries *A*
A auant *B*, Se v. a. c. *M*
—tres *A*⁴*A*⁷*BT*, En ce f. tout *o* Et en f. tout *A*
que *oMT* que y *H*¹, qui la *G*, quil appartient a f. *A*, que vous deuriez f. *H*
Et pour en *A*, sauant *L*
bien] moult *A*

Est *A*⁴*H*¹

Par] A *H*

Si est] Et *L*

1202.—Or *qu'i* (?).

Le Pelerinage de Vie Humaine.   39

  Soit en preschant ou en jugant,   ou] soit *H*¹
  En punissant ou corrigant,   —1212 *H*¹, ou en c. *A*
  Monstrer le deves enflambe   lui *A*
  De vraie amour et charite,   Que *A*
  Quar amour est le feu ardant   1215
  Qui le doit faire flamboiant.   Que *M*

Raison parle.
  "Or vous dirai, se ne saves,
   Pour quoy ce glaive vous aves :
  Portiers estes, ce m'est avis
  Du roiaume de paradis,   1220
  Les clefs avez sans point mentir   en a. s. m. *A*
  Pour clorre l'uis et pour ouvrir ;   louvrir *A*
  Sans vous n'y puet nulli passer,   n'y] ne *L*
  Le pas gardes dë ens entrer,
  (A) vous convient monstrer c'on porte, 1225   monster *B*, come *T*
  Avant que on passe la porte.   Dauant *M*, que en pa. *T*
  Toutes manieres de troussiaus,
  Petis et grans fais et faissiaus   Grans et petis f. *H*¹, et fardeaux *L*
  Devant vous couvient destrousser,
  Tout desploier et tout monstrer ;   1230   despoullier *A*⁷*BTALH*¹
  N'y a chose si bien close   ch. tant soit b. *H*
  Qui ne doie estre desclouse   Qua vous ne *M*¹, e. a vous d. *H*¹, Q. ne couuiegne *LM*
  Par vraie revelation
  D'enterine confession.   De parfaite c. *H*¹
  Or gardez bien quë aiez pris   1235   quaies *G*
  Ce glaive et ses cles par avis,
  Nul ne devez faire passer   faire faire *M*¹
  Qui son fardel ne veut monstrer,
  Les pech[ë]eurs devez serchier   kierkier *H*¹ chergier *A*⁷ encerchier *LM* bien cerchier *M*¹
  Et faire leur fais descharchier,   1240   fais] fardeaulx *H*
  Tout devez peser sagement   penser *L*
  Et jugier en discretement   Et en j. *A*⁴*AL*
  En bien gardant de vostre nom

40   *Le Pelerinage de Vie Humaine.*

La vraie interpretation,
A fin c'on vous puis[se] apeler   1245
Cherubins par droit et nommer ;
Et lors quant tout arez vëu,
Tout regarde et connëu,
Quant des meffais arez jugie
Et paines en arez chargie,   1250
Enjoint(es) dignes penitances
Et vous verrez (les) repentances,
Lors pouez vous l'uis deffermer
Et vos penans faire ens entrer.
C'est la signification   1255
Du glaive et demonstration,
Des clefs aussi l'enseignement,
La doctrine et l'apensement.
Or gardez bien quë en uses
Discretement si com devez."   1260

L'acteur parle.
Quant ot ainsi Raison parle
    Et j'o tout veu et escoute,
Talent me vint et desir grant
D'avoir ce glaive flamboiant
Avec les cles pour estre huissier   1265
Du dit passagë et portier.
Mais a quel fin *je* venroye,
Encor(e) pas pense n'avoye.
Ceste chosë avient souvent,
Quar de ce que volente prent   1270
Ne voit on pas touz jours la fin,
Pour ce que avugle est Cherubin.
Ainsi com j'o ceci pense,
A Moysen m'en sui ale
En li priant que me donnast   1275
Ce biau glaivë et ottroiast

puisse *BL*
Cherubin *A⁴BLMAH¹*, p. d. nom et n. *T*
aues *H¹*, —tout *A*
Et r. *ML*, et] tout *H*, et tout c. *B*

En joingt es *H¹*, Et enioingt d. *H*, Et maintes d. p. *o*
— 1252 *A⁷H¹*, Afflictions ieunes et attenances *B*
pourrez *A⁴A⁷H¹HP²*
penez *H*, penitens *AA⁴*, —faire *A⁴B*

et la d. *TAGM¹MH¹* et la descripcion *A⁴B*

le pens. *H*

g. que bien *A*, g-r, vser *L*
com saves *A*

ot R. a. *HA⁴oT*; r. ot a. *A*, a.] celle *A⁷*
tout cheli esc. *A⁷*

ce] le *M¹*

Auecques *A*
Du] De che *H¹M*
je] de ce *to*...
—pas *A⁷* point *L*
Et ceste *A*, moult s. *M*

que a.] quangeles *H¹*
jou ensi pensay *H¹*
A M. tout droit alay *H¹*, me *T*
quil *A⁴AGM*

Le Pelerinage de Vie Humaine.

Que des clefs eusse l'usage	Et que ALH
Pour garder le dit passaige.	

L'acteur parle.

<blockquote>

Moyses, quant m'ot escoute,
Le biau glaive a engaïne,   1280
Les clefs liees bien forment
Et tout seele bien sagement,
Puis m'a l'un et l'autre baillie
Benignement et ottroie,
En (moi) disant que bien gardasse   1285
Que les clefs ne desliasse
Et que le glaive ne meusse
Devant que congie en eusse.

Quant m'ot ce dit, esbahi fu
Pour ce que n'avoye veü   1290
Nul a qui il eust ainsi fait
Ne de parole ne de fait.
Mont me pensai que (je) feroye
Ou que faire je pourraie
De ce glaivë engaïne,   1295
Sëele et envolope,
Des clefs aussi que seelees
Baille m'avoit et (bien) liees.
Bien cuidai [je] que deceü
M'ëust du tout, quant aperceu   1300
Grace de Dieu qui m'amena
Raison qui' [ainsi] a moy parla :

</blockquote>

Raison parle.

"Biaus) amis, dist Raison la sage,
Que penses (tu) en ton courage ?
Ou apreis tu a l'escole,   1305

Quant M. A
Ce A^4, a $oTAGM^1LMA^7H^1H$ ma tA^4B, engaigie A^7
—tout M^1

Beguinement B
gaitasse B
Q. point ie ne le d. H^1

—ce A, q. pas n. A^7LH
—il M^1

Forment p. M
Ou q. pour mieux f. p. H^1 Ou quel chose f. p. L Ou quel chose penser p. A
envagine H
S. et bien e. H, S. bien et enfrumet H^1, Bien s. et eng. L
s.] balleez A^4
—bien T, —et G, Baillees $TMAH^1$, Mauoit qui estoit lieez A^4
cuidoie q. o, Et bien c. q. A^4H^1, Adonc. c. q. A^7GM^1LH, Je c. b. M, B. c. estre d. A q.] et B, Du t. q. jeu ap. A
—de $oTAA^4A^7MH^1H$, D. quant a moy a. M, de inserted between the lines G
R. et qui a t R. q. a $oTAA^4BGM^1H$, R. et a A^7, R. q. de ce me auisa L, Dame R. q. a H^1, R. laquelle a M

Line 1290 between 1291 and 1292 B.
1303.—Raison qui t; *et* has been added on the margin.

G

Ta pensee si' est mont fole.
Bien voy que tu n'as pas apris
Predicament ad aliquid.
Ce predicament autre part
Ailleurs qu'a soy a son regart. 1310
Il fait son edefiement
Sur autri fons mont sagement.
Quanquë il a, il a d'autri
Et si n'en fait tort a nulli.
S'autrui n'estoit, rien ne seroit 1315
De lui ne estre ne pourroit.
Exemple baillier je t'en vueil,
A fin que se vëoir a l'ueil
Puisses clerement (et) entendre,
Bien retenir et (bien) apprendre. 1320
Quant Dieu le mondë ot cree,
Avant quë home fust fourme,
Appele fu tant seulement
Dieu, se Genesis ne me ment,
Mais quant home si fu fourme, 1325
Lors fu Dieu seigneur apele
En signe que, quant ot sergant,
Seigneur fu et seignourissant.
Quant sergant ot, lors fu seigneur
Et si n'en fu onques greigneur. 1330
Mais les seigneurs de cest païs
Ne sont pas telz, ce m'est avis,
Quar de tant plus ont de sergans,
Tant s'en font il assez plus grans.
Leur sergens et leur mesnïe 1335
Si leur donnent seigneurie.
Seignourie si fu nee
Es subjez et engendree,

m.] trop *H*

Le p. *A⁴BTAGM¹LMH*, le predicacion aluiquid *A⁷*
Ce] Et *GA⁴*

A. a soy qua s. *A⁷*

—fons *H¹*, autre *L*
il la d. *GH¹*
ne *T*

nestre *T*
te *T*
se] ce *TAGM¹LH* te *M*, se v.] se voels *H¹* de ce voir *L*, a seeil *B*
et] y *L*, Puissies *B*
A

h.] mondes *H¹*

—me *A⁴A⁷TAM*, se le g. ne ment *GM¹L*, D. ou lescript G. ment *H¹*
—si *B*, M. q. il ot h. f. *A*

fu et] il fu *H*
Q. ot s. *AL*
ne *AT*

—plus *H¹*, ont plus *A⁷*, t. quont pl. *AT*
se *BM*, De t. sunt il *GL*

donnerent o, la seig. *A⁴BGM¹LH¹H*, Leur d. la s. *A*

Es sergens *H*, En *T* Des *M¹*

1319 forming ἀπὸ κοινοῦ sentence with 1318.

Le Pelerinage de Vie Humaine. 43

Et se les subjez n'estoient,		—se *T*
Seignouries periroient.	1340	pourriroient *A*, Les seigneurs p. *B*
L'une et l'autrë ad aliquid		
Si est dite, ce m'est avis,		
Quar l'une si' a sa naissance		Qua l. *A*, sa] la *o*
De l'autre et sa dependance		et de sa pendanche *A⁷*
Quant l'une est, aussi est l'autre,	1345	ainssi *B*
(Et) quant faut l'une, aussi faut l'autre.		*GL*, lune faut *A⁷L*, aussi fait *oA⁷*

Raison parle.

Or entent bien ceste lecon		entendez *A*
Tu qui es en subjection !		Vous qui estes *A*
Regarde bien que subjet es		R-s *AH¹M*, q. tu subges, —es *H¹*
A autrui et n'as nus subjes.	1350	Es a a. *H¹*
Sur toy a juridiction,		S. quoy as *H*
Poste et domination		puissance *BAH¹*
Ton souverain qui quë il soit,		quel que *A⁷GAH¹*, que quil *T*
Mais une chose te decoit,		
Que subjez n'as aussi com li,	1355	na ainsi *A*
Quar par ce la as tu failli		tu as *G*
Au biau glaive avoir desnue,		—biau *L*
Descouvert et desgaïne,		
Aus clefs aussi desseelees		Et aussi ez cl. d. *B*, aussi] auoir *L*
Avoir et desvolepees.	1360	Auxi et d. *L* Et a. d. *H¹*
Du glaive nu (tu) que feroies		*M*, —nu *H¹*, que tu *BA⁷*
Et des clefs, se les avoies		
Descouvertes ? Rien je n'i voi		ne v. *TG*
Que folië et grant desroi ;		
Së un coutel desgaïne	1365	
Je portoië et desnue,		porteroie *H¹*
Et rien n'en ëusse a taillier,		ne *B*, a coupper *A*
Je feroie la gent cuidier		
Que sote fusse ou que tuer		
Aucun en vousisse ou navrer.	1370	—en *B*, En v. a. *M*
Se *aussi clefs* portoie nues		Se clefs aussi *to*...
Et (m'en) alasse par les rues		

44   *Le Pelerinage de Vie Humaine.*

      Ou n'eusse huis *ne* serrëure,
      Cuidier pourroit *d*'aventure
      Nul que fausses clefs portasse   1375
      Ou (que) rober la gent alasse ;
      Et tost ce pourroit on penser,
      Quant on verroit mes clefs sembler
      Aus clefs que li autre aroient
      Dont leurs huis (il) deffermeroient. 1380

Raison parle.

      Certes tez clefs tex gardes ont
      Comme les estranges les ont,
      Pour ce te di, puis *qu'a* fermer
      Tu n'as rien ne a deffermer,
      Puis que tu n'as rien a taillier,   1385
      Riens a couper ne a trenchier.
      Miex vaut que soit engaïne
      Ton glaive que desgaïne,
      Miex vaut que soient couvertes
      Les clefs que as que descouvertes, 1390
      Tout a temps puet on bien venir
      A l'un et l'autre descouvrir ;
      Ainsi Moyses sagement
      Les te bailla et deuement,
      A celle fin que quant vourra   1395
      Ton souverain et point verra,
      Les clefs te puisse deslier
      Et le glaive desgaïner.
      Ce iert quant te vourra baillier
      De ses subjes pour li aidier.   1400
      Quant matiere ou puisses ouvrer
      Te vourra baillier et livrer,
      Autrement rien ne pues faire,
      Se tu ne te veus meffaire.
      Peril de mort tant seulement   1405
      T'en met hors, s'il est evident ;

ne o*TAA⁴BGM¹LMA⁷H¹H* ou *t*, Et je n. *L* Ou je nay *M* Ou naroit *A*
d'] par *to*...
N.] Aucun *to*...

ce] le *BM*, Et t. p. on ce p. *GM¹LTAH¹*
s.] porter *L*

—il o*TABMA⁴A⁷H¹H*, De quoy *A⁴A⁷MA H¹H* Dont ilz l. h. d. *GM¹L*

tez] ces o*M*, —tex *T*

qua *MA⁷*, que *to*...
—a *BT*
a] que *M¹*
ne] rien *A⁴GAH¹H*, c. na egailler *L*
—soit *H¹*
gl. soit q. *H¹*
Et m. q. *H¹*

—1391 *H¹*, —bien o*A⁴BTAH*, Car t. a t. p. o. v. *GM¹L* T. a t. y p. on v. *M*, p. on avenir *A⁷*
—1392 *H¹*

Le tes *A⁷H¹*
ceste *A*, venra *H* vauras *A⁷*
vendra *B* venras *A⁷*, p. sera *M*
tu puisses *H¹*, deseruer *H*

Cest q. *L* Ce sera q. *A*

cu puis gouverner *A⁷*

nen *BL*
—te *T*

Ton mach *H¹*, Te *B*, est cuidant *A*

Le Pelerinage de Vie Humaine.   45

  Lors pues tu bien desgaïner
  Le glaive et les clefs deslier,
  Neccessite congie (t'en) donne
  Et l'usage (t') en abandonne, 1410
  Suppose quë autre n'i ait
  A qui ape*r*tiengne le fait.

Raison parle.

  C il a qui ce fait ape*r*tient,
   C'est cil que nu le glaive tient,
  Qui les clefs a desliees, 1415
  Nues et dessëellees,
  C'est cil qui juridiction
  Sur lui et domination
  A et en est droit relatis,
  Pour ce qu'a li il est sousmis. 1420
  Së aussi subjes ëusses,
  Aussi faire tu pëusses,
  Ta poste fust ad aliquid,
  Mais nus n'en as, ce m'est avis ;
  Si ne te doiz pas esmaier, 1425
  Toi esbahir ne courroucier,
  Se baillie t'est engaïne
  Le glaive et en fuerre boute,
  Se les clefs as sëelees,
  Liees, (et) envelopees." 1430

L'acteur parle.

  Q uant m'ot ainsi Raison preschie
   Et ce devant fu despechie,
  Moyses vout aler disner
  Et son mangier vout aprester
  Tout autrement quë il n'estoit, 1435
  Quar nulle chose n'i avoit
  Fors pain et vin tant seulement,
  N'estoit pas mes a son talent ;
  Char vouloit avoir a mengier

L. tu poes H^1

congien te d. T

au.] entre B
A q. n'ap. A

ce] le BH^1
—nu H^1
C'est cil a qui desseellees M
Ait les cles et desnuees M Et desnuees et d. L
j.] vindication B
—et HA
—droit $oTAA^4A^7H$, et si GM^1LM, et en ses reltis B, et encore est H^1

ainsi AM^1
Ainsi T
puissance A
nul H^1A nulz G

Toi] Ne GM^1LMAH^1, Esb. ne c. oTB, Esb. ne toy c. HA^4A^7

en] ou LH, Et en seurrete le gl. b. A

R. ainsi H, R. mot a. A
—fu H^1

—que L, T. ensiment q. il veschoit H^1H
n.] aultre H^1

mais A
—avoir B

Et sanc avec pour deffacier	1440	eff. *ML*
La vieille loy qui dit avoit		La] Sa *H*¹
Que nul sanc mengier ne devoit.		
Pour li aidier Grace appela		
Et elle tantost i ala.		Et celle *L*
Lors vi unes grans merveilles	1445	vne g-t m-e *H*¹, Adonc vi ie g-s m-s *A*
A qui nulles (ne) sont parelles :		
Le pain en char vive mua		
Ainsi com Grace l'ordena,		
Le vin mua en sanc vermeil		
Qui bien sembloit estre d'aignel ;	1450	Q. s. e. dun a. *L*
Puis vout com courtois appeller		
Les officiaus au disner		
En leur appregnant son savoir		
Et en leur donnant son pouoir		
De faire tel conversion	1455	
Qui tourne a admiration,		Qui ha a. *A*
Puis donna a touz a mengier		
De ce nouviau mes sans dangier,		
Et il en menga avec eus		—en *H*¹
Et du sanc but veant mes iex.	1460	but du s. *HM*, v. m. i.] v. toz eulx *L* a moy merueilleus *H*¹
Onques ne fu nu[l] tel disner		nul *TGM*¹*A*⁷*H*¹ vu *BHA*, —nul *o*, O. mais ne fu t. d. *M*
Dont j'aie point ouï parler,		jai *H*¹, oir *T*, Nonques point noi p. *A*⁷
Ne nulle tel mutation		De *A*⁷, Ne vi si forte m. *H*¹
Qui ait si merveilleux renon.		
Quant j'o ce mengier regarde,	1465	
Vers Raison me sui retourne		s. tourne *A*
Pour li prier que me preschast		
De ce disner et enseignast.		
Mes ainsi com me retournai		comme r. *M*¹*LMT*
Toute esbahie la trouvai.	1470	

1441-1442.—Levit. vii. 26 ; xvii. 14.

Le Pelerinage de Vie Humaine. 47

Raison parle.	"Dame, dis je, qu'est ce, qu'avez ? D. quesche di je H^1
	Toute esbahie me semblez,
	Enseigniez moi de ce mengier cest M
	Et m'en veulliez un pou preschier !"
	"Certes, dist elle, non ferai, 1475
	Quar nulle chose je n'i sai ; n'en HL
	Cy me faut mon entendement
	Et mon sens tout outreement, o.] entierement AL aultrem. H^1
	Avugle sui, (je) n'i voi goute, Aveulee H^1AL
	Perdue (i) ai ma veue toute. 1480 —i oAA^7GM^1LMH, y ay v. t. H^1
	Oncques mais si esbahie
	Ne fu en toute ma vie,
	Quar se d'un euf un bel oysel dun bel oef A^7
	Ou d'un grain d'orge un chalemel Ou] Et HA^7, chamel HA^7, Et sans point faire merueille nouuiel H^1
	Eust fait ce cornu Moyses, 1485 E. f.] Feist A, cil M
	Assez en fusse en bonne pes, feusses a b. B, f. a me pes A^7
	Mes toute esbahie il m'a fait ma] me BTH^1, e. ma faicte H
	Quar char vive de pain a fait Que GL, faicte H
	Et de vin sanc pour (son) buvrage G, son] le H^1, — de B
	Contre nature et (contre) usaige. 1490 —contre G
	Et vraiement je le dirai
	A Nature quant la verrai,
	Et si l'envoierai parler len voirai H^1T
	A Grace Dieu sans point tarder ;
	Quar ce fait elle (tres)tout faire, 1495 elle tout ce f. T,
	(Et) trop souvent li est contraire,
	Perdre li fait par (son) haussaige
	Sa coustume et son usaige."
L'acteur.	Quant m'ot ce dit tantost me lait dit ce T
	Et vers sa tournelle s'en vait. 1500
	Triste en la place me laissa —la H
	Et triste en sa tour s'en ala.

48 *Le Pelerinage de Vie Humaine.*

  Ainsi com tout seul estoie
  Et qu'a ces choses (je) pensoye,
Une vielle vi qui venoit   1505
De vers la tour et aprochoit,
N'avoit pas la chiere liee,
Ain(coi)s l'avoit mont courrouciee,
Les mains avoit sous l'(es)aisselle(s),
Les yex luisans *qu'*estinceile(s).   1510
Bien pensai que Nature estoit,
Par ce que Raison dit m'avoit.
Et c'estoit elle voirement
Si com je sceu finablement.
Preste me sembla de tencier   1515
Mont plus assez que de preschier,
Quar vers Grace Dieu s'en ala
Et a li rudement parla.

Nature parle a Grace Dieu.

  "Dame, dist elle, a vous je vien
  Tencier pour deffendre le mien. 1520
Dont vous vient il a remuer
Mes ordenances et muer?
Souffire vous dëust assez
La partie que vous avez
Sans vous de la moie mesler   1525
Et sans y mestrise clamer.
Ou ciel avez (la) seigneurie,
Sans ce que autre i ait partie.
Les estoiles faites tourner
Et les planetes varier   1530
Les esperes com vous voulez

—tout *A*
—je *BGAH*¹, cestes *T*

toure *T*, saprochoit *M*¹
Qui nauoit *H*

auoir sur ses a. *H*¹, aissellees *T*
qu] comme *to*...

Pour *H*
vraiement *L*
je] le *H*, ie le s. *T*, soy o*L*
t.] courchier *H*¹

Quand *H*¹
—1518 *T*

—je *H*¹

Souffir *H*¹

mieue *H*¹
mestrie *o* mestresse *H*¹, maistrie y *H*¹ m. y. *L*, y] vous *M*
Ou] Du *to*...

tournier *G*

espires *H*¹, com] quant *A* que *T*

  1521 twice *M*; there is an illustration after line 1521, and this illustration is again followed by line 1521. In the other MSS. this illustration stands between 1518 and 1519; it has changed this place in *M* because there was not space enough for it after 1518, lines 1519-1521 being the last lines of col. 11 c.

NATURE SCOLDS GRACE DIEU.

Le Pelerinage de Vie Humaine.   49

[Ou] tost ou tart vous demenez.
Envis voir vous soufferrïez
Et mont envis vous vourrïez
Que de rien je m'en meslasse. 1535
Donc voir seroie je lasse,
Së en ma part vous clamïez
Haussage ou vous en meslïez ;
Aussi tost vourroie mourir
Com je pourroie ce soufrir. 1540
Entre moi et vous (fu) assise
Fu bonne qui nous devise,
A fin que ne mesfëissons
Ne de rien n'entreprëissons
L'une a l'autre, c'est la roe 1545
Ou (en) touz temps la lune roe ;
Celle roe si nous depart,
A chascune donne sa part,
De hors est (la) vostre partie,
La avez (vous) la seignourie, 1550
La pouez vous, se vous voules,
Faire assez de nouveletes.
Se (de) Venus beste cornue
Ou (de) Mercure une tortue
(Vous) faisïez, bien m'en tairoye 1555
Ne (ja) de rien n'en parleroye ;
La endroit ne claim nulle rien,
Mais par dedens trestout est mien.
Maistresse sui des elemens,
Des impressions et des vens 1560
De faire variations
Et diverses mutations ;
En feu, en air, en terre, en mer

Ou GM^1LH Soit M
A enuis AH Moult en. B, E. certes v. M,
E. vous vous s. L E. voir s. T
Et m. a paine vouldriez L, Et nullement ne
vourr. H, Ne aussi vous ne le vour. M
me m. TH^1
Dont G, Bien me devroie clamer l. B
partie cl. L, recl. M
H.] Usaige HM, Haut sage A^7
v. t. H

Que BA
E. v. et m. H, Contre m. et v. est a. H^1
Fu] Vne to..., n.] vous B
nen M, mespresissons A^7
mesfesissons A^7
a] vers to..., sur A^7, Lun A
—en B, la nue B lime A^7

Et a oTB, Et a chacun AG
De haut A^7 De sus L Lasus H^1

de vos voluntez TAM de meruilleusetes A^7

—men A, me oT
Ne va de B
clame ie r. A

Et de d. H^1
air] yaue o, t.] eaue G, en t. en air AH^1

1546.—See J 1366.   1562.—*Ignis, aer, tellus, aqua* (Plin. *Hist. Nat.* ii. 5).
H

Riens en estat ne laisse ester,	R. ne l. en estat *A*
Tout faiz tourner et tendre a fin,　1565	tendre] metre *GL* prendre *H*¹
Tout varier soir et matin,	
Nouvelles choses faiz venir	f. devenir *H*¹
Et les viez choses departir.	vief *M* vieses *H*¹ vielles *TA*

Nature parle.

La terre de mes robes est	Sa *B*, La t. en yver ma robe deuest *A*
Et en printemps tous jours la vest, 1570	en] ou *GM*¹, la revest *A*
Aus arbres donne vestemens	
Contre l'este et paremens,	et le printemps *M*
Puis si les refaiz despoullier	Et p. le *M*, —si *B*, les fas d. *TH*¹
Contre l'iver pour eus taillier	
Autres robes et cotelles　1575	Daut. *M*¹, A. r. dras et c. *A*⁷, et autres c *M*, Puis leur redonne autres c. *L*
A ce semblant tout(es) nouvelles.	A ceulz *A*, toute *H*¹
N'(i) a bruiere ne geneste,	—a *B*, genestre *H*¹
N'autre arbricel que ne (re)veste.	Ni a. arbre *L*, reste *A*⁷
Oncques ne vesti Salemon	Salmon *L*
Tel robe com vest un buysson.　1580	v.] est *H* fait *M*, r. que ie viesc un *H*¹
Se que je fais, par lesir fas,	Ce] Quoy *H*¹, —je *BH*¹
Quar hastive je ne sui pas	chastiue *G*, ne sui je *BH*¹
Et toute mutation he	m. t. *H*¹
Qui est faite en hastivete ;	chastiuete *G*
Si en vaut miex mon ouvraige,　1585	Si] Bien *M* Pour ce *oH*, —un *T*
Au tesmoing Raison la saige.	Au] Ou *H*¹ A *A* En *oGM*¹*LH*
Point ne dor ne sui oyseuse,	P. ge ne s. huiseuse *L*, Pour ce ne d. *T*
Et ne sui point pereceuse	perceuse *o* precheuze *H*¹*A*⁷ priceuse *B*
De touz jours faire mon devoir	
Selonc mon sens et mon pouoir.　1590	S.] De tout *G*, p.] sauoir *L*
Hommes et fames fais parler,	p.] aler *B*
Voler oysiaus, bestes aler,	
Noer poissons, ramper serpens,	
Croistre les bles et les fourmens.	

1579.—Math. vi. 29 ; Luke xii. 27.

Le Pelerinage de Vie Humaine. 51

De tout sui dame et mestresse,	1595	Dame de tout sui *to*..., de] du *GA*⁷, sui du t. *HA* sui de t. *L*
Mes avis m'est que (pour) baiesse		b.] pagesse *A*
Malement me voulez tenir,		
Quant mon vin faites devenir		faite *T*
Sanc pour faire *nuef* bevrage.		n.] nouuiau *to*...
A bien pou que n'en errage.	1600	q. ge ne menrage *L* q. ie nesrage *H*¹ q. ie nenrage *GA*
Du pain (si) grant courous n'ai mie,		c.] dueil je *H*
Quar de crouste ne de mie		
Fairë onques ne m'entremis		me tremis *T*
Ne onques paine je n'i mis,		ne mis *T*
Mais [bien] voirs est que je baillai	1605	*GM*¹, M. b. est voirs *LH*¹
La matierë delivray		et le d. *A*⁷ et la liuray *L*
Dont on le fait, ce savez vous!		ˆfay *H*¹, on len f. *T*
Et pour ce ai je au cuer courous,		au] a *T*
Quant en char vive le mues		Quar .... muer *L*
Et de mon droit me desnuez.	1610	

Nature parle.

Dont vous vient il a faire ainsi?		a] de *HH*¹*M*
Point ne me plaist, bien le vous dy,		
Trop vous ay *voir* deportee		v.] certes *to*..., ay long temps d. *G*
Et (trop) souferte en ma contree,		suffert *L*
Quar autreffoiz avez mue	1615	
Par ne sai quel auctorite		Pas *A*, Ne scay par *H*
Mes us et mes ordenances,		Mes lois *A*
Mes fais et acoustumances.		
Bien me souvient du feu ardant		
Qu'en mon buisson reverdissant	1620	rauerd. *H*¹
Mëistes sans li faire ardoir		le *HL*
Oultre mon gre et mon vouloir;		
Si me souvient mont bien aussi		Et *L*, m.] mon *T* trop *H*¹
Des verges' Aaron et Moisy,		
Quar l'une serpent devenir	1625	—1625 *H*¹, Que l. feiz d. *M*

1620.—Exod. iii. 2.   1624, 1625.—Exod. iv. 3; Num. xvii. 8.

Fëistes et l'autre verdir,   —1626 *H*¹, F.] Ung serpent *M*, reuerdii
Feulles porter et fruit et fleur   *GM*¹*LA*⁷*AH*
       p. fruit *T*
Qui seche estoit et sans humeur.   Que *H*¹
De l'eaue aussi fëistes vin
Aus noches dë Archedeclin   1630   de Saint A. *H*¹, Archetreclin *TL*
Et mont d'autres remuemens
Dont lonc seroit li parlemens.
D'oublier aussi n'ai talent   nay aussi *B*
De la vierge l'enfantement
La quel(le) concevoir fëistes   1635   c.] contenir *o*
Sans homme dont (mont) mesprëistes   —mont *AB*, d. m.] de quoy *B*
Vers moi, et quant virge enfanter   —et *GLM*¹
La feistes sans moy apeler.   Feistes s. m. y a. *L*

Nature parle.
    Tel(z) chose(s) ay soufert longement,   Tout chou ay *H*¹, s. moult l. *A*
    Dont je me dueil mont grandement, 1640
Onques mais je n'en fis noise
N'e[n] parlai dont il me poise,   Ne nen p. *oH*¹*LH* Ne ne *BTAGM*¹*M*
Trop se puet on souvent soufrir,
Trop taire soi et trop dormir ;   T. se taire *L*
Quar pour ce que me sui teue,   1645   —sui *T*
Maintenant estes (re)venue
Pour refaire nouveletes   P. faire *H*¹ P. faire vos n. *P*²
Par les quelles vous me excitez   Pour *M*¹, —me *T*
A maintenant tencier a vous   o vous *L*
Par tresgrant ire et grant courous ;   1650
Et bien vous di, se ne fussiez   Et v. di que se *H*¹
Si grant dame, tost ëussiez   t.] trop *H*¹ tantost *L*
La guerre et a vous me preisse
Et puis ainsi vous apreisse   ainsi] apres *H*
A mes usages tresmuer   1655   transm. *H*
Sans moy sommer ne apeller."   sonner *oA* huchier *H*¹ ny *T*

1629-1630.—Joh. ii. 7-9.

Le Pelerinage de Vie Humaine. 53

L'acteur parle.
Quant ot Nature ainsi parle,   ot ensi N. *H*¹
 Grace qui tout ot escoute   G. Dieu *B*
(Li) respondi en tel maniere :

Grace Dieu parle a Nature.
Nature, trop par (est)es fiere   1660   estes] es tu *A*, par trop *H*¹
 Qui ainsi a moy fierement
Parles et orgueilleusement.   Parle *A*
Bien croi que estes abevree   B.] Je *H*
De vos vins et enyvree,
Et forsenee bien semblez   1665   Et] Car *H*¹, b. le *A*
De la grant ire que monstrez ;
Ne sai se estes assotee   —1667 *L*
Nouvel(e)ment *et* radotee,   —1668 *L*, et] ou *tBTAM*¹*MH*¹, redoubtee *A*
N'a pas mont que dit aviez   —1669 *L*
Que pas hastive n'estïez,   1670   —1670 *L*, h. p. *HA*
Mes en vous le contraire voi,
Quar sans avis parles a moy
Hastivement et nicement
Et assez despourveuement ;   desporueement *H*
(Et) bien vous dy qu'a vous parlasse 1675
(Ja) laidement et vous futasse,   fustasse *GLAA*⁷ buscaisse *H*¹
Se ne fust pour l'onneur de moi
Et pour le courous qu'en vous voi :
Quar gens ires a deporter   g.] grans *H*¹, yreux *M*
Sont, pour ce que voir discerner   1680
Ne peuent pas bien clerement   —bien *H*¹
Pour leur trouble entendement.   Par *H*, tourble o*H*¹

Grace Dieu parle.
Or (me) dites dame Nature   —me *H*¹
 Qui ainsi de forfaiture
Me reprenez et me blasmez   1685   me bl.] arguez *H*
Et de bonnage me arguez,   de b.] dung bruuaige *A*, me parlez *H*

 1668.—*Novelment* (from *novalis*, see Du Cange) occurs in some Old French texts (see Littré, *nouvellement*); however, *de nouvel* or *de rechief* was perhaps the original reading.

Qui dites que mont mespris ay, —mont H^1
Quant en vostre courtil entrai.
Se Diex vous gart, de qui tenez
Et dont vous vient ce quë avez ?   1690   proch H^1, le] au A
Vous semblez le porc sauvage   mengust oBT mengue $GM^1LMA^7AH^1H$,
Qui mengut en son boscage   maingent aual s. M, m. ens en. s. b. H^1
Le glan et point n'a le regart   grain o, na p. T, ne le G, —le A^4A^7H de H son M
Dont il li vient ne de quel part,   Ne dont il v. GL, — li A^7
La teste en terre a et les yex,   1695   teste] terre o, a en terre H, En t. a la t. A^7,
Et point en haut ne vers les ciex   L. t. a t. et les deux y. H^1
   P. en h. deuers l. c. H^1
Ne regarde dont ce li vient   cellui A, ychou li H^1
Fors seulement qu'au glant se tient.   qu'au] au $oABMH^1H$ a T
Aussi cuit, ne me connoissies   Ainsi T, croy M, A. vous ne H^1A, c. que ne
Ou connoistre ne me daigniez,   1700 $oTGM^1H$, c. que me B
Pour ce que debonnaire sui   Ne c. H
Et tencerresse point ne sui.   pas AT
Ouvrez un pou discretement
Les yex de vostre entendement !
(Quar) se bien ouvrez la paupiere,   1705
Moi maistresse et vous chamb(e)riere   chamberie o chambiere M^1
Trouverez tout apertement
Et lors parlerez doucement   p. vous d. o, Lors p. vous d. $BTGM^1L$
A moi et hommage ferez   me f. M^1LMTA me feriez o
De quanque de moy vous tenez.   1710   —vous AA^7, v. de moy L, De q. auez de
Jadis de ma courtoisie   moy tenrez H^1
   de] par H, Car jad. H^1
Du monde une grant partie
Vous baillai pour vous occuper
Et pour y loialment ouvrer,   p. l. y. L, Fors moy nulle aultre dame
A fin que huiseuse ne fussiez   1715   clamer H^1
Et que de tout me rendissiez   du H, rendesissies A^7
Conte loyal (si) com baiesse   b.] pagesse A
Doit tous jours faire a (sa) mestresse.   sa] le H^1
(Et) pour ce, se fussiez bien saige,
Ne parlissiez (pas) du bonnage   1720   —pas H^1, de H^1M, bruuaige A

Le Pelerinage de Vie Humaine. 55

Qui est mis entre vous et moy,
Quar il vous bonne, non pas moy ;
Il vous forsclot d'outre passer
Pour ce qu'ainsi le vuel bonner ;
Mes a fin que n'i entrasse, 1725
Ne cuidiez (pas) que je bonnasse !
Entrer i puis quant je vourrai
Et ja a vous n'en parlerai,
Et encor plus, s'i[l] me plaisoit,
Mesler plus ne vous en faurroit, 1730
(Quar) toute seule bien feroie
Qui a faire est, se (je) vouloie.
Mais ainsi ne ferai (je) mie,
Pour ce que il n'apertient mie,
Quar n'est pas drois que (la) mestresse 1735
N'ait (en) touz temps une baesse.

—vous *A*, il ne v. b. pas sans moi *A*⁷

voul o*TM*¹*L*

Ne *M*¹*L*, —ja, ne *T*
sil o*TB*..., Mes *L*
La m. ne *L*

Que *H*¹, Qua f. *L*, Car a f. *A*⁷, Ce qua faire est *AM*, Ce quest a f. *H*
—je *T*, je] le *A*⁷
—ce *B*, ne mapart. o*L*

Nest *o* Noist *B*, b.] pagesse *A*

Grace Dieu parle.

Or dëussiez don[ques] savoir
Que sans moi n'aves nul pouoir,
Et ce prouverai jë assez
Par ce que devant dit avez. 1740
Bien connoissiez que varier
Fas les estoiles et tourner,
Que du ciel le gouvernement
A moi apertient franchement.
Or dites donc, si vous gart Dieu, 1745
Se je faisoie ·I· nouviau gieu :
(Que) le soleil du ciel ostasse
Et (que) si bien je le mucasse
Que de cent ans ne fust vëu
Ne trouve ne aperçëu, 1750
Quiex belles choses feriez
Et comment robes donrïez
Chascune annee a vos buissons
Et comment generations

donques o*AM*¹*LH*¹*H*, d. vous donc *B*, d. vous doncques *G*

prouuray *T*
Pour *H*¹

Et que *AA*⁷, Car *H*

Dieux *HH*¹
f. nouueaux gieux *H*
—du ciel *A*
muasse *H*
il ne *L*
ni *L*
Quelles *T*, Quel bele chose *M*¹

Pourrïez faire maintenir	1755	maintenant *G*
Par ces ·C· ans sans defaillir ?		—Par *B*, s. faillir *TAH*¹
Aristote qui fu paiens,		Aristoteles *H*¹
Qui verite par argumens		arguemens *H*¹
Bien connut, fas mon advocat		
Encontre vous en ce debat.	1760	cest *M*, Fois contre v. en cest d. *L*
Il dit et preuve par raison		
Que faite est generation		
Par mon soleil dont j'ai parle		
Et pour ce, se l'avoie oste,		
Vostre pouoir vous perdrïez	1765	V. p. perderies *TBH*¹
Et rien faire ne pourrïes.		parfaire *M*
Ainsi est il du firmament		Aussi *H*
Et des planetes ensement,		e.] pareillement *A*
Quar se tout faisoie cesser		
Ou je vouloie tout oster,	1770	Ou se tout v. o. *H*
Bien pourrïez aler dormir		pourroies *A*, Vous p. b. a. d. *M*
Et reposer tout a lesir ;		a] par *oTAM*¹*GH*¹*H*
Vostre pouoir seroit perdu		
Et expire et abatu.		—Et *T*
(Et) pour ce ne seroit il mie	1775	ce droit ne s. m. *L*
Qu'a moy ne fust (la) seigneurie		nen *HAG*
De tout muer ou maintenir		ou] et *HH*¹*AG*
Si com me venroit a plaisir ;		
Si ne dëussiez pas groucier		nen *M*, g.] courchier *A*⁷
N'a moi si asprement tencier,	1780	si] ni *P*²
Quar si comme Ysaie dit,		Ysai *o*
C'est grant orgueil et grant despit,		
Quant encontre le charpentier		la ch-tiere *T*
Se veut la congnie esdrecier,		la] se *H*¹, estrichier *A*⁷ drecier *oBTLH*¹ adrecier *MA*

1761-1763.—'Ορῶμεν γὰρ ὅτι προσιόντος μὲν τοῦ ἡλίου γένεσίς ἐστιν (Arist. *de gen. et corr.* ii. 10); see also *Phys. ausc.* ii. 2, and *Metaph.* Λ 5.

1781-1788.—*Nunquid gloriabitur securis contra eum qui secat in ca?* (Is. x. 15, and Is. xxix. 16, xlv. 9.)

Le Pelerinage de Vie Humaine.

Et quant le pot veut son potier 1785
Arguer et li laidoier,
En sa facon li *deniant*
Ou soi de sa facon plaignant.
Si dëussiez par ce savoir,
S'en vous ëust point de savoir, 1790
Que me faites despit mont grant,
Quant ainsi m'alez arguant,
Qui de mes fais me reprenez
Et sans moi nul pouoir n'avez,
Quar vous n'estes tant seulement 1795
Que mon oustil ou instrument
Que jadis fis pour moi aidier
Sans que j'en ëusse mestier ;
Non pas que touz jours en feisse,
Fors seulement quant (je) vousisse. 1800
Quar toute fois qu'il me plaira
Et que volente me venra,
Mont de besoignes je ferai
Et ja ne vous apelerai,
Et muerai le vin en sanc 1805
Et en char vive le pain blanc,
Le bis aussi se (je) vouloie,
Quar autrement (pas) ne seroie
Mestresse, se ma volente
Ne fesoie (du) tout et mon gre. 1810
Si ne vous deust pas desplaire,
Quant ce que ne pouez faire,
Je fais encore en vous aidant
Si comme du buisson ardant
Que je gardai quë ars ne fust, 1815
Comment que la flambë i fust.
De ce me deussiez mercier
Plus tost que tencier ne crier.

ledengier *L*
En...d. o*ATGM*¹*A*⁷*H*, Et s. f. si li demant
tBM, En s. f. li demandant *H*¹, En s. f.
le despisant *L*
Ou] En *GA*⁷*A*, Et *L*, de sason p. *B*

Si vous eussiez p. *L*

des meffais *A*, reprouues *A*⁷

ou] et *BTMM*¹*L*

S. ce q. *T*, *ce* in marginal note *t*

Qua t. *B*
—1802 *M*, men *HH*¹*AGL*

Et] Ou *GLM*¹*B* Que *M*, japel *A*⁷, y ap. *H*
emparleray *H*¹
le] ce *A*
le] ce *A*
Et l. b. a. se v. *H*, Et autres coses se je v. *H*¹

se] de *M*
f. t. a m. o*MH*¹*A*⁷, du t. a m. *B*, de tout a m. *H*

Si le *A*⁷, —ne *H*¹

ne que c. *T*

Des verges tout autel vous di
Et de la virge mere aussi ; 1820
De l'eaue qu'en vin je muai
Et de quanque sans vous fait ai
Me semble que plus esleecier
Vous dëussiez que courroucier,
Quar des biaus fais (a) la maistresse 1825
Se doit esjoir (la) baiesse,
Mëesmement quant n'y pert rien,
(Et) que miex en vaut le commun bien.
Or en faites quanque vous plaist,
Quar a nïent ou peu m'en est. 1830
Esleesciez vous ou courouciez,
Se vous voulez, ou en tenciez !
Quar pour vous rien ne lairoie
De ce faire que (je) vourroie."

Quant ot ainsi Grace parle 1835
  Et despute et argue,
Nature li a respondu :

Nature parle a Grace Dieu.

"Dame, bien vous ai entendu
  Et bien voi qu'a vous arguer
Je ne pourroie pas durer ; 1840
Miex vaut que a vous obeisse
Que rien contre vous dëisse,
Et toutevoies se (je) osasse
Encore un pou (vous) arguasse."

Grace Dieu parle a Nature.

"Hardiement, dist Grace Dieu, 1845
  Dites tout, quar je tien a gieu
Quanquë hui mais dire vourrez
Et quanque arguer vous pourrez.
Si ne lessiez a nesun feur
Que bien ne esclarcissiez vo cuer !" 1850

auxi *L*
la doulce vierge *GL*, —la *B*
Et del yawe que ien v. m. *H¹A⁷*
Car quanques vous avez jou f. ay *H¹*
Vous deuschies pl. e. *P²* esjouir *A*
Che me samble q. c. *P²* courchier *H¹*, que courroux tenir *A*
a] de *H¹*, Quant *T*
esleichier *H¹*, pagesse *A*
M. *AT* Et mesmement *L* Especiaument *lo BMGM¹H¹H*
—Et *M¹*, —que *HH¹GL*, —miex *A*, —en *o*

a] ou *MH¹*, n.] rien *A*, Q. sachies que p. *A⁷*
Esjoisses *A*
Ou dolente vous en soyes *A* —vous *P²*
nen l. *HM*, r. je nen feroie *H¹*
De ce q. f. *oTAGLM¹H¹H*, je] en *H*, ien *A*, v.] deueroie *B*

Et m. v. *A*

Or *H¹*, toutevois o*A⁷*, toute fois *H¹*

que *B*, a] en *A⁷*

—vous *AL*
a nul f. *G*, l. ja a nul f. *H¹*, l. aincois ung f. *A*
nescl. vostre *M* desclairiez vostre *A* Q. nescl. vostre c. *H*, vo] le *L*

Le Pelerinage de Vie Humaine.

<small>Nature parle a Grace Dieu.</small>

Nature dist : "Puis que jë ai
   Congie, encore arguerai,
Et de vos dis arguer vueul
Pour ce que grandement me deul   men L
De (ce) que m'avez arguee   1855
De mes diz et refutee.   refusee AH^1, reputee L
Vous avez dit que (la) maistresse
Ne doit (pas) estre sans baiesse.   point estre comme b. H^1, pagesse A
(Et) moi baiesse avez tenue,   pagesse A
Pour la quel chose je argue   1860
Que, se vous estes (la) maistresse,
Avec vous comme baiesse   pagesse A
Doi tous jours estre apelee ;
(Et) sans moi nulle chose nee
Ne devez faire ne muer,   1865   —Ne A
Et ce encore confermer   et conf. M
Par la congnie (vous) vousistes   congie A^7
Par la quel(le) vous m'entendistes,   nentend. A^7, —vous L
En disant que soi esdrecier   redrecier A
Ne se doit contre charpentier,   1870
Aussi com dire vousissiez   voulsisse G, v-isses T
Ou tout sans dire entendissiez   tous H^1, —tout o, entendisse G e-isses T
Que *vers* vous, qui charpentiere   v.] contre $to...$
Estes, ne *deusse* estre fiere.   devoie $to...$, devroie H^1

<small>Nature parle a Grace Dieu.</small>

Par ceste confirmation   1875   Estriuer ne doi nestre f. A^7
   Avis m'est qu'ai m'entencion,   quai] en H^1
Quar aussi com(me) ne puet ouvrer   ainsi A, c.] quon HG
Ne maison bonne edefier
Le charpentier sans (sa) congnie,
Tout aussi ne devez (vous) mie   1880   vous *in marginal note* M
Nulle chose sans moi faire,
Se vous ne voulez meffaire.
En touz temps me devez mener
Avec vous et moi apeler,   Auecques v. et a. HLo, —moi M^1H^1T, et tost a. A

Et miex vausist, ce m'est avis, 1885
Quë avec vous fusse touz dis
Que ces nouviaus officiaus
Qui de vous font touz leur aviax.
Vostre pouer vous leur donnez
Et pour *euls* donner me tolez; 1890
Et non pour quant nul tel pouoir
Onques de vous ne pou avoir
Que de pain char faire sceusse
Et vin en sanc muer peusse,
Et si ai je fait mon devoir 1895
En touz temps selonc mon pouoir."

Grace Dieu parle a Nature. "*Voir*, dist Grace, en nulle guise
    (Je) ne me plain de vo servise.
Bien sai qu'assez bien fait avez,
Mais s'autre chose ne voulez 1900
Dire, assez tost vous respondrai
N'autre conseil *ja* ne querrai."
"Nennil" dist elle.—Et je respont,
Dist Grace, ce qui vous confont :
C'est ce que pas vous n'entendez 1905
Mes diz a droit ne ne pesez,
Quar quant je diz que (la) mestresse
(En) touz temps doit avoir baiesse,
Ce fu bien dit, je le maintien,
Mes en ce ne gaaignies vous rien ; 1910
Quar pas ne diz quë en touz lieus,
Mais en touz temps qui n'est pas tieux ;
Quar s'en touz liex baiesse avoit,
La mestresse plus tourneroit
A servitute et deshonneur 1915
Qu' a sa franchise et a s'onneur,

—1885 *A*
—1886 *A*, Que *HH*¹, Quauec *tBTGLM*, Quauecques *oM*¹

euls *oTAA*⁷*GM*¹*H*¹*H* leur *tBLM*
p. tant *A*, nient p. q. *H*¹

eusse *H*, f. ne sc. *B*
Ne v. *L*, Et le vin *A*⁷

V.] Certes *to*...
—Je *L*, vostre *L* —ne *B*

v.] savez

N.] Nature *BTA*, ja] je *tM*¹*H*¹

pensez *M*, M. d. mes drois et mes penses *A*⁷

d.] voelt *H*¹, pagesse *A*

—vous *H*¹

—pas *A*⁷
pagesse *A*

et a *H*¹*A*⁷
son eur *A*, et son honn. *L*, na son h. *M*¹

1886.—or : *Qu'avec v. feusse* (?)

Mes en touz temps avoir la doit,   la d. a. *G*
Et c'est s'onneur qui bien i voit,   souuent q. *L*
A fin que li puist ordener   puisse *L*
Ce qu'elle veut et commander.   1920
Ce ci si comme devïes   Ce si c. *H*¹, Et ce *A*, vous d. *LH*¹
Pas bien entendu n'avïes.
Aussi n'entendistes pas bien
De la congnie le maintien.
(Quar) quant parlai de la congnie,   1925   Q. q. par la c. *T*
A *tel* fin ne fu ce mie   t.] celle *to*..., ce ne fu *L*
Qu' aussi de vous me deusse aidier   Quainsi *HH*¹*AA*¹*A*¹
En touz temps com le charpentier
De sa coignie a charpenter   —1929 *H*¹, c. le charpentier *A*
S'aïde et a edefier,   1930   —et *H*¹
Mes pour ce certes je en parlai   M. p. ce quen vous fierte trouuai *o*
Pour ce qu'en vous fierte trouvai ;   Si en pres com je mauisai *o*
Si en pris similitude   En p. je s. *o*
Pour (en)fourmer vostre engin rude,
Quar se contre le charpentier   1935   Car encontre *H*¹*G*
Ne se doit coignie esdrecier,   dreichier *H*¹*A*¹
Encor(e) mains le devez faire,   *M*
Se n'estes de *mal* affaire   m.] mauuais *to*..., naistes *o*, Si mestes *A*
(En)contre moi qui vous ai faite,
Forgie(e), dolee et pourtraite   1940
Pour moi honnourer et servir,
Quant il me venra a plaisir ;
Ce que dire ne puet mie   Et ceci d. *GLM*
(Le) charpentier a sa coignie,   a.] de *GLH*¹
Quar autre maistre faite l'a   1945   maistresse *A*
Et li sans plus l'usage en a.   —li *H*¹, lusa en *M*¹
Necessite garder li fait
Pour ce que de pain faute n'ait.   f.] deffaut *G* defaute *M*, Affin que d. p. fain nait *A*

1948a—Affin que de lui faulte nait *A*.

Mais de vous je n'ai nul mestier,   nai je *H*
N'en aiez ja vostre cuer fier ! 1950
Sans coignie puis bien ouvrer,   S. congie de vous *A*, S. congie p. *T*
Forgier, doler et charpenter,
Sans oustil et sans instrument
De tout puis faire a mon talent.
A moi comparer ne doit on 1955   comparoir *G*
Nul charpentier ne nul charon,   charron *A* charton *MA*[7] machon *H*[1]
Quar j'ai singuliere poste   poeste *H* poteste *A*
De tout faire a ma volente.
Pour ce vous di assez briefment
Que mont pou vaut vostre argument. 1960   arguement *TH*[1]
Pou vaut aussi vo(stre) murmure   —vostre *B*
Et (si) me semble grant laidure,
Quant de mes dons alez groucant   gromant *L*
Et murmuriant et parlant ;   murmurant *oTGA*[7], tant murmurant *H*[1], murmurant et tant p. *M*, Murmurant
(Quar) malement serve seroie, 1965   jenglant et p. *A*, mal p. et murmurant *L*
Se du mien je ne pouoie
Donner aus autres comme a vous.
N'est pas matiere de courous,
Peser ne vous en doit de rien,
Quar n'est pas bon tous jours le bien 1970
Qui d'une part va, ce saves.
Souffrir vous dëust assez
La poste que tenez de moi   poeste *H*, puissance *A*
Que si belle est quë onques roy   est si b. *L*
Nulle telle ne *pot* avoir 1975   *oTAH*[1]*HMB* puet *tM*[1]
Ne pour denier ne pour avoir.   —1976 *B*, —Ne *A*
Së aucuns dons especiaus
Je donne a mes officiaus,
Ne voi que de rien i perdez,   de moy rien *H*, —de *A*[7], i] ny *B*
Folie est se courrouz (en) avez." 1980   c.] ire *M*, se vous en courchies *H*[1], est quen murmurez *L*

Le Pelerinage de Vie Humaine. 63

L'acteur parle.

Quant ot ainsi Grace parle,
Nature qui ot escoute,
A ses piez mont isnelement
S'agenoilla et humblement :

G. a. *A*
que loust *L*
—mont *A*

Nature parle a Grace Dieū.

"Dame, dist elle, je vous pri   1985
Que de moi vous aiez merci,
N'arguez plus encontre moi,
Quar plainement ma faute voi.
Esmeue me sui folement
De parler a vous fierement.   1990
Ma maistresse estes, bien le voi,
Par tout a vous obeir doi.
De rien ne me doit desplaire
De chose que (vous) veuilliez faire.
Ja mais je n'en pense a parler,   1995
Mais que ceste fois pardonner
Me veulliez tout benignement
Sans retenir nul maltalent."—

Nargueras plus encontre vous *A*
f.] honte *A*⁷
Esmeute *MH*¹, Enmene fui f. *A*⁷

o. ge doy *L*
men *A*⁷
De chou q. *H*¹
ne p. *BT*

Me] Ne *H*¹

Grace Dieu a Nature.

"Certes, dist Grace, et je le veul,
Mes [que] bien vous gardez sur l'eul   2000
Que ne contredies ja mais
Mes biaus ouvrages ne mes fais,
(Quar) autre foys n'en souferroie
Pas tant ne souffrir (ne) vourroie."

G.] elle *B*, —et *oTAH*
M. trop b. *H*¹, v. y g. *M*, desur *LM*¹

ne] et *HH*¹*L*
ne s. *T*
—ne *TA* nen *BM*¹*LA*⁷*H*¹*H*, Pour *H*¹

L'acteur parle.

Quant fu ce parlement fine   2005
Et Moises si ot disne,
De son relief vout departir
Et aumosner et eslargir
Aus povres pelerins errans
Dont grant plente avoit leens.   2010
Mes avant que peust donner rien,
Deuz dames de mont biau maintien,

lu] ot *o*, Q. ce p. fu *HAB*

esl.] departir *B*

peult *A*

Qui' erent belles sans laidure
Et d'atour sans mespresure,
Vi qui d'une chambre issirent   2015
Et (mont) courtoisement se mirent
Entre Moisen et la gent.
L'une tenoit un testament,
Une grant chartre et un escript
Ou mont de letre avoit escript ;   2020
(Tout) desploie l'avoit pour lire
Si comme apres (vous) m'orrez dire.
Mes avant de l'autre dirai
Dont certes mont me merveillai.
En une de ses mains tenoit   2025
Un maillet et en l'autre avoit
Unes bonnes verges cinglans,
Grelles et vers et couroians.
Entre ses dens (et) en sa bouche
Ot (un) baloy qui plus me touche,   2030
Mont courtoisement le tenoit
Ne point mains sage n'en sembloit.
Se une autrë ainsi le tenist,
Pour hors du sens on la tenist.
Ceste parla premierement   2035
A celle gent mont sagement,
Riens ne li toli a parler
Son baloi ne a sermonner.

Penitence parle.
"Seigneurs, dist elle, je sai bien
Que bien regardes mon maintien, 2040
Mes (bien) croi que ne savez mie
Que mon maintien (vous) senefie ;
Si venez pres, je le dirai,
Ne ja de rien n'en mentirai :

furent to..., b.] vieilles *L*
De bel a. to...

se] me *A*

—2020 *L*, Moult sambloit preste quelle le lisist *H*¹
Toute *AH*¹
vous orrez *TGM*¹*L*
M. de l. a. *B*
—me *B*, mesmerueillay *GH*¹
lune *BTMA*¹*LM*¹

Une b-e v-ge *H*¹, chonglens *A*⁷ cuillans *L*
G-e et verde *H*¹, G. verdes c. *A*⁷, c.] bien ploians *A*
et entre *H*¹, d. en my sa *A*, En ses mains et dedens sa *M*¹
Et ot un *A*⁷

Ne] Et *HT*, p. plus fole n. *L*, n'en] ne *HTG M*¹, —nen *H*¹
ung *A*, aussi *L*
de *H*, on lanist *B*

ceste *H*, s.] doucement *L*

bien inserted between the lines *G*

n.] men *H*¹, ne *T*

2029.—See 2188.

CHARITY EXHIBITS HER CHARTER.

(Je) sui la belle peu amee,	2045	
La debonnaire, (re)doutee,		
La pou prisïe bien vaillant,		pr. et b. *A*
La gracieuse peu plaisant.		
Penitance sui *nommee*,		n.] apelee *to*...
Gardienne (de) l'ille celee.	2050	Garde sui de *H*¹, de lis la c. *o*, Grace dieu de *L*
Toute ordure fai metre jus,		
Avant que dedans entre nus,		
Et pour ce porte avec[ques] moi		*oAM*¹
Maillet et verges et baloy.		Et m. et v-ge *H*¹, M. v. *A*, verge *L*
Du maillet je brise et froisse	2055	
Par contriction, (et) angoisse		
Le cuer d'omme, quant est remplis		raemplis *oA*⁷*H*¹, Cuer de pecheur q. *L*
De viez pechies et endurcis.		
Je l'amolïe et fas plourer,		
Plaindre et gemir et doulouser,	2060	P. g. *HH*¹*ATGLM*¹
Tout aussi com par bateure		ainsi *H*¹*AA*⁷, c.] que *A*⁷, pour *o*
Fait l'enfant de (la) pomme dure		*B*, de] a *H*
Issir le jus et hors saillir		
Et l'amolïe par ferir,		
Tout aussi par mon ferir fas	2065	
Lermes issir et crier : " Las,		me *H H*¹*ATA*⁷*A*⁴
Qu'ai je fourfait, je m'en repent,		
Pourrai je avoir alegement ?"		

Penitence parle.

De ce maillet ainsi froissai		aussi *H*
Jadis Pierre et amoliai	2070	
Qui si dur Pierre avoit este		dure *A*⁷*T*
Que son bon maistre avoit nie.		s. m. a. reniet *H*¹*L*; —bon *A*⁷
Je le bati tant et feri		
Que tendre et mol je le rendi ;		
Tant fiz en li par mon ferir	2075	
Que par les iex li fis issir		les] ses *H*¹
Le jus et les lermes de pleur		Les ius *H*¹, et lermes *A*
En amertume et en douleur.		

De la Magdalene aussi fiz,
Quar comment que feust endurcis   2080   quil *G*
Son cuer en pechie par lonc temps,
Toute voies par batemens
Tant fiz de li lermes saillir
Et tant de son jus hors issir   —son *L*
Que toute dedens la lavai   2085
Et toute la purifiai ;
Quar quant lermes sont (hors) venues   s. h.] issues *A*⁷, s. espandues *L*
Et de cuer (bien) contrit issues,   du *L*, i.] venues *A*⁷
Requeil les sans demouree   Je les r. *to*..., recoi *L*
Et (puis) en fas une buee   2090
Pour metre dedens et buer
Toutes ordures et laver.
Celle lexivë est si fort   lerme *AA*⁷, f.] treffors *A* forte *T*
Que n'est nul pechie tant soit ort,   Que *tTM*¹, Quil *oAGLBMA*⁷*H*¹*H*, p. nul
Tant vil, tant viez, tant diffame   2095   *G*, Q. nul p. n. *T*, p. si o. *A*⁷
Qui dedens mis ne soit lave.   m.] tous *H*¹, ne] ny *HH*¹*A*, mis nul ne *o*
Et pour ce que sai bien laver,   —bien *A*⁷, l.] buer *M*
Bien essangier et bien buer   expurgier *H*¹, buer] lauer *M*
M'a Dieu fait sa chamberiere   faite *HH*¹*ALM*¹*M*, Ma li douls d. f. sa
Et (sa) principal lavandiere.   2100   cumberie *H*¹

Penitence parle.
Or entendez encor pour quoi
     Le maillet porte avec[ques] moi.   *o*
Cuer de pecheur si est aussi   a.] ensi *A*⁷
Comme un grant pot de terre empli   p.] mont *H*¹, —grant *AT*
D'une liqueur orde et puant   2105
Quë on ne puet vuidier pour tant,
Quë on ne le puet pas tourner   Q. nen ne la *A*
A sa volente ne muer,
C'est que par s'induration   Cest ce q. *o*, sa duration *HH*¹, p. ind. *M*
Et sa grant obstination   2110   obscuration *B*, abstination *G*
Ne amender point ne se veut   —Ne *H*¹*LAA*⁷, il ne se puet *A*⁷

Ne repentir point ne se puet.　　　　　　　il ne se veult A^7, Ne de pechie point ne se
Ce vaissel fier je mont forment　　　　　　　　deult M
De mon maillet et asprement,　　　　　　f. je] confier le A^7, je] ce T, —mont H^1
　　　　　　　　　　　　　　　　　　　　　et trasforment A^7
Pieces en fas et le contris　　　2115　　　len T
Et touz les tez fais bien petis,　　　　　　b.] si H
A fin quë espandue soit
L'ordure grant qui i estoit ;　　　　　　g.] toute H^1, La g. o. L
Quar se (bien) ne le contrisoie　　　　　　b. le connissoie A^7
Et (bien) menus tez n'en faisoie,　　2120　　ne H en A^7
Assez de l'ordure arrester
Pourroit es tes et demourer.

Penitence parle.
Or entendez ceste lecon
　　　Vous qui vraie contricion
Voulez faire de vos pechiez !　　2125
Ne penses pas ne ne cuidiez　　　　　　Cuidies ne ne pensez B
Quë il soufise a regarder　　　　　　au M
En gros ses pechiez et penser,
Quar regarder ainsi en gros
N'est que laissier entier li pos.　　2130　entre les pos H^1 e. le propos A e. li repos T
Et suppose qu'il fust quasses,
Si ne seroit ce pas asses ;
Chascun tesson trop grant seroit　　　　　teston G
Et en chascun asses pourroit
Trop grant ordure demourer.　　2135　De g. L
Tout devez brisier et quasser　　　　　　Tout] Tous P^2
Par menus tes et (par) parties
En grans souspirs et (grans) haschies　　　et] en L, hasquies A^7 harchies B
En pensant : lors feis tu ainsi　　　　　　oAH, fais tM^1G, fais ou a. A^7
A tel dimenche, a tel lundi,　　　2140　t.] chel H^1
Lors feis tu ce et lors ce la,　　　　　　cecy AH^1
Grant fu celui, greigneur cil la ;　　　　greign.] et grant A, grans fu chils la H^1
Par tant de foys celui feis,　　　　　　cheli resis A^7
En tel maniere y mesprëis.

K 2

68　　　　*Le Pelerinage de Vie Humaine.*

  Peu fuz temptes ou peu luitas　　2145 t. pou en l. *o*
  Ou *peu* la luite pourchacas.   p.] tu *to*..., luite en p. *o*
  C'est la maniere de brisier
  Cel ort vaissel et depecier,   Cest *H* Tel *A*
  De lui faire contricion
  Par tel consideration　　　　　2150
  Ainsi le fais, sachies le bien !
  De mon maillet qu'en ma main tien me tient *H*¹, que je ci tien *G*, que ci je t. *L*
  Je brise tout sans rien laissier
  Et tout contri sans espargnier.   toutri s. *A*, esp.] enpirier *A*⁷

Penitence parle.
  Encore un petit mot vous di　　2155
  De cel ort pot d'ordure empli.   c.] tel *H*
  Dedens pour sa grant ordure   par *H*
  Fait un ver sa nourreture,
  Dedens est engendres et nez,
  Dedens nourris et alevez　　　　2160 avivez *A*
  C'est de conscience le ver   C'est la c. *H*¹, Ceste c. *A*⁷
  Qui semble avoir les dens de fer,   Si s. *A*⁷
  Quar si cruel est et poingnant,   —Quar, et si *L*
  Si remordant et si percant
  Que s'il n'estoit qui le tuast,　　2165
  Qui le ferist *ou* assoumast,   ou *oTAGM*¹*LH*¹*H* et *tB*
  De tant rungier ne fineroit   fineront *A*
  Que son mestrë ocis avroit.
  Et pour ce ce maillet (je) porte,
  A fin que (point) ne le deporte,　　2170 —2170 *o*
  Ains que le fiere et estonne   Afin que *to*...
  Et (que) le tuë et (que l')assomme. —le *A*, la *o*
  C'est quant le pot est bien contrit est] et *o*
  Et bien froissie, si com j'ai dit ;   —2174 *o*
  Quar se contrit avant n'estoit,　　2175
  Ja mon maillet ne le pourroit   ne le] si ne *G*, li *H*¹
  Ne adeser ne *li* ferir   adrecier *A*, le *tB*

Le Pelerinage de Vie Humaine. 69

  Ne tuer ne faire mourir.
  Or soufrez donc que bien contris   —donc *o*, —bien *H*
  Soient voz pos d'ordure emplis ; 2180 Soit *A*⁷
  Adonc du ver vous vengerai
  Et devant vous l'asommerai,
  C'est la vraie exposition
  Et la signification
  De mon maillet que vos vees 2185
  Qui contricion est nommez.

Penitence parle. Or vous redirai du balai   dirai *TA*⁷, v. dirai je *GM*¹*L*, dyray de mon
    Qu'entre mes dens en ma bouche ai.   b. *A*
  Ja vous ai dit et encor di   en] et *oLH*
  Que je la chamberiere sui 2190 Je *TAA*¹*BH*¹*H*
  De Dieu le pere tout puissant.   chambriere fui *A*
  Bien est certes balai seant   De] A *A*
  A baiesse et chamberiere,   B. c. e. *o*
  Mais tant (y) a que la maniere   baisselle *A*⁷, et] ou *M*, et a chambr. *T*
  Du tenir vous puet esmouvoir, 2195
  Et pour ce deves vous savoir   Du] Lui *A*⁷
  Que par ou en doit hors geter
  Toute l'ordure et balïer,   —Que *A*⁷, ou doit on *o*
  La le balai tourner doit on,   T. ord. *H*
  Quar autrement grant soupecon 2200 La] Et *A*, dont *T*
  Seroit quë en aucun anglet,
  En aucun destour ou cornet   —que *A*, angelet *H*¹
  Ne fust l'ordure (re)celee,   destroit *M*, tournet *H*¹
  Reposte ou amoncelee.
                  Ne r. n'am. *A*⁷, ou] et *M*

Penitence parle. En l'escripture j'ai vëu 2205 veue *A*
    En pluseurs liex et l'ai lëu   leue *A*
  De plusieurs portes pluseurs nons,
  Quar l'une est dite des poisons,   poyssons *oTAGLM*¹*H*¹*H*

      2208.—*porta piscium* (Neh. xii. 39).

70 *Le Pelerinage de Vie Humaine.*

 L'une du ciel, l'autre d'enfer,
 L'une d'arain, l'autre de fer   2210
 Et mont d'autres dont je me tais,
 Quar trop lonc en seroit li plais.
 Mes entre toutes une i a
 Dont dit est en Neemia,
 Qui dite est porte d'ordure,   2215
 Pour ce que par la on cure
 Toute s'ordure et boute hors.
 Miex vaut que ce pas si soit ors
 Que tout fust ort le remenant.
 Or soies *tuit bien* entendant   2220
 En la meson dont (sui) baiesse
 Sui et Grace (Dieu) est la maistresse,
 ·VI· portes sont dont ·V· i a
 Par ou l'ordure dedens va.
 L'une est la porte d'odourer,   2225
 L'autre d'oyr et d'escouter,
 L'autre de goust, l'autre de tast
 Et l'autre si est de regart.
 Par ces ·V· portes, ne doutez,
 Entre souvent ordure assez,   2230
 Mais par elles ne puet rissir
 Celle ordure ne revenir ;
 (Et) pour ce ma paine perdroie,
 Se (vers) la mon baloi tournoie.

Penitence parle.
 L'autre porte qui sizieme est,   2235
 Qui a salut necessaire est,
 Si' est la porte de l'ordure
 Par ou chascun (se) purge et cure,
 Par ou chascun tout boute hors,
 Së il ne veut demourer ors   2240

—2209 H^1, L. est d. o$TAGM^1L$, Lautre du c. BM
L. est d., l. est de f. L

toute H^1, tretoutes A, i] en L
D. cascuns grand besoing a H^1, D. est dite N. A^7
Q. est de M^1M

lordure o$TALA^7$
si] y A^7, hors M^1A^7A
hors HA
oGM^1LH^1H b. t. $tBTAM$
En] A L, d.] ou o, pagesse A
Sui et] Dont to..., si est m. oTA
V] pluisseurs H^1

P. ou] Pour A^7
L. et M^1

doyr] dormir G de veoir H^1
du L, tact A cast T
du L
nen LMA
s.] forment A, dordure L
issir o$ALMA^7H^1H$
2232 between 2250 and 2251 A^7

v.] de L

au LA^7

Qui les defautes netty et c. H^1
t.] se L
o.] dehors A

2215.—*porta stercoris* (Neh. ii. 13), *p. sterquilinii* (Neh. xii. 31).

Le Pelerinage de Vie Humaine.

  Ceste est la bouchë au pecheur
  Qui des portes est la meilleur,
  Quar elle met hors ses meffais
  En la fourme quë il sont faiz
  Et les dit a son confesseur   2245
  En lamentacion et pleur.

Penitence parle.
  Vers ceste porte ai je tourne
   Et converti et tresporte
  Mon balai pour tout balier,
  Housser, purgier et netier ;   2250
  Quar tant com soie baiesse
  A Grace Dieu, ma mestresse,
  Sa maison veul nete tenir
  Sans nulle ordure retenir.
  Mon balai si est ma lengue,   2255
  Mon fourgon et ma palengue
  Dont toute ordure (je) baloie,
  Housse, ramone et net(e)oie.
  Rien n'a dedens ne sus ne jus
  Ne en anglet ne en pertus   2260
  Que tout ne veulle remuer
  Et enserchier et hors geter
  Par entiere confession
  Sans fraudë et deception ;
  Tout bout(e) hors par l'orde porté,   2265
  Rien n'a (ded)ens que hors ne porte
  A ma lengue et a mon balai,
  Pour ce qu'ainsi vouloir le sai
  A ma mestresse, Grace Dieu
  Qui demourer ne veut en lieu   2270
  Qui tresbien ne soit balie
  Et bien housse et netie,
  C'est a dire qu'el(le) n'a cure

C.] Celle *A*, Ce *oLA*⁷, a *HA* du *oH*¹, b. que ha p. *A*
d. p.] de toutes *A*
Q. celle *A*
f.] maniere *H*

l.] contriction *L*, et] et en *LMAH*

ai retourne *A*
transporte *BGLM*¹*AH*¹*H*

Sa] Ma *H*¹

Son b. *H*¹ si est] je nomme *P*²
—2256 *TA*⁷, et] est *GL*, fergon, palance *L*, balange *H*¹, Quar ie men vueil faire estrange *A*
2257 t. lord. b. *A*, —ord. *B*
r.] espourge *L* purge *M*
—2259-2265, from *Riens* to *Riens* *H*¹, d.] laiens *A*⁷
pertus *oT*

en terchier *A*⁷, en chacier *M*, g.] bouter *M*

et] ne *LTA*, En plaine satisfaccion *A*⁷

l. qui est m. b. *L*
Et tout met hors quanque gi soy *L*
A] Et *L*

72 Le Pelerinage de Vie Humaine.

    De conscience ou ait ordure,
    Quar conscience est la maison,   2275   Qua c. *B*
    La chambre et l'abitation   et hab. *AH*¹
    Ou el(le) fait sa demouree,
    Quant elle est bien baliee.

Penitence parle.
    Or [s]avez vous ainsi pour quoi   auez v. oy p. *GBH*, Oit aues a. *H*¹, Main-
        En ma bouche tien le baloi,   2280   tenant sauez v. p. *A*
    Comment j'en fais confession   ie *TA*
    Par certaine exposition.
    Si vous redirai bien briefment
    De mes verges l'enseignement,   lentendement *H*¹
    Pour quoi les tien et que j'en fas,   2285   Par *H*¹
    Si ne le tendrez pas a gas.   tenes *H*¹, agais *A*, lentendez p. *T*
    Des (grans) escoles sui mestresse,   De *H*, estoiles *B*
    (Et) des enfans chastierresse,   chatiaresse *o*
    Je corrige les maufesans,
    Soient de 'xx' ou de 'c' ans ;   2290   xxx. *H*¹
    Quar malfesant enfant sont dit
    De la letre qui les maudit.   De] Et *A*, letre] le core *T*
    Quant donc aucun si s'est meffait,   a. d. si a *HTA*, Q. a. treuue qui m. *L*
    Volentiers me met en agait   si est o*H*¹
    A savoir mon, s'il est passe   2295   —mon *TA*, moult *M*
    Par mon maillet dont j'ai parle.
    S'a mon balai sousmis il s'est   il est *HH*¹*TAGL*
    Et se de li balie est,   Et de chelui *H*¹, Et du balai b. sest *B*,
    Et quant le voi ainsi contrit   baillie li est *M*¹*T*
    Et bien confez si com j'ai dit,   2300   c.] housse *H*¹
    Adonc pour li bien chastier   le *H*, b. le *LM*
    De mes cinglans verges le fier,   cuillans *L*
    Paine li doins et batement   b.] corrigement *H*¹, Parmi le dos par esbate-
    Pour son bien et amendment.   ment *A*⁷
    Une heure remembrer li fas   2305   Par s. boin am *H*¹
    Son viez pechie et dire : "ha las !

Le Pelerinage de Vie Humaine. 73

Pour quoi a ce te consentis P. as tu chou c. H^1
Pour maintenant estre chetis ?" e. en MM^1, P. en e. orendroit ch. L
Une autre foiz lui (re)fas dire : r.] feras A^7
"Biau sire Diex et (biau) douz sire ! 2310 b. d.] tresdoulz H
Je vous promet amendement,
Ja mais n'arai tel hardement
Que je vous ose courouciere —je BT
Ne que pour vous ose pechier."
Une heure ainsi le fais prier, 2315 lui HH^1, le f. a. B, p.] orer M
L'autre gemir, l'autre plourer ;
Une autre fois aus povres gens,
Aus souffraiteus et mendiens souffreteurs A, et] aux LMB
De ce qu'il a li fas donner quilz ont leur AT
Et departir et ausmoner. 2320
L'autrë (foys) en pelerinage Lautre fac H^1, L. fais T
Ou (en) aucun lointain voiage H^1 en inserted between the lines G
Le fas traveillier et aler, Les oT, et y L
Une autre foys le fais jeuner, les T
(Et) aucune abstinence faire 2325 Et] Ou LA
Pour li de son pechie (re)traire.
Ainsi sous verge je le tien v-ges H
Et le punis et le bat bien. poins, bac motlt b. H^1, et bat b. T
Ainsi le fier et (le) chastie,
Pour qu'il ne s'amorde mie 2330 P.] Afin to...
De retourner a son pechie
Dont il s'est gete et purgie ; s. hors g. A
A fin aussi que puni soit purgie L
Le viez pechie que fait avoit,
Quar ne doit sans punition 2335
Passer nulle transgression.
Des verges doit estre batu De L
Qui a pechie s'est consentu ;
Pour ce les tien ; or le savez t.] porte A, or] se G lors A^7
Et de meffaire vous gardez ! 2340 Et] Que L

L

Des verges se voules le non,   De *L*
Dites sont Satisfation,
Quar satisfation vaut tant   t.] autant *H*
Com faire assez ou autretant   ou] et *H*¹, autrement *BM*¹*H*, C. face de bien
De paine, sans nul contredit,   2345   a. *L*
                                      Ou de p. s. c. *L*
Comme u pechie ot de delit.   u] en *M*, vo p. ont *H*¹, de p. ou *M*¹

Or vous ai dit et fait sermon   et f.] certain *L* com fait s. *G*
   De mes mestiers et de mon nom,   mes] mon *A*⁷, maistries *H*¹ verges *L*
Mes pour quoi sui venue ci   —sui *A*⁷, v. s. *HH*¹*A*
Entre la table Moisi   2350
Et entre vous qui attendez
De son relief et demandez,
Encore dit pas ne vous ai ;   p. d. *M*
Si l'escoutes, je le dirai.
Savoir devez, (que) chancelliere   2355
Du relief sui et portiere.   Du] De ce *to...*, —sui *A*
Sans moi aprouchier n'i devez,
Se meffaire ne vous voulez.   m. vous ne voulez *H*¹*A*
N'est pas relief a garconner
A coquins n'a truans donner,   2360   ne as t.*H*¹
N'est (pas) relief a fame grosse,
Se de (la) grace Dieu n'est grosse,   —Dieu *A*
C'est un relief pour langoureus,
Pour malades et dangereus,   et] pour *H*¹
Du quel qui gouste dignement   2365
Ne peut qu'il n'ait alegement.   aleg.] son sauvement *L*
C'est le relief qui demoura
De la grant cene ou Dieu cena,   —grant *L*
Cil qu'il brisa et departi   qui *BGLMH*¹, et] ou *L*
A ses amis le grant jeudi   2370
Dont tout le monde est repëu   repaeux *L*
Et ravive et soustenu.   auiue *H*
Cestui relief estroitement

Le Pelerinage de Vie Humaine. 75

    Veul je garder et chierement,
    Ne la ne veul je que voist nus,   2375
    Se de mes verges n'est batus,
    Se n'est passe par mon maillet
    Ou au balai ne s'est fait net.
    Or s'i gart chascun en droit soi,
    Quar bien en fais ce que je doi,   2380
    Et c'est la cause pour quoi sui
    En tel guise venue ci."

Vien *L*, ch.] saigement *HH*[1]
Et la . . . vienge n. *L*, quil y v. *H*

Cil *L*
Et *GATH*[1], au] du, ne soit *A*, se nest *H*[1]
se *HH*[1]*M*
jen *H*

ycy *A*

L'acteur parle.
    Quant ot ceste dame parle
    Et son affaire raconte,
    L'autre dame qui la estoit   2385
    Et l'escrit en sa main tenoit,
    Si revout son conte dire
    Et devant tous l'escrit lire.

p.] conte *GL*
S. a. et r. *L*

Qui *AL*
reuenoit *TA*
son *to*...

Charite parle.
    "Seigneurs, dist elle, bien est voir
    Que sans mentir et decevoir   2390
    Vous a Penitance conte
    Son grant office et devise,
    Et pour ce vous veul dire aussi
    De quoi je serf et qui je sui.
    Je sui celle qui en despit   2395
    N'ot onques ne grant ne petit.
    Celle qui aime toute gent
    De cuer entier sans mal talent,
    Celle qui venjance ne quiert
    Et qui ne boute ne ne fiert,   2400
    Celle qui s'ententë a mis
    A deporter ses anemis,
    Je sui la mere de vertus,
    Celle qui revest les gens nus,
    Qui saint Martin fis desvestir   2405
    Pour le povre homme revestir,

et] ne *M*

d.] raconte *L*

O. nai *A* O. no *T*

quier *AT*
fier *AT*
C. sui *H*[1], C. s. si a *H*, son ent. *AL*, q. mentente ay m. *T*
A amer touz s. *L*, ses] mes *T*

C. ossi q. r. l. n. *H*[1]
f. s. M. *A*

L 2

76 *Le Pelerinage de Vie Humaine.*

Je sui nourrice d'orphelins,	des o. *H*¹
Hostelaine de pelerins	Hostelliere *HLM*, Et hosteleriere *A*, des *H* dautres *H*
Qui des maus d'autrui fas les miens	
Et a tous sont communs mes biens. 2410	
Mon nom se savoir vous voulez,	vous] le *ALM*¹ les *H*¹
Charite vous m'apeleres,	
Quar Charite tient en chierte	Et *A*, en] a *T*
Ceuz que li autre ont en vilte.	Ce qui *H*, en] a *A*
Je repais les gens familieus 2415	familleux *H*
Et visite les langoureus,	Et se visette *H*¹
Je sui celle qui d'autrui bien	
Joieuse sui comme du mien,	Sui jo. *L*, si c. *oM*¹
Celle qui debonnairement	
Seuffre tout et paiseblement, 2420	plesiblement *L*
Celle qui d'oyr n'ai cure	dair *H*¹ de douaire *A*, na *BH*
Detraction ne murmure,	De det. *MA*, ne de m. *H*¹
Celle qui onques ne mesdis	meffis *H*¹ mesdist *L*
D'autrui n'a autrui ne mesfis ;	En pensee en fais ne en dis *H*¹, na nulli *G*, mesfist *L*
Et non pour quant si ai je fait 2425	p. tant *AL*
Aucuns maus faire sans meffait.	

Charite parle.

Se point avez oui parler	Ne *G*
Du roi Jhesu ne raconter	
Comment vout homme devenir	
Et pour les hommes mort souffrir, 2430	
Savoir devez que celle sui	chelui *H*¹
Qui li fiz avoir *tel* ennui ;	*TABGLM*¹*MA*¹*H*¹*H*, cel *t*, —tel *o* —je *T*
(Quar) je le fiz du ciel descendre,	Car *H*¹, le *B*
(Et) char humaine li fiz prendre,	
A l'estache le fis lier 2435	En *M*
Et li d'espines couronner,	
Les bras li (fiz) en crois estendre,	—fiz *H*¹
(Li) despoullier, le coste fendre,	
Les piez et les mains atachier	—2439 *L*

Le Pelerinage de Vie Humaine.

Li fiz et de gros clous percier, 2440	—2440 *L*, L. f. d. g. c. et p. *M*
Son sanc issir *du* cors tendre	—2441 *LH*¹, du] de son *to*...
Li fiz et (puis) l'esperit rendre ;	—2442 *LH*¹, et lesp. p. *G*
Mes ses maus ci, sachiez le bien,	M. tels m. et ce s. b. *A*, ce s. b. *L*, —le *HTG*
Vous fis convertir en grant bien,	
(Quar) pour ces maus le fis descendre 2445	—2445 *B*, par *H*¹
En enfer pour vous reembre,	Car p. v. r. *B*, reprendre *H*¹
Pour vous geter du parfont puis	
Et vous mener en paradis,	
Pour vous donner et vous laissier	l.] baillier *H*¹
Un don quë il avoit mont chier, 2450	quil a. *A*
C'est pais dont le ciel resplendist	
Et dont paradis s'esjoist.	
La fourme comment il donna	Quel *A*, Le *H*¹
Ce don et comment l'otroia	
Escrit est en ce testament 2455	Est escript *H*, cest *H*¹*M*
Que devant vous tien ci present.	ci] en *TAM*
Testament de pais est nomme,	2457a Par son droit nom et appelle *A*
Or l'escoutez, je le lire :	2458a Ne ja de rien nen mentirai *A*

Jhesus parle.

" Je Jhesus, le filz Marie,	
Voie, verite et vie, 2460	
En ma mort qui est prochaine	A *L*
Et qui m'est toute certaine,	
Je fais mon derrain testament	
Ou quel je laisse franchement	que *G*
A ceus qui sont u val de pleur 2465	u] en *M*
Et en la terre de labeur	
Le don de pais, c'est mon jouel,	
Le plus gracieus et plus bel	et] le *H* et le *AH*¹*B.M*
Qui soit en ciel ne en terre	en c.] u c. *H*, s. nez en *M*
Ne c'on puist trouver ne querre. 2470	
C'est le jouel du quel jadis	
Je me jouaie en paradis,	iouoie *oBM*, iouay *HH*¹*AGLM*¹

78 *Le Pelerinage de Vie Humaine.*

Du quel mon soulas faisoie,
Quant en mon païs estoie ;
Mais de li plus ne me jouai,   2475   M. puis d. l. n. *A*, ne me] ie ne *MH*¹
Puis qu'en cest monde jë entrai,   ce *AT*, —je *H* men *GLM*¹, Que ie dedens
Quar quant enfant fu devenus   ce m. e. *A*
Et en cest monde descendus,   ie fui *H*¹
Quant temps fu que jouer deusse   ce *TAH*
Et que je mon jouel eusse,   2480   —je *H*¹, je m. j. ieusse *H*
Mes menistres de paradis
L'aporterent en cest païs   Lenp. *L*, Le p. ce mest aduis *A*, ce *H*
Et en firent a ceus present
Pour qui devoie avoir tourment ;   Par *H*, a.] souffrir *L*
Du quel jouel il ont joue   2485   D. q. il o. asses j. *H*¹
Ja puis le temps que je fu ne,   De *L*
Non pas pour ce que leur il fust
Ne que point leur estre dëust,   l. p. *H*, a eulx *A*, —point *H*¹
Quar (pas) donner ne le pouaient   —pas *H*
Mes serjans qui le gardoient   2490
Ne ceus dignes du recevoir   de *TH*¹
N'estoient ne de li avoir.
En bail l'ont ëu seulement   E. b. ilz l. tant s. *H*, s.] longement *H*¹
Pour rapeler a mon talent ;
Quar fors moi nul ne le pouoit   2495   nuls f. m. *H*¹
Donner ne donner ne devoit
Toute voi(e)s la grant mestresse,
Charite, ma menerresse
Qui me pourmaino comme enfant   pourpoine *M*
Et de moi fait a son talent   2500
Par ces drois m'a a ce mene
Que ce biau jouel ai donne   jay *H*, a *B*
A eus et encor leur donne   A iceus *GM*¹*L*
Franchement et abandonne.   Tout f. *M*¹*LH*¹, et leur a. *M*
Onques plus biau don ne donnai,   2505   ne vi donner *H*¹
Se moi meïsme ne donnai.   —2506 *B*, ne me d. *H*, ne ai donnet *H*¹, ie
                ne d. *M*¹

C'est un jouel qui fu forme,
Forgie et fait et charpente
De mon pere sans coup ferir
Et sans noise faire en ouir,   2510
Quar noise et cous pas ne le font,
Ains le despiecent et deffont.

Dieu parle. S'aucun estoit qui sa facon
    Vousist savoir, bien le patron
En bailleroie proprement   2515
A ceus de bon entendement :
Qui d'une esquerre a charpentier
Haut dreceroit le bout premier,
Se l'autre bout jus assëoit
Avec l'anglet a ligne droit,   2520
S'ainsi estoit que bien a point
En l'anglet qui les lignes joint
Fichast un A et assëist
Et es bous P et X mëist
Si que X haut et bas fust P,   2525
Si comme ci est figure,
Legierement pourroit savoir
Sa facon et apercevoir
Illeuc son non tresbien escrit
Par les trois letres que j'ai dit.   2530

C es trois letres si font savoir
    Quë a trois choses pais avoir
Doit celui a qui est laissie
Ce biau jouel et ottroie.
C'est que premierement en haut   2535
Ou X est mis en eschaufaut,
Par qui sui en soubrievete
Entendu et senefie,

f.] donne *H*
F. fait *T*

en] ne *LH*¹ ou *A*, —en *H*
et cors *T*

sa] la *AT*

Len *M*

Et *L*
langelet *H*¹
Et si e. *H*¹
langelet *H*¹, j.]oint *L*
et lasseit *B*
es] en ses *A*
fest *B*
com ceci *GL*

La *AT*
Il *H*, trop b. *H*¹, Jll. t. e. s. non *B*
Trovera des letres quai d. *L*, les] ces *H*, P. letres t. q. iou ai d. *H*¹

Les *L*
—pais *A*, Q. t. c. sont que a. *H*
l.] baillie *H*¹

premier *B*
mise *M*
sobriete *GAH*¹, P. le quel s. en breuetei *M*

THE CARPENTER'S SQUARE.

Il doit avoir parfaite pais
En tel maniere que tous fais, 2540
Fais encontre ma volente,
Soient restraint et amende.

Apres en l'anglet bas assis
Et ou est anichie et mis
A, par qui entenduë est 2545
L'ame qui en humain cors est,
Doit aussi avoir bonne pais
Par destruction de meffais
Qui doivent estre desfaciez
Par penitance et esrachiez, 2550
Quar cil ne puet estre apaisie
Qui guerroie est de pechie
Et toute pais pou li vaurroit,
Së il la guerre n'apaisoit
De li et de conscience 2555
Par (les) oustis de penitance.

Apres encor a son prochain,
Qui par le P du bout derrain
Est entendu, doit pais avoir,
A quoi le doit mont esmouvoir 2560
Le mesme degre ou il est,
Quar point plus bas ne plus haut n'est ;
Touz deuz en un degre les mis,
Quant les crie, fourme et fis,
Touz sont mortex (et) l'un et l'autre, 2565
Ver est li uns et ver l(i)autre.
Riens n'i vaut cuer despiteus, (et) fier
Ne rien orgueil, ne riens dangier ;
Touz passeront par un pertuis,
Gros et menus, grans et petis. 2570

En celle H^1, quen A
encore B

bas $oTAGM^1LH^1H$ bien tBM
sest H^1T cest BLM, sest enchie A, enige L
atendue H^1
en] ou B, c. h. MB
av. aussi H
de] des oAL
entre G, dessachies H^1 effaciez L
arrachiez ABL

guerrieres H^1, Q. d. p. e. g. B
Et malle p. pour li vorroit H^1
la] sa GL

les conduis B, le o—l de pacience A

Enc. ap. A, a s.] est ou H^1
du] au H^1
BM^1LMAT, dois to GH^1H
len A
degrace B, ou] leur H^1
pl. h. ne pl. b. TLM^1H^1T

Q. lescript ie f. et f. M

Voir A, et v. est lautre HH^1A
GLM^1H^1, c. fellons ne f. M, despiteus ne
f. o, despit et f. HA

Tout T, passerent B
Grans et p., g. et m. M

Le Pelerinage de Vie Humaine. 81

  Or facent tant que mon jouel   —tant *T*
  Ne perdent pas par leur orgueil !   pour, *H*¹, Ilz ne perdent par *G*
  A son prochain chascun ait pais,
  Si sera li patrons parfais
  De l'esquerre dont ai parle   2575   iai *GLAH*¹*H* tai *T*
  Et qui la pais a figure.   A q. l. p. ai *A*
  Ceste figure et ce patron   cest *L*
  Est un saing de tabelion   En *L*
  Du quel doivent estre seigniez
  Touz bons testamens et merchiez, 2580 et lignie *H*¹
  Et de ce saing publiquement
  Ai je seignie mon testament.
  A toute gent ai pais donne   t-s g-s *HH*¹*A*, donnee *HH*¹*M*¹, ai] a *G*
  Et ottroie et conferme.   octroyee et conformee *H*, confermee *H*¹*M*¹
  Or la gart chascun endroit soi 2585 e.] selonc *H*¹
  Selonc l'amour qu'il a a moi !   quilz ont *L*
  Quar selonc ce c'on m'amera,   c'on] quil *L* que m. *H*¹
  Ainsi chascun la gardera."   Aussi *HA*

L'acteur parle. Quant tout lëu ot Charite   ot l. *HH*¹*A*
    Ce testament et recite, 2590 Et le t. r. *L*
  A donc son parlement reprist
Charite parle. Et tiex paroles aprez dist :   Et trois p. *T*
  "Seigneurs ! or avez vous oui
  Par cest escrit qu'ai lëu ci   que iai *L*
  Comment Jhesus vous a ame 2595
  Et son jouel vous a donne,   —a *M*¹
  Comment aussi le vous donna
  A ma requeste et ottroia.
  Or vous dirai encor briefment,
  Pour quoi a tout ce testament 2600 a] o *L*
  Entre la table Moysi
  Et entre vous mise me sui.
  Savoir devez que aumosniere
  Du relief (sui) et despensiere   Sui du r. *A*, desp.] tresoriere *L*

M

[Sui] et (aus)si com vous a conte   2605
Penitancë et sermonne
Que sans li aler n'i devez,
Se meffaire ne vous voulez,   v.] pouez *L*
Aussi (vous) di que sans meffaire
Ne (vous) devez sans moi la traire ; 2610 d.] pouez *L*, — moi *B*
Sans moi adeser n'i devez,   approuchier *L*
Se moi offendre ne voulez.   Si mon offense *L*
Le testament du don de pais
Et du jouel dont fist son lais   Et le j. d. fis *T*
Li douz Jhesus devant sa mort   2615
Avecques moi pour ce je port,   Auec *TBGLH¹H*, je] le *A*
A fin que je vous avise
Que au relief en nulle guise
Vous n'aprochiez ne ne venez,
Se le jouel de pais n'avez ;   2620
Quar en l'anglet de ce jouel,
Pour ce qu'il est secret et bel,
Veut estre ce saint relief mis
Et recëus et requeillis,
Et pour ce, se ne l'avïez,   2625 Se vous ne *M*
Estre punis en pourrïez.   vous en *M*
Pour ce vous lo en bonne foi
Que pais portes et que par moi   porties *B*
Passez qui departerresse
Du relief sui et don(ner)resse,   2630 —2630 *B*, De ce r. et la donresse *L*
Quar se par moi ne venïez
Et par ailleurs vous passïez,
Larrecin repute seroit,   L. grant *L*
Et mal venir vous en pourroit.
Or gardez bien, n'offendez pas !   2635
Quar mon devoir assez bien fas,   deu a. b. en f. *B*, b.] en *HH¹G*
Et c'est la cause pour quoi sui   ceste *T*
De ma chambre venue ci."

L'acteur parle.

Quant ot Charite tout pardit   t. ce dit *L*
    Et sermonne sans contredit,   2640
Lors vi pluseurs des pelerins   La *G*, de *B*
Qui d'obeir furent enclins.
Par Charite droit (s'en) aloient,   se *T*
(Et) le jouel de pais portoient,
(Puis) passoient par Penitance   2645   P. sen passoint *L*
Sans avoir de li doubtance ;
Au maillet se sousmetoient,   Au] A son *to*..., se s.] ce commetoient *oT*
(Et) du baloi se balioient,   baloient *BL* nettoioient *M*
Des verges vi (que), batus furent   De *A*
Et puis du relief receurent   2650
Le quel Moises leur donna
Si com Charite l'ordena.
Puis vi aucuns malëureus   vi ge *L*
Qui repostement par ailleurs   r.] couuertement *A*
En eus de Charite mucant   2655   Et *M*, de] en *o*, mussans *o*
Et en Penitance fuiant   fuians *o*
Sans point de hontë (s'en) aloient   h.] bonte *B*, se *T*
Au relief *que* recevoient.   que] et le *to*...
Moises, sans nul excepter
Et sans nul arriere bouter,   2660
Ce relief leur amenistroit
Et courtoisement leur bailloit ;
Mes vous dirai comment avint
D'euz et comment il leur mesvint.   —il *oT*, c.l. mesavint *HH¹ALM*, m.] avint *M¹*
Quant orent ce relief ëu,   2665
Aussi com s'il fussent issu
D'un bien noir sac a charbonnier
Ou d'un ort fiens ou d'un bourbier,   bouchier *B*
Touz noirs devindrent et salis,
Ors et puans et avillis   2670   auieillis *H*
Et encor plus touz fameilleus   —tous *A*
S'en revindrent et soufraiteus ;   Se r. *T*

Neent plus ne furent saoule   —ne *H*
Que s'en fuiant fussent passe
Par devant l'uis a l'oublaier   2675
Sans riens avoir i a mengier.   y av. *HLT*, i] ne *o* et *M*
Des autres ainsi pas ne fu,   aussi p. *A*, p. ainsi *H*
Ainciez quant orent receü
Le relief dont il ourent tous,   —il *BM*[1]
Si remplis furent et saous   2680   et si s. *L*
Que autre chose ne vouloient   Q. dautre *L*
Ne rien du monde (ne) prisoient.
Si biaus devindrent et si gens
Quë au regart d'eus toutes gens,   2684 after 2686 *G*, d'eus] de *oTAH*
Ce me sembloit, estoient lais   2685   Si me sembloient estre l. *L*
Aussi bien les clers com les lais.   —bien, comme *A*, les] des *L*

L'acteur parle.

Or vous dirai tout sans mentir
  Ce qui me fist mont esbahir :   esbahy *A*
Merveille est quant peu de chose   p.] tant *L*
Puet remplir une grant chose,   2690   raemplir *oG*
Mes les merveilles sont plus grans,
Quant pluseurs choses qui sont grans
Peuent de ce qui n'est pas grant   —ce *H*
Avoir remplage souffisant.
Tout le relief que vi donner   2695
Fu si petit a mon sembler
Que, se dix tans en eusse eü   eusse] eust *H*
A un digner, pas repeü   En *A*
N'en eusse este souffisanment,   —este *H*, suffisant *L*
Et toutevoies plainement,   2700
Non pas un *seul*, mais eus trestous   *oTBGLM*[1]*MH* fuel *t*
En furent remplis et saouz ;   raemplis *oL*
Un peu a chascun soufisoit
Et plain du peu chascun estoit.   dun *oLM*[1]*H*, du pain *A*

Le Pelerinage de Vie Humaine.

L'acteur parle.

Ce ci me fist penser granment 2705
Et troubler mon entendement.
A qui parler (mais) ne savoie,   m. p. *BG*, m. je nosoie *M*¹
S'a Grace Dieu (je) ne parloie ;   *B*, nen *L*
Et non pour quant a li parler
N'osoie pas ne près aler, 2710
Quar elle (s')estoit acoutee
Dessus la table paree   D.] Au bout de *to*...
Ou elle regardoit donner
Le dit relief et aumosner.   Ce *B*
Toutevoies je m'enhardi 2715
Et m'en alai bien pres de li.
Quant me vit, tantost se tourna
Vers moi et doucement dit m'a :   et dit ainsi m'a *A*
"Que quiers tu ci ? or voi je bien
Quë il te faut aucune rien." 2720
"Certes, dis je, tout voirement   tost *A*
Assez me faut, quar pas n'entent
Comment a tant de gent soufist   gens *HLT*
Ce relief qui est si petit,
Quar a moi seul ne *soufiroit*, 2725   soufisoit *t*
Se tex dix tans en i avoit.   tant *A*
Si vous pri que moi enseignier
En veulliez un pou et preschier."   En v. et un p. pr. *L*

Grace Dieu parle.

"Biaus amis, dist elle, or entent
Et ne t'ennuit, se longuement 2730   tennuye *HB*, tanuye l. *o*
Je te tieng pour toi enseignier,   —toi *B*
Quar bien voi quë en as mestier.
Ce relief ci qui est donnez,   C. r. q. e. ci d. *L*
Une heure est char et sanc nommez,   est] et *B*, —et sanc *A*
Une autre est dit et pain et vin 2735   a.] heure *M*¹
Qui est viande a pelerin.   au *M*
Char et sanc est en verite,   en] pour *B*

Mes pain et vin est figure ;
Et bien est voir qu'il fu jadis   qui *AG*
Et pain et vin, mais tu vëis   2740   En *T*
Qu'en char et sanc il fu mue
Par Moysen a qui j'aide,   ie aidie *o*
Par quoi Nature a moi tenca   Pour *A*
Et malement s'en courrouca.   se c. *T*
Pain et vin donc se le nomme,   2745   et] ou *LM*¹, d. s.] ainsi *o*, nommei *A*
Je t'avise et si te somme   tavisei, sommei *A*
Que char et sanc soit entendu
De toi et fermement crëu ;
Ne ce ne te doit pas mouvoir   Ad ce *A*, Ne de ce ne te dois m. *H*
Quë au taster et au vëoir,   2750   et] ne *HA*, a t. et a. v. *T*
A l'oudourer et au gouster   et] ou *HA*
Et pain et vin te puet sembler,
Quar ces quatre sens decëus   ces] tes *A*
Y sont du tout et fols tenus.   —du t. *B* de t. *L*
Rien n'i sevent, esbloe sont,   2755   esbloiz *L* esbahys *A*
Voisent couchier, assote sont.   Augent c. assotiz *L*
Mais le sens d'ouir seulement   les sens *o*, dort *A*
En enfourme l'entendement ;   Et *o*, En informant *A*
Celui a tast ici endroit,
Odourement, goust et vëoir,   2760   et y voit *L*
Cetui connoist plus *soutilment*   soultiment *t*
Et aperçoit plus clerement.
Et ce piec'a figure fu
En Ysaac et Esau,
Quar Ysaac mont bien cuida   2765   cuidoit *M*
De Jacob qui l'apastela   Et J. *T*, lapasteloit *M*
Que ce fust son fil Esau,
Quar les quatre sens decëu
L'avoient tout outreement   — 2769 *A*
Si com tu verras plainement,   2770   —2770 *A*, p.] clerement *B* outrement *L*
Quant Genesim aras lëu ;   —2771 *A*, G-is tu a. *L*

Le Pelerinage de Vie Humaine. 87

Mes de l'ouir riens decëu   —2772 *A*, r. nest d. *L*
Ne fu il, quar par la connut   Ne furent *A*, il pas c. la *o*
Son fil Jacob et ape*r*cut.   et lappercut *L*

Aussi te di : (que) se te fies   2775   que] je *H*
  Es quatre sens et apuies,   Es] En ces *to*...
Du tout decëu tu seras,
Quar folement tu cuideras
Que de la char ce soit pain blanc
Et que vin pur ce soit du sanc,   2780   Et du v. pour *B*
Si ques ja le voir n'en aras
Par ces ·IIII· sens ne saras.   P. c. s. ne ne s. *oTABMH*, P. c. s. ne ne le s.
A l'ouir te faut apuier,   *GLM*[1]
Croire du tout et toi fier,   toi] ti *A*
Par li la verite saras   2785
Et par li t'en enfourmeras
Il t'apenra trestout a plain
Que ce n'est mais ne vin ne pain,
Ains est la char qui' estendue,   que *A*
Pour toi en crois fu (et) pendue ; 2790   Fu p. t. e. la c. p. *H*
(Que) c'est le sanc dont arrousee   Quar *A*
Fu *la* crois et cruentee.   la] celle *to*..., ceste *T*
Et se cestui pain veus nommer   cecy *H*, ce p. tu *o*
Bien dignement et apeler,
Si di (que), c'est le pain de vie   2795
Dont tout *le monde* a sa vie ;   *oALMH* li mondes *TGM*[1]
Aussi ai je en mon usage   ie ai *o*
De nommer le *en* tel langage,   en] par *to*, De le n. *LA*, lei *o*, bangage *B*
Pain l'appele et pain le nomme
Qui du ciel vint repaistre homme. 2800   r. lomme *A*, pour r. h. *TBGM*[1]*LM*
C'est le pain dont repëu sont

    2782*a*.—A ce propos faus tesmoings sont
    2782*b*.—Et rien a croire il ny font. *TA*.

Tout li angre qui u ciel sont,
C'est le pain que doivent metre
Les pelerins en *l'*escherpe.   l'] leur *to...*
Së en petite quantite   2805   Et sen *L*
L'as vëu, bien t'ai avise
Qu'a ton regart n'a ton vëoir
Ne dois nulle fiance avoir.
L'oir en aprent seulement   Couir *B*
Et en baille l'enseignement.   2810   Y *L*
Et (pour) ce apenre bien pourras   b. ap. *B*, —bien *M*
De ce que dire m'en orras.

Grace Dieu parle.

Charite, qu'as oui parler   parle *A*
N'a pas granment et sermonner,   g.] lonc temps *L*, sermonne *A*
De ce pain ci la cause fu   2815
Et par li controuve il fu.   Quar p. l. couronnes *A*
Elle le grain en apporta   en emporta *T*
Du ciel en terre et le sema.   en] a *A*, —le *H*
La terre ou *sema*, aree   seme fu *to...*
Onc(ques) ne fu ne labouree,   2820
Par chaleur de soleil i crut   du *oLH*, il *oH*
Et par rousee qui i chut.   ch.] ghust *B*
Charite engrangier le fist
Et en grange estrange le mist.
Pluseurs bateurs (la) le trouverent,   2825   tournerent *B*
(Et) le batirent et vanerent.   Et] Puis *L*, v.] naurerent *B*
Tant batu fu, tant vane fu   T. v. f. et t. b. *A*, v.] naure *B*
Que de la paille sevre fu,   esseure *A*, Q. la p. seuree f. *o*
Son vestement li fu oste
Si ques nu fu et desnue.   2830   despoille *L*
Au moulin apres porte fu
Et deguiseement moulu,   desdigneusement *L*
Quar aus balestes du moulin   Q. a. aulnes de ce m. *A* Que *G*
Ou il n'avoit pas dras de lin   p.] nulz *o*

Le Pelerinage de Vie Humaine.

Il fu moulu et esmie, 2835	crible *G*
Quasse, trible et tourmente.	
Ce moulin fait a vent estoit	Et ce m. au v. *A*, auant e. *oL*
Et au vent d'envie mouloit.	d.] des nues *A*
(Et) non pour quant ce moulin moles	Et si auoit ce *A*
Avoit qui n'estoient (pas) moles, 2840	Qui n. p. trop m. *A*
Mole de susurration	Molles *H*
Et mole de detraction	2842 between 2850 and 2851 *T* meule *G*
Aus quelles fu avant froissie	
Quë aus balestes fust baillie.	bal.] batailles *A*

Grace Dieu parle.
Quant moulu ot ainsi este, 2845
Adonc s'avanca Charite
Et vout devenir fourniere
Pour *pain faire* et boulengiere.   fairen pain *tGM*¹ faire p. *oTABLM* le pain faire *H*
Son four tout chaut piec'a estoit   p. t. ch. *TAGH*, p. chauffe e. *oL*
Ou elle cuire le vouloit, 2850   —le *A*
Mais tant y a que li tourner   y a] auoit *H*, le *A*
A son vouloir ne paneter
Ne savoit pas dont li pesa,   pesoit *BM*
Mes de rien ne s'en esmaia,   esmayoit *BM*
Quar te dirai qu'il en avint : 2855   Si *GL*
D'une mestresse li souvint
Qui estoit la plus soutille
Qui fust en bourc ne en ville.   ne en b. *GM*¹*LM*, Que peust trouuer en b. ne v. *T*, Quon peust trouuer nen b. nen v. *A*
Sapience nommee estoit
Par tout ou en la connoissoit ; 2860
Rien n'estoit c'on penser pëust   que penser on p. *HA* que p. p. *G*
Que tantost faire ne scëust,
Piec'a avoit ce sens apris   auoir *T*
Es escoles de son païs.   Ens esc. *M*
Tout li mondes, s'elle vousist, 2865
En une boiste bien mëist
Et dedens l'escaille d'un euf   Ou *TABGM*¹*M*

Mëist bien tout entier un buef,   e. t. *A*
Et pour ceste soutillete
En souvint il a Charite ;   2870
Quar le pain que faire vouloit
Du grain moulu que prest avoit   qui p. estoit *G*
Vouloit qu'il fust si sagement
Panete et si soutilment
Que par semblance petit fust   2875
Et qu'a touz soufire pëust,
Que d'un bien pou fust saoules   de b. *T*
Chascuns et bien assasiez.   —bien *M*, rasaziez *A*^{1}*L*

Quant ot ce Charite pense,   Ch. ot ce *o*, —ce *A*
  Pour acomplir sa volente   2880
A Sapience s'en ala
Et fist tant qu'elle la trouva.
Elle en sa cheoire [se] seoit   *oAGLM*^{1}*A*^{1}*H*, —Elle *A*^{1}*L*, —sa *H*
Et de tout garde se prenoit.
Tant la pria que pour pestrir   2885   prestir *M*
Avecques li la fist venir.   Auec *TAG*
Sapience ce pain tourna   trouua *A*
Et le pestri et le moula ;   prestit *M*
Ainsi com Charite li dist,
Ainsi du tout elle le fist,   2890   li *LM*^{1}
Et encore plus soutilment
Elle le fist et sagement ;   li *L*
(Quar) grant le tourna sans mesure
Pour donner ent (a) touz pasture
Et qu'en peust estre saoulez   2895   saoulee *o*
Chascuns et bien asasies.   raxasie *AA*^{1} ressas. *L*
Et combien *que* grant le fëist,   que *oTAGM*^{1}*LA*^{1}*MH* con *tB*
Par semblance petit le fist   semblant *H*
Et souz *petite* closture   *oTAGLM*^{1}*H*, petitete *tBM*, petiote *A*^{1}
Li fist avoir sa masure.   2900   mesure *TABH*

Et encore plus soutilment
Fist elle un autre experiment,   expirement *H*
Quar de *chascune partie*   *oTA* chascunes des parties *tBGM¹LA¹MH*
Qui *du* pain *estoit brisïe*,   *oTA* de ce p. seront brisies *tBGM¹LA¹MH*
Combien que fust petite ou grant,   2905   quil soit *A¹L*
Fist elle chascune aussi grant
Comme ensemble trestoute estoit ;   toute *H*, tout *oTA*
La quel chose pas ne plaisoit
A celle qui a moi tenca,
Ainciez certes mont l'en pesa,   2910   Mais moult forment li e. *A*, —certes *B*, le p. *T*
Quar rien ne set que (sa) riote   ne s.] nestoit *M*
Pour viellesce qui (la) radote.   Par *H*, redote *oA¹L* rassote *MM¹*
La toute voies point ne vint
Pour ce que de moi ii souvint,
Quar (bien) se douta que blasmee   2915   *AA¹*
Encor ne fust et (re)futee ;   et bien futee *A¹*, fustee *L*
Mais je te dirai qu'elle fist.   te] vous *L*
Un sien clerc Aristote quist   Un s.] Son *A*
Et l'envoia a li parler   Et le mena *H*
Pour li blasmer et arguer.   2920

Aristote parle.
A ristote quant fu venus
Devant li, si dist ses salus,
Puis li dist par tel semblance :   t.] ceste *A*
" A vous, dame Sapience,
M'envoye Nature parler   2925
Pour vous vos mesproisons monstrer.   vos] les *H*, mesprises *M* mesprissons *G*
Mont li desplaist qu'ainsi quasses
Ses ordenances et mues,
Et aussi ne me plest (il) mie,   ainsi *G*
Combien que (vous) soies m'amie.   2930   —vous *B*
Ja pour vous ne le lesserai   —le *oTABGM¹LM*, ie ne less. *GM¹M*, ie ne lass. *M*
Que n'en die ce que j'en sai :   ne d. *T*
Bien savez que n'est pas raison   que ce n. *B*, ne pas *A*

Que le vaissel ou la maison
Mendre soit de ce qui est ens.   2935
D'autre part se par argumens
Je faisoie la gent cuidier
D'un grant palais ou d'un moustier
Que ce fust un tournois petit,
Pou priseroient voir mon dit   2940
Li *saige* et m'en moqueroient
Et (pour) sophiste me tenroient.

C es choses ci fait vous avez
    En ce pain qui est desguises,
Quar la paisture de dedens   2945
Dont repëus sont toute gens,
Qui ou monde pas ne pourroit
Ne pas le ciel ne soufiroit,
Vous avez enclose et mise
D'une desguisee guise   2950
En si petite closture,
Souz si petite masure
Que, se tiex quatorze en avoit,
En ma main bien les contendroit.
Ce ci ne puis pas bien souffrir   2955
Que je n'en face contredit,
Ne ce n'est pas (trop) grant merveille,
Se Nature s'en *esveille ;*
Mais se tant fait vous ëussiez
Et vous faire le pëussiez   2960
Que le manoir fust aussi grant
Com la paisture si est grant,
Ou la paisture (aussi) petite
Com la maison (si) est petite,
Assez je me souffrisse bien   2965
Et Nature le vousist bien ;

s. que ce *AH*, s. que ce q. e. dedens *o*, s. de ce quest dedens *A¹L*

trauaix *M*
Saichies de voir si com len dit *o*
Les saiges *to...*, et] si *o*, me *BT*
—pour *B*

ycy *A*, faites *T*
Et *A*
Par *G*, —de *M¹T* du *L*
repeues *A*, toutes les g. *o*
ou] au *H*
ni s. *GA¹*

D'] Par *to*...

mesure *H*
quarante en i a. *A*
comptenroit *H*
Et ce ne *H* Et si ne *T*
oTA, Ne raison ne si puet offrir *tBGM¹LA¹H¹H*
—trop *oTA*
sen esueille *oT*, sen esmerveille *tABGM¹H¹H*, si sen merv. *A¹L*
Que *A*, v.] se *H*

Comme, —si *AL*

—2964 *B*, Comme, —si *AL*
Je men s. a. b. *A*

D'autre part vostre honneur i fust,
Quar sans decevance on scëust
Combien fust la pasture grant
Sans riens aler adevinant.   2970
[Et] encor plus ce me desplaist
Et Nature pas ne s'en test
Que ma maxime approuvee
Fausse[e] avez, (et) reprouvee.
Oncques mais voir parler n'oï   2975
Ne en ma vie je ne vi
Quë un tout, quel quë il f[ë]ust,
De sa part greigneur ne f[ë]ust,
Mes la partie, ce savez,
Aussi grant com son tout avez   2980
Fait qui est grant mespresure
[En]contre moi et (contre) Nature.
C'est ce pour quoi sui ci venu
Et pour quoi envoie i fu.
Or gardez quel response ara   2985
Celle qui envoie m'i a!"

Sapience parle.

Quant ot Aristote parle,
Sapience l'a arresne :
"Amis, dist el(le), qui me claimes
Amie pour ce que (tu) m'aimes,   2990
—Et en ce n'as tu rien perdu,
Que par ce t'est tout bien venu—
Bien te dëusses aviser,
Se vousisses et apenser
Que ·II· escolles tins jadis   2995
Es quieux toi et Nature apris ;
Quar Grace Dieu si le vouloit

C. la p. fu *LHA*
en devinant *GH*, S. r. en al. dev. *LM*¹
Et o*TAGLM*¹, —Et t*BMH*
se *AL*
esprouvee *G*
Faussee o*TAGM*¹*H*, Faulcei *M*, et esproue *B*

vie ne le vi *L*
BH, quel conques *M*, quanque *M*¹, t. seul *A*
BMH, Parties si grans com soi eust *L*

comme le t. *A*
moult g. *GL*, bien g. *M*¹, F. ce que *M*

ci] ca *A*

g-der quelle raison a. *A*, responsa a. *T*

A. ot *HA*

Et en astu nient p. *L*
Quar p. c. t. ton *A*, te est b. auenu *o*

Si tu v. et penser *L*, et penser *T*

2958.—For *s'en esveille* see *J*, 3584, 3719.   2974.—*Faussee* supported by lines 3149 and 3205

Et bien ordene le m'avoit.
En l'une aprenoie a ouvrer   Et *H*, De mes ars et exerciter *A*
Divers ars et exerciter,   3000   En lune aprenoie et a ouvrer *A*
(A) faire choses merveilleuses,
(Et) soutilles et gracieuses.
Et en celle fu premiere
Dame Nature (m')escoliere.   3004 after 3022 at the bottom of col. 23a *o*
La l'enseignai jë et apris   3005   ie enseignai *A*
Nobles mestiers et bien soutis,
Si com de faire fleuretes,
Lis et glais *et* violetes,   *oTA*, et les v. *LM*¹, g. roses v. *tGB*, Lis glais roses et v. *HM*
Et autres gracieus mestiers
De quoi dire n'est nus mestiers.   3010   —3010 *B*, De q. de d. nest m. *M*¹ nul *G*
En l'autre escolle (j')enseignoie   —j' *L*, A *M*
L'entendement et (l'en)fourmoie   et le fourmoie *o*
A arguer et desputer
Et a jugier et discerner
Entre le bon et le mauves   3015   les b-s et les *HA*
Et a faire canon et lais,   f. selon les lais *A*, c-s et loys *H*
Quar a ce' estoit deputee
Celle escole et ordenee.
(Et) la estoit ma sage fille
Science qui est (si) soutille,   3020   —si *A*, si] moult *L*
Qui i tenoit les parlemens   l.] ses *G*, paremens *A*
Et s'i fourmoit les argumens,   Et y *TABGM*¹*LM*, Et il *o*, l.] ses *G*
Pour l'amour (de) la quelle estoies   P. la quelle amour tu e. *o*, estoie *T*
Es escoles et (i) venoies ;   i] si *H*, venoie *T*
Et tant fëis que sus que jus   3025
Qu'a mariage tu l'ëus.   Quen m. *M*
En celle escole je t'apris   Et en c. *o*
Et la fus tu mon aprentis
Et la te furent revelez
De nature tous les secres,   3030
Quar (quan)qu'a Nature aprenoie,   Q. quanque N. aprenoit *A*

(Tan)tost apres le te disoie,   disoit *A*
Nom pas que riens faire en peusses,   —3033 *L*, peussiez *o* deusses *A*
Mes que bien jugier en sceusses.   —3034 *L*, sceussiez *o* peusses *AB*
Tel honneur et (tel) courtoisie   3035
Bien moustroit que (t')estoie amie.   *L*, t'estoit *B*. questoye tamie *H*
(Et) quant tu donques et Nature   —Et *oTA*, d. toy *HL*
Avez este (des)souz ma cure,   m. c.] nature *A*
Qu'apris avez en m(es)' escole(s)   mescole *o*, en] a *BGLM*[1]
(Et) biaus fais et belles paroles,   3040
Së or me vëissiez errer,
Si me deussiez vouz deporter ;   —vous *A*
Bien deussiez en memoire avoir   —en *A*
Du champion qui son savoir   Dun *M*, Le *L*, sa.] pouoir *H*
A un povre homme avoit apris   3045
Et qui du sien rien n'avoit pris ;   r.] nen *B*
Quar quant en champ furent venus   Et *o*, en] ou *G*, —en ch. *B*
A la requeste de deux dus   de] des *H*, dus] ducs *γG*
Qui' a eus deffendre voloient   a] par *to*...
Le leur dont (grant) contens avoient, 3050   Le iour *L*, Le l. qui par g. c. a. *o*
Le mestre qui' encor plus estoit   encor] trop *GL*
Sage que l'apprentis n'estoit
Son apprentis a arresner   a raisonner *HL*
Commenca et a li parler :
"Qu'est ce, dist il, venes vous ·II·   3055
Encontre moi qui sui tous ceus ?
Onques ce de (grant) vasselage   —grant *oT*, —ce *H*, O. de ce g. *M*[1], O. de
Ne fu ne de *bon* couraige."   vous g. *L*, O ce dist il de v. *A*
Adonc quant cil si regardoit   *oT*, b.] vaillant *t*..., Ne vint de vaill. c. *A*
Derrieres li qui y estoit,   3060   celui r. *L*
Le mestre tel cop li donna
Que mort a terre l'envoia.
"Encor, dist il, n'ai pas apris
Tout mon sens a mes aprentis.   T.] comment *B*

     3049.—Perhaps *Qu'ainsi* deffendre voloient.

A toy est hui mal avenu, 3065
Quant contre moy tu es venu."
Aussi vous dy, se Diex vous gart,   Ainsi *M*
Cuidiez vous or que tout mon art,   —or *A*
(Et) tout mon sens apris vous aie
Et (que) le mien tout donne aie 3070
Sans quel que chose retenir ?
Mal me feriez convenir   Vous me f. mal c. *M*
A ce que voy, se (je) n'avoye,
De (moy) deffendre aucune voye.
Quar (en) moi faisant vilanie 3075   Quant *M*¹, èn] a *o*
M'argues de sophist(e)rie,   Margue *o*, M. et de *B*
De fraude et de deception   et dec. *oLH*
Par faute de discretion.
Or (me) dy, se merciere estoye
Et une borse (te) monstroye 3080   borsete m. *H*
La quel(le) donner te vousisse
Et (puis) apres je te dëisse :   —je *L*
"Vois ci ce que je t'ay donne,   —ce *TA*
Porte l'en ! quar c'est de mon gre."   que *oH*
S'ainsi *ert* que l'en portasses 3085   ert] estoit *to*..., p-sse *H*
Et (puis) apres dedens trouvasses   t-sse *H*
Quatre flourins ou cinq ou six,   Q-es *T*
Te seroit il pour ce avis   ce] tant *L*
Que decëu de rien t'eusse   t.] sceusse *G*
Ou (que) sophiste pour ce fusse?" 3090   pour ce] posture *o*

Aristote. "Certes, dist Aristote, non,
Mes me sembleroit un tel don   — me *G*
Estre plain de grant franchise,   E. don damy ou damie *B*
(Et) d'onneur et de courtoisie."   et] ou *H*

Sapience. "Certes, dist elle, aussi est il 3095
Du pain que j'ai fait si soutil ;
Quar dehors je n'ai pas moustre

Le Pelerinage de Vie Humaine.

Le grant tresor qu'ai ens boute.
Mis l'i ay tres repostement   Mais mis lui ai r. *A*
Pour enrichir la povre gent,   3100
Quar se dehors monstre estoit,
Nul recevoir ne l'ouseroit.
Charite ainsi l'ordena   aussi *B*
Qui des povres grant pitie a.   d. p. gens p. *TAMH*, d. gens poures p. *o*
En ce n'a pas deception,   3105
Mes fait de miseration.
Mes se dehors eusse monstre
Grant apparence et ens boute
Chose qui poi a prisier fust
Ou qui grant quantite n'ëust,   3110   que *T*
Lors me peusses tu arguer
De deception et blasmer.

Encor respont jë autrement
   Que ce n'est pas decevement,   Quar *TA*
Se petit je le monstre a l'ueil   3115
Et grant est dedens et je vueul   —et *o*, d. ge le v. *LG*
Qu'ainsi soit crëu fermement   Quausi *o*, soit il f. *G*
Sans faire en adevinement.   —en *oT*, S. f. nul dev. *A*, S. en f. dev. *L*
Mais se ce ci (je) ne voulsisse
Ou autrement (je) le fëisse,   3120   Que *BG*, f.] vousisse *L*
Lors peusses (tu) par aventure
M(oi)' arguer de mespresure.   mesprenture *A*

Or me di encor, je te pri,
   Qui de mes fais m'argues si,   cy *GAT*
Qui dis que ce n'est pas raison   3125   Et *LG*
Que le vaissel ou la meson
Soit mendre de ce qui est ens,   de] que *oH*, nest ens *G*, quest dedans *L*
Veis tu onques ne hors ne ens   o. h. *HG*
De cuer d'omme la quantite?—"   Du *LH*

Aristote.	"Certes, dist il, en verite 3130	
	Bien l'ai [je] vëu voirement."—	je *HMG*
Sapience.	"Or me dy, par ton serement,	dy dont p. t. serment *H*
	Combien est grant a ton avis?"—	a] par *B*
Aristote.	"Certainement, dist il, envis	bien euis *B*
	Un escouffle un pou affame 3135	escouble .. affemme *L*
	En pourroit estre saoule;.	Nen *A*
	Quar petit est, non mie grant."—	pctite ... grande *A*
Sapience.	"Encor, dist elle, te demant,	demande *A*
	Se point ses sa capacite	sa] la *A*
	Et de combien assasie 3140	ressazie *L*
	Ou saoule estre pourroit	
	Ou quel chose li souffiroit?"—	
Aristote.	"Certes, dist il, li saouler,	—3143 *T*
	Li remplir et assasier	—3144 *T*, raemplir *o*, et li a. *M*, rassasier *AH*
	Tout li mondes pas ne pourroit, 3145	le monde *G*
	Se tout a son vouloir l'avoit."—	v. nauoit *L*
Sapience.	"Or faut il (donc), dist Sapience,	
	Que remplage a soufisance	a] ait *A*, r. et s. *T*
	Tu li truisses ou (que) faussee	le *T*, treuues *L*
	Soit t(en)' autorite vulguee, 3150	v.] avvglee *H* posee *A* prouuee *L*
	Par la quelle as prouve et dit	
	Quë u monde n'a point de vuit,	
	Quar d'aucune chose il sera	Q. dautrui ch. *o*, —il *L*
	Rempli ou vuidenge i ara."—	widage *M*¹, ou demande i *o*
Aristote.	"De ce, dist il, dirai mon dit, 3155	
	Quar j'ai cuidie et encor cuit	je cuide *LH*, ie cuidoie *o*
	Quë un bien qui est souverain	Car *G*, —un *A*
	Si le devra faire tout plain."—	Si se deuroit *A*
Sapience.	"Vraiement, dist el(le), tu dis bien	Vraiment *T*
	Et en ce ne mesprens de rien, 3160	de] tu *H*, —de *T*
	Mais il couvient que soit plus grant	s.] son *o*
	Ce bien que li monde n'est grant	
	Et ainsi enclos u monde	u] au *A*

Le Pelerinage de Vie Humaine.

Aristote.	Ne pourra qu'il ne surunde."—	surmonte *o* se monde *L*, qui ne ressourde *A*
	"Certes, dist il, a ce pas bien 3165	
	Ne puis contredire de rien."	
Sapience.	"Et comment, dist elle, iert il mis	iert] ert *o* est *ABMH*, sera mis *L*
	En un cuer qui est si petis ?	
	Dont convenra il par raison	
	Que mendre assez soit la meson 3170	
	Que le bien qui sera ens mis,	Ce b. q. y s. m. *L*
	Et ainsi sera faus tes dis.	seront *BL*, Et a. faillent t. d. *A*

      E ncor ce ci tout autrement
        Te veul monstrer apertement :
      Romme et Athenes as vëu   3175   Romme *TA* Grece *to BMGM¹H* Grasse *L*
      Et maintes foys y as gëu.
      Or me di voir, s'il te souvient,
      Combien l'une et l'autre contient,   —3178 *L*
      Se mont y a d'estudians,   —3179 *L*
      Et combien les citez sont grans ?"— 3180   —3180 *L*

Aristote.	"Certes, dist il, bien me souvient	—3181 *L*, men *A*
	Que grans sont et qu'assez y vient	Comme g. *L*
	D'estudians et d'escoliers	
	Et de gens de plusieurs mestiers."—	des g. *T*, gent *o*
Sapience.	"Or me di, dist elle, ou as mis 3185	ou tu *B*
	Toutes ces grandeurs que me dis ?"—	q. tai d. *L*, g. comme d. *T*
Aristote.	"En ma memoire mis les ai,"	En mon *L*, mises *T*
Sapience.	Dist il.—"Certes mont bien le sai,	mon *T*
	A Sapience respondu,	
	Et pour ce me conclurras tu, 3190	p. ice concl. *L*
	Se memoire est en ta teste,	
	Qu'en mendre lieu que n'est (ta) teste	Que m. *T*, maindre *o*
	As encloses deux cites grans	enclos *oTA*, tresgrans *A*, moult g. *o*
	Avec touz ses estudians.	s.] les *A*, Oueques leurs e. *L*

    3175 corr. supported by 3180, 3193 and the context as well.

En la prunelle de mon eul 3195
Ce ci aussi monstrer te veul :
Regarde (la) com est petite,
(Et) toutevoies ens habite
Toute ta face entierement
Si com pues voier apertement. 3200
Aussi regarde en un mirour,
Ta face y verras et son tour ;
Et se tu veulz faire autrement,
Pour miex soudre ton argument
Qui dis que je t'ai faussee 3205
Ta maxime et reprouvee,
(En) tant com chascune partie
Qui du pain *seroit* brisie
Aussi grant fas comme son tout,
Fai que soit despecie et rout 3210
Tout le mirour en pluseurs pars !
Së a chascune est tes regars,
N'i ara celle ou ne voies
Ta facë (toute) et appercoives
Aussi bien et entierement 3215
Com faisoies premierement
Ou miroir, quant entier estoit
Ou quë une face n'avoit."

Aristote parle.

"Or me dites, dame, dist il,
Qui l'engin avez si soutil, 3220
Entendez vous que locaument,
Vertuaument ou autrement
Soient mises *celles* choses
Es lieus qu'avez dit et (en)closes,
Quar selonc ce (je) respondroie 3225
Ou selonc ce (je) me tairoie."

De *L*, m.] ton *H*, eul] vueil *B* veil *L*
Encor ceci m. te. v. *L*

la] aussi *o*, comment *B*
ens] dedans *L*

ta f.] sa facon *H*

s.] ton *o*
—Et *TA*

Que tu d. *LM*

com] que *BL*
Qui *puet* d. p. *estre* b. *to...*, du] dun *o*
F. a. g. *A*, fait *L*
Est quant est dep. et r. *L*, et] ou *A*
—Tout *L*, le mirouer *L*
a] en *H*, —est *B*

appacoiues *A* appercois *L*

p.] par devant *o*
En mireur *M*, entiere *T*
Ou quel cune f. n. *GLM*[1], Ou quel vne f. n. *A*, Ou quel nulle faulce a. *H*

Que *L*, Q. a. l. *A*
q.] si *L*, loccument *o*

c.] toutes ces *to...*, soieient *L*
dis *T*

men *o*

3208, cf. 2904.

Sapience parle.

"Certes, dist elle, locaument
N'entent je pas, mes autrement.
Vertuaument entent li un
Et imaginaument aucun, 3230
Et representativement
Aucunes des choses entent ;
Et si ne *puet* il [ja] chaloir
De ce ci maintenant savoir,
Quar les exemples seulement 3235
Ai baillie pour avisement,
Pour toi faire tost entendre,
Tost enseignier et aprendre
Com(ment) sous petite figure
Reposte est la grant pasture, 3240
Quar (aus)si com en pluseurs guises
En petis lieus (ces) choses mises
Sont, tout aussi dedens ce pain
Est vraiement (mis) le bien souvrain,
Non pas voir imaginaument, 3245
Non representativement,
Non vertuablement sans plus,
Ains i est mis et contenus
Corporelment et reaument,
Presentement et vraiement, 3250
Sans nulle simulation
Et sans autre deception.

Sapience parle.

La cause pour quoi mise i est,
Ja en partie conte[e] est,
Quar pour le cuer qui est petis 3255
Le pain aussi petit je fis
Et pour sa grant capacite
Le bien souvrain ai ens boute ;

loc.] cauimant *o*

jenten *H* entens ie *AL*
li a. *A*
reprentat. *B*
ientend *H*
puet il ja ch. *A*, peust il ch. *tBM*¹, puet il ch. *oTGMH*, Certes si ne puet il ch. *L*

Quant *TA*
bailleez p. enseignement *A*
P. quoy *o*, tantost f. *H*, Et p. tost f. toy e. *M*

Est reposte *to...*, Est remise *A*
ainsi *M*, —en *TA*
ces] ses *T* sont *A*

—mis *TA*, —le *LH*, Vr. est *L*
— voir *B*
Ne *A*
vertuaument *TH*, Ne virtueusem. *A*

Corporablement *o*, royaum. *TA*

nulles, *T*
autres *T*

mis *BMLM*¹
oTBLH, Maintenant toute apperte est *A*

sa] la *L*
souuerain bien *A*, souuerain *TALH*, jai *B*

Le peu au peu, le grant au grant
Ai fait a droit correspondant,   3260
Quar selonc ce que le cuer est,
Aussi faite la pasture est :
Se petit est, petit pain a ;
Së assez veut, ens trouvera
Ce qui le pourra saouler   3265
Et emplir et assasier.
Et en ce n'a pas mesprison,
Se pour tel cause la maison
Est mendrë (assez) et plus petite
Que le bien qui (ded)ens habite.   3270
Et suppose qu'a ton semblant
Eusse fait chose messeant,
Que bien contens n'en fusses pas
De ce que dirë oui m'as,
Si te di je que je ne doi,   3275
Se je ne veul, respondre a toi ;
Quar se faire (je) ne savoie
Ou en *nul* temps ne faisoie
Nulle chose plus notable
Des autres et merveillable,   3280
Pour noient seroie mestresse
D(es)' autres et aprenerresse ;
Si ques voiz ci ma response !
Se tu veus, si la renonce
A Nature, la chamb(e)riere   3285
Grace (de) Dieu et m'escoliere,
Quar pour li rien ne lairoie
De ce que faire vourroie.
Pour Charite tous jours ferai
Quanque je plaire li saray.   3290
Rien ne me sara deviser
Que ne face sans demourer."

Le pain a peu *o*, gr. en grant *H*
au d. *A*, com resp. *oTM¹G*

Ainsi *B*, la] sa *LM¹TA*
Se petite *H*, S. p. et petit penra *o*
Sasses v. ens le tr. *L*
li *B*
remplir et ressas. *M*, rassas. *A*

Et *B*, et] est *T*

la chose *G*, choses *T*
Com b. *L*, Et b. *A* ne *BTGLM*, fusse *T*
  fesses *A*
oy dire *A*

je] ne *B*
nul] aucun *to...*
N.] aucune *to...*, pl.] bien *M¹*
Des] Que les *to...*

aprenarresse *o* aprerrerresse *B*
ci] tu *M¹*

A
H, Dist G. D. *o*
par *H*

Tant que lui pl. je s. *A*, pl. ie li *M¹*
mi *M¹*
Q. ie ne *A*

Le Pelerinage de Vie Humaine.

L'acteur parle.
    Aristote, quant ce oui,
    Tout mortement li respondi :

Aristote parle.
"Vraiement, dist (il), j'apercoif bien 3295
Qu'a vous je ne gaignerai rien.
Miex vaut assez moi en aler
Que contre vous plus arguer.
Je m'en vois ; ce que vous voulez,
Faites ! bon congie en avez."   3300

L'acteur.
Ainsi celui si s'en ala
Et a Nature raconta
Le sens qu'en li trouve avoit,
Pour quoi departi s'en estoit.
Nature lors si [se] souffri,   3305
Plus n'en pouoit, ce pesa li."

L'acteur parle.
    Quant m'ot ainsi Grace conte
    Ce biau conte de sa bonte,
Grant volente o et grant fain
D'avoir a mengier de ce pain.   3310
"Dame, dis je, de cuer vous pri
Que de ce relief Moisi
Vous me veuilliez faire donner
Pour mon vuit cuer assasier.
Lonc temps a a vuidenge este   3315
Ne oncques ne fu saoule,
Quar pas encor il ne savoit
De quoi emplir on le devoit."—

Grace Dieu parle.
"Certes, dist el(le), ta requeste
(Je) ne tien pas a deshonneste,   3320
Mont t'est ce pain necessaire
Au voiage qu'as a faire ;
Quar avant que puisses venir
Au lieu ou tu as ton desir,
Par mont mauvais païs iras   3325

Quant A. ot ce oy *A*
mortelment *L* maintenant *A*
ALH, V.] Par foy *GL*, V. je ap. *BM*
—je *GLM*¹, gaigneroye *H*
assez a men a. *B*

me *T*, voudrez *L*
bien *L*
Aussi *B*

q. parti *T*

si se o*TBGM*¹*LMH*, se] en *A*
Car pl. n. pot *H*, poise *L*

o] es *A* ey *G*

de] du *L*, de c.] je *B*
Moyse *M*

rassas. *A* ress. *M*
a en v. *BLM*¹, L. t. en v. a e. *A*
Ne quonques *T*, Noncques *MH*, assaouleiz *M* assasie *H*
on] il *A*

—a *T*

puisse *T*

mont] maint *L*, pas *T*, P. m. de m. pas *A*

Et mauvais hostiex trouveras,
(Si) que(s) souvent mesaise aroies,
Se ce pain ci (tu) ne portoies,
Et pour ce mon congie tu as
De penre le, quant tu vourras ; 3330
Mais toutevoies il est drois,
Si com je le truis en mes lois,
Que tu aies trestout avant
Ce qu'as demande par devant.
C'est l'escherpë et le bourdon 3335
Des quiex te dis qu'en ma meson
Tout a temps t'en pourverroie,
C'estoit quant monstre t'aroie
Les belles choses de dedens
Que ne voient pas toutes gens. 3340

Or t'ai les choses monstrees
En partie et revelees,
Preste sui de toi bien tenir
Tes convenances sans faillir ;
L'escherpe et le bourdon avras 3345
Toute les fois que tu vourras,
Et puis si pourras (du) pain metre,
Se tu veus, dedens t'escherpe
Et apres com bon pelerin
Toi mettre a voie et a chemin."— 3350

L'acteur parle.

"Dame, dis je, mont grant mercis !
C'est mes souhais et mes desirs.
Faites moi tost ce la avoir,
Quar j'ai grant fain de moi mouvoir.
Mont m'est tart que mëu soie 3355
Et (que) me soie mis a voie,
Quar loins est la belle cite
Ou a aler sui excite."

hostes *AM* hostelz *G*
que *TAH*, meschies *o*
nen *L*, S. ce p. auec toi nauoies *A*

Pour *H*, le] len *T* lai *M*[1], De le p. *A*, De p. ce que t. *L*

Si comme je t. *H*, ie treuue *L*, ie le treuue *A*

—3334 *o*, p. avant *H*
Ceste lesch. *T*
dis en *L*, dis que ma *T*
te *BTH*, A temps et bien ten p. *A*
t.] cauoie *M*[1], Ce fut q. ge m. tauoie *L*
—de *L*

Trestoute f. *M*[1], Touteffoys q. *H*

lesch. *o*

et chemin *A*

m.] tres *L*
soulas *oA*, et] cest *G*, et m. d.] cest m. delis *A*, je vous affis *H*
Et f. m. ce *H*, tout *GA*
de mesmouvoir *L*
t. mest *A*, quesmeus me s. *M*, que ale men soie *GLM*[1]*A*
a] en *oA*, Et q. me mette a la v. *L*
Ou a *oAM* A ou *tTH*, Ou daler je s. *LB*, Ou je sui daler e. *M*[1]

Le Pelerinage de Vie Humaine.

Adonc en un lieu qu'elle avoit
Ou mont de biaus jouiaus avoit 3360   bous *A*
Sans demouree me mena.   demourer si me *L*, me] men *B*
Et d'une huche que ouvert a   huge *LM*, ouverte o*ALH*
Atainst l'escherpe et le bourdon.
Onques, ce croi, fame ne hon   ce] ie o*A*, ny *T*
Si belle escherpe ne porta,   3365
Ne a bourdon ne s'apuia
Ou miex se puist assëurer   peust *TBLMH*
Et en un mauves pas fier.
La biaute d'euz et la bonte
Diligamment mont regarde,   3370 Moult diligeanment *BLM*
De quoi (je) ne me taire mie
Qu'aucune chose (je) n'en die.   ne *T*
L'escherpe de vert soie estoit
Et a un vert tissu pendoit,
Listee estoit bien cointtement   3375 Listes *H*
De douze clochetes d'argent.
Qui les forga, bon mestre fu,
Quar chascune esmaillïe fu,
Et en chascune esmailleure   en] a *A*
Il (i) avoit propre escripture   3380 —i o*TABH*, Si a *L*
La quelle dire je vous veul   je ne v. *B*
Tout ainsi com la vi a l'eul.   aussi que *HLTA*, —ainsi *B*

En la premiere escript avoit :   escripture *A*
Dieu le pere, ce me sembloit,   ce me] comme *H*, p. se membloit *A*
Le ciel et la terre crea   3385
De nient et puis homme forma.   —puis o*TA*, et lomme *A*
En la seconde : Diex le fil,
En la tierce : Dieu saint esp(e)rit.   —la *B*, esprit *T*
(Mais) ces trois *cloches* mervelleuses —Mais *A*, cloches *GH* choses *to BM¹LM*
Mont me furent et (fort) douteuses. 3390   clochetes *A*
Quar (de) si pres s'entrejoingnoient,   o*TA*
                                        —de *T*

Que toute(s) une estre sembloient,   toute *T*
Et especiaument ce di,   ce] ge *L* te *M*¹ vous *TA*
Quar seulement es trois ne vi   Que *A*, es] ces *B*
Quë un martel qui y estoit   3395   Q. un m. aux ·III· nauoit *L*
Qui a toutes les trois servoit.
En la quarte clochete escrit   cloche *H*
Avoit : Le fil Dieu Jhesucrist
Du ciel en terre descendus,
Par le saint esperit conceus.   3400   esprit *T*
Homme fait et de virge ne.   de la v. *A*
En la quinte : Li tourmente
Pour pech[e]eurs et en crois mis,   pecheours *L*, en la c. *M*
Navre, mort et ensevelis.   —et *B*
En la sisieme : Descendu   3405   Desorndu *B*
A val en l'infernal palu
Pour hors geter tous ses amis
Et mener les en paradis.   les mener *AL*
En la septieme : Suscite.   resuscite *A*
En l'uitisme : U ciel monte   3410   En la huist. *oL*, la witime *M*, u] en *M* l'ui-
     tiesme *G*
Et a destre du pere assis   A la d. *L* Et a la d. *A*
Pour jugier les mors et les vis.
En la nuevime estoit mise :
La sainte crestienne eglise   christiente *oL*
Avecques les sains sacremens   3415
Qui sont solempnizes dedens.   s-ize *M*¹ soiempnisies *T*
En la disieme : l'union
Des sains et la communion
Et de[s] pechies l'(a) indulgence   des *oTABLH*, de pechie *M*, la i. *tBLM*¹*MH*
Par baptesme et penitance.   3420   lind. *G*, —la *oTA*
     Et b. *M*¹
En l'onzieme : suscitement
De touz mors qui au jugement   au] en *oA*
En cors et en ames venront   et es a. *L*, ame *oTA*
Et la leur sentencë orront.   Et leur s. la o. *L*
En la douzieme : guerredon   3425   douzaime *M*

Des biens fais et punicion		De *o*, biaus *oH*
De ceus qui les maus fait aront		fais *M*¹*H*
Et repentis ne s'en seront.		se *A*
C'est des cloche(te)s l'escripture		
Qui' escripte est en l'esmailleure,	3430	Qui est escripte *LH*
A quoi la biaute, se voulez,		
De l'escherpe vëoir pouez.		pourras *B*

Le pelerin. Or vous redirai du bourdon
      Qui tout estoit d'autre facon.

Legier estoit et fort et droit	3435	
Et de bos Sethin fait estoit		du *AGL*, dun bon s. *o*, sechin *oBGLH*
Qui en nul temps ne puet pourrir		seche *A*
Ne pour cause de feu perir.		du feu ferir *M*¹
Au bout d'en haut ot un pommel		U *TM*¹
D'un ront mirour luisant et bel	3440	miroir *M*¹ mirouer *G*
Ou quel clerement on vëoit		len voiet *L*
Tout le païs qui loing estoit.		Trestout *L*
N'estoit loingtaine region		
Quë ens vëoir ne pëust on,		
Et la vi je celle cite	3445	
Ou d'aler estoie excite		
Aussi com l'avoie veue		Ainsi *BM*
Autre foiz et ap*er*ceue		
Ou mirour, aussi u pommel		—3449 *M*, miroir *AH* mirouer *G*
Je la vi, dont mont me fu bel.	3450	—3450 *M*, De *A*, La vi je *H*, —mont *AH*
Miex en amai voir le bourdon		aime *A*, —voir *H*
Et miex en prisai la facon.		p.] aime *A*, la] sa *TL*
(Un) pou dessous un pommel autre		Et au d. *L*
Avoit, (un) pou mendre de l'autre		
Qui fait estoit tres cointement	3455	e. f. *AH*
D'une escharboucle estincelant.		est.] tresluisant *L*
Qui la fist et la compassa		et c. *A*, compensa *T*
Et qui au bourdon l'applica,		—l' *M*¹

                    (Il) n'estoit pas de ceste terre,
                    En autre lieu le fau(rroi)t querre.   3460   f.] couuient *o*
                    Mont fu ce la tres bien seant
                    Au bourdon et bien avenant,
                    Rien en li ne me desplaisoit
                    Fors de ce que ferre n'estoit;   F. ce q. f. nen n'e. *M*, F. q. point f. n. *A*
                    Mes bien apres m'en appaisa   3465   M. a. b. *H*, me rap. *GL*, M. apres b. men
                    Celle qui tel le me monstra.   apensa *T*
                                                                            tel me le *TA*

                    Quant ces jouiaus furent trais hors,   f. c. j. *H*, ses G*A*, tires *T*
                        Grace de Dieu si me dist lors :   —de *TA*, G. D. si me redist l. *L*
Grace   "Vois ci l'escherpe et le bourdon   V. tu cy *A*
Dieu
parle.   Que promis t'ai, je t'en fais don,   3470   ien fas toi don *G*
                Mestier t'aront en (ton) voiage,   en] a *o*
                Garde les bien, si *iers* sage !   serns *to*..., Gardes le *o*, —si *L*
                L'escherpe *est Foi* apelee,   foi est *to*..., L. est ap. f. et nommee *A*
                Sans la quelle ja journee   ja] nulle G*M*¹*LA*, ia en j. *M*
                Tu ne feras qui riens vaille,   3475   f. chose que v. *M*, q. ja r. v. G*M*¹
                Quar ton pain et ta vitaille
                Doiz en tous temps dedens avoir,
                Et se tu veus ce ci savoir
                Par autre dit que par le mien,
                Saint Pol t'en enfourmera bien   3480   infourma *A* ensaignera *L*
                Qui raconte qu'il est escript   q. est] ce quil *o*
                Que juste de s'escherpe vit,   justice desch. *H*, Q. vice desch. *o*, iuxte *A*,
                C'est a dire qui bien l'entent   de lescherpe *AM*
                Qu'il vit du bien quĕ ens on prent.   q. dedens p. *LA*
                Ceste escherpe est de vert couleur,   3485
                Quar tout aussi com la verdeur
                Conforte l'ueil et la veue
                Aussi (te) di que foi ague   A. dis ie q. *A*
                Fait vĕue d'entendement,

        3480-3482.—Cf. Rom. i. 17, Sicut scriptum est (Abac. ii. 4) : Justus autem ex fide viuit

Le Pelerinage de Vie Humaine.

	Ne ja l'ame par*f*aitment	3490
	Ne verra, se ceste verdeur	
	Ne li preste force et viguer ;	
	Et pour ce' elle t'ara mestier	
	Pour toi en ta voie adrecier,	
	A ce que de loing tu voies	3495
	Le païs ou tu t'avoies."	
L'acteur parle.	"Dame, dis jë, *or* me dites	
	De ces clochetes (ci) petites,	
	Pour quoi ainsi (sont) atachïes	
	Sont en l'escherpe et fichïes,	3500
	Des trois aussi que n'ont quë un	
	Martelet qui leur est commun !"	
Grace Dieu parle.	"Certes, dist elle, 'I' tens jadis	
	Fu u point que l'escherpe fis	
	Qu'il soufisoit tout simplement	3505
	Croirë en Dieu parfaitement ;	
	Adonc estoit sans sonnetes	
	Ceste escherpe et sans clochetes.	
	Mes je te di que mont d'erreurs	
	Sourdirent puis et max pluseurs.	3510
	Chascun en Dieu croire vouloit	
	Tout ainsi com il li plaisoit.	
	L'un (le) creoit en une guise,	
	(Et) l'autre en l'autre a sa devise,	
	Si com(me) bien tu le saroies,	3515
	Se leur erreurs veu avoies.	
	(Et) ainsi estoit enlaidïe	
	Ceste escherpe et avillïe ;	
	Mais pour sa biaute recouvrer	
	Et pour toutes erreurs oster,	3520
	Et pour ce que une creance	

lame] veue *H*

p.] porte *A* donne *LM*, f.] foy *H*, et] ou *G*
—ce *H*, el *LM*¹
vie *H*

Affin que *H*, de] bien *L*, de plus l. *M*

or o*TA*, or] pour Dieu *tBGM*¹*LMH*
—ci o*TA*, si *BGLMH*
—sont o*TA*, sont ainsi *L*
Sont o*TA*, S.] Ens en l. *tBGM*, En l. et ens f. *H*, En celle esch. et f. *M*¹, Et sont en l. f. *L*
De *B*, qui *GM*¹*L*
Martel *GB*

I] ou o*H*
u] vn *H* en *M* eu *G*, quant *A*
Qui *AM*¹, Que il soufist o
C. vng seul d. p. *A*

—te *B*, te] ce *M*¹

Sourdoient o

ausi *TM*
croit *A*
—Et *L*, en autre *LH*, a] en *T*

leurs o*H*, erreur *ABG*, veues *H* vue *B*
ausi *M*
auillee o aviellie *M*¹
—pour *B*, sa] la *T*, retrouver o

—Et *TA*

Fust a touz (et) sans decevance,
Les douze apostres mis i ont
Ces ·xij· cloches qui i sont
Et en chascune propre escrit   3525
Qui proprement enseigne et dit,
En quelle maniere et comment
On doit croire en Dieu fermement.
Ces ·xij· clochetes si sont
Douze articles de foi qui sont   3530
Les quiex (tu) dois fermement croire
Et avoir les en (ta) memoire.
Souvent te doivent esveillier
Et sonner a ton oreillier,
Pour nient (en) guise de clochetes   3535
N'ont mie ne de sonnetes,
Quar se de vëoir es escris
Estoies trop lens ou remis,
A tout le mains au cloqueter
D'aucun te pourroit il membrer.   3540
D'autre partie Saint Pol dit
Et aus Roumains il l'a escrit
Que d'ouir tel cloquetement
A on la foi parfaitement,
Si ques la cloqueterie   3545
En l'escherpe ne nuist mie,
Ain(cie)z excite la memoire
En quel *guise* on doit Dieu croire ;
Non pas que ce ci seulement
Soufise a croire fermement,   3550
Quar pluseurs autres choses sont

—et o*TAH*
aposteles my *A*
—3524 *A*, clochetes *T*, Ces xij c.] xij clochetes *o*
—3525 *A*
—3526 *A*
—3527 *A*
—3528 *A*, On d. D. c. f. *H*
—3529 *A*, Des *o*, si] qui *o*, cl. qui y sont *H*
—qui *H*, —de foy *B*

Et les av. *AL*
te] de *T*
—en *L*, cl.] sonetes *M*
Nont il mie *L* Ne sont pas mis *to*..., mie] mises *TA*, de clochettes *M*
Q. de ce v. *o*, ens esprís *H*, Car si de bien faire alentis *L*
E. parescueux ou *L*, lons *T*, ou] et *A*
au] le *B*, clocheter *TLH*
remembrer *A*, Te p. daucuns remembrer *H*
part que *L*
Et en roumans *o*, il a *AGLM*¹*H*
clochet. *LH*
p.] appertement *HA*
Et ainsi la cloch. *H*, clocheriterie *A*, q. celle cl. *G*
Et *A*, ne mist il *BMM*¹, nuira *GH* muera *L*

guise *L* maniere *to* memoire *B*, —Dieu *M*¹

fermentement *o*
—3551 *M*, Pl. a. clochetes s. *H*

3525.—Et en chascune a proprement
3525a.—De nostre foy lensaignement
3526.—Qui sagement ensaigne et dit
3526a.—De chascun apoustre le dit.   *L*

Le Pelerinage de Vie Humaine. 111

    Qui fermement a croire font,   —3552 *M*, font] sont *H*
    Si com du vin et du pain blanc
    Qui mue sont en char et sanc,   s. m. *L*, mues s. en ch. et en s. *H*
    De Dieu aussi en trinite   3555
    Trois personnes en unite
    De quoi example vëu as   lexemple *AGL*, as] avez *L*
    Es clochetes dont demandas ;   demandez *L*
    Quar aussi com sert un martel   un] le *B*, Car ainsi comme vng m. *A*
    A trois clochetes bien et bel,   3560   Aux *GLM*¹, Sert a III choses *A*
    Tout aussi n'est la trinite
    Quë un seul Dieu en unite.   unite] verite *BLM*
    Dieu seul es trois personnes est   es] en *B* et *LM*¹
    Et chascune des trois Dieu est;   En *L*
    Ce dois tu croire fermement   3565
    Et mont d'autre cloquetement   cloch. *HL*
    Dont quant a present me tairai   —quant *T*, D. a p. ie me *H*
    Et pour mains ennuier (le) lairai,   —le *oL*, —Et *HM*¹
    Quar des douze tout se depent   —se *H* ce *oA*, despent *A* deprent *B*
    Qui a son droit tout bien entent." 3570 Q. t. a s. d. b. *H*, b. t. *L*, s. b. t. d. *B*, lentent *AB*

L'acteur parle.   Ainsi com Grace Dieu parloit   A. comme G. p. *A*
    De ces cloches et devisoit,   clochetes *A*, Des clochetes *GL*
    Je qui l'escherpe (re)gardoie
    Et (tres) touz jours l'ueil i avoie,   —tres *oTA*
    Vi goutes de sanc semees   3575   sem.] saignies *H*
    Dessur li et esbouciees,   Sus li *oT*, D. lescherpe et degouttees *AL*, esboucuees *M* escouciees *B*
    La quel chose bien me desplut   b.] moult *A*
    Et mon courage tout esmut
    Et de ce qu'autre fois vëu   autres f. veue *o*, veues *TA*
    Ne l'avoie n'ap*er*cëu   3580   Ne l. ap. *B*, napparceue *o*, Ne les auoies naperceues *TA*
    Et de ce que l'i vëoie   —3581 *M*, —Et *B*, l'i] les *TA*, veoies *T*
    Encore et ap*er*cevoie.   —3582 *M*
    "Dame, dis je, nouvelement   dy *H*
    Sui desconforte malement.   Se *L*

Sanc voi sus l'escherpe espandu 3585
Quë oncques mais je n'apercu.
Ou de ce sanc vous m'apaisiez
Ou autre escherpe me bailliez."—

—je B
sanc me ap. H

Grace Dieu parle.

O, dist elle, desconforter
Ne te dois pas, mes conforter; 3590
Quar, quant la cause tu saras,
L'escherpe miex en ameras.
Jadis il fu un pelerin
Qui en jeunece Estevenin
Ot non qui l'escherpe portoit 3595
En touz les lieus ou il aloit,
Mes des larrons espie fu
Pour l'escherpe qui belle fu.
De li oster (mont) se penerent
Et mont (de) paine l'en donnerent. 3600
Mes cil se deffendi si bien
Quë il ne vout pour nulle rien
Que celle escherpe on li ostast,
Ains amoit miex c'on le tuast.
Toutevoies (il) le tuerent, 3605
(Et) murtrirent et lapiderent.
(Et) de son sanc ainsi goutee
Fu l'escherpe et esbouciee;
Mes a ce temps plus belle en fu
Pour le sanc qui tout nouvel fu; 3610
Quar couleur qui est vermeille
Sus champ vert si est mont belle,
Et ce' apparut notoirement,
Quar apres l'ensanglantement
Plus que par devant (fu) portee 3615
Fu assez et desiree.
Mainte gent apres(se y) venoient

Or H A oAGL
ten, —pas H

i M¹
iaunece M¹, Q. avoit nom iustin A
q. esch. L, Qui l. auec lui p. A

de oTGM¹

lui HL
c.] il L, si] moult B
Quil ne voulut L.
Q. lesch. len li L
—miex T
il] cilz A
murdr. AG, l.] la pendirent B estranglerent G
Et] Sic que A
esconciee B ensanglantee A coulouree L
en cel L
—tout B

m.] plus LM
notablement A
lens. TABM¹GLMH Ae sangl. to:..
—fu oT, —par oT, par] de LM
Fu a. et oT, Assez plus et plus d. t...
apres ce y A apres y B, M-s g-s TABL

Le Pelerinage de Vie Humaine.

Et (tant) faisoient qu'il l'avoient ;
Puis pour la deffendre et garder
Eus despecier et desmembrer   3620
Se faisoient, paines souffrir
Et tourmenter jusqu'au mourir.
Qui les martirs vourroit nombrer
Qui pour li se firent tuer,
(Ne) lengue ne le saroit dire,   3625
(Ne) cuer penser ne main escrire,
(Si) ques se l'escherpe goutee
Du sanc fu et esbouciee,
Ce n'est pas chose a merveillier,
Ains est chose mont a prisier ;   3630
Quar n'i a goutte (si) petite
Qui (assez) miex de [une] marguerite
Ne vaille et (que) plus precieuse
Ne soit et (tres) plus vertueuse.
Et (bien) te di que, se nouvelles 3635
Fussent les goutes, (a) bien belles
Les tenisses, mais lonc tens a
Que de son sanc nul n'i sema.
Les saignïes (si) sont passees,
Du tout en tout (et) tresalees,   3640
Mes pour ce ne valent pas pis
Les goutes du sanc enviellis.
De la biauté ja ne te chaut,
Quan[t] tu as chose qui le vaut,
Si ques l'escherpe (ainsi) goutee 3645
De sanc et si esbouciee
Je te baille en exemplaire
A fin (le dy) que se [li] soustraire
On la te vouloit ou oster,
Avant ocirre ou decouper   3650
Te laissaisses et mort souffrir

qui lauoient M^1

Tous desp. A
f.] lessoient L, S. f. et p. oTM^1, peine H
—Et, jusques o, t.] desmembrer H

le L

li B, s.] pourroit L

Siques celle G
Fu d. s. et ensanglantee A, De s. f. bien et coulouree L

Mais chose A
Qui A
Q. m. de vne oT Q. trop m. dune A, de] que M^1
—que oT, et qui A
—tres oT tres] trop AM^1 que H, plus tres v. B

a] et AM que L
tenisse M^1 cuisses B
Q. nul d. s. s. y s. H, sema] seigna GL sama T
—si oTA, si] li M^1
De T
—ne A
enuillis T esmaillis o
ia $oTAGLM^1H$ pas tBM, ten o —te L
Quant $oTAGM^1LMH$, le] ce tB, Quar L, vaille A

—3646 L, —si oTB, si] li M^1
Je le te H
A f. q. s. li s. To, A f. le dy q. se s. $tBLM^1M$
A f. te di q. se s. GA, soustr.] contraire H
te] ce M^1
ou] et LM^1M
et] ou H, m.] moult A

Que la souffrisses toi tolir.
Or la pren donc tout maintenant,
Quar elle t'est (tres) bien avenant."

s.] laissasses *A*
donques maint. *L*
—tres o*TABLH*, Que *MM*¹

L'acteur parle.

"Dame, di je, bien me soufist   3655
De ce sanc dont vous m'avez dit,
Mais ce me semble bien pesant
Que me bailliez par convenant
L'escherpe, quar pas je ne sai
Comment apres j'en userai.   3660
Toutevoies elle me plaist
Et rien en li ne me desplaist,
Si la penrai sans nul delai,
Puis que de vous en ai l'otroi."

—3655 *o*
—3656 *o*, —vous *A*
—3657 *o*
—3658 *o*
—je *TA*
j'en] en *A*

—3662 *L*
le *A*, delest *L*
lotrai *AGM*¹, P. q. d. v. congie en ai *L*

Adonc sans demourer la pris   3665
Et entour moi tantost la mis
Et Grace Dieu si m'i aida
Qui a son droit la m'appointa.
Mont fu joieus, quant je la vi
Entour moi et quant l'i senti ;   3670
(Quar) piece avoit que desirree
L'avoië (mont) et demandee.

demeure *H*, le *A*
le *A*
—3667 *A*, me *M*
—3668 *A*, Quar *L*

l'i] la *AGM*¹*LMH* il *B*, q. lassenti *M*¹
—Quar pieca av. *L*

Grace Dieu parle.

Or vous redirai du bourdon
Dont Grace Dieu me fist sermon.
"Aprez, dist elle, que t'ai dit   3675
De l'escherpe qui bien te duit,
Du bourdon aussi te dirai
Le plus briefment que je pourrai.
Le bourdon Esperance a no*n*
Qui est bon en toute saison,   3680
Quar trebuchier ne puet celui

ce que *L*

pourrai] saray *T*

3663a.—Si dieu plest bien la garderai. *L*

Qui a certes s'apuie a lui.
Le fust Sethin dont fait il est
Mont bien te moustre quel il est.
A li apuier te devras 3685
En touz maus pas ou tu iras.
Au mauvais pas bien droit le tien
Et aus pommiax regarde bien,
Quar les pommiax te soustenront
Et point chaoir ne te lairont. 3690

Le haut pommel est Jhesucrist
Qui est, si com la lettre dist,
Un mirour qui est sans tache,
Ou chascun puet veoir sa face,
Ou tout le monde soi mirer 3695
Se puet bien et considerer,
Quar tout li mondes ens mire
N'est pas si grant quë as en de.
En ce pommel te dois mirer
Et souvent i dois regarder, 3700
Toi apuier i de touz poins
Et fort aherdre t'i aus poins,
Quar quant dedens tu verras bien,
Ja desconfort n'aras de rien,
Et tant com t'i apuieras, 3705
Ja en mauves pas ne charras.
Or t'en souviengne, se es sage,
Si (par)feras miex ton voiage.

L'autre pommel si est celui
Dont vint, dont fu et dont nasqui, 3710
C'est *Marie, virge* mere
Qui concut, (et) porta son pere,
C'est l'escharboucle estincelant,
La nuit du monde enluminant

Q. fermement s. *L*
sechin o*ABMH* Sethim *G*
—te *o*, te] se *B*, q.] que o*L*, Te moustre m.
b. *A*, Si te demonstre *H*
devras] tendras *T*

Aux m. p. tout d. *H*
au *A*

Ce *AGH*
la l.] v're *B*
miroir *H*, mirouer *TGL*

Puet moult bien *L*
Que *M*¹
si] plus *TA*, q.] comme *BLMH*, en] vn *L*

Et toi y a. *A*, T. y ap. *L*, t-t p-t *T*
f. ty ah. *A*, Et ti ah. f. *L*
d. tu] tu ty *H*

c. tu ty ap. *H*

se y es s. *M*

D. v. et dont fu ne cestui *TA*
Cest la v. M. m. *to*..., —Cest *L*

La vint *M*¹, elum. *A*

Par la quelle sont ravoies	3715	—3715 y, laquelles T
Tous eschampes et forvoies,		—3716 y, eschames o eschappes A
Par la quelle enlumine sont		—3717 ygH
Touz ceuz qui en tenebres sont,		—3718 ygH
Par la quelle sont redrecies		radreciez TMH
Les chëus jus et trebuchiez.	3720	
(Et) pour ce' a elle este entee		ce la elle est ent. L ce est elle ent. H
Par art soutil et (ad)joustee		
A ce bourdon qui est si bel,		
A fin qu'elle en soit un pommel ;		
Quar fors un seul n'en i avoit	3725	hors A, ne H en M¹
Avant, qui pas ne soufisoit,		que M, ny L lui A
Pour ce que chascun avenir		
N'i pouoit pas ne li tenir ;		ni M¹, pas bien ne t. H
Mais par cetui i avient on		cestui cy A, auiant on M¹
Maintenant et s'i appuie on,	3730	
Si ques cetui necessaire est		est nec. GL
A chascun qui pelerin est.		A ch. q. en a a faire GL
Pour ce lo que (tu) t'i apuies		ce te lo q. ty a. TLM¹H ce ie vueil q. ty a. A
En toutes saisons et (t'i) fies		et affies M
Quar par li seras maintenu	3735	
En tous maus pas et soustenu		
Et par li parvenir pourras		avenir AGLH
A l'autre qui n'est pas si bas ;		
Si ques quant seras apuie		
Aus ·II· pommiaus et afichie,	3740	
Bien te di que sëurement		ten dit T
Pourras aler et fermement ;		
Et pour ce' u bourdon toi fier		
Te pues bien et assëurer,		
Quar les pommiaus qui mis i sont	3745	
En tous maus pas te soustenront.		sousteront B
C'est bon bourdon, garde le bien !		—bon L, gardes A
Donne le t'ai si qu'il est tien."		

Le Pelerinage de Vie Humaine.

L'acteur parle.

A donc en la main le me mist [3750
Dont mont grant joie au cuer me fist
(Quar) bien vi que apreste estoie
De moi du tout metre a (la) voie,
Toutevoies me desplaisoit
Du bourdon que ferre n'estoit.
"Dame, dis jë a Grace Dieu, 3755
Je ne me puis tenir, par Dieu,
Que ne vous die mon pense
De ce bourdon qu'il n'est ferre ;
Bien m'en desplaist, se sachiez vous,
Pour autres que voi ferrez tous ; 3760
Si me dites, se vous voulez,
Pour quoi tel baillie le m'avez !"

Grace Dieu parle.

"O, dist elle, com tu ez fol !
Point ne te faut de cloche au col.
Ne t'ai je pas maintenant dit, 3765
S'il t'en ramembrast un petit,
Qu'au bout d'en haut te dois fier
Et aus pommiaus toi apuier,
Quar les pommiaus te soustenront
Et point chaoir ne te lairont. 3770
Le bout dessous ne t'i fait rien ;
Et non pour tant si ses tu bien
Que plus poise bourdon ferre
Que ne fait cil qu'est defferre.
Defferre, pour legierement 3775
Porter, te baille a escient,
Et d'autre part ferre bourdon
Plus en la boe et u limon
Si se fiche parfondement
Que cil qui n'a pas ferrement, 3780
Et de plus est parfont fichie,

au] a *T*
Or vi b. que prest e. *L*, iestoie *A*
a] en *AB*

Que le b. f. n. *L*

pour D. *L*
pences *M*
qui *BMH*
me *TLH*, se] ce *AM¹H*

A o*A*, Dist Grace Dieu que tu *L*

rem. *TGLM*¹

au *A*
le *A*, sousteront o

te f. *T*
pour quant *TBM*, si] ce *M*

Q. celui qui est *BL*, f. sil est *H*

P. le te bail *L*, baillay *TAH*

de] tant *AL*

De plus aussi est empeschie　　　　　　Tant pl. e. a. *L*
Cil qui le tient et (qui) le porte　　　　—le, —le *B*
Que cil qui defferre (le) porte.
Et pour ce le t'ai tel baillie,　　　3785
Quar pas ne vueil quë empeschie　　　　Que *L*
Soies en fanc ne en bourbier,　　　　　　fiens ny *L*, en sanc *B*
Ne que tu aies encombrier."

L'acteur parle.
"A, dis je, dame, encor un mot!　　　　Ha *TGM*¹, —dame *A*
Avis m'est que ne suis pas sot, 3790
Non pas pour ce que dit avez,
Mais pour ce dont point ne parles.　　　d.] que *BH*.
Se chiens m'assaillent ou larrons
Et point ferrez n'est mes bourdons,
Cuidiez vous qu'il le doutent tant,　3795　qu'il] que *H* qui *M*¹, qu'il le] quilz *T*
Com s'estoit bien ferre devant?
Pour ceste cause seulement　　　　　　　P. c. c. non autrement *L*
En parle je, non autrement."　　　　　　ge tant seulement *L*

Grace Dieu parle.
"A ce, dist elle, je te fas　　　　　　　Ha, ce d. e. *G*
Response, quar bourdon n'as pas　3800　—quar *H*, que *TAL*, na *B* nest *M*
Pour ferir ne pour bateillier
Fors sans plus pour toi apuier.　　　　　Fors] Mes *L*, pl. que p. *A*
Et se tu dis que (toi) deffendre
[Te] veuz sans plus, (sans) point offendre,　—3804 *B*, Te *G*, Te v. s. pl. s. p. o. *LM*¹, po.] plus *H*
Armes dont bien te deffendras　3805　A. sans doubte tu auras *A*
Et dont tes ennemis vaincras　　　　　　d.] tous *G*
Assez tost je te baillerai,
Quar bien sai ou les trouverai."—

L'acteur parle.
"A dame, dis je, le bourdon　　　　　　Ha *GLM*¹*H*, —A *B*, Ha dis ge dame *L*
Me plaist par tel condicion; 3810
Si vous pri que vous me queries　　　　querez *L*, querrez *H*
Ces armes et les me baillies!"　　　　　b.] liurez

3798 or *En parol je?*

GRACE DIEU SHOWS THE PILGRIM HIS ARMOUR.

Le Pelerinage de Vie Humaine. 119

<small>Grace Dieu parle.</small>
Adonc Grace Dieu si entra
En sa courtine et m'apela :
"Or regarde, dist elle, en haut   3815
A celle perche, s'il me faut,
Pour querir armes, loing aler ;
Assez en vois pour toi armer.
La sont hiaumes et haubergons,
Gorgeretes et gambesons,   3820
Targes et quanque faillir puet
A cil qui deffendre se veut.
Or pren la ce que tu vourras
Et t'arme, bien congie en as!"

<small>L'acteur parle.</small>
Quant ces belles armeures vi,   3825
De leur biaute mont m'esjoui ;
Toutevoies pas bien ne sceu
Des quiex feroie miex mon preu,
Quar onques je n'avoie use
D'armes n'arme n'avoie este.   3830
"Dame, dis jë, or me moustrez,
Je vous en pri, se vous voulez,
Les quiex armes prendre je doi
Et comment armer je m'en doi ;
Quar s'a armer ne m'aidïez,   3835
Nulle chose fait n'avriez."

Adonc prist elle un gambeson
D'une desguisee facon.
Onques certes nul tel ne vi
N'onques de tel parler n'oui,   3840
Quar droit derriere estoit mise
En la dossiere et assise
Une enclume qui fait[e] estoit
Pour cops de martiaus recevoir.

—si *B* sen *L*
c.] gourdine *P*²

haubergeons *A*
et iamberons *A*
puet] vuet *G*

—tu *T*
bon *B*

c. b.] celles *H*

je] mes *L*, —je *G*
nauoie arme este *B*, narmes nav. porte *A*

L. a. quilz *B*

se armer *B*, si a a. *L*
choses faites *T*, faicte *A*, fait ariez *L*

gamberon *A*
desguisie *M*

faite *oAGM*¹*H*, q. estoit voir *L*
Qui c. d. m. recevoit *H*

        De li tout au commencement   3845   au] en *M*
        Me fist elle don et present.

Grace Dieu parle. "Vois ci, dist elle, un gambeson,   gamberon *A*
        Le mieudre c'onques vestist ho*n*;   meilleur *AL*, vit *A* vist *T*
        Quar qui n'aroit ne mains ne piez
        Et a un pel fust atachiez,   3850   —a *B*, pieu *A*
        Mais que sans plus l'ëust vestu,
        Si ne seroit il ja vaincu,   ja] pas *H*
        Ainciez seroit a grant honneur
        De tous ses anemis victeur.   Et de s. *A*
        Et encor outre je te di,   3855
        Et n'en soies point esbahi :   ne *TH*
        Qui a vestu ce garnement,
        Son profit fait dont autre gent   a.] toute *H*
        Font leur mal preu et (leur) domage ;
        Croistre (li) font ses bles orage   3860   fait *TABL*
        Et tempeste emplir ses guerniers   greniers *oTA*
        Et pestilence ses celiers,
        De grans durtes il a mol lit   D. g. tourmens il amollist *H*, il amollist *TABL*
        Et de tourmens son grant delit,   —3864 *M*[1], tourment *AM*, t. fait son d. *L*
        Ses dainties fait de povrete   3865   daintiers *M* dances *H* richesses *A*
        Et son soulas d'adversite.
        Jëunes le font encraissier   engraissier *ALM* engroissir *H*, bien encr. *M*[1]
        Et maladies enforcier,   m-ie *M*, enfourmer *A* resioir *H*
        Pointure et tribulation   Pourete *o*
        Li font sa recreation.   3870   Li sont *L*
        Plus le point on et plus dur est,   dur] fort *H*
        Et tout aussi comme fait est   ainsi *H*
        De pointures le gambeson,   pointure *BM*, le] et de *B*, gamberon *A*
        —Pour quoi pourpoint bien l'appele on—   —bien *BM*[1]*P*[2]
        Tout aussi qui l'a endosse,   3875   aussi tost q. *A*, quil la *G*
        De pointure devient arme.   p-es *TBLMH*
        Par pointure vaut ce qu'il vaut   p-es *BH*
        Et sans pointure rien ne vaut.   p-es *H*

Le Pelerinage de Vie Humaine.

Se savoir veus comment a non,
Pacïence l'appellë on 3880
Qui est fait pour paines souffrir
Et grans pointures soustenir,
Pour estre aussi comme (une) enclume
Qui ne (se) müet pour cop de plume,
Pour recevoir sans murmurer 3885
Tout en bon gre et endurer.

Ce gambeson vesti Jhesus,
Quant pour toi fu en crois pendus.
Sur li fu pointoie et point
Et mesure a son droit point ; 3890
Tout souffri et tout endura,
Nul mot ne dist ne ne sonna.
Enclume se monstra et fu
A touz les cops dont fu feru.
(Et) pour ce fu sur li forgiee 3895
Ta raencon et monnoiee.
(Les) mauvais fevres la forgierent
Sur son dos et monnoierent,
Si que tu dois bien supposer
Que, quant le roi se vout armer 3900
De ses armes, que bonnes sont
Et qu'a refuser pas ne font,
Si ques pren les et si t'en vest,
Si en seras asses plus prest
Pour les autres armes vestir 3905
Qui sur ceus ci doivent gesir,
Quar dessous va le gambeson
Qui armer se veut par raison."

L'acteur parle.
Adonc pris je le garnement
Et m'en vesti, ne sai comment. 3910
Pesant me sembla et estroit

Se v. s. *BH*, S. s. voulez *L*

faite *T*, faicte p. paine *A*

ne scet muer *T*, cops *H*

Le *P²H*, gamberon *A*
ti en croix fu *P²*
—fu *M¹*
mensure *T*

dit *oAH*

d.] que *H*, d. feru fut *L*
—ce *A*, —fu *o*
reanc. *M¹* rancon *AL*, et monnoierent *o*
—3897 *o*, le *A*, f-gearent *M*
—3898 *o*, monoiarent *M*
dois presupposer *A*
veult *TH*, —armer *A*
ces *BGM¹MH*, qui *M¹*
sont *oLH*

vests *H*
prests *H*
armes aultres *TA*
c. ci] cestes *L*, ci] qui *T*
dessus *A*, len g. *T*

le] ce *M*
m'en] me *M¹*, le *H*

Et a porter mont me grevoit.
"Dame, dis je, vostre pourpoint   di *oAH*
Ne me fu pas taillie a point,
Tel ne le pourroie porter   3915
Sans moi trop grandement grever."

Grace Dieu parle. "Certes, dist elle, le pourpoint
Si te fust bien taillie a point,   fu *oABH*, fuit *M*
Se tu a point fusses taillies ;   a droit *H*
Mais a toi tient qui apointiez   3920
N'es pas a droit selonc son point,   Nest pas a toi sel. ton p. *A*
Quar trop es cras et as trop d'oint   gras et trop as *H*
Dessous l'elë et trop es drus,   Dessus l. et es t. *A*, et yes trop d. *L*
Trop reveleus et trop pëus.   roueleus *A* saoule *L*
Tiex choses si te font si gros   3925
Que le pourpoint dessur le dos   dessus *BH*
Sans grevance ne puez porter,   grauance *T*
Et pour ce'il te faut conformer   —il *ALM*[1], y te faulz *M*, confermer *H*
Du tout a li, non li a toi
En ostant qui est trop en toi.   3930   Ostant ce q. *H* En o. ce q. *A*
Estre te faut mont plus menus,   pl.] trop *H*
Se bien en veus estre vestus."—

L'acteur parle. "Dame, dis jë, or m'aprenez,   dy *H*
Comment ce ci vous entendez,
A savoir mon, se charpenter   3935   moult *M*, charpentier *AL*
Me faura point ne moi doler,   ne] pour *L*
Comment a son point apointie
Je pourroi[e] estrë et taillie."—   pourroie *oM* pourrai *TABLM*[1]*H*

Grace Dieu parle. "Certes, dist elle, rioteus
Tu es assez et ennuieus.   3940   enuieux *A*
Savoir tu dois que le pourpoint,
Se tu veus, te metra a point ;   mettre *A*
Se le portes sans despoullier,   Si le porte *A*, porte *T*
Ne te faut autre charpentier.

Il a son point te dolera   3945   A s. p. il te d. *L*
Et selonc soi t'apointera.
Se grief te semble a ce premier,   cest *L*
Ce n'est fors pour toi appointier,   Se n. f. a ap. *A*, Se n. f. a toy ap. *T*
Mais quant apres seras a point,
Mal ne grief ne te sera point.   3950   fera *ALM*¹ feras *T*
Se aucun est qui te mesdie
Ou (qui) te face villennie,
Tourne le dos par devers li,   Tournes *A*
Ri t'en de cuer et mot ne di!   Ris *T*; Rit en *A*, —ten *B*, du c. *L*, nen *AH*
D'ouir l'abbaiement des chiens   3955
Ne te doit il chaloir de riens,   doit] puet *H*
Tourne l'enclume et li ferir
Laisse du tout a son plaisir,
Quar par les cops qu'il te donrra
Le pourpoint il t'apointera ;   3960
Et si te di que emolument   que molum. *L*
En aras de couronnement,
Quar par telz cops et forgemens
Et par itelz martelemens
Forgiee t'(en) iert la couronne 3965   iert] est *B* sera *L*, sera c. *H*
Que ne saroit faire (nul) homme.
C'est celle dont sont couronez
Les martirs du pourpoint armes,
Qui sur l'enclume marteler
Souffrirent tant et coups donner. 3970
(Que) par les cops leur fu forgiee
(La) couronne et appareilliee,   courouronne *M*¹
Et pour ce' en bonne foi te lo
Que le pourpoint sans point de ho   hos *M*
Tu portes, quar mestier t'ara   3975   porte *T*, que *B*
En un temps qui bien tost venra,   En un t. apres q. v. *H*
Ce iert quant Tribulation   Cy *T*, Ce sera *AL*
En champ, en voie et en meson

T'espiera et assaurra		et tass. *M*¹*H*
Et ses sergens t'envoieria	3980	
Qui si *grans* cops sur toi ferront		grans *oT*..., grant *t*
Et tant sur toi marteleront		
Que, se (le) gambeson n'avoies,		—le *M*, nauoie *T*
En (grant) peril de mort seroies.		seroie *T*
Or fai de ce ton plain vouloir,	3985	
Quar du dire fais mon devoir."—		m.] ton *L*

L'acteur parle.

"Dame, dis je, mont me plaist bien
   Ce que vous dites ne de rien
Ne contredi fors que de tant   Ni *A*, c-dit *T*
Que mon pouoir n'est pas si grant, 3990
Si com je croi, que puist souffrir   S. c. cr. q. puisse *L*
Le gambeson et sousentir.   et] ne *LH*
Toutevoies m'esforcerai   T-oie *T*, ie m. *AL*
A porter le tant com pourrai.   A le p. *LH*, t. que *A*
Se plus vous me voules baillier, 3995
Si gardez qui m'ara mestier.   g-des *T*
Souffisaument veul estre armes,
Et dëusse estre agraventes."—   acrav. *AL*, acreuenteiz *M*

Grace Dieu parle.

Adonc atainst un haubergon   actaint *H* atant *T*, h-geon *A* haubregon *P*²
   D'une belle et plaisant facon 4000   —et *M*¹*L*, plaisante *P*²
Et me dist : "Pren ce garnement   Et] Ce *B* Lors *L*
Qui fait fu anciennement
Pour bateillier contre la Mort
Et contre touz ceus de son ost.   —tous *A*
C'est contre paines et tourmens 4005   paine *BH*
Et touz leur espoventemens,   leurs *BH*
Quar Mort est beste (si) sauvage,
(Que) qui la voit, il en enrage,   Quar *A*, en arrage *oB* en a rage *H* en
(Il) pert propos et contenance   esrage *T* en errage *M*¹
Et le bourdon d'Esperance.   4010   pourpos *M*¹*L*, convenance *G*
                                                           Et] Il pert *to*...

Il est mal baillis et perdus,
Se de ces armes n'est vestus ;
Mais qui est de ce haubergon
Vestu, ne la prise un bouton.
Seurement en toute guerre   4015
Va pour los et (pour) pris aquerre ;
Par peur de mort ne daigneroit
Soi destourner ne ne vourroit.
Ce garnement forga jadis
Le fevre de hautain païs   4020
Qui forga l'aube et le solel
Sans tenailles et sans martel.
En ce temps *n'ert* reputee
Autre armeure ne' approuvee,
N'encor n'est il pas bien arme   4025
Qui n'en est vestu et arme.

Ce haubergon Forcë a non
  Que vestirent li champion
Jhesucrist anciennement
Qui en guerre et tournoiement   4030
Furent si constant et si fort
Que rien ne prisoient la mort,
Et c'estoit pour le haubergon
Qui estoit de si fort facon
Que pour armeure moulue   4035
Onc(ques) n'en fu maille rompue,
Mais cause (y) out toute prouvee
Qui ne doit (pas) estre celee :
Quar des clous, dont fu encloe
Le fil au fevre et fort rive,   4040
Estoient toutes (bien) cloue[e]s
Les mailletes et rivees ;
Le fer aussi trempe en fu

ames *o*
—ce *A*, haberjon *M*
—la *H*, le *M*

Sen va p. l. et pris *H*, aq.] conq. *oM*
Pour *TA*, paour *TML*, doingn. *M*

du *M¹LM*, hault *A*
forge *T* force *A*

nestoit *to*...
—ne *A* ny *TL*, nap. *M¹H*
Encor *AH*, —il *M*

et en t. *oB* et en tourment *T*

forte *oTH*
esmoulue *LH*
Nen fu onc esmaille *L*, ne *TBM*, mailles *A*
y ot tout *T*

enclouee *A*
De fil... riuee *A*, filz *G*
—bien *TA*, cloees *oTA*..., Les mailles diceli
  cloees *M*
maailletes *M¹*, riuetees *o*, Estoient toutez
  et r. *M*

U sanc de ses plaies issu,
Pour quoi assez en fu plus dur   4045   —quoi *L*
Le haubergon et plus sëur,
Et pour ce (tous) ceus qui l'avoient   —tous *TALH*
Lors vestu si (tres) fors estoient   —tres *TAH*, fort *A*, vestir *B*
Quë il n'estoit guerre mortel
Ne tourment nul, tant fust cruel,   4050
Que pas doutassent un festu ;   point *H*
Et pour ce le vestiras tu,
Se tu m'en crois, sur le pourpoint,
Si verras, se li es a point."   Et *M*¹, sa ly yes *M* se il est *B* se il test *A*,
                                             sil est bien a *L*

L'acteur parle. Adonc le haubergon je pris   4055
Et en suiant tantost li dis :   fuiant *A*, le *T*
"Dame, je vous pri bonnement
Quë, avant que ce garnement
Veste, que me veulliez monstrer   Vestes *T*, que vous *B*
Tout ce dont me voulez armer,   4060
Quar selon ce que (je) verroie
A (moi) armer m'apresteroie."   maprestroie *T*
Adonc une gorgerete,
Un hiaume et une targete,   Et vn h. *M*¹
Uns ganteles, (et) une espee   4065
M'atainst sans plus (de) demouree   Ma ceint *H*, pl.] point *TABLM*¹*H*
Grace Dieu parle. Et (me) dist : "De toutes ces armes   Et] Lors *L*
A tout le mains faut que (tu) t'armes,
Et elles soufiront assez,   elle *A*
Se bien deffendre tu t'en sez,   4070   seez *o*
Combien que autres te baillasse,   quautres *TA*
S'en toi (bien) grant vigueur trovasse,   —bien *TAL*
Mais a autres les garderai
Que plus fors de toi trouverai.
Du heaume et de la gorgiere,   4075   De ce h. *M*¹
Pour garder ta teste entiere,
Premierement tu t'armeras,
Quant le haubert vestu aras.   =4079 *A*

Et puis les ganteles penras
Dont tu tes mains enganteras ;   4080
Quar së (ded)ens ne les mucoies,
(Pas) bien armes tu ne seroies.

L e heaume, si com dois savoir,
    Est Attrempance de vëoir,
D'escouter et dë odourer   4085
Choses qui te peuent grever ;
Quar aussi com cuevre et refraint
Le hiaume ces sens et restraint,
Tout aussi Atrempance sert
De garder l'ueil que trop ouvert   4090
Ne soit et trop abandonne
A folie et a vanite,
Quar se *n'ert* l'euilliere estroite,
Entrer pourroit ens (tel) saete
Qui droit au cuer pourroit aler   4095
Et sans remede a mort navrer.
D'ouir aussi murmuremens,
Detractions, fos parlemens
Ce heaume estoupe (si) l'entree
Que au cuer ne a la pensee   4100
Nul tel dart ne puet (riens) meffaire
Com bien c'on y sache (fort) traire.
Malvoisine ses saetes,
(Et) espringale ses mouchetes
Aus postis peuent bien geter,   4105
Mes pas n'aront ens franc entrer.
De l'oudourer aussi te di
Quar ce hiaume le cuevre si
Que par [de]sordenee oudeur
De rien n'en est blecie le cuer,   4110
Si ques, pour toi ainsi garder

=4078 *A*

mucois *L*
Bien a. pas tu *LM*¹

attrepance *T*

dodourer *TA*

puent *M*¹ pouent *L*
ainsi *A*, restraint *BH*
ces] tes *A* ses *H* les *L*, refraint *H*
Toute attr. y s. *A*

q. descouvert *A*

nestoit *to*..., luill. *MH* luieill. *M*¹*T*
  luillerere *L* loill. *A* leuriere *B* lavisiere *o*
Encor *H*, saiette *AH* siete *L*
Que *T*, —cuer *A*
naffrer *L*
Dont a. m. *T*, Et a. de m. *L*, m-t *B*
folz *GLM*¹ faulx *HA*, p-t *B*
—si *MH*
na l. *A*, Si que au c. na *M*, Quau c. ne va
  pas l. p. *GL*, Q. au c. nentre male p. *H*
—riens *T*, Ne nul t. d. ni p. m. *P*², Nul t. d.
  si ne p. m. *H*
—fort *TP*²*H*
Malveisine les s. *P*², Male voisine *to*..., ces *M*¹
Ne e. *P*², Et e-les et m. *o*, Espringale et ses
  m. *B*
Au *LM*¹*H*, poostiz *L*
ny auront f. *H*, M. f. enter p. n. *B*, ens]
  eulx *T*

Que *L*, ce] le *A*, si] cy *A*

desord. *TAM*¹*LMH*

aussi *L*

Bon est ce heaume a toi armer,
Quar c'est celui qui piec'a fu
Apelle hiaume de salu
Du quel Saint Pol (si) amoneste   4115   —si *A*
Que on le mette sur sa teste.   Que en len m. *T*, sus *BM*¹

O r (te) dirai de la gorgiere
    Qui doit garder (la) gorge entiere.
Sobriete se fait nommer
En cest païs et outre mer,   4120   ce *TABH*
C'est d'Atrempance (une) partie ;
(Qui) pour refraindre Gloutonnie   fait *T*,—ce *M*¹, pour celle pr. *B*, quel reprent *L*
Fu faite, pour ce qu'elle prent   parj a *L*
Les gens par la gorge et sousprent.
(Mes) savoir dois que ceste armure   4125   ameure *T*
Faite est de double enmailleure,   Est f. *to*..., fait *M*¹, double] noble *G*, es-
Quar pas assez fort ne seroit,   maillure *oTM*¹*L* emaill). *A*
S'ainsi doublee elle n'estoit ;   double *BLH*, el *M*¹
(Et) la cause est pour Gloutonnie   —Et *L*, —est *H*
Qui' a double forsenerie :   4130
Forsenerie de gouster
Et d'outrageusement parler.
Par le gouster les taillans meut   P. g. le talant m. *A*, le talant vient *L*, meit *T*
Dont soi meïsme tuer seut,   mesmes t. se meut *A*, se seult *BM*¹, De quoi
Par le parler fait les engins   4135   apres la mort li vient *L*, D. s. mesme tuer
Dont elle tue ses voisins,   se seult *GM*¹*B*
Si comme apres tu le saras   ses] ces *T*
Miex a plain, quant tu la verras,   Mais *T*, le *ALH*, —a plain *B*, Quant plus a
Si ques *vers* tel pautonniere   pl. tu le v. *H*
Fait il bon avoir gorgiere.   4140   vers] contre *to*...
C'est une chose bien seure   il] moult *M*, F. b. a. cette g. *P*²
(Com)bien que soit petite armeure,   segure *L*
Et pour ce te lo bonnement
Que t'en armes soigneusement.   seurement *L*

Le Pelerinage de Vie Humaine.

De ton boire et de ton mengier 4145	—et *L*
Ne soiez onques en dangier !	N. s. ia en grant d. *L*, dongier *T*
Ce que trouveras, pren en gre	en] a *L*, trouuras *T*
Et de pou soies agree !	dun *H*, Soulement pour necessite, *L* Sans plus a ta necessite *G*
Du parler tout autel te di,	aussi *L*
Garde la bouche et ne mesdi 4150	
De nul et parle a toute gent	tout *T*
En tous temps raisonnablement !	Et enten res. *L*, Et en tems r. *GM*[1]
De ceste gorgiere jadis	
Fu arme l'abbe de Chaalis,	Challis *L*, babbe Chaalis *T*
Saint Guill*aume*, ton bon parrain, 4155	
Quar s'il n'eust ëu que eaue et pain,	Que o, —eu *AL*, si neust ou q. *M*[1]
Aussi bien agree en fust,	Ainsi *M*[1]
Com s'autres mes assez ëust,	
Dont en sa vie puez trouver	Donc *A*, p.] as peu *L*
Que bien il savoit gëuner 4160	
Entre grans mes et soif avoir,	g. mais s. a. *T*
Et si i puez aussi vëoir	aussi bien voir *L*
Que de parler a toute gent	
Ne fu il pas tant seulement	
Attrempes, *ainciez* attrempoit 4165	ainssois *B* mes encor *toTAH*, maix il estr. *M* mes eulx atr. *L*
Les mesdisans, quant les ooit.	—4166 *L*, oit *M*[1]
"Dites, dist (il), a cil qui tremble	—4167 *L*
Qui' est en fievre qu'il ne tremble,	—4168 *L*, qui ne *M*[1]
Et vous verres, s'il cessera."	—4169 *L*
Aussi dist il : "Certes cil la 4170	—4170 *L*, A. certes d. il *M*[1]
Dont vous parles se cesseroit	—4171 *L*
Mont volentiers, së il pouoit."	portoit *B*
Si ques, quant tel homme s'arma	—quant *H*
De tel gorgiere et engorga,	en gorgea *A*
Aussi en devras tu fermer 4175	deuroies *L*
Voulentiers ta gorge et armer.	Et vol. ta g. armer *L*

s

130   *Le Pelerinage de Vie Humaine.*

Des ganteles aussi te di   dis *T*
  Que bon est qu'en soies muni,   —Que *H*, qu'en] que *P²T*, m.] garni *BL*
Quar se es mains bleciez estoies
Du remenant (mont) pou feroies.   4180
Les mains qui *soient* armees   soient] doivent estre *to*...
Des ganteles et (en)gantees
Sont touchiers et atouchemens,
Palpations et tastemens,   Parp. *L*, testam. *B* tastamens *T*
Quar ja soit ce c'on puist trouver   4185   Que *G*, peust *LH* puet *M*
Par tout le cors sens de taster,   sans *oTAMH*
Toutevoies plus connëus   Touteffois *A*
Il est par les mains et scëus,
Pour ce que plus d'atouchemens   de touch. *B* destouchemens *M*
Elles font et de tastemens ;   4190   testamens *B*
Et pour ce que le plus si croit
Des gens qu'autre taster ne soit,
Et pour ce tout generaument   ce du tout *L*
Par les mains le taster j'entent.
Les ganteles, dont ce taster   4195
Et ces mains tu devras armer,   ses *BT* tes *LMH*, —mains *A*
Sont ceus ci que je t'ai monstrez   Ce s. c. ci q. t. m. *L*, —je o*BMH*, m.] nommez *L*
Qui des armeuriers sont nommes   armeures *GB*, *Q*. par lour nons s. appellez *L*
La tierce part d'Attrempance   C'est la t. p. *A*, partie *BL*, de atr. *M*
C'on appelle Continence,   4200
La quelle dite en singulier   L. q. dit quest singuliere *A*
Bien equipolle a un plurier,   —a *H*, a vne pluriere *A*
Quar de fait et de volente
Son non si doit estre double ;
Quar le fait pas ne soufiroit,   4205
Se le vouloir avec n'estoit.
D'un gantelet bien engante   Du *A*
Ne seroit nul ne bien arme,
Si ques sans envier ·II· vaut,   ennuier *G*
Quar fait et vouloir avoir faut.   4210   v. et f. *L*, —avoir *B*

Bons sont touz les ·II· ensemble
Et convenables, (ce) me semble.
(Tel) Continence ainsi doublee   De C. aussi d. *H*
(D'aucuns) Gäaignepains est nommee,   Dont i est g. n. *P*², est] en *T*
Quar par li est gaignie le pain   4215   li] le *L*
Par qui rempli est cuer humain ;   Dont r-s est tous cuers h. *P*², corps *A*
Et ce fu figure piec'a   Ce fu fig. de p. *T*
Ou pain que David demanda,
Quar Achimelech ottroier   Alchimelech *A* Achimeleth *H*
Ne lui vout onques ne baillier,   4220
Devant qu'il sceut quë engantez   sceust *o*, qui *M*¹ —que *B*
Des Gaignepains fu[st] et armez.   fust *oB* fu *tTM*¹*LM* —fust *AH*, Des] Es *H*
Ce ci se veus estudier,   se tu v. *M*, Se cecy v. *TA*
U Livre des Rois puez trouver.   En *M*, le peus *A* pourras *H*
Ces Gaaignepains jadis avoit   4225
Saint Bernart, quant la fame estoit   est.] auoit *L*
(De) lez li en son lit couchiee   Jouste li *L*
Toute nue et despoulliee,
Quar comment qu'elle le tastast   li *M*¹
Et semonsist et excitast,   4230
Onques ne s'en tourna vers li   se *T*, le *L*
Ne de son tast ne se senti.   taster *A*, ne fut nafre *L*
Ses mains si armees trouva
Quë homme de fer le cuida ;
Pour quoi confuse s'en parti   4235   se *T*
Et sans li blecier s'en issi.   le *T*
Et ce firent les Gaaignepains
Dont il avoit arme ses mains.   armees *H*
Et pour ce te lo bonnement
Que t'en armes semblab[l]ement,   4240   —4240 *B*, semblablement *oTA*...
Que pour ce le[s] t'ai aportes   les *oT*..., apportees *H*
Ici endroit et presentes.   presentees *H*

4217-4225.—See I. Reg. xxi. 4-6.

De l'espee doiz tu savoir   tu dois *H*
Qu'armes meilleurs ne puez avoir ;
Que, se aidier bien t'en savoies   4245   Quar *TABM*¹*LM*, —bien *A*
Et autres armes (tu) n'avoies,   dautres *B*
Plus seroies certes doutez
Que se d'autres armes armez   des aut. *A*
Estoies, et point n'en eusses   et plus *A*, nen] ne *T*, et rien nen sceusses *L*
Ou point aidier ne t'en sceusses.   4250   te *T*, s.] peusses *L*
L'espee Justice est dite,   L'] Ceste *to*..., est] et *A*
De toutes la plus eslite   De] Entre *to*..., Entre tretous *A*, Entre tous
Et la meilleur c'onques cainsist   lez plus *M*
Roi ne conte ne ne tenist.   ceindist *A* tainsist *T* tensist *G* sentist *H*
                                             ceinsist *G*
Onques ne fu l'espee Ogier   4255   Augier *H*
Ne la Roulant ne l'Olivier
Si vertueuse ne puissant.   ne si *A*
Ne ou bonte ëust autant.   neust *A*, ou eust de b. a. *H*
C'est celle qui, quant temps en est,   qui] que *A*
A chascun rent ce qui sien est.   4260
C'est une espee a empereur,
A un regent et gouverneur
Par qui tous ceus de sa meson
Sont gouvernez sans mesproison,   Son *A*
Quar (en) touz temps elle menace   4265
Que nul ne soit qui (se) mefface.
Le cors garde de regiber,
Le cuer contraint a Dieu amer,   Lame cont. *L* Le contraint *T* Et le cont. *A*
La pensee fait convertir
A fraude et a barat guerpir ;   4270 et barat *AM*¹, et b. deguerpir *L*
La voulente, l'affection,   lentention *L*
L'entendement, l'entention,   laffection *L*
L'ame et toute sa mesnie
Si adrece et si chastie   Elle ad. et chastie *L*, si] ci *T*
Qu'il n'i a cil qui (li) meffaire   4275 —li *BTAH* li] point *L*, cil] cellui *H* ce *M*
Point s'osast sur les (II) iex traire   —II *TAH*, Sousast pour les .II. y. t. *L*

GRACE DIEU GIVES THE PILGRIM HIS SWORD.

Quar (tan)tost et sans demouree
Corrigiez *fust* de l'espee.   f.] seroit *to*...
Exemple en as en Saint Benoit   en] a *oM*¹
Qui de l'espee caint estoit.   4280   saint *L* fait *o*
Caint l'en avoit jadis le roi,
Quant fait l'avoit seigneur de loi ;   Q. lavoit f. *L*, sire de la loi *A*
Quar quant il vit comme empereur   —quant *H*, vit] dist *A*
Et commë [un] bon gouverneur   vn bon g. *H* tresbon g. *L*, Com boin regent et g. *M*
Que son corps qui tempte estoit   4285   tempeste *A*
A li obeir ne vouloit,
De ceste espee le feri
Si cruelment et le puni   cruaulm. *H*, —le *M*
Qu'a bien pres quë ocis ne fu,   pou *H*
Pour quoi apres onques ne fu   4290   P. q. o. puis il ne *L*
A li n'a son commandement
Rebelles n'inobedient.   ne inob. *oAML*

Ceste espee tu porteras
 Et par li tu te deffendras   deffenderas *T*, p. elle te d. *A*
De touz ceus que t'ai devant dis   4295   que t'ai] quai *A*
Qui sont tes prives anemis,
Quar anemis plus dangereus,
Plus mauvais ne plus perilleus   maulx *TLH*, mauls nest ne pl. *GM*¹
Ne pues avoir que tes privez   tes] ces *A*
Et qui de toi sont dirivez,   4300   diuez *o*
Si ques quant aucun rebeller
Et contre ton salut aler
Tu sentiras, si fort le fier   fors *A*
Que contre toi plus ne soit fier ;
Et quant aucun d'euz tu verras   4305
Desvoier et aparcevras,   aperceueras *T*
Quant le cuer tu verras errer   le] du *L*

4284.—Corr. sec 4261, 4262.

134 *Le Pelerinage de Vie Humaine.*

 Et a aucun barat penser,
 Quant verras issir (la) pensee
 De bonne voie (et) ordenee,   4310
 Quant encliner la volente
 Verras a fait desordene,
 Adonc soit (au) devant croulee
 Et devant mise l'espee,
 Par li soit chascun radrecie   4315
 Et en sa place rachacie !
 Or le fai ainsi sagement,
 Quar je m'en passe mont briefment.

L'acteur parle. "Dame, dis je, bien fust seant, [4320
  Si comme il me vient a ssemblant,
 Qu'aucun fourel de vous eusse
 Ou l'espee bouter peusse,
 Quar li ainsi tous jours porter
 Ne pourroie sans moi grever ;
 D'autre partie Saint Benoit   4325
 Nue ainsi pas ne la portoit,
 Ainciez l'avoit cainte entour soi
 Si com caint l'en avoit le roi ;
 Et ce [ci] m'avez vous (ci) apris,
 Pour la quel chose m'est avis   4330
 Que l'espee lors renge avoit
 Et fourrel ou mise elle estoit.
 Et ce vousisse jë avoir,
 Mais que ce fust vostre vouloir."

Grace Dieu parle. "Certes, dist elle, mont bien dis   4335
 Et bien me plaist quë ententis
 A mes paroles as este,
 Et pour ce du tout a ton gre
 Le fourrel a l'espee aras
 Et renge par quoi la caindras."   4340

a] en *H*, —a *A*

l'*TA* l'] ceste *to*...
le *L*, ch. s. *H*
rechacie *LH*, rench. *B*

mont] assez *H*

dy *AH*
—me *T*
ie eusse *M*
ie peusse *AM*
Q. a. t. j. la p. *L*

Ne aussi *M*, —pas *A*
sainte *T*
len av. caint *L*
ceci *ALM*, ce ci] ce *oTBM*[1] cella *H*, ci added between the lines before apris *t*
rouge *L*
elle mise est. *A*, —elle *TL*

bien] moult *HA*
as] a *T*

a] et *TA*
p. q.] dont tu *H*, le *A*, p. q. cainderns *T*, p. q. la saueras (?) *B*

L'acteur parle.

Adonc tantost la vi aler   le *A*, vei *T*
Vers la noble perche a armer,   amer *A*
C'est vers la perche ou estoient
(Les) autres armes et pendoient.   Les autre *o*
De la le fourrel despendi   4345
Et aporta et dist : " Voiz ci   dist ainsi *A*
Celui ou jadis Saint Benoit
L'espee metoit et portoit.
Bone renge a pour bien caindre,   a] et *B*, a et p. *M*, B. r. elle a p. c. *H*
(Et) bonne boucle pour estraindre.   4350   bouche *A*, p. bien est. *B*, estaindre *H*
Or le pren et le garde bien   la p. et la *H*
Et ne le pert pour nulle rien !   la *H*, pers *ABL*
Ce fourel si est apele   —si *A*
Par son droit non Humilite
Ou quel t'espee hebregier   4355
Et ta justice doiz mucier ;
Quar s'aucun bien tu vois en toi
Et qu'aies fait et ce et quoi,   et ce et] ou ce ou *L*
Mucier le doiz souz ce fourrel   sans *T*, ce] le *L*
Qui est fait d'une morte pel   4360   mortel *H* mortelle *A*
En meditant et en pensant
Et en touz temps recogitant   r.] toi auisant *A*
Quë es mortel et que par toi   Q. m. es *L*, Qui *M*¹
Ne l'as pas fait, ainz est par moi.   ains est est p. m. *H*
Souviengne toi du publien   4365   pellican *B*
Et de l'autre pharisien
Qui diversement avoient
Leurs espees et portoient,   Leur *M*¹
Quar cil qui u fourrel l'avoit
Et soi pecheur reconnossoit   4370
Fu alose et essaucie   aleuse *L*
Et l'autre si fu abessie,

    4344.—Or *Les autres' armes* (?).   4365-4372.—See Luc. xviii. 10-14.

136 *Le Pelerinage de Vie Humaine.*

<table>
<tr><td></td><td>Pour ce qu'ot desgaïnee</td><td></td><td>—4374 o, qu'ot] que o ABM¹LM quil avoit l</td></tr>
<tr><td></td><td>(Ot) s'espee et desfourrelee.</td><td></td><td>Et sesp. d. oH, Out lespee L</td></tr>
<tr><td></td><td>Miex vaut assez soi accuser</td><td>4375</td><td></td></tr>
<tr><td></td><td>Et s'enfermete regarder,</td><td></td><td>Et enf. L</td></tr>
<tr><td></td><td>Entendre au fourrel et au cuir</td><td></td><td></td></tr>
<tr><td></td><td>Que sa justice descouvrir,</td><td></td><td></td></tr>
<tr><td></td><td>(Que) dire : regardez m'espee</td><td></td><td>Q.] Et A</td></tr>
<tr><td></td><td>Que (je) vous ai deffourrelee.</td><td>4380</td><td>je inserted between the lines M</td></tr>
<tr><td></td><td>Ainsi le font les orgueilleus,</td><td></td><td>les] gens L ses o</td></tr>
<tr><td></td><td>Gens plains de vent et gens vanteus,</td><td></td><td>vent H, vanteurs TM¹</td></tr>
<tr><td></td><td>(Qui) ne quierent que vaine gloire,</td><td></td><td></td></tr>
<tr><td></td><td>(Et) que d'eux soit tous jours memoire ;</td><td></td><td>q. dieu soit o</td></tr>
<tr><td></td><td>Ainsi ne le feras tu pas,</td><td>4385</td><td>—le L</td></tr>
<tr><td></td><td>Ainciez l'espee muceras</td><td></td><td>tu m. B</td></tr>
<tr><td></td><td>U fourrel en toi abessant</td><td></td><td></td></tr>
<tr><td></td><td>Sans faintise et humiliant,</td><td></td><td></td></tr>
<tr><td></td><td>Quar causes trouveras asses,</td><td></td><td>cause L</td></tr>
<tr><td></td><td>Quant bien te seras regardez.</td><td>4390</td><td>Q. te s. b. GM¹L, r.] gardes T</td></tr>
<tr><td>Grace Dieu parle.</td><td>A donc quant ainsi boutee
L'aras (ens) et enfourrelee,</td><td></td><td></td></tr>
<tr><td></td><td>De la renge tu te caindras</td><td></td><td>cindras T</td></tr>
<tr><td></td><td>Et tes armes en estraindras,</td><td></td><td></td></tr>
<tr><td></td><td>A fin que plus sëurement</td><td>4395</td><td></td></tr>
<tr><td></td><td>Les portes et plus fermement ;</td><td></td><td></td></tr>
<tr><td></td><td>Quar n'est nus, tant soit bien armez,</td><td></td><td></td></tr>
<tr><td></td><td>Së au dessus n'est affermez</td><td></td><td></td></tr>
<tr><td></td><td>Ou de cainture ou de baudre,</td><td></td><td>cinture T</td></tr>
<tr><td></td><td>Qui bien se doie dire arme ;</td><td>4400</td><td>Que b. s. doit H</td></tr>
<tr><td></td><td>Si ques la renge te vaura</td><td></td><td></td></tr>
<tr><td></td><td>Un baudre, quant elle sera</td><td></td><td></td></tr>
<tr><td></td><td>Entour toi cainte et serree</td><td></td><td></td></tr>
<tr><td></td><td>Et a sa boucle (bien) fermee.</td><td></td><td>a] o L, sa] la TA</td></tr>
<tr><td></td><td>La renge (a non) Perseverance,</td><td>4405</td><td>a n.] est dicte H</td></tr>
</table>

Le Pelerinage de Vie Humaine. 137

(Et) la boucle est dicte Constance	b. si est C. H b. a non C. o
Qui en touz temps entretenir	
Se doivent sans point departir,	p.] riens H
Quar au besoing et a l'assaut	
L'une sans l'autre mont pou vaut. 4410	—mont B
La renge pour sa grant longueur	
Les armeures tient en vigueur.	armes H, Tient les armes en leur v. A
Elle vertuables les tient	Elles T, Et moult v. L
Avec l'espee que soustient	
Et les tient tous jours vestues 4415	Et] Elle to..., —tous B
En gardant que desvestues	
Ne soient pour nulle achoison	occoison T
En nul temps n'en nulle saison.	
La boucle tient, (et) garde [et] ferme	et garde et f. H
La renge que ne (se) defferme; 4420	quel oL, q. ne soit d. T
Tout tient en estat fermement	
Et tout garde sëurement,	
Quar c'est la droite fermeure	
Des armes et la serreure,	
Si ques quant tu as demande 4425	Et puis que tu A, —tu H
Ces choses ci, bien est mon gre,	Tielx ch. cest b. a m. g. L, ch. il est b. m. A, est] en M¹, a G
Quar n' (y) a rien qui convenable	
Ne te soit (bien) et profitable.	—bien T bon L, pourfit. A
Or en use si com devras	deueras T
Et grandement t'onneur feras." 4430	ton proffit A

L'acteur parle.
Quant ces paroles jë ouy,	
Pensis deving et esbahi,	deuins T A H
Quar de ceste exposition	
Pou avoit a m'entention.	
Renge et fourrel mains grevable 4435	Fourrel et renge to...
Bien cuidoie avoir sans fable	Cuidoie bien to...
Et ja vousisse que fust jus	
Le pourpoint qu'avoie vestus,	que ge a. L

T

Toutevoies je me souffri
Et rien adonc ne respondi. 4440

Toutes v. *L* Toute voie *T*

Grace
Dieu
parle.

Quant m'ot du fourrel ainsi dit,
Sa parole tantost reprist :
"Or (te) dirai, dist elle, encore
De la targe une parole.
Sans targe n'est nul bien armez 4445
Ne bien munis ne bien gardez,
Quar la targe d'empirement
Les autres armeures deffent,
Par li sont *elles* gardees
Que(lles) ne soient entamees, 4450
Et tant com mise est au devant,
Tant sont les autres a garant.
Ceste targe Prudence a non
Que jadis le roi Salemon
Portoit acoustumeement 4455
A faire droit et jugement.
Ceste targe li valut plus
Que ne firent ·II·ᶜ· escus
Et ·III·ᶜ· targes que d'or fist
Qu'en sa neuve meson il mist, 4460
Quar par ceste targe honnoure
Il fu a son temps et loe,
Et quant *l'ot* apres perdue,
Toute s'onneur fu decheue
Toutes ses autres targes d'or 4465
Et ses escus un harenc sor
Onc(ques) puis rien ne li valurent,
(Quar) perdus et perdues furent.
Ceste targe si le(s) targoit

diste elle *T*

m.] garni *L*
d.] forsiblement *L*
ameures *M*¹
elles] les autres *to*..., li] le *L*

comme est mise *H*
Tant] Tous *G*

Qua j. l. r. Salom. *A*, Salmon *A*

Pour *LH*
valoit *LGM*¹
—ne *B*, ne lui f. ·II· e. *H*

il] y *B*, —il *A*

a] en *TABLH*
l'ot] il ot *to*... il lot *TL*, apres il ot *GH*
li fut cheue *L*

haren *A*
O. de p. ne li v. *L*, —rien *TALM*
perdue *A*
le *TL*, target *L*

4459, 4460.—See I. *Paralip.* ix. 16.

Le Pelerinage de Vie Humaine. 139

  Tant com o soi il la portoit,   4470   —il *T*
  Mes asses tost *tout* fu perdu   tout *TALH* il *to*, M. ainssi tost li fu *B*,
  Com la targe perdue fu,   tout perdu fut *L*
                Quant *LM*
  Si ques par ce puez tu vëoir,   v.] savoir *L*
  Se tu veus, et apa*r*cevoir   S. t. v.] Clerement *H*
  De ceste targe la valeur   4475
  Qui de ·v·ᶜ· d'or est meilleur.   cinq cens est la m. *A*, —dor *BA*
  Pour ce la te lo a porter
  Pour toi et tes armes garder,   g.] porter *L*
  Pour jouer en et escremir,   P. en j. et e. *L*
  Quant anemis verras venir ;   4480
  Se jouer ne ses du bouclier   Se joueur nestes *A*, de *L*, boucler *T*
  Ou ne t'en ses pas bien *garder*,   garder *T* aidier *to*...
  Elle a jouer t'en apenra   taprendera *TH*
  N'autre maistre ne ti faura.   te *T*
  Or la pren, quant arme seras   4485
  Des autres armes que tu as.
  Bien fust temps, se tu vousisses,
  Qu'a vestir les tu les preisses.   Qua lez v. tu te p. *T*, tu te p. *H*, Quar v. tu
                les apr. *B* Que a toy armer te p. *A*
  Quar pour ce les t(es)' ai bailliees   les te ay *AG*, tai je *LMH*
  Et *traites* et desploiees.   4490   traites *A*, tr.] ataintes *to*..., despouillieez *A*
  Vest les tost et t'en arme bien,   tost] toi *L*
  Quar tu n'as mestier d'autre rien."   Q. m. t. n. *L*

L'acteur Quant ces paroles j'entendi,   —j' *H*
parle.   Le cuer de moi trestout fremi,
  Quar pas n'avoie acoustume,   4495
  Si com j'ai dit, de estre arme ;   —dit *A*, de] a *H*, —de *G*
  (Et) d'autre part mont me douloie
  Du pourpoint *vestu que* avoie.   que vestu *to*...
  Toutevoies pour son plaisir   pour] par *A*
  Enteriner et acomplir,   4500
  A moi armer je m'essaai   massayay *H*, me essoiai *L*
  Et au haubert je commencai.   —au *H*

Sur le pourpoint je le vesti,   sus *H*
Mes se bien fu, pas ne le di.   point *TA*
Quant vestu l'o, tantost je pris   4505   lo v. *ALH*
La double gorgiere et la mis   g. d. *B*
Entour mon col et puis boutai
Ma teste u hiaume et l'i mucai,   u] au *H* en *M*, l'i] lui *A*, —l'i *H*
Aprez je pris les gaaignepains   le *A*
Et l'espee dont je me cains,   4510
Et puis quant fui ainsi arme,   ainsi fu a. *BM*
La targe mis a mon coste ;   a] en *A*
Tout fiz ainsi com m'avoit dit,   Tantost fis comme *L*
Combien que me plëust petit.   que] quil *L*, pl. vn petit *H*

Quant arme ainsi je me vi   4515   ainsi arme *BH*
    Et que les armes je senti
Sur moi greveuses et pesans   Sus *BH*, grevables *A*
Et moi, ce me sembloit, pressans,   A *GM*¹, si me sembla *M*
A Grace Dieu je respondi :
"Dame, dis je, merci vous pri   4520   D. pour Dieu v. p. *H*, D. d. je pour Dieu merci *L*
Que de rien ne vous desplaise,
Se (je) vous monstre ma mesaise.
Ces armes ci me grievent tant   ci] si *H*
Que je ne puis aler avant,
Ou il me faut ci demourer   4525
Ou toutes les me faut oster.   Ou les me f. t. o. *H*, Ou les armes me *L*
Le hiaume tout premierement   premierment *T*
Me fait si grant encombrement
Que dedens sui touz estourdiz   tous suis *H*
Et avugles et absourdis.   4530   absurdis *T* assourdis *BMH* estourdis *M*¹ esbloi *L* abluis *G*
Rien qui me plaise je ne voi
Ne chose que je veille n'oi,   Ne des oreilles point ge n. *L*, n'oi] voi *M*¹
Par l'oudourement rien ne sent   sens *AL*
Qui me semble estre grant torment.   g-s t-s *AL*
Aprez *la* male gorgiere,   4535   la] celle *to...*

Que (la) male passion fiere.   poison *A*
Par la gorge (si) me mestroie   gorgiere *T*, si] tant *L*, —me *A*
Que semble (que) estrangler me doie,   Quil *ABL*, doie] voie *T*
Si m'estraint que ne puis parler   Tant *L*
Si com je veul ne avaler   4540   veus *T*, ny *L*
Nulle *rien* qui me delite   r.] chose *to*...
Ne qui au cors rien (me) profite.   pourfite *o*

A pres des gaaignepains bien scai
  Que ja mon pain n'i gaignerai.
Tez ganteles pas bons ne sont   4545   Tes *A* Telz *H*
A ceus qui les mains tendres ont ;
Tendres les ai, ce poise moi,
Et il sont dur a grant desroi.   dures *T*
Tiex ne les pourroie endurer
Longuement sans moi afoler.   4550
Aussi di je du remenant   Ainsi *HA*
Pour moi en delivrer briefment.   P. quoi *M¹*, d. en *TAGM¹* passer en *H*
Tout si (tres) grandement me grieve   —tres *TA*
Que ja (mais) par parole brieve   par] pour *A*, par-s b-s *T*
Raconter ne le pourroie,   4555   les *L*
Se plus (grant) sens que n'ai n'avoie.
Souspris sui comme fu David   —fu *B*
Qui pas n'avoit armes apris.   aprid *L*
Armes fu, mes isnelement
Les mist jus et hastivement ;   4560
(Et) pour ce' aussi com li vueil faire,   —Et *GM¹*, ainsi *A*
(Quar) bien me plaist son exemplaire.   —me *T*
Toutes les armes jus metrai
Et du bourdon me passerai.
Miex aime aler legierement   4565   legierment *T* igneslement *M*
Que ci demourer seurement ;   Q. d. paisantement *L*
Aler avant (je) ne pourroie,
Së (les) armes jus ne metoie,   mettroye *H*

Et ainsi seroie fraude
D'aler en la belle cite ; 4570
Si vous pri qu'il ne vous ennuit
Ne ne le tegniez a despit!"

aussi *L*, feroie *B*

qui ne *M*¹
tenez *L*, tenez point *A*

Grace Dieu parle.
"Certes, a elle respondu,
Or pert il bien que retenu
Rien n'as de quanque je t'ai dit 4575
Ou il t'en souvient mont petit;
Ou (tu) cuidez par aventure
Qu'en moi ait si grant laidure
Que ma parole soit fable
Ou qu'elle soit decevable ? 4580
Le cuides tu? se Diex te gart,
Di le moi plus tost que plus tart!"

rendu *A*

na *TB*, Nas rien *L*, —je *A*

cuide *T*
Qui en *M*¹
mes p-es soient f-es *to*..., Qui *M*¹, flabes *o*
elles soient d-es *ta*...
cuide *AL*

L'acteur parle.
"Dame, dis je, pour Dieu merci,
Ja maiz ne le crees ainsi !
Je sai bien que ne dites rien 4585
Qui ordene ne soit a bien,
Mes ma vigueur pas ne s'estent
A ce quë arme(s) longuement
De moi puisse(nt) estre portee(s),
Non pas pour ce que oubliees 4590
Aie vos paroles de rien,
Quar certes il me souvient bien
Que m'avez dit que, s'au premier
Ces armes me font encombrier,
Que longuement pas ne feront, 4595
Quant de moi aprises seront ;
Mes je vous di que je ne puis
Apenre les pour ce que truis
En moi trop grant debilite
Et en elles trop grant durte, 4600

dy *AH*
le] me *LG*, Ne le croies. j. a. *A*

Q. ne s. atourne a b. *LG*

men *ALG*

Les ap. *AL*
A *A*
elle *A*

Le Pelerinage de Vie Humaine. 143

    Ce sont choses dessemblables   dessamblabes *o*
    Grandement et descordables."   disc. *A*

<small>Grace Dieu parle.</small> "Et pour quoi, dist elle, m'as mis
        En paine et pour quoi requëis   requis *MH*
    Les armes, quant tu ne les puez   4605   —ne *A*, A. q. porter ne l. p. *LGM*¹
    Porter ou porter ne les veus ?"   Ou que p. tu ne l. v. *LGM*¹, P.] Suffrir *M*
<small>L'acteur parle.</small> " Dame, dis (je), pas n'i pensoie,
    Quant m'en meistes en la voie ;   mestis *B*, en] a *H*
    Bourdon tant seulement ferre   t.] tout *T*
    Je vous avoie demande,   4610
    Mes quant d(es)' armes me parlastes
    Et vous les amonnestastes,   les me *M*¹*GLMH* les moi *B* le m' *A*
    Lors les requis, quar (bien) cuidoie
    (Que) d'eux porter la force moie   Quar *o*, Q. d.] De les *L*, du p. *M*, moaie *L*
    Fust, mes tout autrement il est,   4615   —tout *A*, —il *LGM*¹
    Quar en moi nulle force n'est.   est *A*
    Je le voi bien, quar sui frouez,   —bien, s. tout f. *o*
    Se tost je ne sui desarmes."   S. j. n. s. t. *A*, Si tantost ne *L*

<small>Grace Dieu parle.</small> " Force, dist elle, tu n'as pas,   Pour ce d. e. fors ni es p. *L*
        Quar en toi point de cuer tu n'as ; 4620   de force nas *B*
    N'est pas pour ce quë espaulus
    Ne soies assez et ossus.   —4622 *B*, N. s. et a. o. *A*
    Fort et puissant assez (tu) fusses,   a. feusses *TA*
    S'en toi point de (bon) cuer ëusses ;   —bon *TAH*
    (Quar) du cuer vient la force d'omme 4625 —Quar *TALGM*¹*H*, du] De *T*, de lomme
    Aussi com du pommier (la) pomme.   *LGM*¹*H*
    Que pourra dire uns petis hons,   Ainsi *H*
    Quant tu qui sembles champions
    Porter *tes* armes (tu) refuses   tes *LH* ces *tTAGM*¹*BM*
    Et par flebece t'(en) escuses ?   4630   feblece *G* feiblece *L* foiblesse *A*
    Que feroies aussi, (je) t'en pri,   te *H*
    S'il te convenoit pour autri   Si *A*

Estre arme, quant pour toi garder   armer *T*
Ne les pues, si com dis, porter ?   le *A*
Je te pri, encor que feras,   4635 ten *T*
Quant desarme ta voie iras,   ta] la *H*
Que tes anemis t'assauront   Et *L*
Et toi tuer s'efforceront ?   De *A*
Lors certes diras tu : " Ha las !   alas *L* helas *AH*
Pour quoi onques te desarmas,   4640 —4640 *LM*
Pour quoi Grace Dieu ne crëus ?
Or es tu du tout decëus,
Or ses tu bien quë est meschief   qui *M*, est] ce *H*, q. cest *L*
Et si ses bien que si grant grief   —bien *M*[1]
N'estoit pas des armes porter   4645 de *o*
Com c'est de ces maus endurer.   ces] tex *G*
Or me fussent a grant soulas   a] en *B*
Les armes, se les eusse, ha las !   helas *A*
Pourrai je ja mais recouvrer   Pourroige ja *L* Pourraie ja *o*,
Grace Dieu qui m'en veulle armer?" 4650   retrouver *TBMM*[1] retourner *L*
                                          me *TALM*, aimer *A*

Quant tu aras ainsi crie   crier *B*
  Et tu seras a mort navre,   naffre *L*
Cuides tu lors, se Diex te gart,
Que volentiers vers celle part
Me traie, quant crëu de rien   4655 creue *L*, q. tu c. *T*
Tu ne m'aras et pour ton bien ?
Et d'autre part, se (g)i aloie,
Se Diex te gart, que i feroie ?
Maintenant doiz plus estre fors   e. pl. *TABGM*[1]*LM*
Assez que tu ne seras lors,   4660 q. ne seroies *H*
Quar lors afleboie seras   afloiboie tu s. *T*, affoiblie *ALG*
Des grans plaies que tu aras   peinnes *A*
Si ques quant maintenant porter
Armes ne pues ne endurer,   ny end. *L*
En cel temps pour nient iroie,   4665 En cel t. *L*, Au temps de lors p. *to...*

(Et) pour nient m'i traveilleroie.   —Et *L*
Maintenant est (li) point d'aprendre   de prendre *T*
Les armes sans (point) plus attendre.   —point *L*, pl. p. *A*, A les porter s. pl. at. *L*
Se tu m'en crois, tu les tenras   me *A*
Entour toi et les garderas,   4670   Et ent. toi l. g. *L*
A fin que t'en puisses aidier,   q. tu te p. *A*
Quant besoing sera et mestier.
Se pesans sont, belement va,   p-t *M*¹
Quar belement bien loing on va.
Plus tost est la vielle souvent   4675   uielle, *corr.* mule *o*
Qui son chemin va rondement
A Saint Jaque ou a Saint Joce   Jaques... Jose *o*, Josse *A*
Que n'est cil qui fiert et broche   Q. ne fait cil *B*, celui *G*
Son cheval et va aspremeut,   va] uet *L*
Quar plus tost treuve encombrement 4680   —tost *L*
Assez que la vielle ne fait   uielle *corr. by the illuminator* mule *o*
Qui rondement son chemin vait.

De ce que parlez de David   p-s *TAH*
   Qui les armes mist jus jadis   Q. jadis jus l. a. mist *H*
Te di que, s'a li veus penre   4685   Ce *B* Je *H*
Exemple, point toi repenre   Exemplaire *H*, Ex. que p. *LM*, Ex. sans p. *M*¹
N'en veul, mes qu'entendez comment   Ne *TAL*, quentende *A*
Tu i feras ton fondement ;   feras] tenras *B*
Quar premierement regarder
Doiz s'enfance et considerer   4690   s.] sans faute *B* son enfance *H*
Quar enfant adonc et petit
Estoit si com l'Istoire dit ;   lestoire *M*¹
Les armes aussi d'autre part
Qui pas n'estoient pour poupart,   p. pourpart *B*
Ains estoient pour le fil Cis,   4695   Mais *A*, filg *B*, Cis] cilz *A*
Saul, le plus grant du païs ;
Doiz bien penser qu'estoient grans   Bien d. *AL*
Et estofees et pesans,   estofes et bien p. *H*, pessans *T*

Si ques ces (deux) choses pensees   p.] gardees *H*
Diliganment et (re)gardees,   4700
David a bon droit jus metoit
Les armes et les desvestoit.
Pour Saul bonnes estoient,   b. elles e. *H* b. el e. *L* b. il e. *M*¹ b. ilz e. *G*
Mais (a) David rien ne valoient.   —a *B*, a] pour *HM*
Quar ce qui est bon a *mulon*,   4705   mulon *A*¹*L* millon *tAH* milon*oTBMG.M*¹*H*¹
Si n'est pas bon a *estalon*,   estalon *TAA*¹*L* escalon *toBMM*¹ absalon
C'est ce quë Aristote dit   *H*¹, Si nest mie b. a chalon *H*
En Ethiques ou est escrit.   quaristote *A*
Mes se David aussi com tu   estiques *TL*, est] en *oT*
                                                 ainsi *BH*
Grant eust este com puis il fu   4710   —il *A*
Et lors il se fust desarme,
Adonc voir fusses tu cause   Tu te feusses moult bien fonde *A*
De penre a li exemplaire
Et d'aussi comme li faire.   dainsi *AM*, comme il fist f. *GM*¹
Mais onques ainsi il ne fist   4715   aussi *M*, —il *B*
Ne a faire ainsi ne t'aprist,   aussi *A*, onc naprist *L*
Quar quant homme fu devenu,   d. fut *L*
En toutes guerres arme fu.
N'est nul qui supposer osast   sousposer *M*¹ opposer *H*
Qu'en guerre desarme alast,   4720   dessarme *T*
Quar së ainsi i fust ale,   il i f. *L* il lui f. *A*
Ja vif ne s'en fust retourne.   se *T*
Les armes en touz temps ama   aima *AL*
Et des lors qu'il se desarma
Des armes Saul, autres prist   4725
Des quelles Golyath ocist.   Gollias *H*
Celles adonc (si) li duisoient   C. a. li soufisoient *L*
Et convenables (li) estoient,
S'aussi com li enfant fusses,   Sainsi *ALMH*
Aussi com li faire peusses.   4730   Ainsi *A*
Bien souffrisse qu'en t'enfance   Et ge s. *L*, ton enf. *MH*
N'eusses pas si grant penance,

THE PILGRIM PUTS OFF HIS ARMOUR.

Le Pelerinage de Vie Humaine.

  Mes assez es grant pour porter
  Ces armes (ci), se bien [toi] prouver
  (Te) veuz, et honte avoir devroies,   4735
  Se porter les (tu) refusoies."—

  —porter *L*
  pouuer *L*
  bonte *B*
  tu] te *H*, Sa les p. *L* Se de les p. *A*

L'acteur parle.
  "Dame, dis je, je voi mont bien
  Que je ne gaigneroie rien
  A resister n'a arguer
  Ne a contre vous disputer ;   4740
  Mes je vous di que metre jus
  Me faut tout sans attendre plus.
  Rien n'i a que ne deveste,
  Quar rien n'(i) a dont aie feste.
  Toutes ces armes m'ont froe   4745
  Et opresse et refoule."

  dy *AH*, moult ie v. b. *B*
  gaigneraie *o*
  ne arguer *G*
  Ni *L*, Ne encontre *TABM*¹*GLMH*, deputer *T*

  q. je n. d. *G*
  jaie *H* joie f. *L*
  froisse *L*
  raffoule *H*

  Adonc la boucle desbouclai
  Et les armeures deslacai,
  (Et) puis mis jus renge et espee
  O la targe peu amee.   4750
  Quant faire ainsi elle me vit,
  Tantost m'aresna et me dist :

  desclouay *H*, bougle desbouglai *M*¹
  delaisse *A*

  O] Auec *to*..., aimee *A*

  maraisonna et d. *LH*, margua et *M*

Grace Dieu parle.
  "Puis qu'ainsi te veuz desarmer
  Et tes armes toutes oster,
  Au mains me deusses (tu) requerre   4755
  Et prier que (t') alasse querre
  Qui que soit qui viguereus fust,
  Qui les armes porter pëust,
  Qui aus espaules les troussast
  Et apres toi les te portast,   4760
  A fin que penre les peusses
  Toute fois que mestier eusses."—

  —tu *B*

  =4760 *A*, Q, aux les esp. *H*
  =4759 *A*, Sur ses esp. et tr. *A*

L'acteur parle.
  "Dame, dis (je), tant vous avoie
  Offendu que pas (je) n'osoie

  Off.] Courrouciee *AH*, q. pour ce n. *M*

Ce requerre, mes maintenant 4765	Le vous req. *A*
Je le requier en suppliant."—	=4768 *B*, matens *A*
Grace Dieu parle. "Or m'atent, dist elle, un petit	=4767 *B*, ce] je *A*
Et je t'amerrai tel, ce cuit,	les] tes *L*
Qui bien les armes soustenra	
Et qui bien les te portera." 4770	

L'acteur parle. Adonc s'en ala Grace Dieu,
Je ne sai pas bien en quel lieu,
Et je tout seul la demourai. —je *A*
Ou de tous poins me desarmai. t-t p-t *T*
Gorgiere ostai et haubergon 4775 oustoy *L*
Et hiaume aussi et gambeson, —aussi *A*, gambaison *L*
Seulement l'escherpe retin
Et le bourdon a pelerin. —4778 *B*

Quant ainsi me vi desarme,
Adonc fu tout desconforte. 4780 fus *AH*
"Biaus douz Diex, dis je, que ferai, —Diex *A* added in *G* by the same scribe
Quant tant de paine donne ai
A Grace Dieu, ma maistresse
Et ma bonne procurresse? procureresse *TBLMH* procuraresse *oAM*[1]
Or m'avoit elle cointement 4785 *G*
Appareillie et noblement,
Comme un contë arme m'avoit
Et comme un duc, rien n'i failloit;
Mais contre son enseignement
Et son douz amonnestement 4790
J'ai tout oste et desvestu
Et nulle rien n'ai retenu.
Biau dous Dex, pour quoi perdue ai perdu *ALG*
Ma vertu et ou mise l'ai?
Pour quoi ne sui plus viguereus, 4795
Plus fort, plus dur, plus vertueus, P. dur, p. f. *o*, dur dru *H*
A fin que peusse soustenir

Le Pelerinage de Vie Humaine. 149

Les armes et les bien souffrir ? armeures et bien s. *L* armeures et s. *M*[1],
Mont en vausisse certes miex et bien les *TH*
Et Grace Dieu m'en amast miex. 4800
Touz aussi miex m'en prisassent Tuit aultre m. *M*, m'en] me *T*
Et doutassent et amassent,
Mes rien n'i vaut, (je) ne pourroie n'i] ne *H*
Endurer les (par) nulle voie. Les endurer *A*
A Grace Dieu me commetrai 4805 men *A*, me metteray *B*
Et a li du tout m'atendrai. le *L*, men tendrai *L*, men tenderay *T*
Je cuit qu'encor[e] m'aidera quencore *AH*, maidra *B*, Je cuide quelle mi
Et qu'encor pas ne me faura ; aidrait *M*
Et elle en a ja fait semblant
Dont mon confort en est plus grant ; 4810 —en *T*
Quar pour moi faire corvee c.] tournee *H*
Prestement s'en est alee
Querir aucun et amener
Qui les armes pourra porter."

Ainsi qu'en ce point estoie 4815 q.] comme *to*..., Aussi *M*, gestoie *L*
Et qu'a moi (tout) seul devisoie,
Grace Dieu vi qui amenoit
Une meschine qui n'avoit mechine *A*
Nulz iex, si com me fu avis,
Au commencement quant la vis ; 4820 —4820 *M*, que *H*
Mes quant pres *me* fu venue me] de moi *to*...
Et je l'o bien ape*r*ceue(e), aperceue o*TA*...
U haterel par derriere U] En son *to*...
Vi qu'*ert* mise sa lumiere. ert] estoit *to*...
U haterel les iex avoit 4825 U] En *M*
Et par devant point ne vëoit. veoiet *L*
C'estoit chose mont hideuse,
Ce (me) sembloit, et monstrueuse, Se *A*, monst.] moult crueuse o*AGM*[1]
Et de ce fu jë esbahis
Merveilleusement et pensis. 4830

Le Pelerinage de Vie Humaine.

Ainsi com jë i pensoie
Et (je) fort m'en esmervelloie,
Grace Dieu si parla a moi :

Grace Dieu parle. "Or voi je bien, dist elle, or voi
Com viguereus es chevalier   4835
Qui, quant devoies bateillier,
Tes armeures as mises jus
Et sans coup ferir es vaincus.
Un baing te faut pour toi baignier
Et un mol lit pour toi couchier, 4840
Un mire pour reconforter
Les ners froissiez et consouder."—

L'acteur parle. "Dame, dis (je), de ce miresse
Serez (vous) et conforterresse,
Quar je sui si las voirement   4845
Que plus les armes bonnement
Soustenir je ne pourroie
Ne plus force n'en *aroie*.
Si vous pri que mal paiee
N'en soiez ne courrouciee !   4850
Quar encor ai je fiance
En vous (du) tout et esperance."—

Grace Dieu parle. "Or, dist elle, je t'ai trouve
Ceste meschine et amene
D'une contree qui est loing   4855
Pour toi secourre a ce besoing ;
Quar je voi (bien), se ne t'aidoie,
(Que) tost iroies male voie.
Ceste meschine tu merras
Et tes armes li bailleras,   4860
Et elle o toi les portera,
A fin que, quant mestier sera,
Si com t'ai dit, tous jours prestes

—i *oA*, Et a. comme je p. *A*, A. c. a ce p. *L*
Et forment m. *M*, Et que f. *B*, Et de ce fort memeru. *A*, Et ge forment men meru. *L*

Or croi j. d. e. et voi *A*
C. es v. *L*, Que tiez v. *M*

armes *TAB*, armes tu *H*, mis *M*[1], Toutes tes armes as mis j. *o*

lit mol *L*

p. toy conforter *M*
Tes n. f. et dessoudez *L*, consauder *H* consolider *A*
dy *AH*, ce] te *o*

sui] se *L*, laz *M*[1]
Q. les armeures b. *M*
Plus endurer je *M*, pouoie *oAM*[1]*H*
aueroie *M*, auoie *to...*, Ne] Se *GB*
pri] requier *L* suppli *M*, poiee *o*
Ne *T*

E. v. et d. t. mesperance *M*, Du t. en v. *L*

trouvee *ALM*[1]
amenee *ALM*[1]

te secourer au b. *L*
—bien *oTABM*[1]
yroie *TA*, mal *B*
C. m. enmerras *A*, C. m. maineras *L*

o] ou *AM*

  Tu les truisses et les vestes.
  (Quar) se tous jours ne les avoies   4865
  Pres de toi et ne (les) vestoies
  A tes besoings, mort et ocis
  Seroies tost et mal baillis."—   baillifs *L*

L'acteur parle.
  "Dame, dis je, de ce monstre   [4870   ce] ceste *M*, monstui *M*¹
   Dont vous m'avez fait un monstre   avez] auait *T*, vne *AM*
  Voudroie bien savoir le no*n*
  Et pour quoi est de tel facon.
  Ce est (une) chose desguisee   Ce est] Cest *to...*, deg. *H*
  A moi (et), nient aconstumee ;   n.] non *LM*
  D'autre partie (je) cuidoie,   4875
  (Si) com de vous apris l'avoie,
  Quë un vallet fort et legier   varlet *AGH*
  M'amenissies pour moi aidier,
  Quar le mestier de (tel) meschine   Que *T*
  N'est que (de) porter une tine.   4880   de] pour *M*
  Tel meschinë armes porter   Tele *M*¹, ames *B*
  Ja mais ne pourroit n'endurer."—   n'end.] end. *B*, n'endurer *changed by the illuminator into* endurer *o*

Grace Dieu parle.
  "De ce, dist elle, te dirai
   Assez briefment et respondrai.—   —4884 *B*, brement *M*¹
  Ceste meschine est nommee   4885
  Par (son) droit nom et apellee   Et p. s. d. n. a. *L*
  Memoire qui rien n'ap*ar*coit
  Du temps a venir ne ne voit,
  Mes du temps ancien parler   parle *B* parlee *M*¹
  Set elle bien et deviser.   4890   et bien *B*, deuisee *M*¹
  Au temps passe (et) par derriere
  Sont mis ses iex, (et) sa lumiere.   sa] par *B*
  N'est pas chose moustrueuse   pas] mie *H*, m.] moult crueuse *oA*
  Si com cuides ne hideuse,   cuidies *A*
  Ains est chose necessaire   4895

A tous ceus qui veullent faire
Leur murgoe et providence   mugoe *H* murgoe *o* murgeoe *L* murgoire *M*
D'aucun sens ou de scïence.
Piec'a fussent a povrete
Les clers de l'Universite,   4900   vniuercite *L*
Se ne leur gardast leur avoir   Son ne *o* Selle ne *A*
Qu'il ont aquis et leur savoir,
Quar peu vaut chose aquestee,   quose aquetee *o*
Se *apres l'aquest n'est* gardee.   Se nest apres laq. g. *to*..., Sel n. *L* Selle n. *A*
Si ques, s'ell'a (les) iex derriere, 4905 s'ell'a] celle a *TABH* cellait *M* elle a *L*
Par ce saches, (que) tresoriere   Pour *MH*
Et gardienne de science
Ell'est et de (grant) sapience.   —grant *TAH*
Et apres ce doiz tu savoir   —Et *A*
Que tout le sens et le savoir 4910   senz *M*¹
Que garde, elle le porte aussi   Quel g. el le p. *L*
Et en touz lieus l'a avec li,   ouec *L*
Si ques, se tu li fais garder
Ces armes ci, aussi porter   ainsi *H*
Avec toi elle(s) les vourra,   4915   elle *oABM*, elle le *MH*, Oueques t. bien l. v. *L*
Ne ja nul dangier n'en fera.   Ne ja d. ne ten f. *H* Ne nul d. el nen f. *L*
Aussi est fort de les porter   Autant *H*, f. est *M*, de] a *L*
Com puissant est de les garder.
Si ne l'aies pas en despit,
Si com par devant tu l'as dit 4920   Si comme p. d. las d. *A*
Qui l'as tenu(e) pour meschine   la *T*
Qui ne doit que porter (la) tine,   d. porter fors la t. *LG*
Ainz toi despire (tu) devroies,   Aincois toy despiter deur. *TA*
(Et) peu prisier, se tant savoies ;
Quar ce que tu ne puez porter, 4925
Bien portera sanz soi grever.
Ce iert plus grant confusion   Ce est *BL* Et cest *A* Si est *H* Si iert *T*
A ton eus et irrision,   A toy ens *H*, A toi mesmes et *GB*, A toy
Que së un vallet les portoit   et grant derrision *AL*
                                      varlet *AGH*

Le Pelerinage de Vie Humaine.

Qui fort et viguereus seroit,	4930	
Et pour ce aviseement		
Amenee et a escient		—et *L*
La t'oi a fin que, quant (elle) ara		—elle *LH*, t'ay *TABM*¹*LH*, a fin] ace *M*,
Les armes et les portera,		—que *M* et les te p. *B*
Que a porter aussi t'essaies	4935	Que au *AM*, Q. les p. a. tessoies *L*
Ou (que) grant confusion aies."—		Et q. *H*

L'acteur parle.

"Dame, di je, puis qu'est ainsi,
  A voz dis rien ne contredi
Et aussi contredire (de) rien   —de *ABM*¹*LM*
N'i pourroie je mie bien   4940 Ne *LM*, pourroi ge *o*, Je ne p. m. b. *H*, Ne
Or soient (donc) toutes levees   p. ne beaul ne b. *A*
(Sur) li les armes et troussees,
Et puis je m'en irai devant
Et elle me venra suiant."
Adonc li et moi (les) levasmes   4945 les] le *L*
Et (a) Memoire les baillames,
Et elle les prist volentiers
Si com bien en estoit mestiers.   S. c. il estoit b. m. *A* S. c. il en e. m. *H*

Quant troussees furent ainsi   Et quant *H*, firent *T*
  Grace Dieu, la seue merci,   4950 soue *L* soie *M* sienne *AH*
Parla a moi mont doucement
En moi tex paroles disant :   A *L*, Et en telz *M*

Grace Dieu parle.

"Or es tu, dist elle, apreste   es] est *A*
D'aler en la belle cite.
Tu'as Memoire, ta sommiere   4955
Qui' aprez toi ira derriere,   ira disant *B*
Qui tes armes te portera   Q. de tes *B*, —te *A*
Pour armer toi, quant temps sera.   P. toi a. *ALM*
Tu as l'escherpe et le bourdon,
Les plus biaus c'onques portast hon 4960 Le p. biaus *o* Le p. bel *AH*, port.] veist *LG*
De tous poins apointiez fusses,

x

Se du pain Moisi eusses.   Moises *T*, p. de Moyse *A*
Va, si en pren, congie en as,
Combien que tu ne l'aies pas   —tu *A*
Desservi, mes garde toi bien   4965
Que de ce que doiz faire, rien
Ne passes, si com as vëu   Ne trepasses *L*, —si *B*, as] a *T*
Quë on doit faire et connëu."   Que len d. *T*

Adonc a Moise alai   Moisen *M*¹ Moysem *AH*, ialay *A*
   Et de son pain lui demandai. 4970
C'estoit du relief qu'il donnoit   qui d. *A*
Aus pelerins et otroioit.   Au peuple quant digne avoit *L*
Il m'en donna et je le pris
Et puis en m'escherpe le mis.

Puis a Grace Dieu retournai   4975
   Et de ses biens la merciai   remerciai *A*
En li priant que moi laissier   la *L*
Ne vousist pas ne esloingnier,   N. me v. ne e. *A*, N. v. ne moy e. *H*
En suppliant qu'a mes besoings
Ne me vousist pas estre loings,   4980
Quar, (si) com li dis, bien savoie
Que sans li rien ne pouoie.   —Que, je ne *M*

Grace Dieu parle. "Certes, dist elle, voirement
   Sans moi ne puez tu faire nient   —tu *TAMLH*
Et tost desconfis (tu) seroies,   4985   —tu *M*, desconfist *o*
Se de moi garde (tu) n'avoies;   tu] la *M*, —garde *B*, gardes tu nestoies *H*
Si fais que sage, quant requiers   q. tu r. *A*
Ce que tu sces qui t'est mestiers.
Et pour ce que la requeste   quen ta r. *M*, la] la teue *M*¹, — Et, la toue
                                              r. *GL*
En rien ne truis deshonneste,   4990   treuue *L*, Je ne truis mie d. *M*
Pour ce a aler m'en j'entent   a men al. *AL*
Aveques toi quant a present,   Auec *T*

Le Pelerinage de Vie Humaine.

Et point a partir n'en pense,
Se ce n'est par ton offense."—
"Dame, dis je, mont grant mercis! 4995
Or ai assez, ce m'est avis."—

Ne p. a p. ne men p. *M*
p. la teue o. *GM*¹*L*
grans *AH*
ay je *H*

Grace Dieu parle. "Or entent, dist elle, comment
A aler avec toi j'entent:
Aucuns sont qui ont fiance
Es amis et esperance 5000
Si grant qu'assez en valent pis,
Quar il pensent que garantis
Et deportez par eus seront,
Së aucun mal ont fait ou font;
Si que(s), a ce que ne te fies 5005
En moi trop ou ne (t')i apuies,
A fin que tu ne faces mal
En fiance de soustenail,
De ta vëue et de ton eul
Estre vëue point ne veul. 5010
J'ai une pierre qui la gent,
Quant je veul, invisibles rent;
Par celle je me mucerai
De tes iex et me repondrai,
Si ques, (quant) cuideras que soie 5015
Avec toi, lors autre voie
Serai (par) aventure alee
Aucune foiz et (des)tournee,
Et ce sera, quant autrement
Tu te merras que deuement; 5020
Quant ne daigneras demander
Ta voie ou n'i vourras aler;

Aler auecques toi *B*

En leur *to...*, A leurs *H*

mal dit ou fait ont *L*
que *TAH*, a ce q.] afin que *B*
A moi t. ou trop ne ti o, Trop en moi ou *L* ou] ne *H*

soustenal *GM*¹
euoil *T*'euil *M*¹ ouil *G*

par qui *A*, qui a la g. *L*
invisible *H*, Q. v. voi invisiblement *A*, invisible me rent *L*
musserai *A*
telx *L*, resp. *A*
Si q. tu cuid. *M*
autre] entre *B*

Te porteras *AL*

5006 or *En moi trop (ou) ne t'i apuies*, cf. 5050.
5017. For *aventure* see *J. 4335*.

Quant le bon chemin laisseras
Et par mauves chemin iras,   chemins *H*
Si ques d'aler bien sagement   5025   b. daler *L*
Aies avis des maintenant,
Quar des maintenant veul ouvrer
De la dicte pierre et user,   Et d. l. d. p. u. *H*
Et des maintenant je me part   men *L*
De ta vëue et ton regart."   5030   et de t. *ABLM*

L'acteur parle.
Ausi tost com elle ot ce dit,   Ainsi *T*, Ainsi comme elle *H*
Plus ne la vi dont pas ne rit   Point vis *A*, rist *GM*[1]
Mon cuer qui dolent en estoit,
Mes faire plus il n'en pouoit ;   pl. f. *H*, ne p. *T*
Toutevoie(s) aler ma voie,   5035   Goutevoie *T*, Toutevois en alant ma *L*
Si com(me) propose l'avoie,   com *L*, pourpense *H*
Je ne voul pas entrelaissier,   vueil *A*, vox *L*, e-lassier *T*
Ains m'i voul des lors avoier.   vox *L*
A Memoire dis que venist   quil v. *A*
Apres moi et que me suiist,   5040   suist *TAM*[1] suiuist *LH*
Que mes armeures aportast
Et que nulles n'en oubliast,   nulle *T*
[Et] elle voir le fist ainsi,   Et *ABLH*, Elle v. l. f. tout ausi *M*
Tout aporta, rien ne perdi ;   nen *L*
Et il en estoit grant mestiers,   5045   g.] bien *L*
Quar puis trouvai tant d'encombriers   tant d.] grans e. *A* mains e. *L*
Que, s'aucune fois n'eusse este
D'armes garni, mort eusse este,   mort] mont *T*
Non (pas) que tous jours les vestisse
A mes besoings ne les preisse,   5050   ne ne p. *A* Et a m. b. ne p. *H*
Quar mainte fois par (ma) peresse
Coup de dart et de saete   Cops de dars, saiectes *H*, et] ou *o*
Soufri que souffert pas n'eusse,   q. p. s. *H*, q. maintenu pas *L*, point *A*
Se bien arme este eusse.   Se de mes armes arme e. e. *A*

5043 or : *Elle voire*—5050 or : *ne preisse.*

Or vous ai dit (tout) sans menconge 5055
   Une partie *du* songe,
Le remenant vous conterai
Ci aprez, quant temps en arai,
Et vous plus volentiers l'orrez,
Quant un pou reposez serez. 5060
Sans entreval (tres)tout ennuie,
(Et) le biau temps et cil de pluie.
Une autre fois vous revenres,
Se plus ouir vous en voulez,
Et tandis je m'aviserai 5065
D'a point conter si com songei.

du] de mon *to...*

tres tout] souvent *L*
Si fait l. b. t. et la pl. *L*
reuenez *AH*

t.] temps dis *A* toudis *A*⁷
De p. *M*, De mielx c. *L*, De p. en point si *A*⁷, si com] ce que *B*.

Between 5066 and 5067: Explicit primus liber, Incipit liber secundus *BMgy*. Explicit le premier liure, senssuit le secont *A*⁷. Explicit le liure premier Et le second encommencier *A*. Ci fine le Ier liure. Cy commence le secont liure *Ga*. Cy finist le premier liure de vie humaine. Cy commence le second l. de v. h. *H*. Cy achieue le premier liure. Et commence le secont *L*.

[*Hic incipit liber secundus.*]

<table>
<tr><td>Apres ce que j'ai dit devant</td><td></td></tr>
<tr><td>De ce que je vi en dormant,</td><td>—je *A*</td></tr>
<tr><td>Autres merveilles que vi puis,</td><td></td></tr>
<tr><td>Si com je le vous ai promis,   5070</td><td>—le *B*, comme je v. *H*</td></tr>
<tr><td>Vous veul nuncier et reciter,</td><td></td></tr>
<tr><td>Quar pas n'est raison du celer.</td><td>Nest pas r. de le c. *L*</td></tr>
</table>

<table>
<tr><td>Ainsi que ordene m'estoie</td><td>que *g*, com *to*…, mestoit *M*, o. estoie *T*</td></tr>
<tr><td>De touz poins d'aler ma voie,</td><td>d'] a *to*…</td></tr>
<tr><td>Je commencai mont a penser,   5075</td><td></td></tr>
<tr><td>Pour quoi c'estoit qu'aussi porter</td><td>quainsi *M¹LMH*</td></tr>
<tr><td>Mes armeures ne pouoie</td><td></td></tr>
<tr><td>Ou qu'aussi (grant) pouoir n'avoie</td><td>—grant *gy H*, quainsi p. *MH*</td></tr>
<tr><td>Comme celle meschine avoit</td><td></td></tr>
<tr><td>Qui aprez moi les aportoit.   5080</td><td>les portoit *T*</td></tr>
<tr><td>"Or sui je, disoie jë, homs</td><td>vns homs *L*</td></tr>
<tr><td>Qui semble estrë ·I· champions,</td><td>Q. bien s. *M*, —·I· *A*</td></tr>
<tr><td>Qui en moi ne sai nul mehaing,</td><td></td></tr>
<tr><td>Ains sui de touz mes membres sain,</td><td></td></tr>
<tr><td>Qui pour porter sui assez fais   5085</td><td></td></tr>
<tr><td>Et ceste meschine et son fais.</td><td>—Et *L*, faiz *GM¹*</td></tr>
</table>

5073*a*.—Et que jestoye en mon chemin
5073*b*.—Appointie comme pelerin *H*.

RUDE ENTENDEMENT (NATURAL UNDERSTANDING).

Le Pelerinage de Vie Humaine.

  Et dont vient ce que si faillis   Dom me v. *L*
  Suis de vigueur et si remis
  Que ce que je li voi porter   —5089 *B*
  Une heure ne puis endurer ?   5090
  Honte et confusion a moi
  Est, quant plus fort de moi la voi."   Cest *A*

  Ainsi com (a) ce ci pensoie   con ce ci je p. *M*[1], Ausi come ce *M*
  Et (qu'en) pensant tous jours aloie,   touriours *o*
  Un grant villain mal faconne,   5095
  Ensourcillie et reboule,   Ensourcelle *T* Et sourc. *B* Ensourtillie *H*
                   Entortilliei *M*, rebelle *H* rebousse *L*
  Qui un baston de cornoullier   cornillier *AH*
  Portoit et bien mal pautonnier   et] com *L*
  Sembloit estre et mal pelerin,   —et *L*, S. et bien mal p. *H*
  Ai encontre en mon chemin.   5100
Rude En- "Et qu'est ce, dist il, ou ira   iraie *B*
tendement. Ce pelerin, Diex, ou ira ?
  Mont est or bien apareillie,
  Ce li semble, et assemillie,
  Mes assez tost a moi l'ara   5105   lairait *M* laira *T*
  Et de question respondra."

L'acteur. Quant parler ainsi je l'oui,   Q. ie louy p. ainsi *M*
  Grandement deving esbahi,
  Quar je cuidai que courre sus
  Me vousist sans attendre plus. 5110
  Toutevoies courtoisement   Touteuoie *T*
  Parlai a li et humblement :   hublem. *T*
  "Sire, dis je, je vous requier   dis je v. r. *A*
  Que moi nuire ne empeschier   ny *L*

    5100*a*.—Et tantost rude entendement.
    5100*b*.—Au peregrin moult rudement.
    5100*c*.—Tantost si ala encontrer.
    5100*d*.—Par mautalent a li parler *L*.

   Ne veulliez (pas) de mon voiage,   5115   Ne me v. de *M*¹
   (Quar) loing vois en pelerinaige
   Et un pou de destourbement
   Me greveroit ja grandement."   Ne *H*, g.] forment *L*

Rude Entendement parle.
   "Certes, dist (il), la destourbance
    Vient de ta outrecuidance.   5120   ta grant o. *B*, Si vient *H*, Si v. de ton o. *LGM*¹*M*
   Dont te vient il, si te gart Diex,   —il *B*, se *HLA*
   Et pour quoi es et tex et quiex   es ne tex ne *M*¹, es tiex *B* es tu telz *H*
   Quë oses la loi trespasser
   Qu'a voulu le roi ordener ?
   Piec'a le roi deffense fist   5125   roy des rois deffendit *A*
   Que nul escherpe ne prëist,   nulle *A*
   Que nul o soi ne la portast   Ne nul *A*, Ne que nul o soi la *L*, Q. nul auec soi la p. *T*
   Et que bourdon ne maniast.   Et] Ne *L*, menniast *M*¹
   Et tu contre s'(en) ordenance   oultre son *G*
   Par ta sote outrecuidance   5130   Pour ta fole o. *B*, Pour sa fole o. *H*
   L'un et l'autrë as entrepris   Et lun, empris *L*
   A porter, si com m'est avis.
   Dont te vient il et pour quoi si   vient] muet *T*
   As este ouse et hardi ?   A *T*, et] et si *o* ne *H*, As tu osei estre h. *M*
   Mar i venis, mar i alas   5135   mal *M*, Mal, mal *TALGH*
   Et mar ici les aportas.   mal *TAGMH*, —mar *L*
   Onques en jour de ta vie
   Ne fëis plus grant folie."   plus] si *G*

L'acteur parle.
   Quant ces paroles j'entendi,   ces] tielx *LG*, je ouy *H*
    Plus que devant fu esbahi ;   5140
   (Quar) response nulle n'avoie
   Ne (que) respondre ne savoie.
   Un advocat eusse loue
   Volentiers, se l'eusse trouve,
   Quar bien en avoie mestier,   5145   —en *A*
   Se l'eusse sceu ou pourchacier.   —ou *AM*¹

Toutevoies, (si) com pensoie
Comment eschapper (me) pourroie,
Les iex levai et vi venir
Ce dont avoie grant desir : 5150
C'ert dame Raison, la saige
Que on connoist bien au langage,
Quar rien ne dit quë ordene
Ne soit bien et discipline.
Autre foiz l'avoie veue, 5155
Pour quoi m'estoit miex conneue.
Mont fu joieus, quant je la vi,
Quar je pense que mas par li
Seroit li vilain rechine
Qui si fort m'avoit agroucie, 5160
Et si fu il finablement,
Si vous pri qu'entendez comment !

Raison s'en vint tou[t] droit a li
Et li dist: "Vilain, or me di,
Se Diex te gart, de quoi tu sers 5165
Et pour quoi sembles si divers ?
Es tu messier ou fauchonneur
Ou des trespassans espïeur ?
Comment as non et ou quellis
Ton grant baston et le prëis ? 5170
N'est pas baston bien avenant
A preudomme ne bien seant."

Adonc le vilain s'apuia
Sur son baston et dit li a:
Rude
Entende-
ment parle. "Qu'est ce, estes vous mairesse 5175
Ou nouvelle enquesterresse ?
Moustrez vostre commission,
Si sarai au mains vostre non,

Touteuoie *T*
me] men *M* je *LH*

jauoie *M*¹*H*
Cestoit *to*...
Que len *T*

Pour ce *A*, Et p. ce lai ge c. *L*

pensay *MM*¹*H*, mat *H* mal *A*
rechignie *BMH*
agoucie *L*, auoit groucie *A*

tout *oTA*..

semble *L*, quoi es tu si *A*
mesciers *M* mallier *A*, fauchonnealx *A*
 faucheur *G* faucheours *L* faulconniers *M*
Ou es d. chemins e. *L*
cueillis *AGH*
Ce *L*, et ou preis *M*¹ et ou le pris *HL*, ne ou
 le *A*
Ne a prendre homme ung sciant *A*

s'ap.] respondit *A*
Sus s. b. et li dit *A*, Sur sur b. *G*
Quesse *B*, ceci *G*, maeresse *L*
enquestaresse *o*

Le Pelerinage de Vie Humaine.

  Et se si grant pouoir avez
  Com par semblance me monstrez;   5180
  Quar se de ce seur n'estoie.
  A vous (de) rien ne respondroie."

  Adonc Raison bouta sa main
   Par un amigaut en son sain
  Et une boiste ataint en a   5185
  Dont unes letres hors sacha,
Dame Raison parle. Puis li dist: "Certes mon pouoir
  Te veul je bien faire savoir.
  Tien, voiz ci ma commission !
  Li la, si saras bien mon no*n*   5190
  Et mon pouoir et qui je sui
  Et pour quoi sui venue ci."—

Rude Entendement parle. "Certes, dist il, ne sui pas clers
   Ne rien ne sai en voz feulles.
  Si com vous voules les lisies,   5195
  Quar pou les prise, ce sachiez."—
Dame Raison parle. "Biau sire, dist elle, tout hon
  N'est pas de vostre opinion,
  De mai[n]tes gens sont bien prisiez
  Et amez et auctorisiez;   5200
  Et non pour quant les orrez vous,
  Se mes clers ne me faillent tous.
  De soupecon vous veul oster
  Et quel pouoir j'ai vous monstrer.
  Vien avant, clers, dist elle a moi,   5205
  Oste ces letres hors de ploi,
  Li les devant ce bacheler,
  Qu'il li semble *qu'il* soit un ber !
  Quant ici lire les orra,
  Se Diex plaist, lors me respondra."   5210

Que p. *A*, Comme p. s. moust. *L*, Comme p semblant *H* seur de ce *L*

amugot *M* aligot *A*⁷, Moult courtoisement en *H*¹
—Et *H*, boueste *LH*, atainte *TAA*¹*LM* attente *M*
h.] en *M*¹
Et li *TA*
Te v. b. f. assauoir *H*, —bien *o*
Et ie voy chi *H*¹
Lis *AA*¹*HH*¹*G*
ie se *L*
pour ce *TA*, ci venue se *L*

cleirs *H*¹
fueilles *AA*¹*H*¹*H* feulles *T* fuilles *L* foilles *M*
Que *G*, les] le *A* la *M*, ce] se *o*

op.] entention *L*
maintes *oTA*..., —bien *B*, prisiees *A*
amees *AH*, auctorisiees *A*
q.] tant *A*

suspection *M*, vuieil *H*
j'ai] ai *A*
dist clers elle *B*, —clers *A*, clerc *H*
let. et les desploi *A*
Lis *H*, b-lier *A* bacelier *G*
Quil l. s. quil *H*, quil *TBM*, quil est *L*, Qui l. s. qui *to*...
Q. oy l. l. ara *TH*, Adonc quant lire *LM*¹*G*
l.] il *A*

Le Pelerinage de Vie Humaine.

L'acteur parle.

A donc je les pris et les lu,   prit *A*, leu *TA*
Dont li vilains pas bien ne fu
Contens, quar touz jours grumeloit   Contes *T* Contemps *H*, grumelet *L*
Et touz jours le menton hochoit.   Et ades l. *M*, hochet *L*
A chascun mot que (je) lisoie,   5215
Estraindre les dens li veoie.   li fesoie *L*
Des letres se savoir voulez
La teneur, ci apres l'orrez :   ap. orrez *H*

"Grace Dieu par qui gouverner   gou-ez *L*
Se dient les rois et regner   5220   doient *M* doiuent *H*, Se dieus l. *B*, les rois coronnez *L*
A Raison no(stre) bonne amee   bien *ABLMH*
Et en touz (bons) faiz esprouvee   biens *A*
Salut et de ce que mandon   et ce te commandon *L*
Faire plaine execution.
Entendu avons de nouvel,   5225
De quoi ne nous est mie bel,
Quë un vilain mal savoureus,
Lourt et enfrun et dangereus   enfrungne *A*, enfrim et dong. *M*, Hidoux et lourt et d. *L*
Qui par son no*n* se fait clamer
Rude Entendement et nommer   5230
S'est fait espieur de chemins   Cest f. *L* Se f. *H*
Et agaiteur de pelerins,   aguett. *A*
Et leur veut leur bourdons oster   leurs b. *MH*
Et leur escherpes descherper,   leurs *BT*
(En) euz abusant de frivoles   5235   En leur a. *A*, abuffant *BM*
Et (de) mencongables paroles,   Et desconuenables *A*
Et a fin que plus soit doute,   s. pl. *BH*
Il a a Orgueil emprunte   Il a de org. *L*, Il a O. *B*
Son mauves et cruel baston
C'on apelle Obstination,   5240   Qui a nom O. *H*
Le quel assez plus me desplaist   me *corr.* nous *t*
Que li vilain enfrun ne fait,   enf.] botru *L*
Pour la quel chose mandement   Pou *B*

	Te donnon et commandement	
	Que tu t'en voises celle part 5245	tu en *H*, tu te v. *T*
	Et amonnestes ce musart	ammonneste *AL*, Et quamonestes *H*
	Que son baston il mete jus	
	Et qu'il se cesse du surplus.	
	Et se de rien il s'opposoit	sopposet *L*
	Ou obeir il ne vouloit, 5250	
	Jour li donnasses competent	donasse *A*
	Aus assises du jugement.	
	De ce plain pouoir te donnon	
	Et commissaire t'en faison.	commission *M*, te *B*
	Donne en nostre an que chascun 5255	que ch. dit λ
	Dit M. CCC. et xxxj."	Lan mil. III.ᵉ lx et cinq λ, —et *G*

Quant tout fu leu, Raison reprist   lu *H*
    Ses letres et en sauf les mist,   Ces l. *M*
Et puis le vilain arresna   —Et, aresonna *L*
Et tex paroles dit li a :   5260   dites *T*

Raison parle. "Or avez vous, beau sire, oui
Mon pouoir et pour quoi ving ci.   —quoi *B*, vins *LM*¹*G* vien *H*
Voulez [vous] respondrë a moi   vous *TABA*¹*LM*¹*MHH*¹, V. vous donc *B*,
De ce que demande vous ai ?"—   Responderez vous a moy in *M*

Rude Entendement parle courtoisement. "Qui estes vous, dist le vilain?"— 5265
    "[Diex], qui je sui? pour S. Germain,   Dieux *AA*¹*HG*, p.] par *LAH*
Dist Raison, n'avez vous oui   nas tu pas *A*
Que maintenant on a leu ci ?   m.] empresent *L*, —a *B*, on la l. *TAMM*¹*G*, ici *L*
Pensïez vous a voz amours   a] en *L*, P. v. point a *M*
Ou a faire chastiaus ou tours ?"— 5270
"Bien ai, dist il, par Saint Symon,   pour *BLH*
Oui qu'avez a non Raison,   Entendu q. n. *L*
Mes pour ce qu'est non diffame,   ce que c'est *M*
Pour ce vous ai je demande   P. ce le v. ai d. *L*
Qui vous estes et a bon droit."— 5275

"Non diffame, pour Saint Benoit,
Dist Raison, ou avez (ce) trouve?"—   ou lauez t. *L* ou a. vous t. *A*
"Au moulin, dist, ou j'ai este.   —5278 *B*, dist il *TH*
La mesurez vous faussement
Et emblez le ble a la gent."—   5280   blef *T*

Raison parle.

"**B**iau sire, dist elle, or oes
·II· petis mos et entendez!   Vn petit mot *L*
Mesdire n'est (pas) vasselage
Ne vous ne parles (pas) com sage.   —pas *oB*
Au moulin par aventure   5285
Avez veu une mesure   veue *TH*, mensure *T*
Qui raison se fait apeler
Pour sa grant desraison celer;
Mes pour ce n'est ce pas raison,   —nest pas .r. *T*
Ainz est fraude et deception.   5290   5290a Ainsi appellee par mutacion *A*
Entre non et existence
Vueil (je) bien faire difference.   f.] mettre *BM*
Autre chose est estre Raison   Vne ch. *L*, Vne ch. est entre r. *A*
Et autre chose avoir son non.
Du non faire couverture   5295
Puet on pour couvrir s'ordure.
Ceste chose est advenue   celle *A*
Mainte foiz en mainte rue;   Par maintes f. *L*, rues *M*
Que qui n'est biaus, (si) se cointoie   qui est *B*
Et qui n'est bon, (si) se simploie.   5300
Touz vices volentiers le font   Toutes *L*, le] se *A*
Et mainte foiz couvert se sont   maintes *T*, couuers *L*, sen *M*, se font *A*
Du non de (la) vertu contraire   —la *B*
Pour mains a la gent desplaire,   a toute g. *M*[1] a toutes gens *LG*
E toutevoies la vertu   5305
N'en vaut pas mains d'un seul festu,   Ne *M*[1]
Ainciez est signe que bonne est,   Ains *L*, bon *B*
Quant le vice s'en pare et vest,   Quar *L*

Et se de mon no*n* cointoier
Celle mesure et simploier 5310
Se vout, pour ce diffamee
N'en sui (je) pas, mes honnouree
En doi estre plus grandement
De gent de bon entendement."—

Rude Entendement parle.

"Qu'est ce, dist il, Diex i ait part ! 5315
Me retournez vous le billart ?
Vous voulez estre loee
Dont (une) autre seroit blasmee ?
Se mouche en lait ne *conneusse*,
A vostre dit grant tort *eusse*. 5320
Ne cuidiez pas que sache bien,
Quant j'o nommer ou chat ou chien,
Que buef et vache ce n'est pas,
Ains est ·I· chien et est ·I· chas ?
A leur no*n*s connois bien chascun, 5325
Quar leur nons et eus sont tout un,
Si ques se Raison avez non,
Je di aussi qu'estes Raison,
Et se Raison emble le ble,
Je di que de vous est emble. 5330
L'eaue qui le moulin tourner
Fait ne vous en pourroit laver.
Pour (vos) paroles desguisees
Et (vos) fanfelues rimees
Ne cuidiez pas quë autrement 5335
Le me faciez ja entendant."

Raison parle.

Adonc Raison en sourriant
Et tout a la trufle tournant
Li dist : " Or voi je bien qu'avez
De l'art apris et qu'en savez. 5340

Et *LM*¹*H*, Et] Si ques *toTABM*, Siques se mon n. c. *A*, cointier *M*
Se v.] Sest voulu *to*..., difame *M*¹
Ne *oT*, h-ore *M*¹
pl. estre *H*, dois *T*
gens *H*

Me tournes *T*

Voulez vous *M*¹, Et vous *M*, bien e. *LM*¹
e. bien *H*
vn *L*
con.] connoissoie *to*...
eusse] aroie *to*..., —dit *T*
Cuidiez vous que ne s. b. *L*
joy *L* jois *A*
et] ou *oABMH* ne *L*, bues *o*
chien et laultre chas *A*
leurs *AH*
leurs *TAH*, sont] est *M*¹ cest *MH*
se] de *BM*
qui estes *M*

=5332 *A*, Lesue *L*, que *AH*
=5331 *A* Ne leaue q. fait l. m. t. *A*, laver] garder *L*
Par *MH*
fanfelles *o*
aut.] entendant *L*
ent.] autrement *L*

soubzriant *A*
truffe *TABMH*, tournant] tenant *M*¹

et que s. *T*

Le Pelerinage de Vie Humaine.

	Soutilment savez arguer	Soutilem. vous a. *T*, Moult soubtillem. a. *A*, Soutillem. sans a. *L*
	Et biauz exemples amener.	biau e-ple *T*
	Se pance plus grant ëussies,	panse *A* pense *B*, Se v. e. pance pl. g. *M*
	Estre vaillant bien semblissies."—	Bien s. e. v. *M*
Rude Entend. Raison.	"O, a il dit, vous me moquies!"— 5345	Ho *H*, Ha dist il *A*, dist il *B*, moquez *BL*
	"Ce faiz mon, dist Raison, sachies	Si f. m. d. R. ce s. *H*, mon] moult *M*, se sach. *B*, saches *L*
	Et encor plus vous moquerai	m-roy *L*
	Jusques a tant que je sarai	—je *T*, saroy *L*
	Vostre nom aussi com savez	ainsi que *A*
	Le mien, et sachiez que n'avez 5350	
	Nulle honneur a li conceler;	—5351 *L*, Nulle *TAM*¹ Nul *to*..., N. h. a vous tant celer *A*
	Ne sai qu'ares du reveler."—	Ne ce q. *B*
Rude Entendement.	"Honneur, dist il, que dites vous?	
	La deshonneur si est a vous.	Le *A*
	Mon no*n* en voz fuelles aves 5355	feulliez *o*
	Et puis aprez le demandez?	
	Vous ressembles cil qui se siet	
	Sur son asne et par tout le quiert.	—et *o*, et puix si le *M*, la *M*¹*G*
	Ne sai que ce senefie,	Je ne s. *BM*¹*LM*
	Se n'est une moquerie."— 5360	Ce n. que u. *ALM*¹*MH*, Se ce n. u. m. *B*, u.] mie *o*
Raison parle.	"Ha, dist Raison, estes vous cis	R.] randu *B*, cilz *AM*¹*H*
	Qui en mes letres estes mis?	mes fuellez est escript *L*
	Le no*n* dedens bien savoie,	de ded. *A*, moult b. s. *M*, b. je s. *LM*¹, b. y s. *H*
	Mes pas ne vous connoissoie.	M. je p. *M*, M. p. je ne *LM*¹, M. p. bien ne *H*
	Je tenoie une opinion 5365	
	Que n'est pas un moi et mon no*n*,	
	Quar de mon no*n* se puet parer	
	Chascun larron qui va embler;	
	Et (pour) ce' aussi de vous cuidoie,	assi *T*
	Quar (pas) apris encor n'avoie 5370	oncor *L*
	Que vous et Rude Entendement	
	Fussiez tout un conjointement;	
	Mais or voi bien sans soupecon	suspencon *T*
	Qu'estes un sans distinction.	distiction *o* diuision *L*

Voz exemples le m'ont apris 5375	
Et vos dis qui sont si soultis ;	soultiz *o* soutilz *TM*[1] soubtilz *AH*
Par vos paroles proprement	
Sai qu'estes Rude Entendement.	de R. E. *A*
Plus arguer vous ne pouez	
Que seulement ainsi nommez 5380	ausi *M*
Soiez, quar par existence	Ne saiez *LM*, Nel scies que p. e. *M*[1]
Ce estes sans (point de) difference ;	Ce estes] Lestes *to...*
Si (vous) pardoing la vilenie	perdoint *A*
Qu'avez dit par felonnie,	Que mauez *to...*, —dit *B*
Quar vous cuidiez, et bien le voi, 5385	—et *TL*
Qu'aussi com de vous fust de moi.	
Rudece le vous aprenoit,	
Quar rudes, si co*m* chascun voit,	ch. scoit *L*
Estes mont et mal ententis	
Et pour ce vous fu ce no*n* mis." 5390	

L'acteur parle.

A ces paroles li vilains	li] si *A*
Estoit jusques au cuer atains.	
Rien ne disoit, quar ne savoit,	
Seulement les dens estreingnoit,	
Mes pas ne *se* cessa Raison, 5395	se] ce *t*
Ains li chanta d'autre chancon.	autre *ABH* dure *M*, autre lecon *B*

Raison parle.

" Or, dist elle, puis que je sai	
Ton nom, pas grant besoing je n'ai	De ton n. p. g. b. nai *A*, b.] mestier *M*, noy *L*
Du remenant plus demander,	
Quar en mes letres est tout cler 5400	mest *ALM*[1]*H*
Quë espieur es de chemins	est *AH*
Et assailleur de pelerins.	
Tu leur veus leur bourdons oster	leurs *H*, b-on *AM*[1]
Et leur escherpes descherper.	leurs *HA*, escherpe *M*
Pour quoi le fais tu par t'ame 5405	tu or p. t. *M*[1] tu di p. t. *L*, p. ton ame *MH*
Contre *le vouloir* ma dame ?"—	la volente *to...*

Rude Entendement parle.

" Pour ce, dist (il), que l'Evangile	d. il par S. Gile *L*

Qu'ai oui dire a no(stre) ville
Il trespassent a escient
Et la gardent mauvaisement.   5410
La est il a touz deffendu,
Si com je l'ai bien entendu,
Que hors de son hostel nul hon
Ne porte escherpe ne bourdon,
Si ques quant porter je leur voi   5415
Contre la deffense du roi,
Volentiers pour la loi garder
Met paine de leur faire oster."—

Raison parle.

"O, dist Raison, autrement va,
Celle deffense fu piec'a   5420
Autrement toute tournee
Et au contraire (re)muee.
Bien est voir qu'il fu deffendu,
Mes apres recommande fu.
Cause convenable i avoit,   5425
Pour quoi bien rechange i failloit.
N'est pas la deshonneur du roi,
Se pour cause mue sa loi.
La cause du rechangement,
Se tu veuz, te dirai briefment.   5430
Qui est au bout de son chemin,
N'a mestier de estre pelerin,
Et qui pelerin ne seroit,
D'escherpe et bourdon peu feroit.
Jhesus, li roi, si est la fin   5435
Ou tendent tout bon pelerin.
C'est la fin de bon voiage
Et de bon pelerinage.
A ce terme et a ceste fin
Estoient si bon pelerin   5440

en nostre M^1, en ma v. H, Que joy d. a M,
Que ce qui est en leuangile L

leur] le T

= 5418 LG, Ge me paine de lour o. L,
    Votier M, —la T
= 5417 LG, Me p. T, de la loy o. B

Ho H, A ALM^1

A. est t. t. LM^1G, A. t. retournee M

B.] Mais H, ver A

falloit T
la] le L, du] le B
il mue H

dire L, briemient T

et] de L, et de b. A

tuit L
Ce est MH, du M, de tout b. v. ALM^1G
de tout b. p. M^1LGH, Et du parfait p. M
A cest t. M A ceste t. H, —a L
si] li LG sui M

z

Venus par sa vocation,
Quant leur deffendi que bourdon
N'escherpe plus ne portassent,
Ains meissent (tout) jus et laissassent.
Souffisant estoit et puissant   5445
Dë euz livrer habundanment
Tout quanque leur seroit mestier
Sans estre en nul autri dangier.
D'autre partië il vouloit
Quar, quant preschier les envoioit,   5450
(Que) leur auditeurs leur trovassent
(Leur) vitaille et amenistrassent,
Quar dignes est chascun ouvrier
D'avoir et recevoir louier ;
Et de ce tant chascun faisoit   5455
Qu'au retour nul ne s'en plaignoit,
Dont *lu* as *qu'il* leur demanda
Une fois, quant bon lui sembla :
" Vous a il, dist il, rien failli,
Quant envoies vous ai ainsi   5460
Sans escherpë aus gens preschier
Et la parole Dieu noncier ? "
Et lors li respondirent il :
" Certainement, sire, nennil,
Souffizanment avons ëu   5465
Et rien ne nous *a il* fallu."

Voiz ci la cause, pour quoi fu
   Aus sains apostres deffendu
Quë escherpe ne portassent
Et que de bourdon n'usassent.   5470
Mes quant apres s'en dut aler
Et par le pont de mort passer,
Quant vit que d'euz se departoit

sa nacion *T* sa deuocion *B*

Ne esch. *MH* Ni esch. *L*, Ne esch. pl. p. *B*
missent *A*, tous *T*
=5446 *M*¹
=5445 *M*¹, De leur liuer h. *T*, De lour l. en habundant *L*
To que que *T*
—nul *BH*, dong. *M*
Et d. *A*
Que *TABLM*¹*H*, enuoiet *L*
Qui *M*¹, leurs *AH*, a-eur *M*¹

digne *A*

f.] auoit *B*
se *TB*
lu] tu *to*..., quil *LH* qui *to*...
dit y *A*
envoier *A*, ai]a *BL*
S. e. enuoie p. *M*

a il *L*, a il] a *A* est *to*..., nous] vous *B*

Very *H* Voiez cy *A*

Q. lesch. *TA*, desch. *L*, point ne p. *M*¹*H*
  pas ne p. *B* il ne p. *M*
point nus. *BM*¹*GLM*, Et de leur b. p. n. *M*¹
d.] vost *L* du *T*

Et *A*, vi *T*

Qui la fin de leur voie estoit,		vie *B*
Lors vout il rechangier sa loi	5475	volut *o*, sa] la *H*
Comme douz et traitable roi		
Et leur dist qu'il repreïssent		que il r. *BM*¹*H*, que il prenissent *L*
Leur escherpe et remeïssent.		escharpes *oL*
"Qui a, dist il, point de sachet,		p. de] aucun *M*¹
Si le prengne et s'escherpe avec,"	5480	le] la *H*, et esch. *oL*, et lesch. *TABH*, et sachet a. *M*
Aussi com se tout cleirement		—se *T*
Il deïst et apertement :		
"Se pour ce que venus a fin		Que p. *A*
Estïes de vostre chemin		
Vous deffendi que n'eüssiez	5485	
Escherpe ne ne portissiez,		E. ne p. *T*
Maintenant, pour ce que esloingnier		
Me faut de vous et vous laissier,		
Je veul que tout vous repreigniez		tous *TA*
Aussi com devant avïez,	5490	Ainsi *H*
Quar je sai bien (que), quant perdue		—que *B*
Vous arez de moi la veue,		De moi vous a. *TALM*¹*GH*
Escherpe vous ara mestier		
Et bourdon pour vous apuier.		—vous *A*
Pelerins vous *faurra restre*	5495	refaurra estre *to*...
Et a (la) voie vous remetre,		—voie *B*, vous faut r. *M*¹
Autrement moi aconsuiir		a-suiuir *H*
Ne pourrïez n'a moi venir ;		pourres *T*
D'autre part vous ne trouverez		trouuerres *T*, D. p. ne trouueriez *A*
Nul, quant je m'en serai alez,	5500	
Qui volentiers vous face bien		
Ne qui de cuer vous die rien.		Et q. *T*
A vostre escherpe vous tenrez,		tornez *M*
Jusqu'a tant qu'a moi revenrez.		Jusques a *A*
Or prenez tout, quar je l'otroi	5505	q.] et *A* quant *T*

5495.—Or : *P. vous refaut estre*

Pour le besoing que jë i voi."
Si ques voiz ci tout en apert   vecy *H*
La cause qui souffisant est   ert *L*
D'escherpe et de bourdon porter,   Lesch. et de *B*, De lesch. et b. *H*
Pour quoi ne te doiz pas mesler   5510   ten *H*, ne se d. point m. *T*
De ceus arrester qui les ont
Et qui les portent ou il vont.
Congie en ont et cause i a,
Jusqu'a tant que chascun venra
A la fin de son voiage   5515   Tout a la f. *M¹L*, Et a l. *M*
Et de son pelerinage."—   s. bon p. *M¹LH*, de cesti p. *M*

Rude En-   "Qu'est ce, a dit li païsant,   cecy *A*, sa dit *L*
tendement   Que m'ales vous ci flagolant ?   fauelant *L* flaboiant *P²*
parle.   Voules vous tenir a fable   flable *o*, dont t. a f. *BMH* ci t. a f. *M¹L* or t. a f. *P²*
            L'Euvangile et mencongable ? 5520   menchonnable *P²*
            Vous dites que descommande   quest *A*
            Est ce qu'avoit Dieux ordene,   Ce que D. a. o. *A*
            La quel chose s'ainsi estoit,   —chose *o*
            Aussi du tout estre devroit   Ainsi *AMH*
            Du livre (s')ordenance ostee, 5525   de sorden. *A*
            (Et) deffaciee et hors gratee."—   effacee *L*, def. h. et g. *A*
Raison   " Non fait, dist Raison, quar drois est   fais, d. R., et d. *A*, —dist *B*
parle.   Le temps savoir qui passe est,   L. t. passe sav. qui e. *H*
            Comment on fist, comment on dist,   C. on dist, c. on fist *A*
            Pour quoi ce fu, quel cause i gist, 5530 fust q. choze i *T*
            Pour quoi i ot mutations
            De fais et de narrations ;
            (Et) pour ce n'est pas reprouvee   reprouue *B*
            L'Euvangile ne faussee,   Li euv. *M*, ne nest f. *M¹GL*
            Ains en est aus bien entendans   5535
            Plus gracieuse et plus plaisans.   gracieux *A*
            Plus a u pre diverses fleurs,   u] ·i· *M¹*, en preis *M*, le pre *H*
            Plus gracieus en est li liex,   li odeurs *A*, Pl. iete gracious odours *A¹L*

Le Pelerinage de Vie Humaine.

    Et plus diverse est leur facon,
    Plus volentiers les regarde on."   5540

Pl. d. en est *LG*
les] la *L*

  A donc se saigna li vilain
    De sa rude et crocue main.
"Qu'est ce, dist il, enfantosmer
Vous me voules et enchanter.
Quanque je di, vous me mues   5545
Tout au contraire et retournes,
Faussete appeles biaute
Et biaute ditez faussete ;
Ce que du roi fu deffendu,
Vous dites que commande fu   5550
En l'Evangile bestournant
Par mos desguises et faussant ;
(Vous) n'estes que enbabillerresse,
De gent (et) enveloperresse.
Laissies m'ester, quar ·iii· neres   5555
Ne prise vos dis ne vos fais.
En mon propos je me tenrai
Et de rien je ne vous crerai."—

crochue *LG* crossue *A* grossue *B*

appeler *A*

def. fut *L*

batornant *M*
mor *L*
quenbab. *TM*¹ quembobilerr. *B* que babilerr. *AL* quemtabilleresse *G*
gens *H*
L. moy e. q. ·iii· nouez (noix) *LM*, nouiz *G* mestier *o* mestrer *B* ester *A*, neres] noires *A* veires *B* espis *H*
N. p. ne v. *A*, ne v. faiz n. v. dis *H*
En me p. *T*
Ne d. *L*, creroy *L* croieray *B* croire *G*

  "A tout le mains, a dit Reson,
    Metras tu jus ce grant baston, 5560
Quar tu sez bien que commande
L'a Grace Dieu et ordene."—
"A Grace Dieu, dist il, de quoi
Il puist grever, de rien ne voi ;
D'autre *part ja* necessaire   5565
(Il) m'est a ce que j'ai a faire.
Je m'i apuie et m'en deffent
Et mains en prise toute gent,
Et m'est avis quĕ assez plus

se dist *L*

Rude Entendement parle.

Y *M*¹, peux *L* puet *T*, g. ne de r. *B*, g. pas bien ne v. *H*
partie n. to...

Je mie a. *T*, Je map. *M*¹, d-s *L*
t. gens *L*
Si m. *M*¹*G*, Et si m. *L*

	En sui redoute et cremus.	5570	
	(Et) pour ce, se jus le metoie,		
	Grant fol et (grant) musart seroie."		
Raison parle.
"O, dist Raison, pas bien ne dis,   He *H*, —O, tu ne dis *L*
Mestier t'est d'avoir autre avis.   test] as *H*
Ja mais Grace Dieu n'ameroit   5575   naim. *A*
Cil qui tel baston porteroit,
Onques de li ne li fu bel,
Plus le het que chievre coutel   cutel *L*
Si ques se jus *nel* metoies,   nel] ne le *t*... ne les *o*
Pas bien sage ne seroies."—   5580   tu ne s. *AM¹LMH*

Rude Entendement parle.
"O, dist le vilain, co*m* fole   Ho *H* Ha *A A M¹*, comme *BM¹LMH*
Estes (en) disant tel parole !   telz *A* telle *T*
Se le baston ne *li* grevoit,   li *TAM¹LH* le to*B*... la *M*
A quel cause li desplairoit ?"—

Raison parle.
"Je le te dirai, dist Raison,   5585   ten *T*
Grossement a tout le hauton ;   hauton *tBTA* hanton *o* haut ton *M¹GLH* baston *M*
(Quar) je voi bien qu'autre viande
(Ta) rude gorge ne demande.
Se tu avoies un ami
A cui aucun fëist ennui,   5590   A qui *TABMH*, A qui un autref. *L*
De rien il ne te greveroit
Fors de tant qu'il te desplairoit.   de] que *MH*, qu'il] qui *o* il *A*, ten *H*
Grace Dieu aime toute gent   amie *H*, tout *T*
Et de touz veut l'avancement,   tout *T*
Et pour ce quant aucun meschief   5595   A hom et len li *L*, —aucun *A*, En a aucuns
A ou en li fait aucun grief,   ou aucun g. *M*
Combien que n'en ait (pas) grevance,   quil *L*, nait *o* nen a *MH*
Si 'en a elle desplaisance.
Ce baston si est anemis   si] cy *H*
A ceus que veut avoir amis.   5600   quel le *M*
Se il ne fust, a li venissent   Sil ne *T*
Les Juis et (se) convertissent,

Touz herites si laisassent
Leurs erreurs et s'amendassent.
Par lui Nabal et Pharaon 5605
Furent mis a confusion,
Quar a li si s'apuierent
Que leur mort en pourchacierent.
Së il ne fust, par tout regnast
Obedience et commandast, 5610
Chascun fëist quanque dëist
Ne de rien ne desobeist;
Së il ne fust, tout rude engin
S'umiliast et fust enclin,
Toi meïsme qui proprement 5615
As a non Rude Entendement,
S'a li si (fort) ne t'apuiasses,
Me creusses et t'amendasses.
Si te lo que le metes jus
Et que ne t' i apuies plus."— 5620

Et t. h. *M*, si delaissassent *H*, T. hereges si cessassent *L*, heretiques *G*
Leurs *TAH*, et si sam. *LG* et puis sam. *M*
Nabel *A* Abel *L* Nabial *G*

si fort sap. *M¹LM*, li tant se ap. *H*
Qui *to*, l. grief m. *M¹GL*, m. il en p. *MH*

faist *L*, quanque il *o* quanquil *MH*
Et *TL*
ton *H*, Se il de rude e. ne feust *A*
Se hum. et enclin feust *A*
Et toy meismes *H*
a] en *M*, As nom de *L*, Es nomme *A* As nom R. E. *G*.
Si a. l. s. f. ne tapoueasses *L*
Tu me c. *BLG*, Et me c. *H*
Si lo que tu le *A*
tu ne *T*

Rude Entendement parle.

"He Diex, dist, com pou je prise
Paroles (qui sont) de tel[e] guise;
De rien a vous n'obeirai
Ne le baston point ne lairai,
Je m'i apuierai, weilliez 5625
Et ne veullies, bien le sachiez."—

Raison parle.

"O, dist Raison, maintenant voi
Que plus n'ai a parler a toi
Fors toi citer tant seulement
Aus assises du jugement, 5630
Je t'i semont sans plus targier,
Viens i sans nul autre envoier!"

dist il c. *TM¹LMH*, dist il pou *B*, dist comme pou p. *A*
telle *T*

A v. de r. *H*, n-roy *L*
leiroy *L*
Et m. *A*
Ou ne *L*, Et non v. *H*
Or *TABM¹GLM*

For *T*

tarder *L*

5617.—For the corr. see 5607.

176 *Le Pelerinage de Vie Humaine.*

<table>
<tr><td></td><td>

Adonc Raison se retourna
  Par devers moi et m'appela :
"Va, dist elle, hardiement   5635
Sans douter Rude Entendement,
Rien ne li di ne ne respon,
Quar la doctrine Salemon
Est c'on ne respongne nul mot
A cil c'on voit et treuve sot."—   5640

</td><td>

se] ce *B* sen *H*, se tourna *A*
et ap. *L*

Bien le te di *A*
salmon *oAL*
E. que ne *T*, responde *A* responge *L*
sot] fol *T*

</td></tr>
<tr><td>L'acteur.</td><td>

"Dame, dis je, pres en suiant
Salemon dit tout autrement,
Quar il dit c'on li respongne
Pour li monstrer sa vergongne."—

</td><td>

dy *AH*, apres *ABM*¹*G*
Salmon *oL* Salomon *A*
que on *H*, d. bien c. *M*¹*L*, le *M*¹, responde *A*
  r-ponge *L*
sa] la *T*, P. l. demonst. *M*¹*LM*, remonstrer *G*
  P. mieulx li m. *H*, v-nde *A*, v-nge *L*

</td></tr>
<tr><td>Raison.</td><td>

"Certes, dist elle, tu dis voir,   5645
Mes tu dois entendre et savoir
Que ce mot estuie m'estoit
Pour respondre i, quant temps seroit,
Et de ce ai jë assez fait,
Combien que mon labour i soit   5650
Perdu, quar de rien amende
Il ne s'en est ne vergonde.
Aussi tost en une enclume
[Si] enterroit (une) mole plume
Com (mes) paroles enterroient   5655
En li ne (ne) profiteroient ;
Plus dur est que n'est aïmant,
Plus dur qu'acier ne dyamant.
Ce que premierement concoit,
Pour nulle rien il ne leroit,   5660
Si ques a tel vilain parler
Ne pourroies los conquester.
Va t'en sans li contredaignier
Et assez le laisse groucier,
Hochier sa bride et son menton   5665
Et rechinier sur son baston !"—

</td><td>

estouier *L*
—i *HLA*, q. t. en est *B*
en ai *B*, foit *L*, De ce ai je f. mon devoir *M*
lab. quai fait *A*
P.] Par ou *B*, Soit perdu *A*, am.] retornei *M*
est v. *B*, v.] amendeiz *M*
A.] autressi *H*, Tout aussi t. *M*¹*L*

Comme p. *oLM* Comment p. *A*
pourf. *A*
est dur *M*¹, dur (*inserted between the lines*)
  ayment *L*
—5658 *B*, Et pl. q. *M*, diament *A*
Et q. *T*, premier *B*, contoit *L* couchoit *G*
nul *L*, lauoit *G*
tel] ce *H*
pourroie *A* porries *o*, l.] rien *LM*¹*H*,
  acquester *H*
Vatant s. l. c-daignant *P*²
li *M*¹, laisses *A*, grouchant *P*²

rechiner *A* rechigner *TM*¹*L*, sus *B*

</td></tr>
</table>

Le Pelerinage de Vie Humaine.

L'acteur parle.

"Dame, dis je, je vous merci
De ce que m'enseigniez ainsi,
Mais je vous di certainement
Qu'outre passer hardiement   5670
Pour le vilain (je) n'oseroie,
Se convoi de vous n'avoie,
Si vous pri qu'avec moi veigniez
Et qu'outre li vous me meigniez,
Quar aussi ai jë a parler   5675
A vous et vous veul demander
(Auc)une chose neccessaire
(Ap)partenant a mon affaire."

Adonc sans delai par la main
Me prist et outre le vilain   5680
Me mena et en ma voie
Me mist dont j'eu mont grant joie.
Le vilain demoura groucant
Sur son baston et grumelant.
De ce de rien ne me chaloit   5685
Et Raison forment s'en rioit.

Quant ainsi me vi eschappe
Et bien avant je fu ale,
A Raison pris a demander
Ce dont m'avez oui parler :   5690
"Dame, dis je, mont ai este
Et encor sui en grant pense,
Pour quoi armes ne puis porter
Ne soustenir ne endurer.
A une meschine les voi   5695
Porter dont hontë est a moi,
Quant ne les puis porter aussi

5697a.—Comme elle fait et endurer *yH*

---

dis je v. *oH*

Que o. p. hardiment *A*

Se] Saucun *to...*

venez *LH*

menez *L*, li me meniez *A*, li me conuoiez *H*

apparler *T*

ma] droite *GLM*¹, Me m. dont ioz moult grant ioie *c*
d. eu *G*, Me m. et ien eu *M*¹, —mont *PyH*, M. m. si en os g. j. *P*, Et aussi me m. en ma voie *c*
Sus *L*
Et de ce point ne *P*
sen iroit *o*, se r. *B* en r. *P*

me fust esch. *P*
Et je fu b. a. *c*, je fu] me vi *L*
r-s *M*, pri *T*
m.] navoit *T*

penser *M*

mes armes *P*, pues *T* puix *M*
substenir *M*, ni *L*
Et *M*
est h. *yH*, d. grant h. *M* d. cest grant h. a *g*
Car *M*, ie ne *T*, nes *A*, p. ensi *A*ⁱ*P*, a. p. *yH*, —aussi *g*

C. e. ne end. *g*.

2 A

178 *Le Pelerinage de Vie Humaine.*

Qui plus puissant tant et demi
Et plus fort estre devroie,
Se point (de) cuer en moi avoie ; 5700
Si vous suppli, pri et requier
Que vous me veulliez enseignier
La cause dont ce puet venir,
Quar du savoir ai grant desir."

Raison parle.

Adonc me respondi Raison : 5705
"Qu'est ce, dist elle, en la maison
Grace Dieu n'a pas mont te vi
Et mainte fois parlas a li.
Comment as tu si fol este
Que ce ne li as demande ? 5710
Et non pour quant pas je ne cuit

Qu'aucune chose ne t'ait dit
Par la quele pues percevoir

Ce que demandes et savoir."—
"Dame, dis je, je vous dirai : 5715
Mains de ses dis oublies ai,
De ce me souvient il sans plus
Que me dist qu'estoie trop drus.
Mes se je me desdruissoie
Ou aucun mal (je) me faisoie, 5720
Felon me devroit on clamer,
Et d'autre part si bien porter
Mes armeures ne pourroie
Com(me) se drus et fors estoie.
Tex choses esbahir me font, 5725
Quar en usage pas ne sont.

5698a.—Sui qu'elle n'est par Saint Remy *H*,

Que *g*, Car *yH*, Et *L*
deusse *H*, f. de li ie estoie *c*
—5700 *B*, av.] eusse *H*
prie *cM*, supplye et r. *GP*, su. et vous r. *A*ͬ*A*⁴*H*¹*Hy*
ens.] declairier *c*
v.] mouuoir *gyH*
Q. g. desir ay du savoir *yH*, Q. g. talent ay du savoir *g*

A.] ici *M*, —me *P*
He beaux amis en l. m. *L*
nas *B*, n'a gaire te vi *H*¹, te] ce *GTP*
maintes *TLMH*, moult de f. *c*, Et longuement p. *P*
Comme *g*, faulx *P*
ce] tu *MPc*, Q. lui ne as ce d. *g*
Et nient p. *H*¹, q.] tant *P*, —pas *o* point *aφTBLgy*, q. ie ne c. mie *M*, q. pour voir dire tose *c*
tai *aφB* ten ait *yH*, Q. ch. ensoignie *M*, Quelle ten a dit quelque ch. *c*
lequel *P* les quelles *A*, aperc. *g*, P. quoy tu peusses aperc. *L*, Ne tait par quoy p. p. *M*, P. l. q. chose p. sauoir *c*
Et q. *T*, d-dez *M*, d. assav. *L*, et auoir *c*
dis ie vous *gH*, dis ie or v. *P*

M-t *H* Mais *P*, ses] ces *BMP*
ne me *A*, souuenoit *g*
dit *BM*
—se *P*, —je *B*, desoruiss. *o*, dresdruiss. *P*², destruisoie *g*, desfornissoie *A*
Ou] Qu *aφ*, Que se auc. *g*, me] ne *P*

ie ne *LMPgy*
fors et d. *cPH*
Tiex chose *T*, esbahi *A*⁴*M*

Sui que elle est *y*, S. que elle p. *g*.

Le Pelerinage de Vie Humaine.

  A Grace Dieu la verite
  Pas n'en enquis, quar je doute

  Qu'aucun ennui ne li feisse
  Ou que vers li ne mespreisse.   5730
  Si vous pri que ce (a) aprendre
  Me veulliez et faire entendre."—

Raison parle.
  "Ses tu, dist elle, qui tu es,
   Se tu es seul ou doubles es,
  Se nul fors toi as a nourrir   5735
  N'a gouverner n'a mainbournir."—
  Adonc tout esbahi li dis :

L'acteur.
  "Dame, par foi il m'est avis
  Que nul fors moi a gouverner
  N'ai, n'a autre n'ai a penser.   5740
  Je sui tout seul, bien le vëes,
  Ne sai pour quoi le demandes."—

  "Or apren, dist elle, et entent
   Et escoute diligamment,
  Quar autre chose te dirai   5745
  Et du contraire t'apenrai.
  Tu doiz savoir que tu nourris
  Cil qui est tes grans anemis.
  De toi touz les jours est pëus,
  Abevres, chaucies et vestus.   5750
  N'est viande precieuse,
  Cousteuse et delicieuse

  Que ne li veullies aprester,
  Com bien que te doie couster.
  Pour toi servir baillie te fu,   5755
  Mes tu ses sers es devenu.
  Au lignolet le veus chaucier

P. ne omquis *g*, P. ne nenq. ge d. *L*, P. nenq. car je trop d. *aφ*, Par moy acquis, car jay d. *P*, Je ne quis pas q. *c*
ie ne *P*, fesisse *A⁷*
quenvers *M*, ie ne *P*
ce ap. *aφA⁴ABGM¹LMA²gc*, ceci ap. *y*, cella ap. *H*, pri] di *B*, pry si que se actendre *P* Vous me *Mc*

Or sceiz tu d. el *L*, que *aφP*

mainburnir *oA⁷M¹c* mainbrunir *B* maintenir *HyP* mannuir *g*, G. ne entretenir *A⁴* tous *M*, li] ie *A⁷P*
—foi *A*, D. certes il *P¹*
for *T*
na] ne *A⁴* a *g*, ne dautre *A⁷A²* ne dautrui *L*, —n'ai *oAPg*, ne de nul aut. a. p. *P*, ne a nul aut. a. p. *c*
v.] sauez *H*

et ent.] or appreng *A⁷*, d. elle comment *g* diligement *HT* diligemment *G*, et si enteng *A⁷*

Qui *P*

Tel *A⁷*, q. test g. e. *aφ*, Cellui q. e. t. an. *A⁴P*
t. j. est bien p. *M¹*, p.] repeus *yH* pensiez *P*
Et ab. *g*, v. et ch. *P*

et] ne *to…*, Constueuse *G* Constengeuse *M* Goust. *A* chiere *A⁴c* Plaisante *P*, deliteuse *M*
veilliez *B* veullez *M*
quil *L*, quelle d. *P*, —te *A*
P. li s. *c*
Et tu *P²*, toy *g*, M. s. s. tu es d. *P¹*
A *TM*

Et nobles robes li baillier,
Li cointoier de joueles,
De tabletes et couteles, 5760
(De) greille couroie ferree
Et (de) bourse pinpelotee;
De las de soie desguises,
Rouges et vers entremesles
Tu cointement espigacier 5765
Le veus touz les jours et couchier
Toutes les nuis mont molement
Et li faire son aisement.
Un jour tu li chaufes le baing
Et puis l'estuves l'endemain, 5770
Tu le pignes et le blondis
Et aplanïes et polis
Et li quiers soulas et deduit,
Tant com tu pues et jour et nuit.
Tel comme il est, tu l'as nourri, 5775
Et plus assez soigneus de li
As este que la fame n'est
De son enfant qu'alette et pest;
Grant temps a que tu commencas
Ne onques puis tu ne finas; 5780
Se ·xxxvj· ans disoie,
Je cuit que (de) pou mesprendroie.
Et comment qu'ainsi a son gre
L'aies servi et deporte,
Tu dois savoir qu'il te traïst 5785
Et te decoit et mal baillist.
C'est cil qui tes armes porter
Ne te laisse ne endurer,
C'est cil qui' est ton adversaire
Toutes (les) fois que veus bien faire." 5790

n.] belles L, n-e r-e A^4 neuve r-e P^2
Et A, De P, acointoier H^1, contenir de nouellez L
et] de MH^1P^2H, et de AP, tables et de cyg, Joiaux, chaperons, mantelez L
ceinture $GM^1LA^1A^4H$
pinpenl. T pipel. A^2A^7 pimp. G pinpeloiee A^1 painctelotee A^4 papillottee PP^1
saie A^1
R. v. et ent. c, entrechangiez M
Tout MP, esping. $a\phi A^4BMHcy$ epingocer L espigoncier A^1 apig. oA^2A^7 apitancier P agencier P^1
Les A, L. v. tu t. j. et cauch. H^1
Dessus un lit m. m. c, mon A^4 bien A^1LA^7, molem.] noublement PP^2

Et les estives le l. P, lestufes A^1L, lond. TM
Et le pinnes H^1, bland. M
—5772 H^1, aplen. oL aplanis A^4 la planys et le p. P, lesplingnes et le p. M
En P, Tu M
—5774 H^1, Tout P, T. que AP^1, T. comme t. p. j. A^4
Telle T; tu le n. P
puis P, s. a. P^1, s.] gelous A^1L

Tu as e. q. f. P^1
quant el le pest L quelle repaist A^7, Qui al. lenfent et p. A^4
as T, —a A^4, —tu B
Et TL, f.] cessas A^1L

—de A^4M, croi A^1LA^4M, p. menstiroie T, p. ne mentiroie P, q. de rien ne faudroie yH
comme q. Mg, combien A^7P

doies o
—te o, Soit en alant ou quant il gist P^1
Ce cil P, tes] ces G
—5788 H^1, lesse lesse ny L, l. ne toy armez P^1
Ne te lait, mais test contraire H^1, Et q. e. t. grant ad. P^1
q. tu v. A, b. v. L

5786a.—Si ten voel pour chou aviser H^1.

Le Pelerinage de Vie Humaine.

L'acteur parle.

"Dame, dis je, merveilliez sui
  De çe que vous me contes ci.
Se si grant sens (en) vous n'ëussiez
Ou se si sage ne fussies,
Je cuidasse que menconge   5795
Tout fust ou que ce fust songe ;

Mes en vous je sai si grant bien
Que vous ne mentirez pour rien.
Si vous pri que vous me dites
Qui est ce mauvais traitres,   5800
Quelle sa forme et sa facon,
Ou il fu nez, comment à non,
A fin que je le connoisse
Et (que) li face assez angoisse.
Quar se (tout) vif le desmembroie, 5805
Pas bien vengie (je) n'en seroie."—

Raison parle.

"Certes, dist elle, tu dis voir,
  Quar avec ce doiz tu savoir
Que se ne fusses, rien ne fust
De li ou pou de chose fust.   5810
Ne fust nul qui le regardast
Ne prisast ne contredaignast,

(Quar) c'est un tas de pourreture,
Un similacre (fait) d'ordure
Une estatue de limon,   5815
Un espouentail a coulon.
Par li ne se puet remuer
Ne rien faire ne labourer,
Quar impotent est et contrait,
Sourt, avugle et contrefait.   5820
C'est un ver cruel et divers
Qui fu ne en la terre aus vers,
Un ver en soi vermefiant

m-lleus TMP
q. me c. ycy PH, co.] dites MP^1, ci] hui A^7P^1
—en TAc, grans L, tresgrant s. n. c
Et A^3, —se Tg, Ou que si P
cuidoye H, q. ce fuit songe M
—Tout P, Toute G, —ce H^1, ce] tout M^1, Ou q. ce f. vne mensonge M, Feust tout ce aussi que s. c
—je A^4, sens P, —si o, say tant de b. cg
—vous A^4L, nen P, m-tiries $oTAa\phi A^4BM^1LMPH^1Hcyg$, p.] de $A^7M^1PH^1g$
p.] suppli MPH^1c
ce] si A^4 cil M ichils H^1 icel A^1L cellui Pc
Q. est $a\phi A^4A^7ABMPGH^1Hcyg$, Q. est la somme et la f. P
A celle f. q. le c. $GM^1LA^1MH^1$
—que $a\phi A^4$, as. dang. $a\phi A^1$, f. de lang. P^1 Et que de mes ·II· mains le froisse c
vengier P

tu dois MPH^1Hg, —tu A^4

f-s] feusse P feussiez $a\phi$
Celi ou B, Et se riens neuissies riens neust H^1
—nul H, gardast P, q. rien le prisast A^1L
priast A pressast P, contreuenrast A^4 adaignast A^2A^7, Ne regarder pas le daignast A^1L
cas P temps B
f.] plain L
statue L stature HA faicture P
a] de MP

ne bourer A

S. et a. TM^1LMP, Sont et a. B, c.] tout fait P
—5822 B, au L
—5823 B, Un cuer o, vermissent P

    Et les vers en soi nourrissant,
    Un ver qui en la fin sera   5825
    Viande aus vers et pourrira
    Et comment que de tel facon
    Soit et de tel condition,
    Si le fais tu les toi gesir
    Et en ton lit o toi dormir,   5830
    Et touz ses bons li vas querant
    Si com je t'ai dit par devant.
    Et encor plus qui vil chose est :
    Quant a mengie et trop plain est,
    Tu le portes vuidier ses flans   5835
    Aus chambres coies ou aus chans.
    Or regarde, së asservi
    Es grandement et avilli,
    Quar de tout ce ne te set gre,
    Ainciez en est plus esleve,   5840
    (Et) plus engres de toi mal faire,
    Tant par est (il) de put afaire."—

L'acteur parle.

    "Dame, dis je, son non pour quoi
    Ne me dites vous sans delai,
    Quar prestement (je) m'en venjasse   5845
    Et tantost tuer (je) l'alasse."—

Raison parle.

    "O, dist Raison, congie n'as pas
    De li tuer, mes bien tu l'as
    De li chastier et (bien) batre
    Et ses coustumes (jus) abatre,   5850
    De li paine et travail donner
    Et li souvent faire jeuner,
    (De) li sousmetre a penitance
    Sans la quel(le) bonne venjance
    De li en nul temps ja n'aras   5855
    Ne ja bien vengie n'en seras ;

Apparatus:

aus] a *P* au *B*
Doit estre et de telle c. *P*
tu vers toy venir *M*
d.] gesir *M*
s.] tes *H* ces *M*, les biens *P*
je] le *B*, p. auant *PH*
pl. q. plus vil est *L*, pl. vil ch. e. *P*
lui *AM*¹*PH*, p-te *T*
ou] et *TPH*
r-s *AB*
aveilli *G*

alleuez *M*
engrans *AMP*
—est *o*, pute *A*, mal a. *L, T*. si est plain de *P*

di. s. nul desroy *M*, deloi *BL*
Q. presentem. m. v. *P*
Et maintenant t. l. *M*
Ha *P*, na *B*
De le *P*, tu as *M*¹
—bien *oTAH*, b.] le *B* puis *M*
jus] li *L*, De li mesgrir et li peu pastre *M*
paine] pourter *P*
De *P*, Et le f. *L*, faire souv. *BL*
le *L*
vegence *A*
ja] tu *L*
nen] ne *TH*

Quar si comme piec'a vëis,
Se bien a droit y entendis,
Penitance est sa mestresse
Et (sa) seule chastierresse, 5860
Celle qui le droit vengement,
Quant temps et saison est, en prent.
Se li bailles, si le batra
Et si bien le chastiera
De ses verges que bon sergant 5865
Te sera des ore en avant.
Et ce doiz tu miex desirrer
Et miex vouloir et procurer
Que tu ne doiz faire sa mort,
Quar baillie t'est pour li aport 5870
De vie et de salut mener
Et pour li faire outre passer,
C'est le cors et la char de toi,
Autrement nommer ne le sai."—

com *T*

d. jugement *P*
et raison *M*, Q. en est s. elle en p. *P*
Si *H*, Se le li b. elle bat. *L*, baille *MP* bailliez *H*, si] se *P*, bastra *B* baptra *P*

ses] ces *M*, seruant *A*
desor en a. *AMH* des hors en a. *T* dore en a. *L* dorez en a. *P*
m. procurer *M*¹
Et plus v. *L*, et desirer *M*¹
—ne *T*, sa] ta *P*
Q. b-iez il est p. deport *P*
nener *o*
le *L*
la char et le corps *B*
la *P*, soy *L* scoi *G*, A. n. on ne le te saroit *A*

L'acteur parle.

"Dame, dis je, que dites vous? 5875
Ai je songie ou songiez vous?
Mon cors et ma char appelez
Autre que moi et si vëez
Quë avec vous je sui touz seus
Ne nul n'i est *fors que* nous ·II·; 5880
Ne say que ce senefie
Se n'est *une* faerie."—

Aues s. ou *BG*

si] ci *B*
Que auec *BM* Quauec *toTM*¹*LP* Quauec- ques *AH*, t. fin seus *t* (corrected)
Et nul *TA*, fors que *TABM*¹*LMP* que fors *toH*
Je ne s. *M*¹*GLM*, soy *L*, ce] se *T*
une *T* mie *t*, Se ce n. une f. *oBL*, Se ce nest ne de f. *M*¹, Et se cest vne f. *M*, Ce nest que vne f. *AH*, Ce nest mais ques vne moquerie *P*

Raison parle.

"N'est pas, a dit Raison, ainsi,
Quar de ma bouche oncques n'issi
Faerie ne menconge 5885
Ne (rien) c'on doie appeler songe;

Il nest p. dit R. a. *B*, sa dit *L* ce dit *M*
onc *LP*
Ne f. *M*¹*LM*, ne fol m. *B*, Mocquerie faire ne m. *P*
con] que *T*, doit *M*, appelle *T*

5882.—For *une* see 5360, for *mie* 5796.

Le Pelerinage de Vie Humaine.

	Mes di moy, foi que tu doiz Dieu,
	Se tu estoies en un lieu
	Ou tu ëusses tes soulas,
	Bien a mengier, mol lit, blans dras, 5890
	Joie et repos et grant deduit
	Et tes vouloirs et jour et nuit,
	A savoir mon se arrestance
	(Y) feroies et demourance?"—
L'acteur parle.	"Certainement, dis je, ouil."— 5895
Raison parle.	"Ouil, dist elle, qu' as tu dit!
	Donques ton pelerinaige
	Lai(sse)roies et ton voyage?"—
L'acteur parle.	"Dame, dis je, non feroie,
	(Quar) tout a temps aprez iroie."— 5900
Raison parle.	"Tout a temps, dist elle? Chetif!
	N'est en cest mondë homme vif
	Qui ja a temps y puist venir,
	Tant y sache forment courir.
	Et suppose que bien a temps 5905
	Aprez soulas et aisemens
	Tu y pëusses droit aler
	Par traveillier et labourer,
	Je te demant, së (point) a voie
	(Tu) metroies, tant com tel joie 5910
	Trouveroies et tel soulas?"—
L'acteur parle.	"Ha las, dame, dis je, ha las!
	A ce respondre je ne sai
	Fors tant seulement que bien sai
	Que bien voudroie demourer 5915
	Et bien voudroie aussi aler."—
Raison parle.	"Donques, dist elle, volente
	Tu as double et double pense.

dciez *M*
nestoiez *B*
tous tes s. *H* tous *t* (added on the margin by a later hand), Que tu e. touz temps s. *M*
bon lit beaulx d. *P*
Joie rep. *AM*¹*PH*
Tous tes *M*, vouloirs j. *H*
Assauoir *H*, mont *P* moult *M*, —se *M*
feroie *T* ferois *P*
Certain d. ge oil se cuit *L*, Errement d. *A*, C. dist il o. *H*, oy *P*
Oy *P*, elle et q. *L*, Dist elle quas tu d. oyl *A*
Et donq. *H*, Dont a plain ton perelin. *M*
Laisserois *A* Tu laisserois *P*
dis je je non f. *PH*, dis je ja n. f. *M*, dis je voir n. f. *M*¹*GL*
—aprez *A*

Nest pas en *M*, en ce m. o*TABM*¹*PH*, cest secle h. *L*, en ce siecle *G*, Nest nul h. en ce m. v. *H*
Que *M*, peust *M* puet *T*

supposei *M*

puisses *GP*, puisses tout dr. *H* peusses tout dr. *M*

—point *L*, demande si a la v. *L*, demande *ALMP*
Tu] Te *TBLM*, mettroie *T*

dame dis je *PH*, helas . . . helas *A* Haalas dis je d. *G*

bien uoy *L*, F. que seul. je scay *P*
vaudroie *T*
vauroie *T*
Donc *P*
Tu as et d. p. *B*, pencer *M*

5898.—Or: Laisseroies et voyage?

                    L'un veut aler, lautre arrester
                    L'un [le] repos, l'autrë ouvrer ;   5920
                    Ce que l'un veut, l'autre ne veut,
                    Contraire a l'un l'autre estre seut."—
L'acteur   "Dame, dis je, certainement
parle.
                    Ainsi com dites en moy sent."—
Raison   "Donques, dist elle, n'es pas seulz,   5925
parle.
                    Ains toi et ton cors estes ·II·,
                    Quar ·II· vouloirs ne sunt pas d'un,
                    Ainz sont de ·II·, ce set chascun."—

L'acteur   "Dame, dis jë, or vous pri je
parle.
                        Que vous me dites, qui sui je? 5930
                    Puis que mon cors pas je ne suy,
                    Si me dites donc qui je suy !
                    Ja mais aise ne seroie,
                    S'aucune *rien* n'en savoye."—
Raison   " Ha, dist elle, qu'as tu apris ?   5935
parle.
                    Ne sez pas moult, ce m'est avis.
                    Miex vaut assez connoistre soy
                    Qu'estre empereur, conte ne roy,
                    Que toutes sciences savoir
                    Et tout l'avoir du monde avoir.   5940
                    Mais puis que tu apris ne l'as,
                    Du demander bon aviz as ;
                    Si t'en diray assez briefment
                    Aucune chose que j'en sent :

                    Le cors forsclos dont t'ai parle   5945
                        Et de touz poins hors separe,
                    (Tu) ez de Dieu la pourtraiture
                    Et l'ymage et la faiture,
                    De nient te fist et te crea
                    A sa semblance et compassa,   5950

le *TAM¹LPH*, louurer *H*, L. le r. et l. o.
    TM¹GL, Lun reposer et l. o. *BM*
q. veut lung *P*
—estre *o*, estre veult (vieust) *AL*, C. lung a
    lautre seult *P*
Ausi *M*, Si com vous dictes *H*

nest *APH*

prie ie *T* prise je *aφ*
Qui *G*, Que v. dissiez qui *P*, que *A*¹
—5931 *A⁴A⁷*, —je *L*
—5932 *A⁴A^TB*, dont *H* donques *TAP*,
    Dictes moy domques *P*
Car ia m. *c*, a aise *Mgγ̇H*, aise ie ne *GM¹LA¹P*,
    ie *t* (added on the margin), nen *M*
rien] chose *to*..., ne *aφT*
A *Lg* He *M*¹ Sa *P*
mont *TM*¹, ce] se *A*

toute scienche auoir *A⁴*

q. point ap. *c*, q. apris tu ne l. *P*
bon mestier as *P*
Et. t. *AH*, te d. a. briement *T*
q. je s. *T*

forclos *TAHc* fort los *g*
Est *A¹LM*, du t. *g*, tretouz p. sep. *A*, h.
    espare *o*
—de *T*
faiture (faicture fecture facture) *tTAaφA⁴BG
    M¹MA⁷* figure *oA¹LPgcH*, et sa figure *g*
et crea *aφA⁴A¹LPgcH*

Facon plus noble toi donner
Ne te pouoit ne emprimer,
Il te fist bel et cler voiant,
Legier plus quë oysel volant,
Immortel sans ja mais mourir   5955
Et permanant sans defenir.
Se tu te veus regarder bien,
Mes que forfait tu n'aies rien,
A ta noblece comparer
Ne se puet ciel, terre ne mer,   5960
Oisel ne' autre creature
Excepte d'angres (la) nature.
Dieu est ton pere et tu son fil,
Ne cuides pas que soies fil
(A) Thomas de Deguileville,   5965

Quar onques n'out (ne) fil ne fille
Qui fust de tel condition
Ne de si noble nation.
Ton cors qui est ton anemi,
Celi as tu ëu de li,   5970
De li te vint, il l'engendra
Si com Nature l'ordena.
Drois est que li arbres tel fruit
Porte com Nature li duit.
Tout aussi com ne puet porter   5975
Espine figues ne geter,
Tout aussi ne puet cors humain
Porter fruit fors quë ort et vain,
Vil ordure et corruption,
Pourreture et puant limon ;   5980

pl. belle *P*, te d. *L*
Il ne p. *A*¹*L*, pourroit *G*, Ne pourroit nulz ne
   e. *A*⁷, ni *o T*, ne ten primer *g*, emprumpter *A*
veent *g*, biel cler et veant *L*, cler oiant *aφA*⁴
Et plus legier q. *A*¹, Isnel pl. *A*⁷

permainant s. point fenir *A*¹, diffinir *H*
—te *aφA*⁴*g*, reg-es *a*

q. tu forf. n. *g*, tu] ni *L*

se] te *oaφ*, te *changed into* se *t*, —se *A*, Ne p. c.
   ne t. *c*, Ne pues c. t. *T*, Ne se p. c. ne t. *L*
ni *o*

tu] toi *A*⁴*A*⁷, et tu es s. f. *o*
Ou ne cuide p. *g*
—A *v*, A] De *A*, de deguileuille *tuM*, de
   deguileruille λ, de deguilleuille *TM*¹*wy*,
   de desguilleuille *f*, de guilleuille *oaφkrv*
   *A*⁴*AGLA*¹*PgH*, de guileuille *B*, A Th.
   dit de guilleuille *czP*¹, de guinelle-
   uille *A*³*A*⁷, de guillebertuille *n*, de longe
   ville *H*¹
—ne *A*¹*A*⁷, ne] de *y*
Quil *M*, fu *T*, —fust *P*

qui] si *c*
en *o*, —ëu *g*, de li natis *M*, Ce lui as tu en
   delit *H*¹
De li t. v. il leng. *aφλvwBGLA*¹*MP*¹, De li t.
   v. il teng. *zA*⁷*H*¹*P*, De li t. v. et eng. *A*⁴*M*¹,
   De li t. v. et eng. *r*, Celi te v. il leng. *t*,
   Celi t. v. il teng. *gc*, Celi t. v. il eng. *oyH*
—est *B*, larbre *L* li arbre *G*
dit *L* dist *o*

com] quon *H*
Espines *oMH*, ne] ou *P*
ainsi *A*, —puet *v*
—fors *A*, fors ort et villain *L*
Ville *T*
pourrit. *A*

Le Pelerinage de Vie Humaine.

Mais tel[e] chose ne es tu pas,   telle *A*, es] as *H*
Quar ta production pas n'as   ta] tu *TA*, producion nas pas *H*, nas pas *T*
D'ome mortel, ains (est) venue   nest pas *LP*
[Est] de Dieu (ton pere) et descendue.
Dieu onques ne fist de ses mains   5985   D. ne fist onq. *L*
Ou monde que ·II· corps humains
Aus quiex ·II· (il) commist a faire   q. deux corps il *H*
(Les) autres selonc l'exemplaire;   sel. leur exempl. *H*
Mais la facon des esperis   espris *TB*
Retint il de certain aviz,   5990   Detint *A*
Touz vout que fussent fais de li   qui *A*
Sans ce que s'en meslast autri.
Il te fist, quar esperit es,   esperis *TA*, es] aiz *M*
Et te mist ou cors que tu ez.   que] ou *H*, q. tu az *M*
Il t'i mist pour ens habiter   5995   te *P*, ens] eulx *A*
Une piece et pour esprouver
A savoir mon, se vertueus   Assauoir *H* Et sauoir *T*, moult *M*
Seroies et chevalereus,
A savoir *sel* cors vaincroies   sel] se le *to...*, Assauoir *H*, vaincreroies *A*
Ou se a li tu te rendroies.   6000   tu ten *T*, tendroies *A*
Bataille a li as en tous temps   as a luy *PH*
Et il a toy, se ne te rens;   Et lui *L*, ten *T*
Par flaterie t'abat jus   flater il t. *A*
Et te decoit et rent vaincus.   rens *A*
Souz soy te tient, se tu le crois   6005
Qui par vigueur vaincre le dois.   vaincre] rompre *H*
Ja mais sur toy n'aroit pouoir,
Se ce n'estoit par ton vouloir.
Tu es Sanson, il Dalila,   il] lui *L*, et *B*, Dalida *oTAaBM¹GLMPgyεH*
Force as en toy, mes point n'en a.   6010   mes] il.*M*
Riens ne set faire que flater   que] fors *L*
Pour toi aus anemis livrer;
Bien te liera, se tu veus   ten *T*, lira *P* leira *L* liurera *H*.
Et te tondra touz tes cheveus   toudra *oTt* vouldra *B*

Et tes secrez, quant les sara,	6015	segrez *L*, le *A*
Aus Philistiens noncera.		noncera] les dira *L*
C'est l'amistie qu'il a a toi		o toy *L*, en toy *AM*¹
Et la loyalte et la foy.		
Or regarde së assentir		
Te veus a li sans coup ferir,	6020	
Se tu veus estre decëuz		deceux *A*
Comme Sanson et fol tenuz."—		

L'acteur parle.
"Dame, dis je, merveilles oy,
    Je songe ou dor, si com je croy.
Un esperit vous m'appeles   6025
Qui en mon cors sui ci boutez,   ci] si *B*
Qui dites que sui cler voyant
Et si ne voy ne tant ne quant,   si] je *TL*
Et de mon cors dit vous avez,
Qui bien voit, qu'il est avuglez   6030   quil] il *T*
Et mont d'autres (trop) grant merveilles   —trop *TAM*¹*LPH*, tres grant *M*
Qui me sont puces' es oreilles,   men *T*, es] aus *M*, Q. ne s. prises es or. *A*
Si vous pry que m'en enseigniez   q. vous mensengniez *T*, q. men apreigniez *A*
Plus clerement et apreigniez,   et enseigniez *A*
Quar demander pas bien ne say   6035
Pour l'esbahissement que j'oy."   De lesb. *o*, Par mon esb. *H*, jay *AM*¹*H*

Raison parle.
Adonc Raison recommenca:
    "Or entent donc, dist elle, ca!   aconseiz *M* escons. *TABH*, est esleue *L*
Quant le soleil est absconsez
En temps de midi et boutez   6040   Et t. *o* Ou t. *L*, bouchez *A*
Dessous une nue, et vëus   et] est *A*
Ne puet estre n'apercëus,
Je te demant par fine amour
Que me dies dont vient le jour."—   die *T*

L'acteur parle.
"Il vient, dis jë, a mon avis   6045   di ie *M*, dist il *H*, ce mest nuis *B*
Du soleil qui est atapis,   at.] tapis *A*

Le Pelerinage de Vie Humaine.

<table>
<tr><td>Raison parle.</td><td>Qui sa lumiere fait passer
Parmi la nue et avaler."—
"Comment, dist Raison, par (la) nue</td><td></td><td>sa] la *H*</td></tr>
<tr><td>L'acteur.</td><td>Puet estre sa clarte veue?"—
"Aussi, dis je, com en la voit
Par aucun voirre et ap*er*coit
Ou aussi com en puet vëoir
Feu en lanterne et p*er*cevoir."—</td><td>6050</td><td>—je *L*, comme len voit *H* comment la voit *AM*¹
et] ou *A* Par mi vng verre *G*
com peut on *A*
lanterne aperc. *M*¹, l. et aperceuoir *TAL*</td></tr>
<tr><td>Raison.</td><td>"Certes, a Raison respondu,
Se ce qu'as dit, as entendu,
Par le soleil tu entendras
L'ame qu'en ce cors mortel as.
Le corps si' est une nuee,
(Et) une lanterne enfumee
Par lequel, comment que ce soit,
La clarte de dedens on voit.
L'ame qui habitë u cors
Sa clarte espant par dehors
Et fait cuidier aus foles gens
Que tout li enluminemens
Soit de *la* povre nuee
Dont l'ame est obnubilee.
Mais se la nuee n'estoit,
L'ame si grant lumiere aroit
Qu'elle verroit tout plainement
D'orient jusqu' en occident,
Elle verroit et congnoistroit
Son createur et ameroit.
Les iex du cors pas iex ne sont,
Mais aussi com verrieres sont
Par les *queles* l'amë au corps

Donne lumiere par dehors.</td><td>6055

6060

6065

6070

6075</td><td>Se] De *H*

ce mortel cors *TAM*¹*L*, en ton mortel corps *H*

laquelle *T*
—de *o*, *L*. cl. qui est ens on v. *M*¹

la] celle *to...*, pure *T*, nue *B*
Dont] De quoy *to...*, est enuelopee *A*
si sa n. *L*

jusques en *A*

createure *T*

M. ainsi comme verre s. *A*
quelles *g*, quiex *toaTABMH*, quiex li ame *M*
quiex chascune ame *L*, P. laquelle chascune ame *M*¹ lesquelx chacune a. *G*
Parmi lesquiex lame *aB*
D.] Bonne *H*</td></tr>
</table>

Ne pour ce ne dois pas cuidier
Quë a l'ame de riens mestier 6080
Aient ses iex et (ses) verrieres,
Quar par devant et (par) derrieres
Sans fenestrage corporel
Son bien voit esperituel
Et aucune foiz le verroit 6085
Miex, se li cors nus iex n'avoit.
Thobie un temps avugle fu
Quant au cors, mes pour ce ne fu
Quant a l'ame pas avugle,
Quar par li fu endoctrine 6090
Son fil comment soy maintenir
Devoit et quel chemin tenir.
Ja mais apris ne li ëust,
Se de l'ame vëu n'ëust.
L'ame vëoit et cognoissoit 6095
Clerement ce que li disoit;
Si que, se di que voies cler,
Encor le vueil je confermer,
Quar tu vois et non pas le cors
Qui avugle est et ens et hors. 6100
Ja mais nulle rien ne verroit,
Se par ta lumiere n'estoit.
Et aussi comme je te di
De la vëue, aussi te di
De l'oye et de tous ses sens, 6105
Quar ce ne sont quë instrumens
Par les quiex de toy il recoit
Ce quë il a, quar n'ot ne voit
Se n'est par toy tant seulement.
Et si te di outreement 6110

Et p. *A*

ces . . ces *ABM¹LH*, et] ne *AM*
Pour voir dauent et darrieres *g*

aucunes f. *AH*
ieulx auoit *A*

pas] point *L*, Q. a l. desauugle *A*

len *L*

—li *A*
dis *AH*, Pour quoi ge di que tu uoiz cler *L*
Et encor le v. conf. *L*
—et *A*
est ens *ALH*

—6104 *M*
louie *TAM¹GL* louir *H*, De la ioie *o*, ses] tes *M*
ce] se *TA*
il de toy *M*, il] y *B*
n'ot] noit *BLMH*, q. riens ne v. *A*
Se] Ce *L*, Ce nest pas t. t. s. *o*, Se ce nest par toy s. *H*

6087-6092.—Cf. Tob. iv. and v.

Le Pelerinage de Vie Humaine. 191

  Que, se tu (bien) ne le portoies   —bien *TAH*
  Ou se (fort) ne le soustenoies,   —fort *TAH*
  Commë un tas de fiens seroit   il seroit *LG*
  Ne ja mais il ne se mouvroit."—   Ne ja m. ne se mouueroit *M¹GL*, Et ja m. ne
                  se mouueroit *TA*, Et ja m. ne se
                  remueroit *H*

L'acteur "Dame, dis jë, or demant je, 6115   demande *o*, D. d. j. oncor demange *L*
parle.   Je vous en pry, comment est ce   comme *H*
  Que l'ame ainsi porte le cors
  Qui est dedens et il dehors?   il] lui *L*
  Miex me semble que porte est   portei *M* portee *A*
  Ce qui dedens contenu est,   6120   Elle q. d. contenue e. *A*
  Et miex me semble port[ë]eur   —6121 *L*, porteour *M*
  Ce de dehors et sousteneur,   —de *TAB*, Le dehors si est soustenours De
                  ce qui est dedans enclous *L*
  Quar celui porte qui contient,   Qua *A*
  Et cil porte qui ens se tient."—   Et cil est porte q. *A*, Cil est p. q. *L*

Raison "Or entent, dist elle, un petit! 6125   entens *A*
parle.   Ton vestement et ton habit,
  Il te contient et es dedens.   et est d. *A*
  Tu feroies grans marremens,   merremens *T*, T. f. bien hors du sens *L*
  Se disoie *qu'il* te portast   quil *TAM¹LH* qui *t*, Se je disoie *A*, si tu
  Ou que de rien te gouvernast."— 6130   disoies quil t. p. *L*
L'acteur. "Est il ainsi, dame, dis je?"—   ausi *M*, dame je di *A*, ma dame sage *L*
Raison. "Ouil voir, dist elle, mais ce   Oyl dist elle mais cy *A*, O. v. d. e. mes
  En differance je te met   auantage *L*
  Que l'ame porte et portee est.   Et d. je ti m. *L*
  Elle porte principaument   6135   Quar l. *L*
  Le cors, mes li p*ar* accident   li] il *TA*
  La porte et en ressortissant   Le p. *M¹*, —et *AL*
  A li sa vertu et rendant.   le *L*, et] est *o*, —et *BH*
  S'onques vëis nef gouverner   Se onq. viz *H*, vois *L*, nef veis *M*
  En une riviere et mener,   6140   E. u. r. ou mer *L*
  Illuec pues prendre exemplaire   pr. lexempl. *H*
  Sans toi (de) rien en ce meffaire.

Le gouverneur qui dedens est
La mainë et mene y est.
Si maine, que s'il ne menoit   6145
Sa nef point ne le meneroit.
T'ame si est menerresse
Du cors et gouverneresse.
Elle le maine et le porte
Et en menant (ain)si se porte.   6150
Le cors la porte a son talent
Et selon qu'elle s'i consent.
Le cors point ne la porteroit
S'elle le cors point ne portoit.
Et pour ce te dois tu pener   6155
Du cors si a point gouverner,
Qu'en li menant, a sëur port
Te puist mener aprez la mort."—

L'acteur parle.

"Dame, dis je, certainement
   Je croy que vostre parlement 6160
Me seroit mont necessaire,
Se vouliez pour moy tant faire
Que moy de ma nef m'ostissiez
Et du cors me despoullissiez,
Que me moustrissiez ce contrait,   6165
Cel avugle qui tant meffait
M'a, si com dites, tant de foys
Et encor ne puet estre coiz,
A fin que je peusse esprouver
Ce que vous dites et trouver,   6170
Nom pas que je doute de rien
Que vous ne me dites tres bien,
Mes pas n'entent certainement
Vos paroles ne clerement ;
Si vous (en) pri qu' a ce entendre 6175
Veulliez un pou pour m'apprendre."—

y] il *LH*, il il *A*, —y *T*
Il m. quar sil *L*, que] car *AMH*, s'il] cil *o*
—6146 *B*, ne se mouuroit *L*
si] ainsi *M*, si est bien m. *M¹G*, Ton ame *AL*,
   Ton a. est la m. *H*
De ton c. *M¹GLMH*
et] elle *to*...

manant *M¹*, se] le *G*

si] se *H*

doit *A*, penser *L*

Que lui m. a segur p. *L*
Te puis *T*

seroient *M*, Si me s. *M¹*, moult bien m. *L*
Se voulez *M¹*, Se vous vouliez *BMH*

ce] se *T*

Tel a. *L*, Cest auugle ce contrefait *H*
Mas *T*

—je *M¹*, puisse *oAL*

Q. v. dites fors que bien *H*
par *G*

—en *oAMH*, que a ce *H*, que ce *M¹*
m'] moy *to*..., —pou *G*

REASON, THE BODY, AND THE SOUL.

Le Pelerinage de Vie Humaine. 193

Raison parle.

Adonc Raison dist : "Mont bien croi
Que pou m'entens. Scez tu pour quoi?
C'est pour le cors qui au devant
Fait un obstacle espes et grant. 6180
Autre chose ne set (il) faire
Que (toi) touz jours estre contraire ;
Mes pour ce que tu l'as requis
Je le t'osterai, se je puis,
Et tu aussi i labourras 6185
Et avec moy paine i metras,
Quar par moy pou i feroie,
Se de toi aide n'avoie.
Toutevoies li retrousser
Te refaurra et rendosser, 6190
Quar mon pouoir pas ne s'estent
De li sequest[r]er longuement
De toy et encor y a fort
D'un seul moment faire en deport.
A la mort ce ci appartient 6195
Qui sanz mander souvent i vient.
Or pren de la et je de ca
Et n'entent point ne ca ne la !"

L'acteur parle.

Adonc mist main a moi Raison
Et je me mis a son bandon, 6200
Elle sacha et je boutai,
Tant fiz, tant fist et li et moy
Que le contrait fu trebuchie
De dessur moy et deschargie.

Quant destrousse ainsi je fu, 6205
En l'air en haut tout ravi fu ;
Bien me sembloit que (je) volasse

dist Raison *A*, R. dit *H*
mentendens *A*

ostacle *TAGH*, ostacle bel et g. *TA*

touriourz *M¹*, estre au c. *AM¹*

Je losteraj *B* Je le tostrai *T*
Tu a. i laboureras *L*
metteras *T*
Q. tout par *M¹L*, Q. a par *H*, Q. p. m. trop pou *M*
je nauoie *AM¹L*

Te faurra il et *MHy* Te faurra et *TA* Te covendra et *L*, redousser *TL* endosser *B*
sequestrer *TABM¹My*, sequester to*H*, De le separer l. *L*
et oncore ai a f. *A¹L*
faire] metre *L*, estre g, en] vn *H¹*, dep.] raport *H*
—6195 y*H*
—6196 y*H*, souuient *A*
—6197 y*H*, ie] moi *A¹L*, de ca et iou de la *H¹* de ca et moi de la *Ag*
—6198 y*H*, nenten *AL*, ne tent p. ne ca ne la *g*

en moy *L*
a] en *M¹*

fiz] filz *B*, li] lui *A*, t. fit elle et moi *M*, t. fist et le moi *L*, T. fist, t. fis et elle et m. *M¹H*

dessus *TABLH*

ausi *M*, Et quant d. ainsi, —je fu *A*

6190.—*refaurra*, cf. 6249, 6250.

2 C

Et (que) nulle rien ne pesasse.
A mon *gre* par tout aloie,
(Et) Sus et jus et loing vëoie. 6210
Rien ou monde, ce me sembloit,
Mucie ne cele ne m'estoit ;
Liez en estoie grandement,
Ce me desplaisoit seulement
Qu'encor m'i failloit habiter 6215
Et hebregier et demourer,
Quar pou ou nient je i vëoye
Fors l'empeschement de (ma) voye.
Bien vy que verite estoit
Quanque Raison preschie m'avoit, 6220
Bien vi mon cors que c'estoit fiens
En qu'a prisier ne faisoit riens,
Bien vy que touz jours demourast
En un lieu qui ne l'en ostast.
A terre estendu se gesoit 6225
Ou il n'ooit ne ne vëoit ;
Sa contenance signe estoit
Qu'en li nulle vertu n'avoit.
J'alay et ving tout entour li,
A savoir mon së endormy 6230
Estoit et le pous li tastai,
Mes sachiez que je n'i trouvai
En nerf, en conduit ne en vaine
Ne qu'en un tronc pous ne alaine ;
Ce n'estoit rien, je le vy bien. 6235
Fy de lui et de son maintien !

Quant j'o tout ce considere,
Raison aprez m'a aresne :
Raison parle. "Voiz ci, dist elle, bien le voiz
Ton anemy, or le connois ; 6240

gre] vouloir *to*...

ou] au *B* en *MG*

estoit *B*

Ce] Mes *L*

Que ou corps me failloit retourner *L*
hoberg. *H*, demourerer *M*[1]
—je *H*, ie ni v. *o*, Quar nul bien uoir ge ny pouoye *L*

Bien que v. m. c. questoit f. *A*, questoit *ABH*
Et que p. *T*, failloit *L*
tousdis *G*

si *A*, gisoit *AH*
6226 between 6228 and 6229 *LG*, Ne il *G*, noioit *A*
S. c. si estoit *M*[1], S. c. bien moustroit *L*

Assauoir *H*

—je *MG*, trouuei *A*
En ners *L*, nen cond. *ML*, ni *L*
—un *L*, quem vn crouc *B*

Q. je os ce cons. *H* Q. joz trestout cons. *A*
R. ma apres a. *BH*
Voicy *A* Vecy *H*

Le Pelerinage de Vie Humaine.

C'est cil qui tes armes porter	
Ne te lesse ne endurer,	ni o *L*
Cil qui par flater t'abat jus	
Et te convaint et rent vaincus,	Et te combat *H*
Cil qui t'empesche a haut monter 6245	ten pesche *A* tempenche *H*
A ton createur et voler;	createure *T* creatour *G*, creatour aourer *L*
Assez t'en ai parle devant,	
Souffire te doit bien a tant.	
Dedens li te refaut entrer,	
Li recharchier et retrousser, 6250	recharigier *AHG*
Li porter en ton voyage	Et li p. *M¹MH* Et le p. *L*
Et en ton pelerinage."—	ton grant pel. *AM¹GL*

L'acteur parle.

"Dame, dis je, m'entencion	
Estoit et ma devotion	
Que des armes je m'armasse 6255	mearmasse *ABMH*, Q. d. armeures marm. *M¹*
Et que arme ainsi alasse	Et q. ainsi arme ie al. *A*, jalasse *L*
Une piece pour esprouver,	
S'ainsi les pourroye porter,	
Quar il m'est avis vrayement	uoirement *L*
Que rien ne poisent maintenant."— 6260	poisant *L* poisen *H*

Raison parle.

"Certes, dist elle, tu dis voir.	
Pou poisent, pour quoi dois savoir	sainsi *o*, le *T*
Que, se ainsi tu les vestoies,	n'en] ni *M¹L*
Nulle merite n'(en) aroies.	
Vestir les doiz, quant iers vestu 6265	—6265 *B*, iert *T*, q. es v. *AL*
De ton contrait, avugle et mu.	De] *A*, —et *A*, mu] nu *TALH*
Bien en doit son faiz soustenir,	fais *M* fes *L*
Quar bien vourra au bien partir;	nu] ou *L*, aux biens *H*
Ja n'aras bien au derrenier	
Dont ne veulle estre parconnier. 6270	ne] me *M*
Or le retrousse et le repren	—6271 *T*, reprent *H* reprens *L*
Et puis a toi armer enten!"	—6272 *T*, entent *H* entens *L*

L'acteur parle.

Quant m'ot ce dit, sans nul delai
　Du cors trousse me retrouvai ;
Toute la vigueur qu'*avoie*,　　　6275
(Et) le bien dont m'esjoissoye
En un moment o adire,
Tout fu mucie, tout absconse
Dessouz la nue obnubilant
Souz qui n'est nul bien cler voyant.　6280
La nue que tant haioie
Au devant et pou prisoie
Je recommencai a amer,
A mediter et a penser
Quë a li m'assentiroie　　　　　6285
Et (que) sa volente feroie ;
Mes quant aprez me rape*r*cu
Qu'ainsi seroie decëu
A lermoier et a plourer
Commencay et a souspirer,　　　6290
A dire : "ha las ! tu que feras,
Au quel des ·II· t'acorderas ?"—

Raison parle.

Adonc me dist Raison : "Qu'as tu ?
　　Pour quoi te desconfortes tu ? ·
Plourer aus fames apartient,　　　6295
Mes aus hommes pas bien n'avient."—

L'acteur parle.

Adonc dis je : "Pour ce (je) pleure
Quar maintenant en (i)ceste heure,
Avant qu'ëusse retrousse
Ce povre cors et rendosse,　　　6300
Jë estoye si viguereus
Que bien cuidoie valoir ·II·.
Je voloie sur les nues

Plus haut que hairons ne grues,

trousser me retornai *M*

—6275 to 6320 (*or 46 lines from* Toute-
　ravaut) *L*, quauoie *TA* que jauoye *to*...

o] ou *M* euz *H*, oy a dire *A*

tout fu abscecie *o*, esconse *TH*

Sans q. *H*, —bien *A*

6281=6282 *gyH*, La] Celle *to*...
6282=6281 *gyH*, et bien pou *gyH* et si
　pou *M¹A¹* et que pau *H¹*

li ie mass. *M¹M*, Qua lui je me assent. *H* je
mascentiroie *G*

—me *A*, apres ie mappercu *M*

s. trop deceu *M*, Quainsi s. batu *A*

Je commencay et a penser *H*

A] Et *MH*, —tu *TA*, Alas dis ie tu q. f. *o*

Et p. q. te desconforte tu *A*

b. ne vient *H*

iceste] ceste *HTBM*

que eusse *H*

sus *BA¹*, Se je vol. *A*, Je men vol. *M*, J. v.
　bien sur *M¹*, J. v. dessus *H¹*, J. v. par
　dessus l. n. *H*

Pl. en haut *M¹*, Pl. h. q. nulz h. *M*, Pl. h. q.
　h. ne que g. *H*

Je vëoie et entendoie 6305
Et nul contraire (ne) trouvoie.
Or est li gieu si retourne
Que mon contraire ai retrouve.   ai trouue *A*
Le cors m'opprient et abat jus   moppreint *H* moppraint *AM* mopprime *G*,
Et me tient souz li tout vaincus, 6310   mopprime et bat jus *B*
N'ay vertu par quoy resister   par] pour *AH¹H*
Je puisse a li ne contraiter,   contraitier *oBG* contraictier *H* contracter *M*
Mon vueil outreement perdu   contraister *M¹* contrester *H¹*
                                  vol *TM¹H*
Ai, ne sai qu'il est devenu,
Ma force n'est que de celui 6315
Qui vif en terre est enfoui.
Aussi com un singe ahoquie   Ainsi comme *MH*, ahochie *A¹* abloquie *T*
A un bloquel et atachie   —6318 *T*, bloquiel *H¹* blouquet *M*, et] e *A*,
                               ataquie *P²*
Est, que ne puet monter en haut   6319 twice *H*, Est] Et *P²*, qui *A*
Quë en montant tost ne ravaut, 6320   Qui *A*, reuaiut *o* reualt *M*
Aussi m'est un bloquel pesant   must] nest *H*, bloquet *M*, un speau p. *L*,
Le cors et un retenal grant;   pensant *T*
                                  retenail *oAH*
Il me rabat, quant veul voler   q. ie v. *o*
Et retire, quant vueil monter.
Pour moi fu, ce me semble, dit 6325   face me *B*, dist *H*
Ce que piec'a je vi escrit   Ce] Et *H*, je vis *T*
Que le cors qui corrompu est   est] estoit *o*
Et malotru et pesant est   malostru *H* malaustru *L* maloustrou *G*, pen-
                                sant *T*, Malotru et p. estoit *o*
Aggrieve l'ame et si l'opprient   A graue *LH* Aggraue *G*, loppreint *H*
                                  loppraint *A*
Quë en chaitivaisons la tient. 6330   Et en chaitiueté la t. *A*, Que chestiue soubz
                                       soi la t. *L*, chestiuaisons *G*
Ainsi sui jë au dessous mis,   sui] fui *M*
Ainsi tenus, ainsi servis,   A. t. et asseruis *L*
Si ques merveille ce n'est pas,   m-elles *T*, ce] si *A*
Së en plourant je di : ha las!   dis helas *H*
Se desconforte grandement 6335   Je desconfortez *A*
Je suis et assez sui dolent."—   Je doi estre et bien dolent *L*

Raison parle.	"Donques, dist Raison, voiz tu bien Que je ne t'ai menti de rien, Que le corps est (ton) adversaire A tout le bien que (tu) veuz faire."—6340	D.] Adont *H* ton] tout *A* Contre le b. *L*
L'acteur parle.	"Certes, dis jë, il est ainsi, Je le voy bien, vostre mercy. Mais dites moy encore un mot Pour quoy de moi il est plus fort Ou pour quoy aussi fort com li 6345 Je ne puis estre ne ne sui ?"—	 q. il est de moi pl. *L* —Je *T*
Raison parle.	"Plus fort, dist elle, n'est il pas, Mais vaincre tu ne le pues pas En son paÿs com feroies U tien, se tu i estoies. 6350 Chascun est fort sur son fumier Et en sa terre se fait fier. Il est ycy en son paÿs, Sur son fumier et son fiens mis, Si en est contre toy plus fort 6355 Et plus fier et de plus grant port ; Mais s'autre part (tu) le tenoies U tien, tu plus fort seroies. La ne pourroit il resister A toy de rien ne contraiter, 6360 Nom pas que ce cy te die Pour toi metre en fetardie, Que vueille dire que mater Ne le puisses et supplanter, Quar se tu veus, sur son fumier, 6365 Se riens tu sez de l'eschequier, Tu ly feras eschec et mat, Ja n'y fera tant de debat. Pou aboire et pou amengier, Pou reposer, bien traveillier 6370	 M. v. ainsi ne le p. p. *A*, —le *T* comme *A*, com tu f. o*TBM*¹*GLMH* En *G* Ou tien lui se *L*, En ton paiis se *M*, se aussi y est. *A* sus *BL* et] est *A*, son fiens] en fiens *H* M. dautre part si le t. *L*, le trouoiez *M* U tien, tu] En ton paÿs to... n. te p. *G* Encontre toi ne c. *L*, contraitier o*AB* contracter *M* contrester *M*¹ ceci ie te d. *M*¹*LMH*, q. ie chechi te d. *P*² P. mettre toi *P*², en couardie *LM* Qua se *T*, —tu *A*, sus *B* le *AL*, feras] diras *A* fera] mettra *TABM*¹*GLMH* —et o*AH* Pour o

Deceplines et batemens,
Oroisons et gemiscemens,
(Les) instrumens de penitance
T'en feront droit et venjance ;
Il t'en feront estre victeur,   6375
Veulle et ne veulle a grant honneur.
Adont quant iert ainsi dantes
Dessouz toy et soupeditez,
Lors te pourras tu bien armer
Des armes, quar a droit parler   6380
Tu n'as si grant empeschement
Ne nul si grant encombrement
Comme de ce que il est trop drus,
Trop reveleus et trop pëuz ;
Et ce fu ce que te disoit   6385
Grace Dieu, quant a toi parloit."—

Disciples *L*

Te *B*, Si ten f. *M*¹*L*, feroient *oA*, T. f. bon dr. *BH*, T. f. bien dr. *M*
feroient *A*, est v. *T*
V. ou ne v. *BLM*, Vueilles ou non a g. h. *A*
q. sera a. dancez *A*, Donc q. sera a. d. *L*, Quant il sera a. d. *B*, donteiz *M* domptez *H* suped. *LH* subped. *M*

quar] que *T*

quil *TBLH*, que es t. d. *A*

Et cest ce *o*

L'acteur parle.

"Dame, dis je, certainement
    Maintenant primes je l'entent,
Mais rien n'en entendoye lors,
Combien que me parlast du cors.   6390
Je cuidoie que moy et li
Fussons un, mes n'est pas ainsi.
Par vous en ay le voir apris
Selonc ce que j'en ay enquis."—

rien nentend. *T* r. nentodie *B* r. jenentend. *H*
C. quel me *L*

Fusson *L* Fussiens *T*

Pour v. *T*

—j' *G*

Raison parle.

"Certes, dist elle, tout le voir   6395
    En ëusses pëu savoir
Par li, se li eusses requis,
Quar de li ay je tout apris.
Rien ne scëusse, se ne fust
Ne nulle rien de moy ne fust.   6400
Quanque je te di, c'est par li.
Se ton cors di ton anemy,

En e. tu p. s. *o*, En e. bien peu s. *TLGH*, En e. p. bien s. *AM*¹, En e. p. anonc s. *M*
P. lui se lui e. enquis *H*, P. le si li e. r. *L*
le *L*, tretout a. *M*¹
sceusse] feusse *B*, se ni f. *o* selle ne f. *H* celle ne fuit *M* sel ne f. *L* sil ne f. *A*
Et n. r. *T*, Ne de moy nulle r. *B*
cest] est *A*, lui *L*
dis *H*, Que ton corps te fait tout ennui *L*

Tu ci aprez bien le saras,   ci] si *TA*
Quar quant par bon chemin vourras
Aler, il t'en destournera   6405   te *T*
Et par autre aler te fera ;
Et suppose qu'aucune foys   quaucunes foiz *H*
Te laisse aler par ou tu doiz,
Si te di je que pereceus   parec. *HA*
Le trouveras et soumeilleus.   6410
Longuement vourra reposer
Et sur l'autre coste tourner.   sus *BL*
Au mengier quant l'aras assis,   A m. *H*
Tart s'en levera et envis.   leura *T*
Tout voudra faire lentement   6415
Pour toy livrer empeschement.   toi donner e. *M*¹ te donner e. *L*
Son point sara bien espier,
Quant sera point de toi flater,   poins *M* temps *LH*
Et lors quant garde n'en dourras,   ny d. *L*, ne te d. *T* ne ten dourraj *A*
Deceü tu te trouveras,   6420   donrras *G*
Si ques je te lo bonnement
Que sur ta garde fermement   sus *L*
Te tiengnes et point ne (t'i) fies   ti] te *TABM*¹*GLM*
En li ne' en ses flateries ;   ni *L*
Quar quant tu li fais son vouloir, 6425
Tu doiz en verite savoir
Que contre toy tu l'enforcis   lenfortis *H*
Et amenistres les oustis   administre *A*, les custilz *M* les coustieuls *B*
Par les quiex il te guerroie   Parmy l. *M*¹*GL*, il fort te *M*
Et destourne de ta voie ;   6430   Et te dest. *H*, Et d. de droite v. *M*
Si ques se bien m'as entendu,   q. ce mas bien e. *B*
Bien te puet estre congneü,
Bien pues vëoir que c'est celui   B. p. uoir *L*
Qui est ton mortel anemy
Qui tes armeures a porter   6435   —a *M*¹*GLH*
Ne te sueffre n'a endurer."—   ne end. *AM*¹*GLMH*, Ne te lesse ny end. *L*

Le Pelerinage de Vie Humaine.

L'acteur parle.

"Dame, dis je, vostre merci,
Mont bien je voy qu'il est ainsi.
Mon cors avez bien distingue
De moy et clerement monstre   6440
Comme(nt) il m'est touz jours contraire
A tout le bien que (je) vueil faire,
Si ques pour ce que je vous sai
Sagë, et que mestier aray
Touz jours de vous, bien vourroye   6445
Qu'avec moy deussiez la voye
A la cite ou mëu sui,
Quar je croy bien que maint ennuy
En mon chemin je trouveray
Pour les maus pas que pas ne sai;   6450
Pour quoy s'avec moy estïez,
Grant confort vous me ferïez,
Si ques je vous pri que venir
Y veuilliez par vostre plaisir."—

Raison parle.

"Grace de Dieu, a elle dit,   6455
Se l'as avec toi, bien soufist.
Ja *plus* n'aras en ta vie
(Plus) profitable compaignie,
Non pas que me veulle escuser
Que bien ne veulle o toy aler.   6460
Jë iray puis que tu le veus,
Mes je te dy qu'entre nous ·II·
Ara *unes* fois nuees
Ou *des* vapeurs eslevees
Ou (auc)un brullas ou fumee   6465
Par quoi (je) te seray celee.
Aucune foys espessement
Me verras et obscurement,
Aucune foys ne tant ne quant

D. d. je je vous merci *T*
Tresbien *AH*, Je voy moult bien q. *M*
b. deuise *L* b. monstre *B*

— je *T*

tresbien v. *M¹L*, moult bien *M*, vauroye *T*
Quauecques m. *H*, Quouec m. fussiez l. v. *L*
Venir a l. *G*, ou men fui *L*, ou ie men fui *M*
Que je *M¹*

Par *M¹L*, q. ie ne scei *A*

vous] certes *H*, Moult grant c. vous m. f. *M*

—de *BH*, dist *H*
souffit *A*
plus] mais *to*... naueras *M*, Ja m.tu n. *M¹GL*,
 Ja m. n. jour de t. v. *H*
Plus] Si *M*

—bien *TA*, Q. ne v. b. o t. a. *B*

len v. *T*

unes] aucune *to*... aucunes *AH*, nuee *M*
des] aucunes *to*..., aucune vapour aleuee *M*,
 esl.] leuees *M¹LH*
broullas *B* brouglas *H* broullart *A* brouillaz
 G, aucuns bruilles ou f-ees *M*
ie teray c. *T*

Ne me verras ne pou ne grant, 6470
Et aucune foiz clerement
Me verras et apertement,
Selonc la voie que tenras
Tout selonc ce tu me verras,
Mes toutevoies se mestier 6475   toutesuoies *A*
As de moy, entour toi me quier.
Quar se me quiers diliganment,   diligement *T*
Tu m'aras assez prestement.
Or va touz jours, quar d'arrester
N'as mestier ne de sejourner. 6480
Pren bon chemin et pas ne croy
Le cors qui t'est de male foy!" —   t'est] est *TAL*

L'acteur parle.

Adonc en li regraciant   le *L*
De ses biens fais et merciant,
Je me mis a avant aler 6485
En mon chemin sanz demorer.
Souvent trouvai quanque me dist
Et appercu quanque m'aprist.
Pou avenoit que la veisse,
Se grant paine n'y meïsse. 6490   je ny m. *M¹LMH*
La nuee la me celoit   celoit] tolloit *H*
Qu'entre nous ·II· le cors faisoit.   failloit *L*
Or me gart Diex de destourbier!
Quar chemin ne sai ne sentier
Par ou je puisse seurement 6495
Aler a la cite ou tent.
Bien pense que (j')arai a faire,
Quar quant (je) truis mon adversaire   —je *H*
Celuy qui j'ai souef nourry,
Il m'est aviz qu'encor celui 6500
Qui onques nul jour ne me vit
Me fera asses plus despit.

Ainsi comme toufiours aloie
Et en alant ainsi pensoie
Mon chemin vi qui se fourchoit
Et ⸱ij⸱ voies se partoit
Non pas que de moult s'eslomgnassent

THE PARTING OF THE WAYS.

Le Pelerinage de Vie Humaine.

Ci commence la haie de Penitence.

Ainsi com(me) tous jours aloye
Et en alant (ain)si pensoye,
Mon chemin vy qui se fourchoit   6505
Et en ·II· voies se partoit
No*n* pas que mont s'esloingnassent,
Ce sembloit, ne dessemblassent
L'un de l'autre, mes entre ·II·
Une haie dont merveilleus   6510
Fu, vy qui misë y estoit,
Qui par semblant loing s'estendoit.
Il y cressoit *hous* et fresgons,

Bos espineus plain d'aguillons
Espessement par mi plantes   6515
Et druement entremelles.
L'une (des) voië(s) a senestre
La costioit (et), l'autre a destre
Bien sembloit quë un chemin fust,
Se la haie ou millieu ne fust.   6520

Ci commence Occupation et Oisivete.

A la senestre se sëoit
Sur un perron et s'acoutoit
Une gentil damoiselle
Qui une main (des)souz s'aisselle
Avoit et en l'autrë un gant   6525
Tenoit dont së *aloit* jouant.

Entour son doi le demenoit
Et le tournoit et retournoit.
A sa contenance bien vi
Que n'estoit pas de grant souci,   6530
Que pou li chaloit de filer
Et d'autre labour labourer.

jaloie *A*

se departoit *L*
m. lesloingn. *T*, m. mesloingn. *BA*¹, de mont sesl. *M*¹*L*, mont sentrelong. *M*
Se s. *L*, Ce me sembl. *TH*, ne] et *H*, ne ne d. *M*¹*L*, desassembl. *M*
Lune *BM*¹*L*
Vy une h. *A*
Fus qui assise illec est. *A*
long *H*
hous *AA*¹*M*¹*P*² houz *G* houx *LH* bous to*BH*¹ bons *TM*, fresgons *tM*¹*MH* fregons *TBH*¹*P*² frellons *A*¹*L* fourgons *A*
Bois *AA*¹*L* Boiz *H* Hoix (corr. Houx) *M*, espines *AM*

Et durement e. *H*

costioit *T* coutoiet *L* coustoit *A*

quen vng. ch. f. *A*
melleu *L*

Sus *B*, et acoutoit *A*¹ et acoudoit *L* et se cauchoit *H*¹
dommoyselle *L*, demiselle *M*, gentille *TABM*¹*GLA*¹ tres gentils *H*¹*M*
d. sasielle *H*¹ d. laisselle *TAL*, Q. u. m. a sa maisselle *M*¹
e aloit *LH* saloit to*TABM*¹*M* elle saloit *G*, dont] duquel *M*, dom elle se a. *L*, dont el sal. *M*¹
doit *T*

Quel n. *L*

Ne dautre chouse l. *L*

6504.—For *si* after *ainsi* cf. 6899, 6900.   6517.—Or: *Des voies l'une* a senestre.

6524.—Var. *M*¹: In the miniature Idleness is represented with the left hand under the right arm *M*¹. See also 6702.

L'acteur parle.

A u chemin destre un refaiseur
De nates et raparelleur
Vy sëoir qui rapareilloit 6535
Ses viez nates et refaisoit
Et encor plus dont esbahy
Fu, [fu] ce, qu'avoit fait, ly vy

Du tout en tout redespecier
Et puis apres rapareillier. 6540
Bien me sembla quë un fol fust
Et quë en li nul sens n'ëust.
Pou le prisay, mais fol en fu
Si com puis bien je l'apercu.
Toutevoies a li premier 6545
Je parlay comment que plus chier
Ne l'ëusse pas et li dis :
"Or me dy, je te pry, amis,
Le quel de ces chemins vaut miex ?
Je voy cy deus devant mes iex ; 6550
Onques mais par cy je n'alay,
Enseigne moy par ou je iray !"

Occupant parle.
L'acteur parle.

"Ou veus tu droit, dist il, aler ?"—
"Aler, dis je, veul outre mer
En Jerusalem la cite 6555
Dont l'evesque est de virge ne."—

Occupant parle.

"Vien t'en, dist il, a moy par ci,
Quar droitement ou chemin suy.
Par moy la voye (d')Ingnocence
Et le chemin droit (se) commence. 6560
C'est la voye par ou aler
Puez en la cite d'outre mer."—

L'acteur parle.

"Bien vourroye, dis je, savoir,

napes *L*, resparilleur *M*

Sa vies n-s *M*¹ Vieilles napes *L* Ses vieilles nattes *A*
dont plus *H*, Et plus ancor dont mesbahi *A*¹*L*
refait *TAM*¹*A*¹*L*, quau. fait to*H*¹ que auoit fait *B* quil au. refait *A*¹*L*, quil au. fait ie l. v. *M*. quau. f. je l. v. *H*
redep. *AH*

Et] Ou *G*, sen *L*

S. comme p. b. je ap. *A*, Si come bien puis ie apperceu *T*, Si comme p. je lap. *H*
Touteuoie *T*

pas] mie *H*, et si li d. *AM*¹*GL* et puis li d. *M*
dis *T*
ces *ALH* ses to...
Jen v. *TM*¹*L*
—mais *L*, —je *A*
gyrai *A*

dist je *A*

dignorance *o*
se] cy *H*

vouloie je d. je *A*

6538.—qu' = que qu' *that* (conjunction) *what* (relative pronoun).

Se ce que tu me dis, est voir,
Quar ton ouvrage si me dit 6565
Qu'en toy il a de sens petit.
Je voy que t'ez mis a natier
Qui est vil et povre mestier
Et voy que souvent tu deffaiz
Ce qu'as bien fait et le refaiz. 6570
N'est pas, ce me semble, grant sens,
Se la cause ne m'en aprens."—

sen *L*, Quen toy a de sens bien p. *A*
que ti es *L*, nater *H*

ce] se *A*

Occupant parle.

Adonc me respondy celui :
"Se de povre mestier je sui,
N'as pas cause de moy blasmer 6575
Ne moy de folie arguer.
Chascun ne puet mie forgier
Couronnes d'or ne or changier.
L'un a (de) l'un, l'autrë *a* l'autre.
Ce que fait un, ne fait (pas) autre ; 6580
Se touz d'un mestier estoient,
Povrement se cheviroient.
Et bien te dy que le mestier
Qui povres est a miex mestier
Et plus souvent neccessaire est 6585
Que cil qui riches et grans est.
Li un par l'autre est maintenu
Et gouverne et soustenu.
N'y a celui qui soit mauves,
Mes que loyalment il soit faiz, 6590
Ne puet chaloir, mes que ne soit
Li hons oyseus ou quë il soit.
Miex vaut povre mestier loial
Quë Huiseuse de court royal.
Se je depiece et je refas, 6595
A fin que je ne soie pas

Nest p. *M¹G*

ne] ou *M*, ne or forgier *H*
a] de *to...*, lautre *a* lautre] lun a de lautre *H*
lautre *MG*, lun ne f. p. lautre *H*
trestouz *M¹GLM*, de vn *H*
Trop povrem. *M¹GLM* Petitement *H*

necessoire *L*

m.] soustenu *H*
s.] maintenu *H*
mauuet *L*, q. mauuais soit *B*
oy.] bonnement *M*, fet *L*, faiz il soit *B*
que il ne s. *B*
—6592 *B*, Lomme huisif *L*, huiseus *T*
viseux *M¹*

huiseus *T* oyseuse *G*
—je *GL*, despiece et je refais *A*
—je *B*, soies *T*

Huiseus, ne m'en doiz pas blasmer,   Oyseux *G* huisif *L*, me *TB*
Quar s'autre chose a labourer
Eusse, je m'i occupasse,
Et point ne redespecasse   6600   ie ne r. *M*^{1}*GLM*, redep. *H*
Ce qu(e j)'ai fait pour le refaire ;   —fait *A*
Mes tu voiz (bien) que rien a faire   voy *T*, —bien *B*
N'aroie, se ne (re)binoie   Nauoie *A*, se ie ne reb. *B*, rabinoie *P*^{2}
Mon ouvraige et refaisoye.   Le mien ouvr. *P*^{2}
Ce cy souffire te devroit,   6605
Se bien m'amoies a ton droit."—   Se b. y regardiez a droit *L*

L'acteur parle.

"Amer, dis je, et qui es tu
Et dont t'est tel pense venu?
Onques bien tu ne me fëis   fais *L*
Ne ne pues faire a mon avis,   6610   a m. pays *A*
Et comment te pourroye amer?   p. je amer *H*
On me devroit bien fol clamer,
Se m'amour je te donnoie,   Se je m. te d. *H*, Si ge m. a toi d. *L*, Se mon amour ie t. d. *M*
S'autrement ne (te) connoissoye.
En toy (je) ne voy que sotie,   6615   sotie] folie *M*^{1}, En toy que je *T*
(Et) nicete et musardie   nichetie *P*^{2}
Qui prises miex ceus qui paine ont   —6617 *B*
Que ne fais ceus qui aise sont,   —6618 *B*, aises *HG*
Qui prises miex les laboureurs   prisiez *B*, laboureux *H*
Que tu ne faiz les gens huiseus.   6620   l. g. oyseurs *A* oyseux *G*
Ne sai qui t'a apris ce ci
Ne qui le te fait dire aussi,   ta fait *L*
Quar je sai bien que reposer
Vaut assez miex que labourer
Et miex se vaut aise tenir   6625
Qu'il ne fait houer ne fouir ;   ne houer n. *A*, Que ne fait bechier ne f. *L*
Tant com le contraire tenras
Pour fol touz jours tenu seras."—   Tous j. pour fol t. s. *L*, tousdis t. s. *G*

Le Pelerinage de Vie Humaine. 207

Occupant parle.
"O, dist celui, biau douz amis
    Pou me connois, ce m'est avis; 6630
Pou connois aussi Huiseuse,
(Et) s'acointance perilleuse.
Je te demant, or me respon!
Pour quel cause et pour quel raison
Est ce que fer cler et fourby   6635
Et acier luisant et burny
Enröoullie et lait devient
Et sa biaute touz jours ne tient?"—

L'acteur.
"S'il est ainsi, li ai je dit,
De ce que par devant m'as dit,   6640
Tort ai de toy arguer plus,
Quar a ce mot tu m'as confus."—

Occupant.
"Certes, dist il, aussi est il,
Quar tout aussi comm en peril
Est le fer dont rien on ne fait   6645
Quë assez tost röoul n'i ait,
Aussi li hons qui huiseus est
Et rien ne fait, en peril est
Quë assez tost enröoullie
Ne soit par vice et par pechie;   6650
Mais quant il se veut ocuper
Et en labour exerciter,
Ce cy le garde de pechie
Et d'estre de röoul tachie.
Ce cy lui vaut un fourbisseur   6655
Et une lime et un limeur."—

L'acteur parle.
"Je te pri, dis (je), que me dies
    Ou tiex paroles (as) puisïes
[As], ton non et qui (tu) ez aussi,
Quar grandement suy esbahy   6660
De ce que si bien me respons

Ha *TA*. Hee *L*, E *M*¹, Ha dist il *A*, Ha il dit *T*

Et pou c. *M*, P. c. tu a. H. *M*¹*GLH*

deman *A* demande *H*

Par q. c. et par *H*

bruni *ALM*

En rouille *M*¹*L*, et l. si dev. *H*

maz mis *M*

tu mas vaincus *L*, mot je suis vaincus *H*

ainsi *TAMH*

ainsi *AHP*², com en p. *TP*² comme en p. *ALH* comme p. *M*

rououl *T* reoul *B* rouil *AM*¹*GH* rouille *L* ruil *P*² ruille *M*

lome q. huisif *L*, q. wiseus e. *P*², oyseux *G*

enrououllie *T* enroullie *B* enrouillie *AM*¹*GH* enrouilliei *M* enruillies *P*² en rouille *L*
par vice par vice et *A*, p. vices et pechies *P*²

en] a *M*¹

Et de rooul estre t. *B*, de ruil entachie *L*, rououl *T* rouil *AM*¹*GH* ruille *M*
fourbissoir *A*

limoir *A*

prie *A*

tes *A*, puisiees *B*

se esb. *L*

208   *Le Pelerinage de Vie Humaine.*

          Qui te cuidoie ·I· nices hons."—

Occupant parle.
          "Grace Dieu, dist il, non pas moy,
          Que pas ne vois, si parle a toy.
          Elle me met (tout) en l'oreille   6665   pas] par *A*, si] ci *G*
          Quanque je dy et (me) conseille.   en roleille *A*
          Onques n'en soies esbahy,   —me *TAH*, je te dy *TAH*
          Quar savoir doiz que sui celui   ne s. *T*, Jamais nen s. *A*, Ne ja nen *L*
          Qui a la gent donne du pain
          Sanz le quel piec'a mort de fain   6670
          Fust d'Adam tout le parente,
          Rien n'i vausist l'arche Noe.   Ni ni v. *T*
          Je sui celui qui fais passer   faz *M*¹ fait *L*
          Le temps briefment sans ennuier,   briement *M*¹
          Celui pour qui *naist* tout homme   6675   naist] est ne *to...*, qui ne tout h. *L*, qui] quoy *M*
          Pour le cruel mors de (la) pomme.   Par *BG*
          Apele sui par mon droit nom   Appelle moy p. *H*
          Labour ou Occupation.   ou] et *LM*
          Apelle moi si com tu veus,
          Ne me chaut le quel de ces ·II·.   6680   Et ne m. ch. l. q. des deux *L*, le] ne *T*
          Par moi passent ceuz qui s'en vont   se v. *T*
          En la cite d'outre mer dont
          Au commencement me parlas.
          Or fay si com en pense as !   si com] comme *H*
          Par moy t'en vien ou d'autre part   6685   te *T*
          Pren ton chemin, mais bien te gart
          Que ne te faces fol tenir
          Pour la pieur voie choisir."   peiour *L*, choisir] tenir *A*

L'acteur parle.
          Quant m'ot ainsi dit qui estoit
          Le natier et quel non avoit,   6690
          En pense u que ie iroie   que giroie *H*, En pencei eux q. ien ir. *M*, Je ma pense q. *A*
          Par son chemin et (par) sa voie ;   et passeroye *H*
          Mais en ce point a moi flater   en] a *A*, a me fl. *L*
          Mon contrait cors et moi lober   et me l. *L*

Le corps parle.	Me commenca en moi disant :	6695	en me d. *L*
	Que vas tu, fol, ainsi pensant,		a. querant *LH*
	Crois tu ce fol et ce musart ?		
	Ne le crois pas, ains t'en depart !		te *TB*, mais te d. *H*
	Ce n'est quë un tourment[ë]eur		tormenteour *LM*
	De gent et un travell[ë]eur.	6700	gens et un grant tr. *H*
	Va, parle(r) a la damoiselle		parle *B*, domiselle *M*
	Qui a la main (des)sous l'aisselle !		Q. la main a d. l. *TA*
	Le chemin li demande ausi		
	Comme tu as fait a cetui.		
	Elle tel mot (par) aventure	6705	
	Te dira que (tu) n'aras cure		que] donc *A*
	Du chemin qui est a destre,		Du *B*, De ce *to...*
	Ains yras (par) l'autre a senestre."—		*par* inserted between the lines *M*, —a *H*
L'esperit parle.	"O, dis je au cors, mont bien, mont bien		Ha *AL* A *G*, —mont bien *TAL*, au c. piessa moult b. *M*
	Je te connois, n'en ferai rien,	6710	ne *BT*, ne feras r. *T*
	Quar (je) sai bien, se te crëoie		
	Que iroie tost male voie."—		Que tost iroie *to...*
Le corps parle.	"Et se je te di voir, dist il,		ten *T*, dis *AH*
	Me croirras tu ?" Lors dis je : "Ouil."—		
	"La voye, dist il, de deca	6715	—de *B*, de pardessa *A*
	N'est pas mont loing de celle la,		
	Tout est un, fors quë entre ·II·		quentre deux *T*
	La haie est du bos espineus.		Est la h. *L*, du] de *T*, bois *AH*
	Haie n'est pas mur a carniaus		
	Pour [en]clorre tours et chastiaus.	6720	enclorre *oTABM*¹*LH*, clorre *tM*, tours] murs *M*¹*H*, et] ne *BH*, P. clorre t. ou les ch. *L*
	N'est haie (qui), ne soit perciee		—6721 *yH*
	En *nul* lieu ou despeciee		—6722 *yHB*, nul] aucun *to...*, Ou en aucun l. d. *M*¹, ou] et *L*
	Ou au mains c'on ne puist percier		—6723 *L*
	En aucun lieu ou despecier ;		—6724 *L*
	Si ques forvoye, se estoies	6725	forvoye se] se forvoye *to...*
	Ou de ta voye (t')esloingnoies,		—t' *A*
	Assez tost la haye passer		la voie p. *A*

6705.—For the correct. see *Jésus Christ* 4335.

                    Et a ton chemin *retourner*
                    Pourroies sans nul contredit,
                    Pour quoi, se tu entens mon dit,   6730
                    Ne te puet pas granment grever
                    D'aler a la belle parler
                    Qui la se siet sur son perron."—
                    Adonc dis je : "Or i alon !
                    Bien voy que pas pais n'aroie   6735
                    S'(en) aucun point ne te crëoie."—

L'acteur parle.
                    A la damoiselle m'en ving
                    Qui au bout de l'autre chemin
                    Se sëoit et saluz li dis,
                    Et elle dist: "Diex gart, amis !"—   6740
Le pelerin parle.
                    "Damoiselle, dis je, par foy,
                    Une grant courtoisie a moy
                    Ferïez, se m'enseigniëz
                    Mon chemin, se le saviez."—
Huiseuse parle.
                    "A chemin, dist elle, faillir   6745
                    Ne pues pas, se par moy venir
                    Tu veus, quar je sui portiere
                    De (maint) biau chemin et huissiere ;
                    Je maine les gens au vert bois
                    Quellir violetes et nois,   6750
                    Je les maine au lieu de delit,
                    D'esbatement et de deduit ;
                    La leur fais jë ouïr chançons,
                    Rondiaus, balades et dous sons
                    De herpes et simphonies,   6755
                    D'orgue(s) et d'autres sonneries
                    Dont lonc le parlement seroit
                    Qui toutes dire les vourroit.
                    La leur fais je vëoir baleurs

retourner *TABM¹LM* retrouuer *toH*, Et aucun ch. retrouuer *H*, a] en *M*
Pourras tu s. *L*
entens] crois *H*

se tient s. ce p. *A*, sur ce p. *TAM¹G*, sur le p. *L*

ie naroye *TAM¹GLH*, q. ia paix nauer. *M*
—te *T*

Adont a la d. vin *H*

salut *A*
Dieu te g. *AM*
Domois. *L*

se vous mens. *BMH*
se vous le s. *MH*

—pas *LH*, Tu ne pues si p. m. v. *L*
Ten v. *ABM¹G*, la port. *M*

Cuillier *T*, Cuillir nousilletes et n. *L*

fas *M¹* fai *A* foi *L*, chanson *A*
balettes *M¹*, son *A*
et de s. o*TAM¹LMH*
Dorgres *AL*, sonneries] melodies *H*

fas *TM¹*, uoir balours *L*, bal.] labours *M*

Le Pelerinage de Vie Humaine.

Gieus de bastiaus et de jugleurs, 6760	Gens de b. et jugleours *L*, bastialz *corr. by a later hand* baterel *M*
Gieus de tables et d'eschequiers,	6761=6762 *A*, —Gieus, De t. et de esch. *B*
De boules et de mereliers,	6762=6761 *A*
De dez (et), d'entregeterie	De toute entreg. *L*, et dautre gesterie *H*
Et (de) mainte autre muserie.	
Së en tel lieu tu veus aler, 6765	Sen en *T*, —tel *A*, tieulz lieus *B*
Par moy te convendra passer.	
Or regarde, së i venras,	Or te reg. *T*, Or te garde si y v. *L*
Quar avec toy ton conseil as."—	—ton *T*

Le pelerin parle.

"Conseil, dis je, ha las, dolent!	je] ce *T*, alas *L* helas *AH*
Conseil ai je, mais n'a talent 6770	
De moy loyaulment conseillier;	
Contre moy pour moy guerroier	
Il est advocat devenu.	
Bien fu en ce temps decëu,	
Quant m'acorday a li baillier 6775	ma corde *M*¹
Pension pour moi conseillier	pour me c. *L*, pour] de *G*
Et encor plus decëu sui,	encore *H*
Quar touz les jours et hier et hui	
Celle pension avoir veut	Elle p. *A*
Et baillier li il la m'esteut. 6780	il a mestaut *B*, mescueult *G*, A lui b. et la me toust *M*¹, Et se ne li veulz b. la me teut *A*
Ne sai, se ja droit en arai	se iay d, en eray *T*
Ou se ja vengie m'en verrai."—	Ou se v. je m. v. *H*

Huiseuse parle.

"Pour quoi, dist elle, dis tu ce?	
Assote ez. Et ne voi je	Assoti es *L*
Quë il t'a bon conseil donne, 6785	
Quant a moi il t'a amene?"—	—6786 *M*¹

Le pelerin parle.

"Certes, dis (je), bien le vourroye,	dist il o*H*
Mais faire la crois (en) devroye,	deueroye *T*
Quar la premiere foys seroit	
Qu'onques bien conseillie m'aroit."— 6790	

Huiseuse parle.
"Or me di, dist elle, comment
Il t'a conseillie et n'en ment !
Par quiex paroles il te fist
A moi venir et que te dist
Et je te dirai sans delai, 6795
Se son conseil est bon et vrai."—

Le pelerin parle.
"Il m'a dit, dis je, qu'esloingnier
De mon chemin ne forvoier
Pas gran(de)ment ne me pouoie,
Se parler a vous (je) venoie, 6800
Et suppose que fourvoiez
Fusse par vous et desvoiez,
Si me disoit (il) que perciee
Seroit (bien) tost ou despeciee
La haye pour quoi (je) pourroie 6805
(Bien) tost retourner a ma voie.
Tiex mos m'ont a vous amene,
Diex doint que bien soie arive !"

Huiseuse parle.
"Or pues tu, dist elle, vëoir
Que pas ne te veut decevoir. 6810
Pour toy veut avoir a souffrir
Pour toi sauver et garantir,
Quar quant il parle de percier
La haye pour toy radrecier,
Bien pues vëoir qu'il ne quiert pas 6815
Ne son deduit ne son soulas,
Ainciez s'aucune paine y a,
Li tout seul, non pas toi, l'ara.
Il en sera esroncinez,
Espinez et ensanglantez. 6820
Croi le de ce tout seurement !
En ce ne pues perdre nëent.
Vien t'en par moy, c'est ton chemin !

di] dis *A* dist *T*

et quil te d. *A*
—te *A*, diroy s. deloy *L*
uroy *L*

fervoier *B*
—6799 *H*, P. gr. ie ne pourroie *L*

Feusses *A*
—il *A*, perciee] partie *H*
ou] et *AM*¹*LM*
par quoi *AM*¹, je] la *T*
a] en *M*
a vous mont *L*
q. b. soies arme *A*

elle bien v. *AL*

Pour te s. *L*

adrecier *TA* redrecier *M*
uoir *L*
delit ne ses s. *TA*

Li] Il *T*
enroncineiz *M* en roncine *L* esgratigniez *H*

Crois *A*, De ce le croy s. *L*

—ten *A*

Le Pelerinage de Vie Humaine.

    N'ez pas le premier pelerin
    Qui autre foys i est venu ;   6825   foy *T*
    Le chemin i est tout batu."—

Le pelerin parle.
    "Dame, dis je, puis que voulez
        Que par vous voise et le loez,
    Dites moy la condition
    De vous et comment avez non !   6830   moult vol. s. *BM*¹, ge sauroye *LH*, saueroye *M*
    Ce ci volentiers savroie   je saroie *G*
    Avant qu'alasse vo(stre) voie."—   qualesse *T*

Huiseuse parle.
    "De ce, dist elle, ne pëust   ne te peust *GH* ne te puet *M*
        Granment chaloir, s'il te plëust ;   grandement *TAM*¹*L*, sil] si *BM*¹*LM*, si te plet *B*
    Quar plusieur ont par moy passe   6835   Q. pl-s par moi sont p. *M*¹, parmi *G*
    Qui point ce ci n'ont demande.
    Je luer estoie si plaisant   leur *oTAG*...
    Qu'il n'en parloient tant ne quant.   parlaint ne t. ne q. *L*, p. ne tant *TA*
    Toutevoies puis que savoir   Touteuois *L*
    Ce ci tu veus, saches de voir   6840
    Quë une des poupees sui   pompees *M*
    Que fist jadis et mist ici
    Dame Parece que verras   perece *H*
    Ici aprez et trouveras.
    Sa fille sui et (sui) nommee   6845
    Huiseuse (la) tendre sevree.   Oyseuse *G*
    Miex aime mes gans enformer
    Et moi pignier et moi graver,   gauer *A* grauer *corr*. gratter *B*, me p. et me g. *L*
    Moy regarder en un mirour
    Que je ne fais autre labour.   6850   —je *T*, faz *M*¹
    Festes songë et dimenches   Ie songe festes *to*...
    Pour lire *unes* foiz elenches,   unes] aucune *to*... aucunes *GλH*, eslenches *o* enlenches *L*
    Pour menconges enmanteler   amanteler *M*¹ amonceler *H*
    Et faire les voir ressembler,   le voir *L*, Et les faire v. r. *A*
    Pour (ra)conter trufes et fables,   6855   truffes *TH* trufles *L* truffles *AG*

Roumans (et), choses mencongables.
Je sui l'amie de ton cors ;
Quant tu veilles et quant tu dors,
Je le garde que paine n'ait
Et que galeus es mains ne soit ; 6860 maines *H*
Souvent li donne vert chapel
Et regarder li fais sa pel faz *M*¹ fas *T* fay *H*
S'est belle, et s'est bien agencies —sest *M*¹, et soit b. *M*, Selle est b. *A*, Selle est b. et b. agencee *L* S'e. b. et b. a. *G*
Et bien vestus et bien chauciez. vestue et b. chaucee *L*, vestue et chaucie *T*
Aucune fois es mains venir 6865
Li fais cyrons pour ens fouir, cyrons] suirons *B* soyrons *A*, ens] eus *B* eulx *H*, p. les fouir *L* p. enz f. *M*¹
Pour houer les et coutiver P. les h. *AL*, contiuer *T* coetiuer *L* cultiver *G*
Et arer les sans rien semer. Et les arrer *AL*
Or regarde que tu feras, O *G*
Qu'as en pense, quel conseil as ! 6870 en penser *M*
Se par moi venir tu as chier,
Si le di tost et sans targier ! dis *T*
Met toi a chemin et (a) voie au ch. *L*
Et (met) les pans a la couroie !" le pans *T* les paux *A*

Le pelerin parle.
Quant m'ot ce dit, tantost li dis : 6875
"Puis que mon cors est vos amis,
Se loyalment vous l'amïez, Se bien loy. *BM*, laimies *A*
Decevoir ne le devrïez ; Vous decevoir *H*, deueriez *M*
Et vous savez que, s'il estoit
Forvoie, deceü seroit, 6880
Quar par la haye lourdement
Le passeroie et asprement.
A ses couz (tel) pertuis feroie coux *A* coups *B*, tels *AH*, pertruis *T*
Que mon chemin (re)trouveroie. Quar *B*, retourneroye *L*
Pou plaindroie së espinez 6885 Pou le pl. *H*, ses espinez *T* si erroncinez *L*
Il estoit et esroncinez."— —Il *H*, et] ou *TA*, arroncinez *M*, Il est. bien et espinez *L*

Huiseuse parle.
"Va, dist elle, ne parle plus, nen p. *LM*¹
De li mesmë est esleüs est il esleu *H*

Le Pelerinage de Vie Humaine. 215

    Le chemin, ne m'en puet blasmer
    Ne de fausse amour arguer."   6890

Le pelerin parle.
    A donc par Huiseuse passai   Oyseuse *G*
    Et en son chemin m'en entrai,
    L'autre (chemin) [mis] en negligence
    (Mis) du tout et en oubliance.
    Cetui par ma folie pris,   6895
    Ne puet qu'il ne m'en soit de pis.   quil] que *A*
    Fourvoie sui, mes n'en sai rien,   ne say *T*
    Assez tost je le verrai bien.
    Or me doint Diex ainsi aler
    Et les maus pas si trespasser   6900   —les *A*
    Qu'en aucun te*m*ps, avant qu'a fin
    Je viengne du mauves chemin,   Deuiegne du m. ch. *L*
    A l'autre voie retourner   retrouver *o*
    Je puisse et la haye passer !   passe *T*

    A insi com(me) tous jours aloie   6905   alaie *L*
    Et (que) la haye costoioie,   coisteoye *A* cousteaie *L*
    Une voiz oui d'autre part

Grace Dieu parle.
    Qui m'apella et dist : "Musart,   dit *T*
    Que fais tu la et ou vas tu ?
    Pour quoi as le conseil crëu   6910
    (De) la baveuse menterresse
    Huiseuse, la (grant) genglerresse?   Huisouse lenueloperesse *L* Oyseuse l. g. jangleresse *G*
    Le conseil qu'elle t'a donne
    Te merra droit a povrete,   Te metra *LA*
    Il te merra droit a la mort,   6915   ten *TB*, metra *LA*
    Combien que le chemin soit tort.
    En pou de temps t'a decëu.
    Pour nient marrastre de vertu   marastre *H*
    Saint Bernart pas ne l'apella,   —ne *B*
    Quant la connut et l'avisa.   6920   la] le *A*, et auisa *M*

216 *Le Pelerinage de Vie Humaine.*

  Plus est marrastre aus pelerins
  Que l'escoufle n'est aus poucins.
  Bien croi qu'assez tost le saras
  Et que telle la trouveras,
  Së assez tost ne passes ca   6925
  En laissant le chemin de la."

Le pelerin parle.
  A donc tout esbahi je fu
  Et aussi com tout esperdu,
  Quar qui parloit (pas) ne vëoie
  Et qui c'estoit (pas) ne savoie.   6930
  Toutes voies je respondi :
  "Dites moi, dis je, je vous pri
  Qui vous estes qui m'arresnes
  Et qui a moi ainsi parles!
  Ja mais aise ne seroie,   6935
  S'aucune *rien* n'en savoie."

Grace Dieu parle.
  A donc qui parloit respondi :
  "Si deusses tu bien savoir qui
  Je sui, quar je t'ai fait maint bien,
  Se retenu en eusses rien.   6940
  Je sui celle qui te mene
  En ma maison et te monstre
  Maint biau jouel et t'en fis don,
  Grace de Dieu m'apellë on."

Le pelerin parle.
  Quant j'oui ce, lors li dis je :   6945
  "Douce dame, puis qu'estes ce,
  Je vous merci, faire le doi,
  Quant vous daigniez parler a moi.
  Grant *voloir* piec'a avoie
  De vous parler de *la* voie,   6950
  De vous demander que fait ci

Marr. est plus a. p. M^1
Que nest lescoufle H, Q. lescouble n. L

tele A

passe T

—tout H

Et] Ne A
Et toutes v. L

maresnes TA
ainsi a moi p. L
ie ne s. M^1LMH
rien] chose *to*..., ne sav. T n'en s. G

deusse T

rentenu en eusse T
te menoy L te menai G ten menay H ta mene A
—ma H, te monstroy L te monstray H ta monstre A
et te T; fai B
—de AL, Et grace D. map. lon L

—joui o
puis estes ce B puez questes ci M

voloir] volente *to*...
la] ceste *to*..., parler par cest v. B

THE HEDGE OF PENITENCE.

La haie qui est mise en mi.
Si vous pri que m'en enseigniez   q. vous menseigniez *TAH*
La verite et apreigniez   et espr. *M* et en apr. *A*
Et puis aprez a mon pouoir   6955
Du passer ferai mon devoir.   De p. *L*
Se mon cors y a a souffrir,   ia a. s. *T*
Je m'en pense bien a souffrir.   me *T*, Ge le metre a non chalir *L*
Il a este mon conseilleur,
Ne me chaut s'il en a douleur."   6960   Ne men ch. *TAG*

GraceDieu parle.   "Certes, dist elle, avant deusses
      Outre passer, se cuer eusses,   eusse *T*, Passer oultre *AH*
Quar selonc ce qu'avant iras,
La haie plus espesse aras."—
L'acteur parle. "Dame, dis je, joieus en sui,   6965
Quar de tant plus sera puni
Le cors qui m'a voulu trahir   trair *T*
En moi faisant de ca venir."

GraceDieu parle.   "Or entent donc, dist Grace Dieu.   Or y enten dist G. D. *L*
      La haie qui est ou millieu   6970   mie lieu *T*
Des ·II· chemins a la dame est
A qui veïs avoir maillet,   auoir le maillest *L*
A qui veïs verges cinglans   ciullans *L* singlans *H*
Et le balay entre les dens.   les] ses *L*
Penitance se fait clamer   6975   cl.] nommer *L*
En ciel et en terre et en mer.   ciel en t. *oTALH*
Elle celle haie planta
Pour ceus qui le chemin de la
Vont, a fin que de ca passer   Voult *H*
Ne puissent sans paine endurer.   6980
Elle la planta autressi
Pour verges et balays prendre i,   balai *BL* balloy *H*, i] cy *A*
Pour i ses mailles enmanchier   P. s. m-ez y enm. *L*

218   *Le Pelerinage de Vie Humaine.*

  Toute foys qu'en seroit mestier,   que s. m. *TB* que lui s. m. *A*
  Quar en maint lieu (en) a a faire   6985
  Pour (les) pecheurs de mal retraire.   —les *LM*¹, Plus l. p. *T*
  La haye a cest commencement   cest] ce *H*
  N'est pas espesse grandement.
  Je la te lo tost a passer,   lo tantost passer *L*
  Quar ja mont tost pourras trouver   6990   Car moult tost tu p. tr. *L*
  Tel chose qui t'empeschera   Telle *A*, que *T*
  Et passer ca ne te laira."

L'esperit parle.
  Adonc je pris a regarder   prins *H*
  Et ca et la et a muser,
  A savoir se veoir pourroie   6995   Assauoir *AH*, veoir] trouuer *TL*, Assauoir mon se ie p. *A*
  Pertuis par ou (je) passeroie.   —6996 *T*, Trouuer pert. ou je pass. *A*
  Mais en musant par dela vi   M.] Lors *L*
  Raison dont mont fu esbahi,   fu mont esb. *BA*
  Bien la connu au visage.   au] a son *to...*
  "Comment, dis (je), dame tressage, 7000
  M'avez vous par deca laissie
  Qui cuidoie que pie a pie
  Avec moi tous jours venissiez
  Et nul temps ne me lessissiez ?"—   laississ. *TA* lassiss. *H*

Raison parle.
  "A moi, dist elle, ne tient pas,   7005
  Quar tu premier lessiee m'as.   premiers *AH*, laissie *TAB* laissee *H*
  Se par deca venu (tu) fusses,
  Encor avec toi (tu) m'ëusses.   —tu *L*, toi] moy *H*
  Ne cuide pas que veulle aler   cuidez *L*, vueilles *A*
  Par voie qui fait a blasmer.   7010   Par chemin q. *L*, face *A*
  Je me tendrai au bon chemin   Je men tendra *T*
  Par ou vont li bon pelerin.   b-s p-s *T*
  Vien i et croi Grace de Dieu,   —de o*H*, V. de ca et c. G. D. *H*, V. i et si c. G. D. *L*
  Quar elle t'a offert du gieu
  Tout le plus bel, et fol seras,   7015
  Se plus le chemin de la vas."   vas] bas *T*

Le Pelerinage de Vie Humaine.

<small>L'esperit parle.</small>

Quant m'ot ce dit, a colier
Commencai encor et muser,
A regarder ou le mains dru
De la haye et le mains pointu 7020
Estoit, quar pitie avoie
Du cors plus que ne devoie.
Or me gart Diex par sa pitie,
Quar prez sui de mauves marchie.
Tant com l'oisel va coliant 7025
Et ca et la le col tournant,
Souvent avient qu'au las est pris
Qui li est en son chemin mis
Ou il avient quë englue
Il est ou d'un bougon tue. 7030
Fol est qui ne fait quant il puet,
Quar il ne fait pas quant il veut.

<small>Le pelerin parle.</small>

Or vous dirai comment m'avint
Dont grandement me mesavint.
Ainsi com(m en) musant alaie, 7035
(En) querant pertuis en la haie,
En mon chemin cordes et las
Avoit que ne vëoie pas.
Dedens me senti enlaciez
Soutainement et par les piez 7040
Arreste dont fui esbahi
Grandement et au cuer marri.
A Raison a parler lessai
Et Grace Dieu entroubliai.
De la haie force ne fis 7045
Ne de querre i treu ne pertuis,
Assez a faire et a penser
Avoie aus cordes desnouer ;
Rompre (pas) bien ne les pouoie,

Q. ot *T*, coloier *H* cotoier *B*, dit lors a penser *L*
et] a *H*, Commencay et a muser *A*, Considerer et presumer *L*
Et reg. *L*, Et a reg. le m. d. *H*

q. grant p. *B* q. ie pitie *LM*, q. p. ie au. *M*¹*G*
q. ie ne d. *BM*¹*LMH*

pa sa *T*

pres *TAM* prests *H*

colloyant *H*, T. c. loisel melencolie *L*
Va ca et la querant sa vie *L*
quen las *M*

quest engl. *L* q. auugle *A*
bougeon *A* bouion *M*¹*M*, Ou dun boullon tantost tue *L*
quanquil p. *T*

pas] mie *M*

com il mauint *L*

En] Et *A* Ou *M*, pertruis *T*
En] Et *B*
q. ge ne v. *L*
men s. *T*
Soudain. o*L* Soubdain. *H* Soubtiuement *A*
Arr. fu et esb. *L*
Et gr. au c. *L*
—a *A*, a] de *L*, A parler a R. *H*

—i *MH*, querir treu *M*, Ne de y (d'i) q. treu *AL*, pertruis *T*

Auoies *T*

220   Le Pelerinage de Vie Humaine.

Quar fort com Sanson (pas) n'estoie. 7050
(Une) vieille laide et hideuse
Contr(ef)aite et malgracieuse,   —et *L*, maugracieuse *G*
Que ne vëoie pas devant
Pour ce que me venoit suiant,   quel me *L*, suyant *A* suiuant *H*
Les cordes et les las tenoit   7055
A une main et empoingnoit.   et] en *M*[1]

Quant me retournai et la vi,   et] ge *L*
  Plus que devant fu esbahi,
Quar (je) la vi toute moussue,   —je *L*
(Et) de mousse toute pellue,   7060   pellue] uelue *L* velue *G*
Orde et noire et ville et sale ;   noire v. *AM*[1]*L*, vil *TM* vile *A* vieille *H*
Laide chose fust en sale   fu *T*, Orde ch. ce feust *H*, Moult laide ch. f.
                      MM[1], Ce fust moult l. ch. *LG*
Qui li vëist venir dancier.   —li *T*, lui *A* la *H*, venir et troter *L*
Une coingnïe a un bouchier   O la coingnee *L*
Pour asso*m*mer pourciaux avoit   7065
Dessous s'aisselle et si portoit   Dessus *T*, laissaille *A*
Cordes en (un) fardel liees
Au col et enfardelees.   Au] A son *to*..., enfardellcez *H*
(Bien) cuidai, quant vi la maniere,   la lumiere *B*
Que *fust loutriere* ou louviere.   7070   Que loutriere fust *to*..., loutr.] lourriere *L*,
                     louv.] louuetiere *A*
Tiex troussiaux ai veu aus louviers   loutriers *TA* lurriers *L*
Qui sont au roy et aus loutriers.   a roy et a l. *H*, au r. ou au louuiers *TA*,
                    aux liurriers uiers *L*

Le pelerin   "Qu'est ce, dis je, vielle puant?
parle.   Que me venez vous ci suiant ?   venez ycy suiuant *H*
Qui estes vous et par quel droit   7075   Q. est v. *T*
M'arrestes vous ici endroit ?
Ne deussiez pas ainsi venir   deuez *TA*, Vous ne deussez pas venir *L*,
                     —pas *P*[2]
Sans parler et vous estoussir.   et] ou *G*
Bien p*er*t quë onques ne issistes   nisistes *T*, quonques niss. *A*, Bien parest q.
                     o. nis. *L*, B. voir p. *M*[1], B. p. q. o. vous
                     nis. *MG*
De bon lieu ne ne venistes.   7080   De nul bon l. *LM*[1]*MA*

Le Pelerinage de Vie Humaine.

Fuiez de ci et me laissiez	Fuyez dicy *AT*, Finez *H*
Oster ces las d'entour mes piez!	Ostez *LM*
Ne sui pas gerfaut ne faucon	Ne se griffon ne f. *L*
Ne esprevier n'esmerillon	Nesp. ne esm. *A*, nesmir. *M* ni esm. *L* ne merill. *B*
N'autrë oisel a fauconnier 7085	
Pour moi de giez ainsi lier."	de ges *M* des ges *B*

Peresce parle.

Adonc la vielle respondi:	respondit *L*
"Par mon chief, dist ellë, ainsi	ainsit *L*
Com cuides pas n'eschaperas;	Comme cuides nesch. *L*, nesch. *G*
Mal y venis, a moi l'aras. 7090	Mar *M*¹, Mal y vins *A*
Vielle puant m'as *clamee*,	clamee] appellee *to*...
Vielle sui (je), mes mesnommee	—je *A*
M'as de ce que puant m'as dit,	
Quar puant ne sui pas, ce cuit.	ne se pas *L*
En maint biau lieu ai ore este 7095	mains beaux lieux *A*
Et en iver et en este,	
Couchiee en chambres d'empereurs,	chambre *A*
De rois et d'autres grans seigneurs,	
Et en courtines d'evesques,	Et] Couchiee *to*...
D'abbez, de prelas et (de) prestres 7100	
Que onques mes puant nommee	Qui o. *A*
Ne fu (en) nul temps ne clamee.	
Dont te vient il, comment osas	ten *T*, —il *A*
Ainsi parler qui en mes las	
Ez arrestez et enlaciez? 7105	Es *M*, Et arr. *B*
Je croi que bien seroies fiers	
Et malement (tu) parleroies	
A moi, se cheu n'i estoies;	estoie *T*, si au chemin est. *L*, se cheu ni est. *changed by the illuminator into* se eschappe mest. *o*
Et pour ce, puis que je t'i tien,	Et] Mes *LM*¹, ti] te *TBM*¹*LM*, Et p. ce que je te y t. *H*

7099.—Or: *Mise* en courtines d'evesques.

Je croi que m'en vengerai bien, 7110	merra *T* metrai *LM* metterai *B*
Je te merrai ja en tel lieu	
Ou te ferai croirre en mon dieu."—	faire *A*

Le pelerin parle.
"Vielle, dis je, qui estes vous   Vielles *T*, Belle d. *L*
   Qui avez si le cuer estous?   —le *T*, le cuer si *MH*, si le c. si groux *L*, escous *G*
Dire vostre non dëussiez, 7115
Puis qu' ainsi vous me menaciez."—   que ainsi me men. *L*

Peresce parle.
"Certes, dist elle, je vuel bien   ic le weil b. *T*
Que ne te soit cele de rien   nen *T*
Mon non, *qui sui*, de quoi je serf.   qui sui *TABM¹LM*, qui sui] dist elle *toH*, dist elle et de q. ser *H*, sers *G*
Fame sui au bouchier d'enfer 7120
Qui li amaine par cordiaus,   par ces cordiaux *M¹*
Aussi com se fussent porciaus,   Ainsi *AH*, se] ce *M¹*
Les pelerins quë arrester   que] et *B*
Je puis par les piez et lier.   pues *T*
Mains li en ai piec'a menez 7125   Maint *L*, —en *A*
Et en merrai encore assez,   metrai *o*, Et meneray e. a. *H*
Des quiex le premier tu seras,   tu] en *B*
Se ne m'eschapes de mes las.
Pour ce ving ainsi lier toi   vieng a. *B*, vi ausi *M*, ainsi ving *M¹L* ainsi vieng *TAH*
Repostement et en recoi; 7130
(Quar) s'autrement fusse venue,
Bien cuidasse avoir perdue   B. ie cuid. *M*
Ma paine, quar dela passer
Vouloies et toi en aler.

Je sui la vielle qui me gis 7135   Ge se la *L*, qui maingis *M*
   Avec les enfans en leur lis,   leurs *TAH*
Qui sur l'autre coste tourner   sus *L*
Les fais et eus envis lever;   fas *T* faz *M¹*
Je sui nee pour eus bercier   Ge se *L*
Et pour eus faire soumeillier, 7140
Pour eus (re)clorre la paupiere   eus] lour *L*

Le Pelerinage de Vie Humaine. 223

Que il ne voient la lumiere.
Je sui celle qui dormir fas
Enmi la nef dessouz le mas
Le gouverneur, quant a perdu 7145
Son gouvernail ou l'a rompu,
Combien que soit enmi la mer
Et que le[s] vens voie lever ;
Puis perdue chevissance
(Tout) li fas metre en nonchalance, 7150
Tout laissier perir et farder
Et sa nef en peril aler.
Je sui celle qui sans fouir
Fais en gardins chardons venir,
Ronces et orties lever 7155
Et cauquetrepes sans semer.
Par maintes fois avenu m'est
Que ce qui a faire estoit prest
A l'endemain (je) l'estuioie
Et (puis) aprez rien n'en faisoie. 7160
Volentiers tout generaument
Au temps a venir je m'attent
Et par moi a souvent este
Maint bon ouvrage retarde.
J'ai nom Peresce (la) gouteuse, 7165
(L') encrampelie, (et la) boisteuse,
(La) mehaignïe, (l') afolee,
(Et l') enfondue et (l') engelee,
Et s'autrement me veus nommer
Tristece me puez appeler, 7170
Quar de quanque voi (il) m'ennuie.
Et (tout) ausi com se defrie
Mole *tant que* n'a que moudre

Et *se* fait farine et poudre,

ilz *AHG*
—7143 *M*, faz *M*¹
—7144 *M*, En mye *T*, les mas *M*¹, En la mer soubz les gouuernais *L*
—7145 *M*
—7146 *M*, ou est r. *L*
—7147 *M*
—7148 *M*, le vent *H*, lever] venter *L*
—7149 *M*, Puis] Aprez *to*..., Apres perdre ch. *H*
—7150 *M*, non chalance] oubliance *BL*
—7151 *M*, peril *B*, Laiss. perir et affonder *L*, et affondrer *A*
—7152 *M*, Sa nef et en p. a. *L*
fuir *T*
fas *TM*¹*G*, en] es *G*
Et r. e. o. *G*
quauquetrepes *M*¹*B* quanque apres *T* canquercepes *M* chauchetrappes *H* chauchetrappes *A* caudestrepes *P*²
De ce qui *AM*¹, que *H*
lestoueaie *L* lestiuoie *B* leschiuoie *M*
ne *TM*

—je *TA*, A. t. aduenir *G*

—et *TAM*¹*LM*, Lentrempelie *o*, La crampelie la bouetouse *L*, Lancrepelie *A* et la folee *B*
—Et *ALGH*, et la gelee *M*

puez] veulz *A*

ainsi *AH*, defruie *M* destrie *T*
tant que] tournant qui *toTBM*¹*LMH*, Meule *G* M. molant qui *A*, na q. morre *M*, na q. mieudre *L*
se] de soi *to*..., f. ou p. *L*, porre *M*

Ausi ie me vois defriant 7175
Par ennui toute et degastant.
Rien ne me plaist, së a mon gre
N'est fait et a ma volente.
Et pour ce qu' ainsi m'ennuie,
Porte je ceste coignïe. 7180
Ennui de vie l'appelle on,
Qui ausi com mache de plom
Estonne et assomme la gent.
C'est la coignïe proprement
Dont jadis Helye assommai 7185
Souz la genevre et aplommai.
Se n'eust este le haut pendu
Par qui ·II· foys excite fu,
Pour puissance quë il ëust,
Point eschappe il ne me fust. 7190
De ceste coignïe (j') assomme
(Les) clers au moustier et aplomme ;
Si pesans et si aplommes
Les fais que, s'estoient pesez,
Vendre les pourroit on a pois 7195
Et un en peseroit bien ·III· ;
Nul n'en espargne que (je) puisse
Assommer ne que je truisse.

Ces las ici et ces cordiaus
Dont es lies de mes bouiaus . 7200
Sont fais et pour ce fors il sont,
Tirer pourras, point ne rompront ;
Ne sont pas cordes de Clervaus,
Ains furent faites a Nervaus,
Toutes noires, (et) denigrees, 7205

A. me voy d. *T*, Ainsi men vois je d. *H*,
   destruiant *M*
—7176 *o*, tout *T*, degratant *H*
Rien] Bien *AH*, a] en *M*¹
et] ne *TAM*¹*H*
il menn. *oTBM*¹*LM*
yceste *M*, Porte auec moÿ c. c. *M*¹*GL*, P. je
   auec moi c. c. *A*
lappellon *A*
ainsi *M*, masse *oTABMLH*

le *LM*, la geneuure *B*, et plommay *H* l'aplo-
   mai *G*
este] ceste *B*, le le h. *M*¹, pennu *TM*¹*LH*

poiss. *M*¹, quil *A*

—j' *A*, iassommai *B*
et aplommai *B*

—fais *A*
Vendroit *H*, a] au *TAM*¹*GL*

ie truisse *L*
A assommer *AL*, A. ass. ne q. ge puisse *L*,
   nul ne q. *M*¹, ie y tr. *M*

ses cord. *T*
Donc est *H*, bouraus *B*
—fors *T*
nen *H*, Fors tirer *T*
pas de cordes *T*
fais *T*, nerueaux *H* neruaux *G*

7185-7190.—Cf. III. Reg. 19, 5-7.

Le Pelerinage de Vie Humaine.

(Et) de mon ventre dirivees. derivees *T*
Se savoir veus comment ont no*n* : veulz savoir *AH*
L'une Negligencë a non, a a non *M*[1]
L'autre est Laschete no*m*mee Li autre *L*
Et Fetardie (la) pasmee. 7210 fetasdie *T*
Mol(et)es sont, quar sont flaistries, Moletes *toTBM*[1]*LH* Molestes *AM,* quant *L*
(Et) tresalees et blesmies ; blemies *H*
Telles les fis pour bien lacier lassier *T*
Et pour forment entortillier,
Pour faire la gent arrester 7215 les gens *L*
Sans point leur robe desciter. robes *MH,* dessirer *TAG* escirer *L*
Se je di voir, tu le sez bien, —7217 *H*
Quar par elles ·II· je te tien. —7218 *H,* —te *B,* Q. p. les ·II· pies je *o*

De celles que (tu) vois troussees celle *T,* celle q. t. v. troussee *M*
   A mon col et (en)fardellees 7220 En mon *L,* affardelees *L*
Quant a maintenant je me tais
Et a une autre foiz le lais ; Et par u. *M,* un *L,* je le lais *A* les *G*
Tout a temps ens te trouveras
Entortillie et sentiras. Entortilliees *A*
D'une sans plus je te dirai 7225
Pour ce que plus m'efforcerai
De toi dedens li encorder le *L,* —li *A*
Quë es autres et arrester.
Celle corde par son droit non
No*m*mee est Desperation. 7230
C'est celle ou fu Judas pendu, pendus *A*
Quant ot trahi le roy Jhesu. Jhesus *A*
C'est la corde au bourrel d'enfer bourel *T,* denfert *M*
Qui plus quë arrement est ner, errement *BM*[1], noir *ALM*
Celle dont il trahine et pent 7235 traine *BLM,* trainne *A*
A son gibet ceus qu'il sousprent.
Je la porte aval le païs,
Quar le bourrel le m'a co*m*mis, bourel *T*

A fin que, se truis aucun fol,
Hart je l'en face entour le col   7240
Que li trahine et li maine
Et que il ait male semaine.
Or regarde, së a bon port
T'a amene le vent de Nort,
Se bien t'a servi de guile   7245
Huiseuse qui *est* ma fille !
De ca elle t'a fait venir,
Tu i mourras, se je ne muir."

se] ce *T*
ie le fas *T*, ie li f. *L*, H. lui en f. *H*
trainne et mainne *A*, Q. ie li t. et m. *T*, Q ie li t. et li m. *LH* lui t. e. lui *G*
quil *T*
regart *A*

Et se b. *M¹LMH*
est] se dit *to*..., Oyseuse *G*, q. se dit estre ma f. *B*

Le pelerin parle.

Quant ot la vielle ainsi parle
De son mestier et sermonne,   7250
Par grant despit je li redis :
"Vielle moussue, il m'est avis,
(Que) rien ne vaut vostre acointance.
Laissiez m'aler, (quar) destourbance
Me faites et avez ja fait."   7255
Adonc la coignïe elle traist
Dessouz s'aisselle et m'en feri
Si grant coup que jus m'abati.
Se j'eusse ëu mon haubregon,
Bien m'eust este lors de saison,   7260
Quar le coup dont je fu feru
Mortel estoit, se n'eusse ëu
En mon escherpë avec moi
De l'oingnement que fait le roy ;
C'est l'oingnement espe*r*itel   7265
Que ne set faire ho*m*me mortel.
Celui en m'escherpe avoit mis
Grace de Dieu, quant je la pris ;
Bien savoit que mestier m'aroit
Et pour ce mis le m'i avoit.   7270

Q. la vieille ot *H*

P. quant despis *T*

Laissier *B*, descombrance *A*

trait *AM¹H*, elle a trait *L*
me *AH*, ferit *A*
abatit *A*
eu lors m. h. *H*

dom il fu *L*
eus *A*
auecques *H*
De longuement *T*, fist *L*
Cest oign. *L*, espirituel *AH*

Grace Dieu *BL*
B. souuent q. m. mauoit *A*

Le Pelerinage de Vie Humaine. 227

"Haro ! dis je, quant jus me vi,   Halas *L*, vis *A*
Biau sire roy Jhesu, merci !   roy] dieu *H*
Mort m'a ceste vielle estrie,   celle *A*
(Et) assomme de sa cognïe.
Se de vous n'ai secours prochain   7275
En moi ne voi point de demain.
Aidiez moi et [me] secourez   et me secorreiz *M*
Et de ce peril me getez !"   cest *L*

Ainsi com (je) me complaignoie
Et qu'en plaignant (jus) me gesoie, 7280   Et que pl. *T*, jus] je *G*
La vielle mist jus son fardel
Et vout, dont pas ne me fu bel,
La corde au bourrel desploier
Pour moi entour le col lacier.

Peresce parle. "Cuides tu, dist elle, eschaper   7285   Par, par *H*, Pour te pl. et pour crier *L*, pl.] braire *B*
Pour ton plaindre et pour ton crier ?
La corde au bourrel te metrai
Entour le col et lacerai
Et (puis) apres trahinerresse   train. *L* trainn. *A*
Ier de toi et penderresse,   7290   Ier] Serai to..., penderesse *HG*
En ce fait bien m'avouera   fait] faisant *H*, mauoura *A*
Le bourrel et bien li plaira."   —7292 *T*, Le b. quant il le sara *L*, et] quar *G*

Le pelerin parle. Quant j'oui tel menacement   tel] ce *AP²*
Et je vi bien l'aprestement,   —vy *B*
De mon bourdon il me souvint,   7295   il] lors *M¹*
A li m'ahers, cuer me revint.   ma hers *B* maher *T*, Et li maluaiz cuer me r. *L*
A II mains l'empoignai et pris
Et m'i apuiai et tant fis   apoiai *L*
Que, si com si me relevai   si com je me r. *AL*
Sus mes piez et me redrecai,   7300   Sur *AM¹*, —me *A*, Sus mes II p. et r. *L*, red (thus unfinished) *T*
Vers la haie m'en voul fouir ;   vous *T* voux *ML* vouls *B* voulz *AH*
Mais la vielle de moi suir   suiuir *H*
Ne fu (pas) lente n'endormie.   ni end. *o* ne dormie *T* nesbahie *L*

Aprez moi a(tout) sa coingnïe   otout *L*
S'en vint et me retint aus las   7305   au *AB*, retrest *L*
Dont despechie n'estoie pas.   despecie *M*¹*G*
"Arriere, arriere ! a elle dit,
Ne t'en vas pas encor, ce cuit.
Rien ne t'i vaut le tresculer ;   treculer *M*¹ resculer *L* reculer *G*
La haie te faut oublier,   7310
A ma coingnïe et (a) mes cordes
Faut que de touz poins (tu) t'acordes."   —tu *TA*
Ainsi elle me rachassa   rachaca *M*¹*G* rechaca *H* resacha *LM*
A sa coingnïe et me sacha   O *L*, A la c. *TAM*¹, saccha *A* chassa *M*, et retourna *L*
Par les las que j'en portoie   7315   q. je port. *H*, q. ie comport. *M* je emportoie *G*
Et qu'apres moi (en) trahinoie.   en] a *H*, jentrainn. *A*
Dolens estoie grandement
Et mont me doutoie forment
Que de la corde au(s) faus Judas   aus *to* au *TABM*¹*LMH*, Que que la c. *T*
Entour mon col ne fëist las.   7320   ne] me *AL*
Toutevoies pour ce qu'a li   Toutesu-s *A*
Du tout en tout jë obei,
Elle a son col la retroussa   le troussa *A* les retr. *MH*
Com devant et m'en deporta ;   me d. *TLH*
Les autres lessa jus aler   7325
Et jus a terre trahiner,   Et a la terre tr. *L*
(En) disant que, se me trahaie   men *M*, traihaie *M*¹ trahoie *TM* traioie *AH* treoie *o* treaie *L*, me retrahie *B*
Tant fust pou (par) devers la haie,
Elle tantost les reprenroit   reprenoit *A*
Et a li me resacheroit.   7330   le me recacheroit *L*, rachaceroit *G*, Et lui me rechasser. *A*

Ainsi le fist comme le dist   comme elle d. *LGMH* dit *M*
Et bien tint ce qu'elle promist :   tint] tout *A*, ce quel me pr. *L*
Toutes foiz que vouloie aler
Vers la haie et la retourner,   la] y *H*
De menaces m'espoventoit   7335
Et la coingnïe me hochoit ;   hauchoit *H*

Le Pelerinage de Vie Humaine.

Les las hochoit et me sachoit	h.] prenoit *TALM*[1]
Et de la haie m'esloignoit.	

<small>Le pelerin parle.</small>

Ainsi qu' ainsi m'en aloie	qu] come *to...*, me al. *T*, A. come ge men al. *LH*
(En) moi esloingnant de la haie 7340	
Comme la vielle me faisoit	
Aler quel part qu'elle vouloit,	quelle part *T*
Sur le pendant d'un val hisdeus,	du v. *B*, hideux *TAH*
Lait et parfont et tenebreus	L.. hideus et p. et t. *B*
·II· autres vielles (mont) hideuses 7345	mont] vi *M*, vielles vi mont h. *B*
(Et) qui me furent merveilleuses	
Vi qui venoient a moi droit ;	venoit *BM*[1]
L'une a son col l'autre portoit	a] en *L*
Dont celle qui' estoit portee	
Si grosse estoit et (si) enflee, 7350	
(Que) sa groisseur passoit mesure ;	messure *T*
N'estoit (pas) euvre de nature	
Si comme arguoit sa facon.	Si com le moustroit *L*
A son col portoit un baston ·	En sa main tenoit un b. *L*
Et une corne u front avoit 7355	u] en *M*
Par quoi bien fiere se moustroit.	
En sa main tenoit un cornet	
Et a escherpe un grant souflet	a] pour *AM*[1] en *MH*
Portoit et *ert* atournee	ert] estoit *to...*
D'un blanc mantel et *paree*. 7360	paree] afublee *to...*, afflublee *M* afulee *B*
Uns esperons avoit chaucies	chaussiez *A*
A bec de gai bien apointies.	jay *L*
Bien sembloit que fust maistresse	fu *T* fuit *M*, Trop bien s. *M*[1]*GL*, B. s. quelle f. m. *H*, B. s. estre m. *B*
(De) la vielle, sa porteresse ;	veille la porteresse *v*
Aler la faisoit ou vouloit 7365	
Et elle un mirour li tenoit	Et celle *L* mireur *BM* mirouer *TA* miroir *H*, —li *LH*
Ou elle *miroit* sa face,	miroit] regardoit *to...*
(Et) son semblant et son visaige.	

Quant ces ·II· vielles ainsi vi, [7370
"Qu'est ce, dis je, dous Diex, merci!
En cest païs que vielles n'a
Et vielles ca et vielles la.
Ne sai, (se) sui [je] en Feminie
Ou fames ont (la) seigneurie.
Se par elles je sui tues, 7375
Miex me vausist estre mort nez ;
Dolent trop plus en seroie,
Que s[ë] en guerre (mortel) mouroie !"

—je *B*, doulz Diex di ie *M*
ce *AH*, vieille *L*
vieille ca et vieille *M*

femenie o*M*¹*LMH* femmie *T*

—7375 *A*, je se tue *L*
—7376 *A*, —me *B*, vendit *L*, morneiz *M*
—7377 *AT*, trop] assez *to*...
—7378 *A*

Adonc une vois vint a moi,
Qui estoit si com je pensai 7380
De Grace Dieu, qui me dist haut :

Grace Dieu. "Desconforter rien ne t'i vaut.
A ces vielles bataille aras
Ou sans bataille t'i rendras.
Tu es entre en leur païs, 7385
Nul n'i entre qui assallis
Ne soit d'elles et guerroie,
Soit a cheval ou soit a pie.
Pour ·II· ou ·III· ne soies pas
Esbahis, quar tu trouveras 7390
Asses des autres ci apres
Qui te vourront tenir de pres
Et bien te di que së armes
N'es autrement et atournes,
Vilainement traitie seras, 7395
Ja si bien ne t'en garderas."

ne te v. *M*
baitaille *T*
te *M*

entrer *B*
que *A*

quar] quant *M*¹
daultres *A*

Ni es *L*, et] ny *AH*
traitie tu s. *T*
ti g. *TA*

Le pelerin. Adonc li dis je : " Je vous pri
Que me dites qui sont ceus ci
Que je voi ci de pres venir
Et qui me font si esbahir !" 7400

si] ci *T*, tout *H*

Le Pelerinage de Vie Humaine.

Grace Dieu.

"Tu, dist elle, quant tu vourras,
Tout a temps leur demanderas ;
Ainsi qu'elle qui te maine
Par ses cord(ell)es et pourmaine,
T'a dit quë elle est, tout ausi   7405
Te diront sans mentir ceus ci
Qui elles sont, quar ordene
Ainsi leur ai et commande."

Ainsi comme j'entendoie
A la vois que haut oioie,   7410
La vielle qui la corne avoit
Et qui sur l'autre chevauchoit
S'en vint a moi tout droit poignant
Sur l'autre vielle esperonnant,
Son cornet prist et en corna   7415

Orgueil.

Et puis me dist : "Attent moi la !
Mal i venis, rent toi tantost
Ou a un coup voiz te la mort !"—
"Qui estes vous, dis jë a li,
A qui me doie rendre ainsi ?   7420
Se vostre nom (je) ne savoie
Ja (mais) a vous ne me rendroie."—

Orgueil parle.

"(Et) je le t'apenrai, dist elle.
Tu dois savoir que (je) sui celle
Qui des vielles (sui) apelee   7425
[Sui] la plus *vielle* et clamee.
Si vielle n'i a com je sui,
Je *m'en* vant bien, pas ne le ni.
Avant que li mondes fust fait
Ne que le ciel fust tout *par*fait,   7430
Ou ni du ciel (je) fu couvee
Et conceue et engendree.
Un oisel quë on apela

Lors me d. e. *L*, tu verras *M*, q. y venras *H*
Touz *M*¹
qu'elle] com celle *to*..., Aussi *M*¹*GL*
Pour *B*, ses] les *M*, et parmaine *H* et demaine *L*
qui *AG*, qui elle est sans faillir *L*
Le te diront il sans mentir *L*
ordonne *G*
Leur ay ainsi et c. *L*

la] celle *to*..., ouoie *H* ouaie *L*
la] sa *A*

Atens *TAH*
vencis *B*, rend *H* rens *A*
Ou en c. *A*, voy *GH* vez *M*

cui *T*, doi *M*¹ doige *L* dois *A*, ausi *M*

ta prendre *L*

Sui *G*, vielle] ancienne *to*...
Ni a si v. c. *L*
men *TBLMG*, ni] vi *B*, p. ne la vi *M*¹, b. et le te di *L*
le monde *G*
Et q. *TL*, perf. *A*
Eu *G*, nic *A*

Jadis Lucifer m'i couva.   me c. *TH*
Onq(ues) si mauvaise couvee   7435   cõuee *B*
Ne fu dë (nul) oisel couvee,   cõuee *B*, —de *A*
Quar si tost com esclose fu
Et que je vi et ape*r*cu   —je *A*
Mon pere, si fort le souflai   lensoufflay *H*
De cest souflet qu'avec moi ai   7440   ce *TH*
Que du haut ni jus trebuchier   Quant *M*¹, dun *o*, nid *A*, ni] vi *T*
Le fis et en enfer plungier.   fie *A*
Blanc oisel par devant estoit,
Noble, gentil; plus reluisoit   N. et gentis *L*
Quë le soleil en plain midi.   7445
Or est maintenant si noirci,   nerci *L*, ainsi nerci *o*
Si sale devenu et ort   et si ort *H*, et d. si ort *G*
Que plus est lait que n'est la mort.   plus lait est q. *L*
En mer est devenu pescheur   peschours *L* pescheeur *A*
Et d'oisiaus et bestes preneur.   7450   doÿseles *A*, et de b. *T*, Doiseaus et de b. p. *LH*
Ici aprez bien le verras,
Quant selonc la mer t'en iras.   Q. par la mer tu ten i. *L*

Or te di, quant je l'o ainsi   loz *A*
  Mis et boute hors de son ni,
Avec li je trebuchai jus   7455   Ouecques lui treb. *L*
Ne u ciel ne demourai plus;   Et ou c. *TL*
En terre ving qui de nouvel
Estoit faite dont pas mont bel
Ne me fu, quar 'I' euvre i vi   vn euure *TL* vne e. *o AM*¹*M*, car ie euure
Qui faite estoit pour haut au ni   7460   j vi *B*, car vn homme y vy *H*
Monter, dont chëue estoie   fait *H*, par *A*, au] ou *H*, pour h. amy *L*
Et (dont) mon pere fait avoie   dont ie ch. *M*
Jusqu'en abisme trebuchier.   en labisme *L*
Quant je vi ce, que couroucier
N'ot en moi, pour quoi me pensai   7465   me] ie *TB* men *G*, ma pensai *A*
Que, se pouoie, sans delai   Q. si ge p. *L*

Le Pelerinage de Vie Humaine.

Aussi cheoir je le feroie,		Auxi *G* choair *L*
(Et) de monter l'empescheroie.		
Ainsi com le pensai, le fis ;		Auxi *G*
A li m'en vins, mon souflet pris,	7470	ving *L*, me ving *T*
Si (le) souflai en sa pensee		Si] Et *B*, souffle *A*
Et (si) li fis sa pance enflee		—si *ATH*, Et se li f. la p. *B*, pense *oT* pensee *A*
Qu'avis li fu, së il mengoit		
Du fruit qui deffendu estoit,		def. li est. *A*
Ausi com Dieu son souverain	7475	Ainsi c. *H*
De science seroit tout plain.		
Par ceste voie surpris fu		souppris *TAM¹H*
Du tout en tout et decëu,		
Et pour ce fu il hors chacie		fors ch. *M*
De paradis et estrangie,	7480	
Son avantaige ausi perdi		ainsi *M¹LH*, perdit *A*
De monter et aler au ni.		nyd *A*
Quant j'o ces ·II· enfances fait		joz *A*, faites *T*
U temps qu' avoie dens de lait		
Et qu'en enfancë (encor) estoie,	7485	
(Je) me pensai qu'encor feroie.		men p. *T*
Assez de maus mains fait en ai		maint *MH*, fais *oA*, A. de maus fait en ai maint *M¹*
Et fais touz les jours et ferai.		fas *G* fay *H*, Et faz t. j. et ferai maint *M¹*
Je faz et pourchace (les) guerres		
Et fas les seigneurs des terres	7490	Et si faz *M¹GL* Et se f. *M*
Entre eus avoir dissentions,		Entreulx *yH*
Descors et indignations,		Des corps *oL* Discors *gH*
L'un l'autre deffier souvent		diffier *g*
Et envair par maltalent.		envahir *H* enhair *A¹* en vıcr *L*
Je sui dame et condui(sser)resse,	7495	conduiresse *H¹* conduieresse *L* conduierresse *A¹* conduiserr. *A*
Che(ve)taine et conestablesse		connestableresse *A*
Des estours et chevauchïes		Des] De touz to... et] es o, De toutes routes et ch. *L*
Ou (sont) banieres desploiees		
Sont et heaumes et bacines,		Sont et] Ou sont to...

Timbres et vestus velues 7500
A or batu et a argent
Et a autre cointoiement.
Nouveletez se font par moi,
Plus en fais assez que li roi.
Je fais chaperons pourfilez 7505
De soie et or entour listez,

Chapiaus hupes et haut crestus
A marmouses cocus locus,

Estroites cotes par les flans,
Manches a penonchaus pendans, 7510
A blanc surcot rouge manche,

A col et poitrine blanche

Cote bien escoletee
Pour bien estre regardee ;

Vestemens trop cours ou trop lons, 7515
Trop grans ou petis chaperons,
Estiviaus petis et estrois
Ou grans dont on feroit bien ·III·,
Greille cainture ou large trop
Dont se cointoient neiz li clop, 7520

Li boisteus, li espaveignie,

Borgne, bocu et mehaignie :

Tex choses fas pour ce que veul
Que chascun ait vers moi son eul,
Que soie dite sans pareil 7525
Et singuliere en apareil,
A fin qu'aie de touz le pris
Et qu' a moi nul ne soit onnis ;

—7500 H^1, T. uestuz et ueluez L, velueiz M
et argent T_y
Et autre c. g, convitoiement P^2
Nouallitez L Nouuelles A
fas TM^1, le roy $aAGgyH$
pour filles M^1H, ch. seur filez B
et] a M^1, et dor H^1 et a or G, et dor c. lacez A, et or entour lissez y, et a or tous lissez H, et a or listeiz M, De s. ent. a or l. A^1L, Dor et de soie ent. liez g
hauz et cr. L, et ans trestus g, haut rocus H^1
mermoset M, cotus B quocus yH crocus GH^1, A m. entour l. A^1L, A meruille en est c. l. g
Estraites A^1L, coutes g costez T
Manchez et p. A, penoncialx a p-chiaus o
Et a bl. M^1A^1L, Et en bl. M, a rouge H^1, blans secoz r-s m-s L, sourcot r-s m-s T surquot r-s m-s G
et a p. aAM^1GLMH, A coulz et a p-s bl-s L, Large coulet a p. bl. g, Et cotte a pointure bl. H^1
—7513 M, escoltee o escotelee H^1, Et cote M^1GA^1L, C. tresbien e. H
—7514 M, estre bien gyA^1LH, P. mieulx estre A, P. tresbien e. H^1, Tout pour M^1GA^1L
ou] et H^1

et] ou yH
bien crois T
gresle AG
neiz] nez BM nes M^1G nains A, meimes A^1, Tout se c. iusques li c. H^1
espaingnie B, et li esmongnongne A, Les bouetoux et les bocez L
B. crouchu u m. H^1, B-s eschamans m-z L, mesigne g
face T, T. ch. p. ce q. je v. yH
a moi A^1L, son vueil A
—7525 M, Et a singulere et a plureil H^1
—7526 M, 7526 = 7525 H^1, en] ou B

soit enuis g, Et que touz me soient souzmis A^1L

Quar de per et de compaignon
Je n'ai cure en nulle saison,   7530
Et tost le cuer me creveroit,
Se nul a moi s'aparioit.
Quanque je di, veul soustenir,
Soit bien ou mal, et maintenir.
(Et) ja mais ne rapeleroie   7535
(La) chose que mal dite aroie.
Avoir ne veul nul repreneur,
Nul maistre, nul endoctrineur.
(Au)si com het roigneuse beste
Estrille et teigneuse teste   7540
Pigne, aussi he enseignement
Et conseil et avisement.
Le sens d'autri ne prise rien,
Avis m'est que miex vaut le mien
Et que plus sai qu'autre ne fait   7545
Et qu'en nul temps rien n'est bien fait
Ne bien dit ne bien ordene,
Se de mon sens n'est pourpense ;
Et suppose qu' aucun fëist
Quel que chose bien ou dëist,   7550
Com bien que soit bien dit ou fait,
Puis que par moi n'a este fait,
Le cuer en ai si desdaigneus
Qu'a peu que ne se part en ·II·;
Seule vousisse avoir le los,   7555
L'onneur, le pris et bien dire os
Que triste sui, quant honnoure
Est autre de moi et loe.
S'aucun de moi sens plus petit
A, tantost je l'ai en despit ;   7560
Je di tantost que c'est nëens
Ou qu'est uns asnes crestiens.

et] ne *A*¹
Nai ie c. *A*¹*L*
Ou tost *A* Quar tout *L*
saparoit *g* sapparageoit *L* se comparoit *M*,
  Se nul per a moi se faisoit *aBG*
Tout ce q. di *L*

reprenours *L*
endoctrinours *L*

—7539 *g*, Ainsi *MyH*, roign.] teingneuse *M*¹
—7540 *g*, Paigne estrille et t. t. *L*, teign.]
  roigneuse *M*¹
he] hai je *A*, —Pigne, Aussi he ie ens. *M*¹*GL*

Et plus s. *oA*
Et nulz fors que ie bien ne fait *M*
—7547 *M*
—7548 *M*, m. sen nest appuie *L*
—7549 *M*, faist *L*
—7550 *M*
—7551 *M*, b. fait ou dit *H*
—7552 *M*, par] de par *T*, p. me nest dit ou
  f. *L*, na este dit *H*
—7553 *M*
—7554 *M*, Que poy quil ne se *L*, Que a pou
  que ne part *H*
—7555 *M*, loz *A*, les los *a*
—7556 *M*, oz *A* oux *L*
—7557 *M*, h-ree *a*
—7558 *M*, de] que *L*, louee *aH*
plus] bien *A*, —plus *o*
en] a *T*
neant *T* niens *MyH* riens *A*, quil ne soit
  rien *L*.

Se j'o qui que (soit) qui me loe,
Je fas semblant que (pas) ne l'oe
Ou je li di : "Vous me moquies,   7565
Pas faire ainsi ne dëussiez,
Je sai bien que si soufisant
Ne sui pas com alez disant,
Ma faute connois bien et voi,
Je ne sai rien, ce poise moi."   7570

Et sez tu pour quoi je le di
Et pour quoi (je) me humilie si?
Ne cuide pas que (je) le die
A tel fin c'on me redie :
"Vous dites voir, rien ne savez,   7575
Connoissance de vous avez."
Quar së ainsi on me disoit,
De dueil le cuer me creveroit,
Du glaive *forgie que* aroie,
Tantost occise (je) seroie ;   7580
Mes pour ce le di que je vuel
Qu'autrement soit tourne li trueil,
Quë il tourne si com devant
En mes honneurs destortillant,
Que de rechief (soit) confermee   7585
Ma loenge et recitee
[Soit], c'on die (dame) : sauf vo grace
Jusqu(es)' a Bouloigne la crasse
N'a nul ne nulle qui scëust
Faire ainsi com vous ne pëust.   7590
Vostre sens si est singulier,
A loer fait et a prisier,
Je le di sans moquerie
Et sans point de flaterie."

joi *A*, je oy *g*
fay *H*, loie *A*
dis *AH*, moquez *AL*
P. dire a. *TAM*, deuez *L*
suffis. *A*

Ma fame c. *o*, congnoy *H*
ce] se *o*

q. mumilie si *TAaM¹Lgy*
cuide to*TBM¹* cuides a*gy* cuidez *LM* cuidiez *AH*
tel] celle to..., c'on me] comme to*T* com me *M¹L* quon me *GH* com ne *A* quon ne *a*, que on me die *g*, —fin *B*

on] en *T* len *H*

7579=7580 *LG*, qui forgie to que forgie *GTA*...
7580=7579 *LG*, ie] me *gyH*
—7581 *M*
—7582 *M*, le *TAM¹H¹gyH*, le truill *g* le troel *H¹* le*n*trueil *A¹L*
—7583 *M*, Quar il *A*, si comme disant *H¹*
—7584 *M*, destortellant *T* descortill. *B* escourtill. *A*
conf.] desploiee *L*, Pour ce le di que confermee *M*
et confermee *L*, Soit ma lo. *M*
—die *L*, saulue vo *a*, saluo *g. H¹* s. voz *g. A¹*
Jusqua *B. TH*, le cr. *H¹* la grasse *TAA¹L M¹MH*, J. em babilone la cr. *o*
sceust] peust *H*
peust] sceust *H*, —ainsi *L*, ne le p. *A*

Je vous di *A*, Je le vous di *oaBM¹LMgyH*
sans nesune fl. *M¹G* s. nul autre fl. *L* s. aucune fl. *M*

7572a.—Et combien que si me humilie *A*.

Le Pelerinage de Vie Humaine. 237

Et (lors) quant j'o tex loberies, 7595
(Et) tieus venteuses sifleries,
De joie le cuer me halete
Et (me) sautelë et (me) trepete.
Enflee et pancue en devieng
Si com vois et de gros maintieng; 7600
Place me faut avoir plus grant,
Large chaëre et large banc,
Seule sëoir com(me) princesse,
Aler devant com(me) duchesse,
De gent estre environnee 7605
De loing sans (point) estre empressee,
Quar assez tost creveroie,
Se empressee point estoie;
Fiere sui lors come liepart
Et de travers met mon regart, 7610
De biais regarde la gent
Et par fierte le col estent,
Le sourcil lieve et le menton
En faisant roe de *paon*,
Des espaules espauliant 7615
Et de mon col vois coliant,
Toutes mes jointes jontoier
Et tous mes ners fas cointoier.
Je sui l'escume qui floter
Vueil sur la bonne eaue et noer. 7620
D'autrui bien vuel faire eschaufaut
Et moi metre com singe en haut.
En moi n'a que vent, (et) fumee
Et sui com vecie enflee
Qui' en soi n'a que punaisie, 7625
Quant on la crieve ou (la) deslie.

joy *AH*
Et ces v. chiffl. *M*, chifleries *L* flateries *M*¹,
ventences et sibleries *A* vancences si
flouries *g*
alette *g* balete *o*, men trop hal. *T*
tripete *agyH* tropette *M*, et me uolete *L*
pansue *aBGLyH* penssiue *g* panace *M*
grant m. *L*

chere *g*
soir *g* seoit *y*
—7604 *M*¹
—7605 *M*¹, Estre de gent *to*..., avironnee *G*,
gens avironnee *L*
—point *yH*, estre pressee *aMyH*
t. je cr. *G*
j estoie *G*
lors com vn lipart *BL*, —lors *gyH*
mest *g*
bies r. les gens *L*, bioix *M*, je regarde *H*
fierete *A*, estens *L*
Les sourcilz *L*
r. de paon *AyH* r. de lion *toTaBM*¹*GLMg*,
fisant *g*, roye *T*
De mes espaules *o*, espaulaient *g*
coloiant *H* coleant *L* coloient *g*
jentoier *M*

—7619 *M*, flotoier *g*
—7620 *M*, esue *L*, noier *g*
—7621 *M*, eschafaut *TAH*
—7622 *M*, Et m. metre assiege en h. *A*
nay *gyH*
Et] Ausi *toTaBM*¹*GLg* Ainsi *AMH*
Qui na en soi *to*..., punesie *gvH* punaisiee *B*
pugnasie *M*
ou deslie *GLyH*

7614.—For *paon* see 7771, 7772.

238 *Le Pelerinage de Vie Humaine.*

Pour ma grosseur et m'enfleure
Mes piez ne voi ne m'aleure
Ne onques n'ape*r*coif ne voi
Enfermete qui soit en moi.   7630
Les defautes d'autri voi bien,
Mes de leur bien *ne voi je* rien ;
Et pour ce sui (je) moquerresse
(De) touz et escharnisserresse,
Nulle telle a Chastiau Landon   7635
Pour denier ne trouveroit on.
Anciennement couronnee
(Je) fu et roïne clamee,
Mais Isaie quant me vit,
Tantost ma couronne maudist ;   7640
Dolent *ert* quant la portoie
Et (quant) roïne dite estoie.

J'ai non Orgueil, la coint(er)elle,
  (La) fiere beste cornuelle
Qui pour la gent hurter ai pris 7645
Cornë en mi mon front et mis.
C'est une corne qui Fierte
Est apellee et Cruaute,
Une corne de unicorne
Qui' est plus cruel que bicorne 7650
Ne que cisel a charpentier.
U monde n'a pointe d'acier
Tant (soit) trempee ne moulue,
(Tant) apointïe ne ague
Qui cuer de ho*m*me pëust percier 7655
Ne ens entrer sans rebouquier,
Se ceste corne n'i aidoit
Et se la voie n'i faisoit.
J'en fas la voie aus apointons,

mon enfl. *yH*
voi me mal. *T*, mon al. *yH*, ge ne voy *L*
nappercoy *H*, Noncq. napp. ne ne voy *A*, Ne ge napperceif ne ne voy *L*
en] sus *L*

ne voi je r. *AM¹LH*, je ne voi r. *toGTBM*

encharn. *a*
au castiau laudon *H¹*, ch. laudon *AA¹*, chateau l. *L*

fu] sui *ML*

ert] estoit *to*..., que la p. *L*
Et que r. *L*

la cointele *oM*, —non *T*, Jay a n. *M*
cornuele *o* cornerelle *L*
Q. p. hurter la g. *A*
et] ay *H*

C'est vne c. *L*

—est *M*, Qui plus perce q. vnicorne *L* Qui plus est *G*

U] En *M*, point dacier *T*
nesmoulue *L*
T. soit a. *G* appointiee *A* apointee ny a. *L*, ni *o*
domme *AT*, puet p. *TH* peu p. *g*
Ni entrer ens *L*, rebouq. *toaBM¹M* rebouc. *GT* rebouch. *A¹L* rebuch. *gy* rebourcier *A* redousch. *H¹* trebuch. *H*

apoincons *g* poincons *AH*

Aus espees et aus fauchons 7660
Et a touz autres ferremens
Qui fais sont pour tuer les gens.
J'en hurte a destre et (a) senestre
Sans espargnier (ne) clerc ne prestre,
Et plus crueusement en fier 7665
Quë un tor tressauvaige et fier.
Et saches que ceus qui purgies
A leur pouoir de leurs pechies
Se sont, ceus assez plus forment
J'en hurte et plus crueusement. 7670

A vec moi je porte souflet,
Esperons, baston et cornet
Et sui vestue de mantel
Pour moustrer mon estat plus bel.

De Vaine Gloire. Mon souflet Vaine Gloire a nom ; 7675
Fait est pour aviver charbon,
Pour faire aus folz qui sont noircis
De viez pechiez et touz salis
Cuidier que soient reluisans
Et des autres les miex vaillans. 7680
Ce souflet en sa forge avoit
Nabugod(o)nosor qui disoit
Que Babiloine avoit fonde
En sa force et en sa biaute.
Les flamesches quë il getoit 7685
Moustroient bien quë ens avoit
De charbon grant avivement
Qui fait estoit par instrument.

A ussi com(me) le vent trebuche
Le fruit d(es)' arbres et desluche, 7690
Aussi le vent de ce souflet
Toutes vertus a terre met.

faucons A faschons M
t-t autret f-t M
Q. sont faiz L, fait T, la gent BM
Je hurte TAL

cruelment L

qui sont p. B

yceulx moult pl. f. L
Je h. T Les h. A, —et M, cruelment L

baton H
dun m. M
moustre T

nerciz L norris M
vielz A

les] lais M
force H, sa gorge H¹
Nabugoddon. A, q. forgoit o
avoie G

flammesches A, falemesches quil ietoit A¹L

com L, Ainsi A, v. nesbuche M
desluge A¹L desbuche H¹ tresbuche A
cest A
a terre] arriere A

240 *Le Pelerinage de Vie Humaine.*

Tout soufle jus quanqu'il ataint,
Nul bien devant li ne remaint.
Il desniche les haus oisiaus   7695
Et leur abat jus leurs pasteaus,
Perdre leur fait par (leur) folie
La soustenance de (leur) vie.
Së onques parler tu ouis
Du corbel qui tenoit jadis   7700
Un fromage a qui le regnart
Dist : "O, corbel, se Diex te gart,
Que me dies une chancon,
Desir ai d'ouir le douz son
De ta *gorgete* polie   7705
Qui miex vaut (que) de simphonie,
Plus volentiers l'orrai que son
D'orgue ne de psalterion ;
Si ne m'en fail pas, je t'en pri,
Quar pour ce sui je venu ci."   7710
Le quel quant il senti tel vent
Et tel enforcie souflement,
Le fromage plus soustenir
Ne peut, ains le laissa chaïr ;
A chanter se prist sans delai   7715
Com cil qui avoit le cuer gai,
Quar il cuidoit que le goupil
Dëist a certes, mais nennil.
De son chanter ne li chaloit,
Le fromage sans plus vouloit.   7720
Jl l'en porta si com li plut
Et ainsi le corbel decut.

Ce mesmes.   Par cest essample clerement
Puez apercevoir que le vent
Du souflet fait aus miex pennus   7725

Et nul b. d. li rem. *B*

deniche *H* desnige *GL*, —haus *A*, les haus]
    jus les *H*
pateaux *L* chasteaulx *A*

substance *A* constance *B*, de] et *M*¹
tu] en *A*, parler onques *H*, t. p. ois *G*
corbin *L*
fourmage *A*, renart *TAM*¹*H*
o] or *M*¹, au *oALH*, au corbin *L*
Que tu me d. *L*, Quar me die *TM*¹

gorgete] belle gorge *to...*
que de chifornie *L*

Dorgues *M* Dorgres *L*, ps.] sarterion *o*
me *TAH*, faul *M* faulz *AH*
ge sui *L*, venue *B*
—il *oAB* il] a *G*
A tel *A*, renforce *L*
Que le fourmage *A*
pot *AA*¹*LH*¹*H*, Ne pot plus a. *A*, —le *M*¹
    cheir *H* choir *L*
print *A*

le velpis *M*

chailoit *T*
fourmage *A*
pleut *A*

ceste *AH*
Puis *A*, aperc. *AH*, q. le vent] clerement *T*
    vraiement *A*
—aus *A*, au *T*

Le Pelerinage de Vie Humaine.

Ce que ont perdrë et metre jus,
C'est a dire que, quant je voi
Aucun avoir vertu en soi
Ou bien de grace ou (de) fortune,
A fin que (je) traie pour une 7730
Et (que) li oste sa merelle,
Du souflet si (je) l'esventelle
Et si li soufle ce qu'il tient
Quë il le pert et jus s'en vient.

Le vent *du* souflet atendre 7735
Ne devroit (ja) poudre ne cendre,
C'est homme mortel dont dit est
Que cendre et poudre et fumee est.
Quant ceste poudre est souflee,
De pou (de) vent est eslevee, 7740
Tost alee en dispersion
Et getee en perdition.
Ce souflet fait sonner tuiaus
Et fleutes et chalemiaus,
Ce sont ceus qui sont vuit de bien 7745
Ou qui de sens n'ont en eus rien.
De ce souflet (je) soufle l'astre
A cil qui gastel au deable
Veut faire de l'ame de li.
Et avec ce encor te di 7750
Que qui lumiere a en son sain,
De ce souflet je li estain ;
Se il est grain ou il est paille,
Chose qui valle ou (rien) ne valle,
Je l'espreuve a forment soufler, 7755
Quar se paille est, tost eslever
Je le fais, mais rien ne feroit
Pour mon soufler, se grain estoit.

Perdre ce que ont et *L* .
—que *A*
vertus *AH*
ou fortune *B*
—je *o*

De mon souflet si lesu. *M*¹, si] se *o A*, jen *M*,
je le ventelle *AL*

—7735 *L*, du] de ce *to*..., De vent *o*
—ja *L*

pouldre *AH* pourdre *T*

Ceste poudre quant *to*..., Cest p. *L*
Dun pou *TA*, aleuee *M*
desp. *T* dispercion *MH* discipacion *L* perdicion *HG*, Et tost a. a perdicion *A*
en dispercion *HG*, Est a grant destruction *A*

flaeutes *M* fleustes *A*, chalumiaus *L*

Et qui *M*¹*GT*, sen *L*
latre *H* lattre *B* laistre *A* laitre *M* lautre *H*¹
A ce q. *M* A celi q. *L*, Chelui q. vn astiel au d. *H*¹, A cil q. g. a. d. pestre *A*

saing *AH*
estaing *H*

Je bestourne a scuuent s. *A*, form.] souuent *T*

Par ce souflet vent resachier
Sai bien en moi et rensachier, 7760
Quar quant aucun me va souflant
En l'oreille et esventelant,
Que on me dit que je sui belle
Et (que) mont ai belle cotelle,
Que noble sui et mont puissant, 7765
Saige, courtoise et bien vaillant,
Adonc ce vent a moi (je) sache
Et en mon ventre (li) fais place ;
Grosse en devieng si com tu voiz.
Je le t'ai ja dit autre foiz. 7770
Ce vent adonc me fait roer
Comme paon et haut lever
Ma queuë, a fin que puist on
Percevoir ma confusion.
Aus non voians 'c' iex Argus 7775
Qui sont en ma queue espandus
Miex croi et a leur jugement
Qu'aus miens dont me voi clerement.

Du vent du souflet enflee
Sui si que, se evaporee 7780
N'estoie, tost (je) creveroie
Ou sans *plus* de dueil mourroie.
Et pour ce' en lieu de souspirail
Un cornet ai especial
Par le quel le vent qu'ai u cors 7785
Je gete et evapeure hors.
Ce cornet par (son) nom Vantance
Dit doit estre ou Vuide Pance.
C'est celui par quoi je esbahis
Toutes les bestes du païs, 7790
Par le quel les testes lever

ce] le *B*, veut *TB* veux *A*, ressach. *ABLM*
resachier *o* relachier *H* resachachier *M*¹

Es oreilles *A*, et uentelant *L*
Que len *L*
mon ay *T*, jai *L*
Et n. sui et bien p. *L*
Saige et c. *T*
je] le *A*, jensache *H*, ce vent] se ueut *o*, a]
en *M*¹*H*
Et lui fais en mon ventre p. *H*

Je te lai *A*
roer] jouer *L* reer *G*

que ne p. hom *A*, Ma coue a f. q. ne puisse
hom *L*
Parcevoir *TL*
agus *AG*
coue *L*, estendus *A*

Quau mien *M*, d. je voy *A*, voit *B*

du] de ce *to...*, Au v. *M*¹
—se *B*, se portee *A* se enaportee *H*

sans creuer *to...*

espicial *A*
Et par *M*¹, le que *A*
euapure *B* euapore *TM*¹*LMH*, Le g. et
en aporte *A*
Doit estre dit *to...*, ou] en *H*, ou roide p. *B*,
panse *A*
par qui *AB*, iesbahy *T*

le t-s *B* la teste *M*¹

THE HORN OF PRIDE.

Leur fais, quant fort en veul corner.   fort] je *B*
J'en corne prise mainte foiz   prinse *A*, maintes f. *L*
Que rien n'ai pris n'en cha*m*p n'en bois,   prins *G*, champs *H*, boais *L*
Quar souvente foiz je me vant   7795   Par s. *A*, vans *L*
De ce que n'ai ne tant ne quant   quans *L*
Et di qu' ai fait u temps passe   dis *H*, v tant p. *M*
Ce que n'o onques en pense.   noix onq. *M*, neuz *H*
(Je) di que sui de grant lignage   dis *H*
De haut et (de) noble parage,   7800
Que nee fu en grant maison   fus *H* fui *L*
Ou appent grant possession ;
Que bien sai faire et ce et quoi   Que] Et *G*, faire ce quoi et uoy *L*
Et que bien me connoist li roi
Et assez d'autres cornemens   7805
Qui ne sont que forhuemens ;   forshuemens *M*, sont fors que huemens *ABH*
                                        G sont fors que huchemens *L*
(Et) li fol cuident que soit prise   les foulz *G*
Qui ne sevent pas la guise.   Quar il ne soiuent p. *LM*¹, pas] mie *MH*
J'en corne ausi, quant proie ai pris   Je c. *T*, ainsi *A*, —proie *A*, prise *B*
Ou que fait ai a mon avis   7810   —ai *A*, avis] deuis *H*
Aucune chose de valeur,
Quar a fin que j'en aie honneur,
Ja mais ne le celeroie   je ne le *M*¹*LM*
Et pour mourir ne (le) tairoie.   Et] Ne *AL*, Ne p. m. ne menteroie *L*
Comme geline qui a post   7815   poust *BL* pot *M*
A chascun je le di tantost.
"Tru tru, di je, tru tru tru [tru] !   je tru tru tru tru *TBM*¹*M* je tru tru tru *toAH*
Avez ouï, avez vëu   je tru tru *L*
Comment j'ai dit, comment j'ai fait ?
Qu'en dites vous, est ce bien fait ?   7820   —ce *T*
Vous semblë il que proprement
Je l'aie fait et soutilment ?   soubtillement *A*
Cuidiez vous ore que celui   or *T*
Ou tel autre l'eust fait ainsi ?   ce lautre *toABM*¹*L*, eust f. *M*¹
Puis quë un peu estudier   7825

  Veul a une chose et penser,   Veueil *T*
  Je ne dout pas que nul scëust   pas] point *L*
  Miex de moi faire ne pëust."   ne] le *L*, peust] sceust *M*¹

Ce mesmes. Du cornet ist grant alaine,   Du] De ce *to*..., De cest *M*, eleine *M*
    Quar soufle est de pance plaine. 7830 soufflei *M*, de]et *B*, panse *A*
  Et dolent est *cil* sans doute   cil] celui *to*..., Et douleur *o*, —est *A*
  Qui' en corne, quant qui l'escoute   Q. en soufle quancquil esc. *L*, quant quil e. *T*
                  quant nul nesc. *A*, c. quon ne lesc. *H*
  N'a ; toutevoies nul corner   Ne toutesu. *A* Et t. *H*, Touteu. na ne c. *L*
  Ne veut ouir ne escouter.   cornet *T*
                  ni esc. *o*
  Touz jours vourroit un tel musart 7835 vauroit *T*
  Qui du cornet est dit cornart
  Que tous jours parler on l'oïst
  Et que nullui rien ne dëist
  Fors que li qui ses parlemens
  De li veut tenir en touz temps. 7840 De soy *TAL*, Veult de li tenir *M*
  Le cucu semble qui chanter   cuquu *T*, Le cuen resemble *M*, cucu resamble *H*¹
  Ne set fors de li et gangler.   fors que de lui *A*, fors de soi *L*, jangler *TA LGH*¹*H* iaingler *M*
  Un tel cornart, un tel corneur   corneur] vanteour *L*
  Qui de son vent est dit vanteur   Qui se vente est *A*, Qui de ses faiz est corneour *L*, venteur *T*
  Dit que bien set et bien entent 7845
  Quanque veulent dire la gent.
  Il leur (re)coupe leur paroles   recoup *L*, leurs p. *AH*
  Et toutes (les) repute a foles.   a] pour *B*, —a *H*, reputes *TA*
  A touz respont sans demander
  Et fait ses sentences voler.   7850
  Il argue, il sout et conclut   Il a. saut *P*², et sout *TAGH*, il conclut *B*, argue tout et c. *L*, conclue *T*
  Et de tel drap fait souvent clut   souuent fait *L*, conclut *H*¹
  Que qui li diroit que pas n'est   Et que li diret *L*, —li *H*
  De tel couleur, tost seroit prest
  De tencier et de fulminer   7855
  Et de faire foudre voler,   fouedre *L*
  (Tost) feroit croullement de terre   seroit *B*, crolement *TAH* collement *o*
  Et (une) esmuete de tonnerre.   tonarre *T* tonnoire *M*, esmuette de tounoirre *B*

Tiex hons set bien vices blasmer
Et jëunes magnefier, 7860
Loer vertu (et), penitance,
Combien que rien n'(en) ait en *pense*.
Rien n'a que cornerie et vent
Pour faire a li muser la gent.

jeune *A*, j-s bien m. *M*, Et soi mesmes magn. *L*,
   Les jeunes *G*
vertus *A*
enpense *L* en panse *A* en pance *toTBM¹G
MH*, ne nait *o*

Orgueil.

Ce cornet fait mauvais veneur, 7865
  Quar pou avient que soit preneur.
Par son cornet chascun (en)chace
Et tout ausi com(me) l'agache
Par son crier et agacier
Nul oisel ne laisse anichier 7870
Pres de li, ains les fait fuir
Et a eus touz se fait hair,
Aussi chascun s'en va et fuit,
Quant de ce cornart ot le bruit.
Nul ne s'en veut prez anichier 7875
Pour son gangler et agacier.

quil s. *T*
corner ch. loing chace *L*, chascun escache *H*¹
lagace *AA¹L* lagaice *M* la gache *G*
agachier *AM¹P²H*
—7870 *T*, anigier *A¹LGH*¹
fouir *LH*
—fait *B*, touz ses faiz h. *L*
—chascun *o*
—ce *A*, cornat *o* cornet *M¹H*, oit *H*
anigier *L*, se v. p. anischier *T*
gengler *AH*, agachier *M¹H*

Ce cornet n'est pas le Roulant
  Dont il corna en soi mourant,
Fait n'est pas de corne de beuf
Et lonc temps a qu'il ne fu neuf; 7880
Fait fu des (ce) que je fu nee
Et de li (je) fu estrenee.
Tant com vive, ne le lairai
Ne a corner n'en lesserai;
Par li tous temps chascun me puet 7885
Connoistre et raviser, s'il vuet.

—le *o*

cornet *L*, buef *T*
qui ne *B*
des que *TAB*
estrennee *T*
com ge v. *L*, Tant que v. *A*, vivrai *G*
ne less. *T* ne cesserai *A*
—li, me] ne *H*, P. li chascuns touz t. *M*
si v. *B* si ueul *o*

De Innobedience et
Rebellion.

Des esperons ausi te di,
  Quar par eus bien conneue sui.
Il monstrent que biaus palefrois
Volentiers chevauche a la fois, 7890

Qua(le)r a pie ne daigneroie   Quar a pie *o*
[Aler], se (delez moi) cheval n'avoie.
Il dient que plus preste en sui   Il moustrent q. *L*
De regiber et faire ennui,
Que pour aler a reculons   7895   Et p. *M*[1]
Plus hardis en sont mes talons.
L'un Inobedience a non   Lune *AH*
Et l'autre est dit Rebellion.
Du premier Adam se chauca,   chaussa *AL*
Quant du fruit devee menga.   7900   deue *o* deuoie *L* dente *A*
Nullement n'en pouoit taster   ne p. *T*
S'il n'i aloit par reculer   Si ni *A*, aler *T*
Et reculer il n'i pouoit,   ne p. *L*
Se l'esperon avant n'avoit.   lesperons *T*
La voie n'estoit (pas) hantee,   7905
Sans plus Eve i *ert* alee   y ert alee *L*, ert] estoit *to...*
Et aprez li il i ala ;   li] elle *AH*, il i] y li *B*
Mal en vint et encor fera.
L'esperon dont hardi se fist
L'ahoqua et a mort le mist.   7910   Lahoquat *M* La hoka *H*[1] Lacrocha *A*[1]*L*
De male heure fu gentil hom,
Quant pour mengier out esperon
Et de male heure il out destrier,
Quant pour li li convint chaucier,   par lui lui *H*, pour lui c. *AM*[1], pour le li c. *L*
Quar se n'eust li destrier este   7915   li dextriers *A*
Qui de sa destre estoit forme,
Ja ne l'ëust daignie chaucier   Ja il ne *L*, cauchier *T*
N'avoir ëu a son mengier.   Ne auoir *ABH* Ne lauoir *L*

L' autre esperon a son talon
　 Mist jadis le roi Pharaon.   7920   Mis *T*
Ce fu, quant li roi souverain   Et fu *AH*, fust *T*
De sa poste et de sa main   postei et sa m. *M*, poeste *H* poete *L*
Le pueple Israel vout oster   disrael *MH* de israel *L*, vouloit *B*

Le Pelerinage de Vie Humaine. 247

  Et de sa terre hors geter ;
  Mes pour ce que contre plus fort   7925
  De li vout faire son effort,
  Son esperon a destourbier   destourchier *B*
  Li fu et a grant encombrier ;
  Quar quant il ot bien talonne
  Et longuement esperonne,   7930
  En la fin si fort regiba   regibba *A*
  Quë en la mer se trebucha.   sen tr. *T*
  Tel cuide autri bien envair   autre bien en uoir *L*
  Qui a son coup se fait chaïr.   Qui de s. *T*, cheir *ABMH* choir *L*
  N'est pas bien sage, ce dit on,   7935   dist *M*¹
  Qui regibe contre aguillon.   laguillon *AH*
  Mes combien qu'en doie avenir,   comment quen d. *L*, que d. *ABH*, M. que
  Orgueilleus ne s'en puet tenir,   quil en doit a. *M*
                           se *H*
  En son esperon (si) se fie   si] tant *L*
  Qu'en la fin (il) en pert la vie.   7940   —il *M*, Qua la f. *A*

De Obsti-   **O**r te redirai du baston   te diray je *AGH*, te dirai du o*TB*, te dirai de
nation.   Que je porte en lieu de bourdon.   mon b. *L*
  Je m'i soustien et (m'i) appuie,   de] du *AH*
  Quant *nul* truis qui me tarie,   nul] aucun *to*..., q. mestrie *A*
  Quant aucun me veut trebuchier   7945
  Par son sermonner et preschier.
  J'en escremis et m'en deffent,   escremie *H* eskiermit *H*¹
  Quant aucun contre mon talent   mes talens *A*
  Me veut par raison envair
  Et mes oustilz me veut tolir.   7950   mes hostes *M*
  J'en deffent vices et pechiez ;   Je d. *T*
  Nul n'en i a nouvel ne viez   nouueaux *L*, ne nuefz ne vielz *A*, viefs *M*
  Qui (pour) vaincu se daigne rendre,   se veulle r. *H*
  Tant com (je) le vueille deffendre.
  C'est le baston quë en sa main   7955
  Rude Entendement, le vilain,

Si comme tu vëis, tenoit,
Quant Raison a li desputoit.
Obstinacion est nomme
Si com des lors te fu conte.   7960
C'est cil ou Saul s'apuioit,
Quant Samuel le reprenoit
De la proie que amenee
Ot d'Amalech et gardee.
C'est un baston pour un vachier   7965
Qui en nul temps ne puet ploiier,
Quar dur est et racornillie,
Tortu et racroquevillie.
Es bois d'Egipte le trouva
Mon pere qui le m'apporta.   7970
De male heure trouve i fu
A cil qui en sera batu ;
J'en bat et fier a grant hair
Cuers de vilains pour endurcir
Et m'en fais hair a la gent   7975
Qui sont de bon entendement.
J'en fais fuir et hors (en) chace
Grace (de) Dieu de toute place
Et en faiz abuissail a ceus
Qui sont de retourner soigneus   7980
A la haie (de) Penitance,
Et *pour* que la destourbance
Plus grant soit, affichal en fais
Pour metre et atachier les las
Peresce pour miex retenir   7985
Ceus que je vueil a mon plaisir.
Or regarde, se clamer las
Tu dois bien, quant trouvee m'as.
Ja assez tost te monsterai
Le gieu de quoi jouer je sai.   7990

nommee *AH* nommeiz *M*
conteiz *M*

Ot] auoit *to*..., Auoit Amaleth *H*¹, A. de maleth *A*

—et *H*, racornoullie *AT* racornulie *H*¹ encornaillie *A*¹*L*
recroq. *M* racroquillie *G*, et recroquillie *o* et recrochuillie *H* et racroguillie *A*, Et t. et recoquillie *A*¹*L*, Et t. et ratortillie *H*¹
i] il *L*, il fu trouue *B*
s. feru *M*
bas jen f. a gr. ayr *A*, Je bat, ayr *T*, Jembat *M*¹, Jen fier et bat par g. h. *H*
me *M*, Et mont f. *T*
de] en *AH*
Je f. *TH*, fouir *H*
Gr. Dieu *o*, en toute pl. *AH*
abuissal *TAB* abussail *H*, Et sen f. aboussail *M*, Jen faz apouail *LA*¹
Q. deuenus sont peresceulz *A*¹*L*

pour] a fin *to*...
affichail *oA*¹*LGH* afficail *H*¹ enfichal *A*
et esracher l. l. *H*
De paresce p. ret. *L*, P. par m. *A*, P. que ret. *o*

trouue *A*
te] ce *AH*

Le Pelerinage de Vie Humaine.

De Ypocrisie.

Mais avant, puis que t'ai tant dit,   q. tant tay *T*
Je te dirai de mon abit,   habit *T*
Cest mantel dont (je) sui paree   Cest du m. dont sui p. *TM*¹*GLH* Cest du m.
                                         d. je sui p. *A*
Si com (tu) vois et afublee.   aflubee *o* afflublee *L*
Ce mantel grant temps a fu fait   7995   —temps *A*, Grant t. a que il ne fuit faiz *M*
Pour couvrir ce que j'ai de lait,   ce que] quancque *L*, Et pour couurir ce
Pour mes fautes enmanteler   quay *M*
Et mes ordures conceler.
Ausi com la noif enbelist   neif *L* nef *G* chaux *A*
Un fumier de hors et blanchist   8000   blandist *L*
Ou com painture fait luisant   Ou] Et *GL*, —com *B*, pointure *TM*
Un sepucre vil et puant,   sepulcre *AGH*, vil] ort *M*¹*L*
(Au)si ce mantel m'enmantelle   mamantele *M*¹ mamantelle *G*
Et dit aus gens que (je) sui belle
Et (que) sui une sainte chose.   8005   Et que je sui *B*
Mes se j'estoie (bien) desclose
Et par dedens veue estoie,
De nul prisiee (ne) seroie.   prisie ie ne *M* prise ge ne *L* priuee ne s. *T*
Së onques enchanteur vëis   enchanteeur *o* enchanteour *A*¹ enchanteurs *G*,
                                   encanter vesis *H*¹ au chanteur v. *H*
Jouer du chapel levëis,   8010   Juer du capiel se veis *H*¹, J. d. ch. ne de ys
Comment a la gent cuidier fait   *A*, Et j. d. ch. le vis *H*, Et du ch. j. le.
Qu' aucune chose dessous ait   veis *A*¹*L* Du ch. j. le veis *G*
Et souvent est qu'il n'i a rien,
Pour ce pourras entendre bien   Par *A*, ainsi pourras *M*
Que, com(ment) soie enmantelee   8015   Que comme s. *TAMH*¹ Q. comment s.
                                     to*M*¹*B*, Comment que s. *LGP*²*H*, s.
                                     mantelee *M*
Par dehors (bien) et enchapee,   Bien par deh. *L*
Qui par dedens me verroit bien,
Il diroit: "soufle, ci n'a rien."   suffle *M*, souffles chy *H*¹
Un oisel qui otruce a non   ostruse *H* austruce *L* ostruche *M*¹*G* otriche *A*
Porte signification   8020   P. la s. *L*
Du mantel que j'ai et de moi.
Eles et plumes entour soi   Elles *M*¹, Quar les pl. *A*
A, et toutevoies voler

Ne puet ne soi en l'air lever. en hault lev. *M*
Aucun qui ne le connoistroit, 8025 —ne *A*, la *LMH*
Que voler dëust cuideroit; Et que v. *L*, d. bien cuid. *M*
Aussi comme(nt que) la gent croient, A. comme la g. *L*, A. comme que l. *M*, A. comment la *B*
Selonc l'abit que (de) hors voient, Secun *A*¹
Que soie un oisel haut ravis,
Celestiel, contemplatiz, 8030
Que chose esperit(u)el soie esperitele *B* espirituel *L* espirituelle *HA*
Et que au ciel voler je doie,
Toutevoies (en) terre habite
Et toute illec me delite. Et illec toute *L*, illuc ie me *M*, illuec *T* illecques *H*
Voler ne puis, voler ne sai, 8035 soy *L*
Mantel et eles pour nient ai. M. yelles *L*, heles *H* ailes *A*
Ypocrisie ce mantel ce] le *L*
Par son droit nom piec'a j'apel.
Fourre est de pel de goupil, piau *L*, volpi *M*
En lonc et en le, tout soit il 8040
Dehors texus, faiz et ourdiz tecus *o* tissus *AMH*
De laine de blanche brebis. l. blanche de br. *H*
Souvent je le porte au moustier au] a *B*
Et le vest, quant vois Dieu prier q. je vois *A*, q. veult D. *M*
Et m'en afuble, quant (je) doute 8045 afeuble *T* afflube *M*¹
Quë aucun hors ne me boute dehors *HLG*, men *G*, reboute *M*¹, Q. a. fuer ne me reboute *M*
De l'estat et la dignite et de la d. *AT*
Ou une piece ai ja este. ai ja] jay *H*
Jel vest aussi, quant ostee Je le *to*...
En sui (du) tout et desposee 8050 deposee *G*
Et faiz le sanctificetur
Pour recouvrer aucun ëur.
Je fais aussi com Renart fist
Qui en la voie mort se fist,
A fin qu' en la charrete fust 8055 cherrete *T*

8049.—Cf. nel *Ame* 5300.

Gete et des harens ëust.
Par li ai mainte foys este
En grant estat et grant degre
Com(me) singesse haut montee
Et (com) deesse regardee.   8060
Singesse sui et singes sont
Celles et ceus qui vestu l'ont,
Qu(ar)' il fait faire et contrefaire
(Autri) mestier c'on ne scet [pas] faire ;
Et ce n'est c'un singoiement   8065
De faire ainsi muser la gent.
Singe li Phariseen fu
Qui de hors se monstra vestu
De bonte, en contrefaisant
Que juste fust et bien jeunant.   8070
Deubz fois jeunoit, si com disoit,
En la semaine et pas n'estoit
Pecheur si com li publican
Qui a Dieu moustroit son mehen.
Le singe qui se fist piec'a   8075
Cauetier le senefia ;
Quar tant se mesla du mestier
Qu'il s'en coupa au derrenier
La gorge. Fol mesler se fait
De chose quë apris on n'ait.   8080

Ce mesme. Ce mantel pas seule ne vest,
Fait pour toutes les vielles est,
Chascune l'emprunte a son tour
Pour estre de plus bel atour.
Peresce *en est* viguereuse   8085
Et (je) m'en fais humilieuse.
Chascune des autres aussi
En cuevre *la* vilte de li.

geter *M*, herens *B*

et] en *A*, et en gr. d. *T*
cingesse *A*¹*MA*
reg.] aouree *L*
Cingesse s. et cinges *A*¹*A*, singe *G*
Ceux et celles *L*, vestus *A*
il vieust f. *L*
Autri] Aucun *H* c'on] quant *H*
En ce n. *M*, ce] se *L*, que s. *TP*², singaement *L*, cingeem. *A*¹

Cynge *A*

Ou *A*, iustus *H*¹, iunant *H*¹*H*
Deubz] ·iiii· *H*, jeunet *L*

publicain *MH* publien *TAA*¹*LM*¹
publijen *H*¹
mehan *o* mehain *ABM*¹*LMH*

Cauetier *to T* Chanetier *M*¹ Sauetier *ABMGH*
Sauatier *A*¹*L*
merla *L*
Qui *M*, Quil en c. a d. *H*¹, darrenier *T*

aprise *AH*

Ce] De *H*, seul *A*, C. m. p. sans le mien nest *M*
—les *AH*
Chascun *B*, —a *L*

en est] sen fait *to*...
je] le *B*, me fas *T*

la *ABM* le *to T*, la vilite *A* la viltel *M* sa vilte *M*¹ le vice *H*

	Plus est vestus et afublez,	afule *B*
	Plus en est fors et mains usez. 8090	—en *A*
	Assez tost le te vestirai	
	Et essaier le te ferai,	assaier *AH*
	Et puis apres, se j'ai laisir,	lesir *oM*¹ loisir *AMH*
	De toi ferai a mon plaisir."	a] tout *L*, plesir *oM*¹ plasir *M*
Le pelerin parle.	Quant m'ot ainsi conte Orgueil 8095 De son maintieng, encor mon veul	conte ainsi *TA*
	Fu de savoir qui l'autre estoit	que *AH*
	Qui la portoit et soustenoit.—	
	"Vielle, dis je, qui estes vous	
	Qui Orgueil soustenez sur vous, 8100	sus *L*, soustene su v. *B*
	Qui souffres, (que) si male beste	
	Soit mise (des)sus vostre teste ?	
	Je cuit que riens vous ne valez,	Je croy *L*, ne vous valez *AH*
	Quant ainsi sur vous la portez."	sus *L*
Flaterie parle.	Adonc elle me respondi : 8105 "Puis que savoir veuz qui je sui,	
	Je le te dirai sans tarder.	len *T*
	Bien diz, quant diz, sans moi flater,	sa*m*moy fl. *M*¹, me fl. *L*
	Que rien ne vail ; il est ainsi.	vaulz *AH*
	Je sui la sote vielle qui 8110	la vielle sote *TA*
	A chascun di son biau belet,	dis s. b. vouloir *H*, son saluet *H*¹, dit *M*¹*L*
	Qui de saluer m'entremet	8111 a: Et de tout leur dis qu'il est voir *H*
	Les grans seigneurs en ostant eus	estant *B*, L. g. s. mentente y met *H*
	Les plumes que n'ont pas sur eus.	—8114 *H*, quil n. *M*¹*LM* qui n. *AA*¹*H*¹
	A tort et a droit touz les lo 8115	et] ou *H*
	En eus servant de placebo.	En les s. *AL*
	Rien ne di contre leur plaisir,	
	Quar bien ai apris a mentir.	
	Aus folz je dis que sages sont,	—je *o*, di *AM*¹
	Aus liastis que atrempez sont, 8120	—8120 *B*

Aus negligens que sont soingneus
Et aus tyrans que sont piteus.
Jonchier sai place boeuse,
Et (bien) coiffier teste teigneuse,
Et bien sai oindre d'oint si fait 8125
La mauvese roe qui brait
Qu' aprez elle brait plus forment
Et pis en vaut communement.
Es cours des *rois* bien venue
Sui touz temps et bien receue, 8130
N'est jouglerresse ne jugleur
Qui i face soulas greigneur
Que jë i fais, mes tuit sont fol,
Quar touz les decoif au flajol.
Je sui la Seraine de mer 8135
Qui par mon doucement chanter
Faiz souvent noyer et perir
Ceus qui mon chant veulent oir.
Flaterie dite par non
Sui, la cousine Trahison, 8140
L'aisnee fille Faussete,
La nourrice d' Iniquite.
Toutes les vielles que verras
Et que devant vëues as
De(s) mes mamelles sont peues, 8145
(Et) nourries et soustenues,
Et com(ment) que soie nourrice
(Ain)si de toutes par mon vice,
Dë Orgueil par especial
Sui apuial et soustenal. 8150
Je la porte, je la soustien
Si com tu vois et la maintien.
Se je n'estoie, tost charroit,
Quar aler a pie ne saroit."—

quil *M*, A. n. que curieux *L*
quil *M* qui *A*
Bien sai jonchier *to*

doing *M* doingt *H*

rois] princes *to*..., Es tours *A*
tout temps *M*¹
iuglerresse *T*, jugleour *L*, iangleresse. et iangleur *G*
—i *TAH*¹, faz *M*¹
touz] je *AH*, decoi au flageol *A*, flageoulz *L* flagol *TM*¹*GM*
Je] Si *M*¹
mon] moult *o*
Fay *H*

c. de trahison *A*
Lainsnee *AH*

De *TBM*¹*LM*

comme q. *M*

Dorgueil *A*, p. grant esp. *L*
S. soustenail et apuiail *M*¹*G*, apoucail et s-nail *L*
parte *B*, je] et *TA*

tout ch. *L*
alier *H*

"Or me dites, dis je, de quoi 8155
Sert ce mireur que je vous voi !"—
"Ouis, *dist elle*, *onques* parler
De l'unicorne et raconter,
Comment u mirour elle pert
Toute sa fierte du desert, 8160
(Et) comment coie elle s'arreste,
Quant a veu dedens sa teste ?"—
"Bien en ai, dis je, oui parler."—
"Orgueil, dist elle, comparer
Vueil a l'unicorne par droit ; 8165
Quar, se souvent ne se miroit,
Chascun hurteroit a son tour
Et rien ne feroit par amour.
Mais quant elle s'est (bien) miree
Et (bien) sa face regardee, 8170
Plus debonnaire elle en devient
A celui qui le mireur tient.
Ce mireur (si) est resonance
A (ce) c'on dit et acordance ;
Quar quant li orgueilleus dit rien, 8175
(Il) veut c'on die : "Vous dites bien,
Vous dites voir, il est ainsi,
Bon mireur sui, mirez vous i !"

Mais se mir[ë]our ne trouvoit,
Sa fierte pas ne celeroit ; 8180
Tost aroit leve la corne
Et (tost) hurte comme unicorne.
(Et) pour ce', a fin que deportee
Soie et ne soie (pas) hurtee,
Le mirour porte et tout otroi 8185
Quanque jë o et que je voi.

Echo sui du haut boschage

dis] dy *H*, de] a *L*
Est ce mirouer q. ge voy *L*, mirouer M^1G
  miroir *AH*, —je *B* q. i. v. *G*
O. d. e. onques p. *TAM^{1}LH* onques dist
  elle to*BMG*

mirouer o*M^{1}L* miroir *AH*, el *L*
—sa *L*, du] ou *B*
coie] quoye *H*
Q. ella v. *L*, Q. a ded. veue *o*, veue *T*
B lai d. *L*
O. d. e. vueil c. *L*
A l. tout p. d. *L*
Q.] Et *AH*

nen f. *M*
—bien *H*
f. a. reg. *B*

mirour M^1GL miroer *T* miroir *AH*
—si *ALH*, mirouer o*M^{1}L* miroer *T* miroir
  ABH mirour *G* raisonnance *G*
com d. *L*, et ordonnance *A*
—li *A*, lorg. *L*
Jl v. bien c. *B*

mirour M^1GL m-oer *T* m-oir *ABH*, B. m. s.
  mectez v. cy *A*
mirouer o*M^{1}L* m-oer *T* m-oir *ABH*, se ce
  m. *AB* se le m. *M* mirour *G*
fierete *A*
leuee M^1GLA^1M lence *H*, la] le *o* sa *AA^{1}L*

S. sans estre point h. *LG*
Et le m. *A*, —Le *M^1*, miroer o*T* m-oir *ABH*,
  L. m. p. auecques moy *H*
Q. io *M^1*, Q. ie oïe et quanque v. *M*, Q. goi
  et quanque j. v. *L*, Q. j. v. et q. j. oï *B*
  Q. ie oy et quanque ie voy *G*
—8187 *B*, Je sui echo to..., etho *H* esco *T*,
  equo d. h. bouq. *M*, estoc d. h. boucage *A*

Le Pelerinage de Vie Humaine.

  Qui' a chascun par mon folage   —8188 *B*, —a *A*
  Respont et di quanque (j')o dire,   quanque oy d. *H*, joi d. *ABL*
  Com(bien) que doie aidier ou nuire." 8190

Le pelerin parle.

  Ainsi com a plait me tenoit   —8193 *M*, Comment me c. *H*
   Flaterie et a moy parloit,
  Com(me) me contoit son affaire
  Et le mestier que *set* faire,   —8194 *M*, set] sauoit *to*...
  Une autre vielle me survint   8195
  Dont grant fraeur au cuer me vint.   fraieur *A* freeur *M¹G*
  Deulz lances avoit (en)fichïes   fichiees *L*
  En ses ('II') iex et ataichïes.   —·II· *L*
  Sur terre aloit a ·iiii· piez   Sus *B*
  Comme serpent, et bien sachiez 8200 bie *B*
  Que si megre et si seche estoit   saiche *A*
  Que char ne sanc en li n'avoit.   sang *A*, lie *L*
  Toutes ses jointes et ses ners
  Paroient comme descouvers.   P. si c. *L*
  Sur li a redos (se) seoient   8205 Sus *A¹B*, lie *A¹*, S. ses espaules se s. *L*
  Deuz autres vielles qui' estoient   que *M*
  (Bien) tant ou plus espouentables,   Autant com le esp. *L* espuentables *G*
  (Et) horribles et redoutables.   et doutables *o*
  L'une (s') estoit enmuselee   —s' *LP²*, cestoit e*n*uincelee *M*
  D'un faus visage, et (souz)celee 8210 De f. v. et recelee *L*
  Avoit sa forme et sa facon,
  A fin que ne la vëist on.   q. on ne la v. on *B*
  Un apointon a (la) main destre,   apoinson en la *A*, espointon en sa m. *M*, Vn coutel en sa m. *L*, a] en *P²* U. apoincon *G*
  (Et) une boiste a la senestre   bo(u)ete *LM¹*, a] en *M¹MP²*
  Tenoit, mais l'apointon mucoit 8215 lapoincon *T* le pointon *H*, le poinson mussoit *A*, mais le coutel m. *L* apoincon *G*
  Derriere li et conceloit.   —li *B*, le et reponnoit *L*

  L'autre vielle en sa main tenoit   tenoit en sa main *L*
   Un glaive que tout plain estoit   qui estoit tout plain *L*
  D'oreilles d'ommes (tres)forees   defforees *A* perforees *L*
  Qui' i estoient enhantees,   8220 —i *o*, enhautees *TA¹B* enhastees *LGH¹* enhatees *H* enhanstees *P²*

256 *Le Pelerinage de Vie Humaine.*

Li un des bous vers moi tendoit
Et l'autre entre ses dens avoit
Avec un os rouge et sanglant
Que comme chien venoit rungant.
Le fer du glaive barbele　　　　　8225
Estoit d'un croc dedens ente.
Fait estoit tel fer pour percier
Les pelerins et ahoquier.
La vielle s'en faisoit (mont) fiere.
(La) male passion la fiere !　　　　8230

 Quant ces vieilles o bien vëu
  Et leur maintien apercëu,
Je me pensai que (je) voudroie
Savoir leur nons, se (je) pouoie.
"Vielle, dis je a la premiere　　　　8235
Qui des ·ii· estoit portiere,
Dites moi de quoi vous servez
Et vostre non, se vous voulez !
Grant hide et (grant) paour me faites
Vous et ces *deus* vielles laides."　　8240
Adonc elle me respondi :
"Certes, se tu ez esbahi
N'est pas sans cause, quar ja tost
Je te voudrai livrer a mort.
Je sui Envie que concut　　　　8245
Jadiz Orgueil, quant a li jut
Le Sathanas (a) cui sui fille.
Souz ciel n'a chastel ne ville
Ou n'aie fait occision
De mainte fame et de maint hom.　　8250
Je sui la beste qui ocist
Jadiz Joseph dont Jacob dist
Que beste sauvage l'avoit

Envie parle.

Le un *AH* Lun *T* uns *G*
avoit] tenoit *BL*
—os *G*
Qui *A*, come vn ch. *L*
barbelle *H* bartele *G*
crot *M* crop *A*
—tel fer *A*, tel] ce *L*

se f. *TA*
paichion *L*

m. bien ap. *B*

—je *A*, prumiere *B*
·II·] autres *oTABLM*¹*GM*, estes *TL*

paour] haour *AH* hideur *G*
deus] autres *to...*

quar] que *B*, q. ja tantost *A*, quar tantost *M*¹
liuer *B*
qui *L*
ieut *B* geut *M*, q. o moi jut *L* q. il eut *A*
qui *AH*
Souz ciel] U monde *to...*
maintes f-s et de mains hon *T*

dont Joseph d. *L*

Le Pelerinage de Vie Humaine.

Devore. Verite disoit.
Je sui la (tres)sauvage beste 8255
De qui v(e)oir nul ne doit feste
Avoir ne denier en donner.
Ce dont je vif est tout amer.
(Et) ja mais aise ne seroie,
Se *rien* douce assavouroie. 8260
Autri megrece me nourrist
Et autri courrous m'esjouist,
Autri *meschief* m'apastelle,
(Et) autri grief est ma mamelle.
Se de tiex mes assez eusse, 8265
Grosse et crasse assez tost fusse.
Mes pour ce que tel mes souvent
Ne puis avoir a mon talent,
Je sui maigre et dehaslee
Et pale et descoulouree. 8270
Autri prosperite m'ocist
Et amaigrie et me palist.
Autri *bien* mon sanc mengue
Et le suce com(me) sansue.
(Bien) croi, s'en paradis estoie, 8275
Que tantost de dueil (je) mourroie.
Le bien qui i est m'ocirroit,
(Et) pour ce injure me feroit
Qui m'i metroit, quar fiancie
M'a la mort et convenancie 8280
Que ja ne mourrai devant la
Que li monde feni sera,
Et encor(e) ne croi (je) mie
Que adonc je perde la vie.
La mort pour ce le me promist, 8285
Quar par moi ou monde se mist.
Par moi i vint et i entra

cui *T*, uoir *L*, ne fait feste *A*

vy *A*

Et] Ne *L*, a aise *M*
rien] chose *to...*, S. chose a. d. *G*
maigraice *B* mesgresse *LM¹H* mesaise *A*,
    Maise grace tousiours me n. *H¹*
Et courous d'autrui m. *P²*
meschief] mesaise *to...* mesaige *H¹*, Autrui
    ioie me ap. *o*
memelle *L*

grasse *AMH*, —tost *H¹*, grasse tantost
    feusse *H*
tieulx *A*

Je] Pour ce *to...*, dehalee *oTAB* deshalee
    GMH degastee *L*
pale descoloree *A*—

mamaigrie *L* mamaigrist et p. *A*, et apalist *BG*,
    mamaigrist et ap. *M*
bien] aise *to...* a aise *M*, Dautrui laise *A*
le] me *o*

—Et *o*, injure] grant tort *L*
fiancee *o* fiance *T*
convenance *o* c-e *T*, et enconvenancie *A*
ja] je *T*, de ci la *L*
definersera *corrected* finera *o*, mondes *G*
encor *A*

—ce *B*
pour *AM¹H*, ou] au *B* en *M*

Et par moi regne et regnera.
(Je) sui la beste serpentine
Qui *les* mauvestiez machine. 8290
Je he toute gent qui bien font
Et a mon pouoir les confont.
Rien n'est que je pëusse amer
En ciel, en terre ne en mer.
Je fais a Charite despit 8295
Et guerroie le saint esp(e)rit.
De ces ·ii· glaives que partir
Vois de mes iex et hors issir
Chascun (je) p*ar*sui et guerroie.
L'un a non Courrous de (la) joie 8300
D'autrui et l'autre est apele
Joye d'autri adversite.
Du premier Saul s'efforca
Ferir David, quant herpoia.
Despit et courroux grant avoit, 8305
Quant plus prisie de li estoit.
De l'autre ot li roi Jhesu
Le coste percie et fendu.
Plus mal li fist le moquement
Que les Juïs de son tourment 8310
Avoient que le fer ne fist
Que Longis u coste li mist.

Ces glaives sont enracinez
En mon cuer parfont et plantez,
Mes par mes iex ont (leur) issue 8315
Pour (moi) faire beste cornue,
Pour moi faire venin getter
Par les iex pour envenimer
Mes voisins par un suel regart
Sans laissier disme ne champart. 8320

les] toutes *to...*
Je] Qui *G*, tout *T*, toutes gens *AMH*

Bien *AH*, puisse *AGLMH*
ne] ny *T* et *L*

Et greueroie *B*, esprit *T*
glaives] lances *A*

parsuiff *M*¹ parfor *M*, je perce *A*

prumier *B*
De ferir D. q. il harpa *A*

li] le *B*, de li] que lui *H*

iuifs *G*
Auoit *H* Faisoient *A*, ne] li *L*
u] eu *G*

Ces] mes *A*
perfont *A*
mes] les *A*
moi] me *L*
moi] me *L*
enenimer *A*, les] mes *L*

desme *L*.

Le Pelerinage de Vie Humaine. 259

    Mes iex sont (iex) de basilique   baselique *A*
    Qui' ocient cil qui s'aniche,   sanichent MH^1, qui habite A^1L
    Ou qui habite pres de moi   Et *M*, habite] sanige *L*
    Mort est, aussi tost com le voi.
    Assez fais d'autres semilles   8325   je fais *H*, des autres *o*, Je fais assez d. *BMG*,
    Que bien te pourront mes filles   Et ass. d. *L*, sem.] chemilles *B*
    Dire, se leur veuz demander ;   Qui *T*; Q. moult bien *LM*, Q. b.] les quelles *A*
    Plus aise elles puent parler   —8327 *H*
    Qui vont a cheval sur mon dos   Quar pl. a. peuent p. *A*, a aise *M*
    Que moi qui n'ai point de repos.   8330   sus *B*
    En enquerant et demandant   Ou enq. *M*, Quant tu vouldras en d. *L*
    Qui elles sont, et escoutant   et enquerant *L*
    Que te diront, pourras savoir,   te] ce *T*
    Se tu veuz, qui je sui, de voir."
    "Et je, dis je, sans nul delai   8335   Et te di je *B*, Et je te dy s. *A*
    Volentiers leur demanderai.

Le pelerin parle.   "Qui es (tu), dis je, qui premiere
                Te siez sur Envie (la) fiere,   sus *BH*
    Qui as ta facon et (ta) face   Q. as ta face et ta facon et ta face *A*, Q. as
    Mucie souz ce faus visage,   8340   ton regart et t. f. *L*
    Qui portes boiste et oingnement   Muciee *o*, Mucier desoubz *M*
    Et coutel trait repostement ?   porte *M*, et] a TM^1GLM, boestes *TB*
    De toi nul bien penser ne puis,   bouete *L*
    Së autre chose ne me dis."   coustel *oTA* custel *L* coste *H*
                                                                                     toi] quoy *AH*
Traison parle.   Adonc elle me respondi :   8345   chose ge ny truis *L*, men *G*
    "Se chascun savoit qui je sui,
    Nul de moi ne s'aprocheroit
    Ne de moi ne s'acointeroit.
    Je sui (une) executeresse
    Et une acomplisserresse   8350   acomplissarresse *o*, Ausi vne ac. *M*
    Du vouloir ma mere Envie,   Du v. a ma *GLM*
    Quar pour ce que(lle) ne puet mie   quel ne p. *L*
    Chascun grever si com vousist,

2 L 2

Jadis a l'escole me mist
Et me pria que j'apreisse   8355   que ge aprenise *L* q. ie preisse *M*¹
Un tel art et (un) tel malice   et tele m. *L*, —art *M*
Par quoi sa male affection
Mëisse a execution.   excucion *L*
Or te di que je m'en alai   —je *AB*
A une escole et la trouvai   8360
Mon pere qui mestre en estoit
Et qui ma suer i aprenoit   i] en *L*
A char d'ommes crue mengier   dome *L*, crues *H*¹, Acharcrues d. *A*, domme *G*
Si com vois et a os rungier.   Si com me voiz cest os r. *L*, A moi aussi dist sans targier *H*¹
Quant (il) me vit : " Or ca ma fille, 8365   —8365 *H*¹
Dist (il), bien voi qu' aucune guille   —8366 *H*¹, qua une g. *L*
Et aucun malice savoir   —8367 *H*¹
Tu veuz pour la gent decevoir.   —8368 *H*¹, pour] pource *A*
Je le t'apenrai volentiers   —8369 *H*¹, Ge te ap. moult vol. *L*
Et grandement en serai liez."   8370   —8370 *H*¹

Adonc mon pere defferma   —8371 *H*¹
Une huche et hors en sacha   —8372 *H*¹, —et *A*, huige et fors *M*, —en *L*
Ceste boiste et (ce) fauz visage,   —8373 *H*¹, bouete *L* bote *M*¹
(Et) me bailla en tapinage   —8374 *H*¹
Ce coutel quë en mucailles   8375   —8375 *H*¹, Cest c. lequel en musce elles *M*, Cestui *H*, muschailles *A* mussailles *G*
Je porte et en repostailles.   —8376 *H*¹ repontailles *AM*
"Fille, dist il, qui veut oisiaus   —8377 *H*¹
Decevoir, les espouentaus   —8378 *H*¹ apouentalz *M* espantaux *A*
Ne doit (pas) mettre en la pesiere   —8379 *H*¹
Ou sont ne' en la chaneviere,   8380   —8380 *H*¹, nen la ch. *L* ne en la cheneviere *G*
Quar s'espouentail i veoient   —8381 *H*¹, uoient *L*, se espantail *A*, i] il *BM*
(Tan)tost sans delai s'en fuiroient.   —8382 *H*¹, furoient *T*, sen yroient *B*
Pour tant, ma fille, le te di   —8383 *H*¹, ie le te *B*, le] ie *A*
Que, se veus decevoir autri,   —8384 *H*¹, Quar *TA*
Ne convient (pas) qu'a li te face 8385 —8385 *H*¹, —pas *A*, te] se *H*, que la ti f. *T* q. tu li faicez *M*
Espouentail (ta) laide face,   —8386 *H*¹, Esp. de ta l. f. *L*

Que ton visage contrefait		—8387 *H*¹
Hideus et tenebreus et lait		—8388 *H*¹
Tu li monstres, quar (tu) perdroies		—8389 *H*¹, —quar *B*
Tout le labour que i metroies.	8390	—8390 *H*¹, que tu y m. *T*
Mes il convient, (tres)chiere fille,		—8391 *H*¹, tres] ma *M* tes *B*, tres doulce *A*
Qu' aies maniere (plus) soutille,		—8392 *H*¹
Que tu li monstres biau semblant		—8393 *H*¹, —tu *A*, monstre *T*
Et belle chiere par devant,		—8394 *H*¹
Que faces com l'escorpion	8395	—8395 *H*¹
Qui fait par simulation		—8396 *H*¹
Biau semblant et belle chiere		—8397 *H*¹, Et beau s. *H* Vn biau s. *M*
Et point de (la) queue derriere.		—8398 *H*¹, —la *B* la] sa *G*
Et pour ce que ce sanz faillir		—8399 *H*¹, que sanz f. *T*
Tu puisses faire et acomplir,	8400	—8400 *H*¹
Coutel et boiste a oignement		—et *L*, a] et *ALM*¹*M*, a o-s *T*, C. et boistel et boiste et o. *A*
Et faus visage te present.		te p.] de presens *T*
Ce sont instruments et oustis		
Par qui mains ont este peris.		maint *M*¹, perilz *A*
Joab, quant Amasam tua	8405	Jacob *BG*, amasan *TAM*¹ amasen *o* amason *L*
Et Abner, jadis s'en aida.		
Judas pas desgarni n'en fu,		point *L*
Quant il vendi le roi Jhesu.		
Triphon ausi et autres mains		Trifou *B*, et autres gens *A*
D'avoir les ne se *sont* pas fains.	8410	sont *AM*¹*L* font *toTBM*, Deulx auoir ne *L* De les a. ne *A*
Je les te lo, fille, a porter		aparter *B*
Pour ta mere reconforter,		resconf. *L*
Pour aidier li (ce) a parfaire		P. li a. *AM*¹*LM*, a ce p. *TAM*, P. li a. se a afaire *M*¹
Que tout par li ne puet (pas) faire.		Quar t. p. lui *A*, Quella p. *M*, Q. t. seule ne pourra f. *H*
De l'oignement ceuz tu oindras	8415	l-s *T*, oigdras *L*
Que du coutel ferir voudras.		
(Et) du faus, painture visage		
Au visage feras cage,		Au] A ton *to*..., Feras a ton v. c. *A*
C'est a dire que ton pense		
Tu couverras de faussete	8420	couvreras *A*

Et par dehors demonsterras
Autre que dedens ne seras.
(Et) puis aras unes paroles
Qui seront oingnans et moles.
C'est l'oingnement dont sont les rois 8425
Et les prelas oins mainte foiz.
N'est mais ne conte ne baron
Qui ne veulle ceste onction.
Touz jours veulent que on leur die
Chose qui (pas) ne leur ennuie ; 8430
Si ques, fille, hardiement
Oing les de cest douz oignement
Et puis (les) fier aprez l'ointure
(Si) que n'en puissent avoir cure !

Traison parle.

Or te di, quant m'ot dit ainsi 8435
Mon pere, de l'escole issi.
Sur ma mere (me) sui assise
Si com (tu) vois en ceste guise.
Maistresse sui, ce m'est avis,
De quanque m'a este apris. 8440
Mon faus visaige sai metre,
(Et) moi de touz poins entremetre
De la boiste et de l'oignement
Et de rire du bout du dent.
Bien sai mordre sans abaier 8445
Et bien ma chiere simploier,
D(e l)'une part froter et oindre,
(Et) de l'autre ferir et poindre.
Je sui le serpent qui se tient
Souz l'erbe, jusqu'a tant que vient 8450
Aucun que j'oci, quant c'est mis
De lez moi et sus l'erbe assis.
Se dehors paree me vois,

dem.] te mousterras M^1LB tu monsterras M
te moustreras G
—8422 A, *in the margin in a later hand*:
Biau samblant mieux que tu porras.

Qui] Lesquelz M, et o. L
dont] quant M^1

mais] pas A, N. m. duc c. ne b. o, Il nest m.
c. ne b. H
vuille G
que len leur d. L
que o, q. ne leur point en. L

cest] ce ALG
le f. A, Et bien les f. L
n'en] ne TL

essi L
Sus ABL
Sicque A

Bien sai mon faus v. m. *to*...

b. de la dent A, De r. du b. de la dent o, Et
de r. deuant la gent L

=8449 H
=8450 H
=8447 H, —8449 H^1
=8448 H,—8450 H^1, jusque tant qu'il v. ML
—8451 H^1, s'est mis M^1H
—8452 H^1, sui AH

Le Pelerinage de Vie Humaine.   263

Pour ce, voir, pas ne me connois.   veoir *A*
On ne connoist pas aus drapiaus   8455
Les gens ne les vins aus sarciaus.   cerciaus *oBM*, aus tonneaux *L*
La sauz est souvent foullue,   La] Mainte *to*..., saulce *A*, Maint saule est s.
(Et) de belles fuelles vestue   foillu *L*, fuellue *oG* fueullue *T*
                                          des f. b. *M*, b-e f-e *M*¹, vestu *L*
Qui par dedens toute creuse est   —toute *H*, tout creux *L*, cruese *BM* crueuse *o*
Ou toute plaine de vers est.   8460
Je sui *la* saus vermoulue,   la] une *to*..., Je sui saus v. *M*¹, Ge se le
La planche au besoing rompue,   saule v-u *L*
                                          La] Une *to*..., rompu *L*
Un planchier dont sont les corbiaus   —8463 *M*
Rompus et chëus les soliaus.   —8464 *M*, soliueaux *LG*
Perdus est qui' a moi s'apuie   8465
Et *comment* c'on ne s'i fie,   comment] suppose *to*..., —s'i *T* se *B* sa *o*
Si ne me puet nulz eschaper,   me] ne *B*, nul *T*
Quar de moi ne se puet garder.   se p. nul g. *TM*¹, ne p. nul g. *o*, De moy ne
                                           se p. nul g. *AB*, Nulz de moi ne se p.g. *M*
Force de gent ne grant foison
Ne leur sens ne pris un bouton ;   8470 prise *AM*¹*H*
Puis qu'ai mon faus visage mis   —qu'ai *T*, P. que mon f. v. ai mis *A*
Et gete en ai un faus ris,
Touz sont peris et decëus   perilz *A*
Et touz en ma merci chëus.

Je sui Trahison qui ai fait   8475
   Par mainte fois maint mauves trait.   P. maintes f. m. m. fet *L*, maintes f. *H*,
Onques a gieu de merelier   trait] fait *T*
Je ne jouai ne d'eschequier   —Je, de esch. *L*
Que par mon art je ne preisse   —par *A*, prenisse *L*
Le quel eschec que (je) vousisse.   8480 achaq *M*
Nul n'en i a ne roc ne roi   nen nya *B*, nec r. n. r. *G*
Que, quant je veul, ne traie a moi.   tree *L* trahe *M* traire *B*
Et pour (ce) que ta vie ennuie
Lonc temps a (a) ma mere Envie,   —a *oH*, L. t. a heu ma m. e. *L*, L. t. a et
Elle m'a commande et dit   8485 ma m. *M*
Qu'a moi te traie sans respit,   trace *M*

                Qu'a li je te presente mort,
                Si ques maintenant a la mort
                Je crie et di. A moi l'aras ;   die *TBM*, lairas *T*
                Mal i venis, Saint Nicholas   8490
                Qui les autres clers suscita   Q. l. trois cl. resuscita *H*
                Ja de mes mains ne t'ostera."

Le pelerin   Adonc ainsi com m'aprochoit   comme *A* que *H*
parle.   Et qu'a mort ferir me vouloit,   Et que mort *H*
                L'autre qui se sëoit o li   8495   o] lez *M*, lui *A*
                L'arresna et li dist ainsi :   ausi *M*
Detraction   "Suer, ne soies pas hastive !   pas si h. *oBM¹A¹LMH*, soie *M*
parle.   Sueffre, je te pri, qu'il vive,   ten *TA*, prie *M¹A¹M*, que il *BH*
                Jusqu'a tant qu'il savra mon non   Jusques quil *A*
                Et puis ensemble l'assaudron.   8500
                De dueil et (de) courous mourroie,   correux *L*
                S'aussi com toi *nel* grevoie."—   nel] ne le *to*..., Sainsi *LG*, com] quant *B*, le
                "Et je, dist elle, bien l'ottroi ;   guerreoie *A*
                Mais je te pri, avance toi !   je ten p. *T*
                Tost vueil que nous aions l'onneur 8505   aiens *M*
                De lui faire assez deshonneur."

              (A)donc la lisse pautonniere   Adont *P²*, lice *B*, la vieille p. *L*
                 Que (la) male passion fiere   Cui *M*
                M'arresna en moi abaiant
                Et en l'os que tenoit rungant :   8510   en] a *M*
Detraction   "Comment, dist elle, es si ose
parle.   Quë as baston ci aporte ?   Q. baston as si ap. *LM*
                Je he bastons drois et crocus   hais *TA*, crochus *TA* tortus *M* grossus *B*
                Qui sont u bout dessous agus.   u] au *L*, en bout dessus *M*
                Tous ceus qui les portent n'ai*n* point, 8515   nain *TM¹* naim *G* naime *A* na *B*
                Mes volentiers, quant voi mon point,
                (Je) les abaie par derriere   —par *o*
                Et mort, com(ment) que belle chiere   mors *LH*, combien q. *LG*

Ausi com ma suer par devant
Leur contreface et biau semblant. 8520
Et pour ce que baston tu as,
Comment que crocu ne soit pas,
Pour ce que Envie, ma mere,
Onq(ues) n'ama toi ne ton pere,
A moi l'aras. Mal i venis, 8525
Je te mangerai ja touz vis.
Je te rungerai jusqu' aus os
Et te trairai la pel du dos.
Onques ne veis en ta vie
Mastin, (ne) lisse en boucherie 8530
Qui si volentiers char crue
Mengast com(me) je la mangue.
La gueule ensanglantee en ai
Ausi com li leus qui ou tai
A estranglees les brebis 8535
Et en a ses guernons fourbis.
Je sui du lignaige au corbel
Qui son ni a fait en enfer.
J'aime charoinnes a mengier.
Plus sont puans, plus les ai chier. 8540
Ja (mais) bon morsel ne mordroie
Tant com mauvais (je) trouveroie.
Se pommes avoie a garder,
Ja mais n'en vourroie gouter,
Devant qu' (auc)une pourreture 8545
Y verroië ou (aucune) ordure.
Mes së *ordure* y trouvoie,
Adonc tantost la (je) mordroie ;
Tantost en vourroie assaier
Et assavourer et machier. 8550
C'est ma nourrecon, (et) ma vie
Aussi *qu'*a ma mere Envie."

A. comme ma *A*
Leu *B*, contrefaiz *M*

Combien q. *L*, crochu *A* crossu *H*
Pour que *A*, Et pour ce q. *L*, P. ce q. enuies ma m. *o*
naima *A*
lairas *T*
ten *T*, tout *M*¹
Je te maingeray *M*
tairay *T*; la peau *L*

en] de *L*
Que ausi v. *M*, Q. si tres v. *M*¹, chair *A*
—la *A*

A. comme li leux ou t. *H*, le lou *AA*¹*LG*, li leux qui en tas *M*, en tay *G*
les] des *H*
Et] Qui *L*, guernous *B* grenons *AM*¹*GM*
corber *A* corbin *A*¹*L*
Qui en enfer a fait son ni *A*¹*L*
charongne *A*

je] le *M*

ne v. *B*

veisse *L*
ordure] pourreture *to*...
la morderoie *M*, ie la m. *T*, mordre *H*, la remordroie *G*
en] y *L*, essaier *ABM*¹*GL*
assauoure *B*, mengier *LH* maschier *M*¹*M*
norrison cest ma vie *M*, nourricon o*A* nourreture *LGH*
qu] comme *to*...

Le pelerin parle.

Ainsi *com me* contoit ce ci,
Comment que mont fusse esbahi,
Un pou commencai a (sous)rire.   8555
"Vielle, dis (je), bonne a eslire
Fusses mes pommes et garder.
Se de moi mordre deporter
(Tu) me veus, assez de pourries
Te baillerai et (de) honnies.   8560
Et se ce ci ne te soufist,
Bien sai ou mont d'ordure gist.
Assez t'en trouverai, avant
Que point me voises agroucant."

Adonc tantost elle reprist   8565
Sa parole et ainsi me dist :
"Ne me faut pas trop loing aler,
Se de l'ordure veul trouver.
En ma bouche ai les instrumens
Dont en est fait li forgemens.   8570
Se point u monde n'en avoit,
Entre mes dens tantost seroit
Reforgiee si com m'aprist
Le maistre qui ma suer aprist."—
"Bien croi, dis je, së (tu) avoies   8575
Matiere, que (tu) forgeroies ;
Mes sans matiere (nul) ne forge
Com bien qui sache de (la) forge.
Fevre sans fer et sans acier
Ne puet coigniee bien forgier."—   8580
"Matiere, dist elle, assez truis,
Quar tout le bien que trouver puis
Je le sai bien en mal muer
Et faussement entrepreter.
Bien sai en eaue muer vin   8585

com me *LH* comme *to*...
Combien q. *M*, —mont *BL*
—pou *A*, sourrire *L* surrire *M*

Fusse *T* Feussiez *AH*, Feussiez et mes p. g. *A*, et] a *M*

veuilles *A*, Tu te vielx a. des p. *L*
Ten *T*, de] des *MH*
ce ci] ce *A*

te *B*

agrouchant *o* agoucant *L* agroussant *ABG* agrauant *H*

lonc *T*, Il ne me f. p. loing a. *L*

Dom en ai f. les f. *L*, De quoi jen fai les f. *A*
u] en *M* eu *G*, ne *B*

comme *T*

Matere *H* Materes *A*

que *A* quil *oHBMG*
fier *H*
fogier *B*
Matere *H*, el *L*

muer] tourner *A*
interpr. *ABMG*
—sai *o*, —en *B*, esue *L*

Et en venin triacle fin.   treacle *B* tyacre *M*, Et bon tiriacle en venin *L*
Bien sai honnir (les) bonnes pommes   houmer *M*¹
Et diffamer vaillans hommes,   d. les villains *G*
Et puis ainsi com(me) char crue   aussi com *ML*, —puis *M*¹
(Je) les deveure et les mengue."— 8590   deuoure *AG*, gengue *B*

"Comment as non?" dis jë a li.—   Comme *A*
"Detraction, dist elle, qui   Destraction *H*
Detrai a mes dens et charpis   Detrais *AM* Destrais *H*, a] o *G*
La gent pour faire coulëis   pour en f. coulis *H*, Char de gens p. f. c. *L*
A ma mere qui' est malade   8595
Pour humer *comme* potage.   comme] en lieu de to...
Elle m'a fait (sa) viandiere   —sa *A*, m'a] me *H*
Et (sa) maistresse cuisiniere.
D'oreilles la serf forees   Je la serf doreilles f. to..., forees] percees *L*
Qui mises (sont) et enhantees 8600   enchantees *T* enhastees *H* embrochees *L*
[Sont] par (my) mon glaive a fer agu   ague *A*
En guise de haste menu.   hatte menue *A*, hate *M*
Mon glaive ma langue j'apel   langue y apel *M*
Pour sa plaie qui est cruel.   plaie] pel *A*
Plus perce et fiert crueusement 8605   cruelment *AL*
Que nul glaive ne nul taillant,
Ne saete barbelee,   Ne] Nulle to..., siete *L* soiete *M* saiette *G*
Com bien que *d'arc* soit (fort) getee,   darc *TAB* dart *tM*¹*LMH*, fort] bien *M*, C. b. de darc fort soy g. *T*; C. b. q. de dart soit g. *o*
Ne puet plaie plus greveuse   plaie] nulle *H*, plus] si *TA*, Si ne p. pl. *LG*, Ne p. pas pl. *M*
Faire ne plus perilleuse. 8610   Feroie *T*, plus] si *TA* ausi *M*, plus tres-perill. *LG*
Les oreilles que enhantees   qui *AL*, enchantees *TL* enhastees *o* atachees *H*
Voiz en ce glaive et (en)hastees   enhaistees *B* enhattes *A*, Sont en ce g. enh. *L*
Sont les orelles des oians   de *A*, des oisiaus *B*, ouans *L*
Ce que je di et escoutans.
Ceus qui volentiers escoutent 8615   Tous ceux *M*
Mes dis, leurs oreilles boutent   M. d. en l. o. b. *A*, i boutent *M*¹*GLM*
Parmi mon glaive pour servir
Ma mere que voient languir."—   qui *B*, voient] voy ens *H*

"Et pour quoi, dis jë, a il croc
U fer de ce glaive et ahoc?" 8620
"Je (te) dirai, respondi elle.
Quant (tres)percie ai une oreille
Ou plusieurs et par mi gete
Ai mon glaive a ma volente,
Volentiers jë en ahoque 8625
Le non d'aucun et (en) acroche.
Plus volentiers emble bon no*n*
Que ne fait grant tresor larron."—
"Donc, dis je, es tu larronnesse? [8630
(Quar) miex vaut bon no*n* que richece."—
"Certes, dist elle, bien voir dis,
Mes Salemon le t'a apris
Que larronnesse prouvee
[Sui] de (toute) bonne renommee.
Plus belle chose en ce païs 8635
Ne puis embler a mon avis;
Par quoi, se restitution
N'en faiz, ne puis avoir pardon.
Mes mont envis (je) le feroie
Pour la grant honte qu'(en) aroie. 8640
Orgueil aussi, quant le saroit,
Ja mais ne s'i acorderoit."—

"Et que fais tu, dis jë a li,
Quant par l'oreille qui oui
T'a, as ce bon nom ahoquie, 8645
Et aucun preudom despoullie
(En) as?"— "Certes, respondi elle,
Ja je t'en ai dit nouvelle;
Quar en venim le convertis
Et ainsi ma mere en nourris."— 8650
"Il m'est avis, dis jë a li

quoi] moy *G*
—ce *M*¹, U] En *G*, En fer de cest g. *M*, de ta lance et *L*
ten *T*
tresperciee *A*, as *T*
pluseurs *AH*, et] ai *L*
Jay *H*

—en *G*, aultrui *A*, Le bon n. dautri *L*, acroque *HG* ahoche *M*¹ acrochie *B*

Dont *H*, larrenesce *L*

dis e. *G*
Salmon *A*, tas *T*
Que] Je sui *to*..., larrenesse *TL*

cest *M*¹*GLM*, en ce p.] a mon auis *TA*
a mon] ce mest *BH*, a mon avis] en cest pais *TA*
Pour *TALM*
Ne f. *TA*, nen p. *M*¹*MH*

—grant *B*, que ie aroie o*L*

—Et *B*

T'a] Tu *BLH*, as] a *T*, ce] son *M*, acroche *L*

dit la n. *LM*
les *A*
aussi *LM*
Y mest *M*

Quë en cest an mes je ne vi . . . . Quen c. *L*, —mes *H*
Plus mauvese beste de toi."—
"Certes, dist elle, bien le croi. . . . . le sai *A*
Plus mauvese sui quë enfer,   8655   P. m. beste sui q. *A*
Quar a ceulz ne puet nuire enfer . . . . nuiere *T*
Qui' en son enclos ne sont mie
Ou (qui) sont gent de sainte vie. . . . . gens *L*
Quar se dedens enfer estoit
Saint Jehan, nul mal n'i aroit.   8660
La grant perfection de li
Umbre li feroit et abri. . . . . Li feroit ombre et a. *LG*
Mes je te di que les absens
Je grieve aussi com les presens.
Neent plus ne me grieve a geter   8665 Nient *M*, Rien pl. *L*
Mon glaive tout oultre la mer
Qu'il fait ou une liue ou deuz. . . . . Qui *A*, fait une l. *B*, fait a une l. *M*, lieu *T*, lieue *G*
Et si te di qu'ausi a ceus . . . . quainsi *M*, di aussi qua c. *TAL*
(Je) nuis qui sont de sainte vie
Comme a ceuz qui ne (le) sont mie. 8670   —le o*A*, q. ne font m. *A*
Se Saint Jehan en terre estoit,
Encor de mon glaive il aroit.
U ciel aussi, se (je) vouloie, ... En c. *M*, Eu *G*
Ja assez tost (je) le ferroie. . . . . feroye *A*
Autre fois essaie i ai   8675   Autres foiz *AH*, A. f. enuoie li ai *L*, je y ay *A*
Et aucuns autres en i ai . . . . —y *B*
Feru et ferrai encore, ... ferroie *B*, et si ferrai *LM*, encores *G*
Et si te di que plus ore . . . . di ie q. *M*, q. point pl. o*TAM*¹*LGH*, ores *G*
Ne me tenrai de toi ferir
Et de toi jus faire chair."   8680   cheir *AHG* choir *L*

A donc respondi Trahison :
  "Seur, dist elle, ensemble faison ! . . . . ensemble alon *L*
Fier d'une part et je l'oindrai
Et puis d'autre part le ferrai. . . . . le] je *AL*, Et p. apres le referray *H*

Ainsi eschaper ne pourra, 8685
Se mont excellent mire n'a."—
"Je (le) vueil bien, respondi celle,
Mais (je) te pri que de sa selle
Avant le fac[i]on trebuchier
Si que ne puist plus chevauchier." 8690

Quant ces paroles jë oui,
    Pensis deving et esbahi,
Quar point avoir ne cuidoie
De cheval ne (point) n'i pensoie.
"Comment, dis jë a Trahison, 8695
Ai je cheval ? Detraction
Pour quoi a elle dit ce ci ?
Se tu le sez, si le me di !"—
"Raison, dist elle, si m' aprist,
Quant parla a moi et me dist 8700
Quë a cheval est cil montez
Qui de bon non est renommez.
Ce cheval ·iiii· piez avoir
Doit, si com chascuns doit savoir ;
Quar, se sanz plus ·iii· en avoit 8705
Ou ·ii· ou ·i·, il clocheroit.
Nul ne seroit bien honnoure,
S' estoit sur tel cheval monte.
Li ·i· des piez a ce cheval
C'est que li homs n'ait en soi mal 8710
Qui sente diffamation.
L'autre est que de condicion
D'aucun servitute ne soit.
Li tiers est quë engendre soit
En *bon, loial* mariage, 8715
Et li quars est que il n'ait rage
Ou *autre* forsenerie

    mee na *L*

    elle *GH*
    —de *A*, de la celle *L*

    la facion *B*, facon *TM¹LG* facions *H* faison(s) *AL*

    puet *T*

    deuint *A*
    a. ie n. c. *G*

    Pour quoi dis je *L*

    ai *A*

    si] le *B*
    Q. a moi parla *A*, Et me dit quant parla a li *L*
    Qua ch. est celi m. *L*, cil est m. *M*, cilz *M¹* ci *T*

    auoit *B*

    samplus *B*
    il cl.] tantost cherroit *L*

    sus *BL*

    a] qua *L*
    Est *TABM¹LGM*, q. lomme *L*, na en s. *M*, en soit *A*

    —que *BM*, est de tel c. *M*
    Daucune *AB*, servitude *A*, Q. de s. ne soit *M*
    qui *B*

    b. l.] legittime *to*...
    —Et *oL*

    autre] tache de *to*..., forconnerie *A*

Le Pelerinage de Vie Humaine. 271

Ne n'ait en toute sa vie.		Ne n. eu en t. *L*, Ne n. ou en t. *o*, en] eu *G*
(Ce) sont ·iiii· piez convenables		les ·iiii· p. *L*
(A) ceus qui portent tesmoignages.	8720	
Et pour ce que te sent monte		sens *A* sen *M*, q. se sont m. *L*
Sur ce cheval, ma suer parle		Sus *BL*
Ell' a de toi jus trebuchier		Elle a o*AHG*, Elle de t. *M*¹; Si a de *M*
Et jë aussi li vueil aidier."—		la v. *T*

Adonc a sa suer reparla : 8725
"Suer, dist elle, par ou sera
Que premierement l'assaudron ?"—
"Sez tu, dist elle, la chancon   a la ch. *A*
Quë Israel de Dan chanta :   dadam *TAG* dedans *B*
Fiat Dan coluber in via ? 8730   F. dam *G* Fuit dam *A*, den *o*, —Dan *H*
Cerastes sui la cornue,   Je sui cerastes to..., serastes o*ALM*
(Et) Dan, la couleuvre tortue   dam *G* den *o*, dan coluber la t. *M*, la] le *M*¹
Qui point ne voiz par droit chemin   ne uoies p. *L*
Et mort la gent en larrecin.   mors *ABMG*, larrencin *T*
Tout coiement je m'en irai 8735   cointement *L*
Et par derriere je mordrai   ie morderay *M*
Les ongles du cheval qu'il a
Et ainsi je cuit qu'il charra ;   cuit] croi *L*, cherra *AGH*
C'est a dire que la endroit   q. len e. *L*
Ou rien de moi ne s'ape*r*coit 8740
Je le mordrai repostement
Et li ferai empeschement.   impeschement *M*
(Quar) s'a li sentir me faisoie   —sentir *A*
Et en ape*rt* (je) le mordoie,   mordroie *AH*
Assez tost de son pie ferre 8745
En mon visaige aroit donne.
Les ongles insensibles sont,   inuisibles s. *LG*
Nullement ne s'ape*r*cevront   ne sen ap. *A*
Que mon dent morde (par) deriere,   mon] ma *L*, mi (*corr.* mes) dens mordent *M*
Devant qu'il charra (tout) arriere, 8750   —8750 *B*, cherra *G*, tout] par *M*, en *L*

Que relever ne se pourra
Et que le cheval clochera."
Adonc respondi Trahison :
"Or ca *donques*, or l'assaillon !
Bien me plaist qu' ainsi expose   8755
As le dit Jacob et glose."—

Adonc Detraction geta
   Sur moi son glaive et m'en navra.
Puis acourut gueule *bee*
Vers moi comme forsenee.   8760
Mon cheval par les ongles prist
Aus dens et fort clochier le fist.
Moi aussi de rien n'espargna,
Aus dens me prist, bien se mo*n*stra
Qu'estoit de lignage a serpent.   8765
Jus m'abati dont fu doulent,
Mes pour ce n'eschapai (je) mie :
Vers moi s'en vint (tout) droit Envie,
De ses ·ii· lances me feri
Et en mon cors les embati.   8770
Traïson pas ne se faignoit,
Quar tant com sa suer me mordoit
Et m'aloit les costez rungant,
Elle tenoit son oignement
Dont d'une part elle m'oingnoit   8775
Et d'autre u ventre me boutoit
Son coutel et son apointon.
La vielle aussi au grant baston
A tout ses instrumeus de moi
S'aprocha et me dist : "Rent toi !   8780
Bien vois que ne pues eschaper."
Adonc se prist moi a hurter,
A moi batre et a moi ferir
Et paine assez faire souffrir.

donques *oM*¹*H* donc *tTAB*, Or sa bien tost or. l. *M*

Sus *BL*, me n. *oMH*, me hurta *L*
bee *oTAM*¹*MH* baee *tB* baiee *LG*, la gueule b. *M*
com se fust forc. *L*, comme vne fors. *M*, com fame fors. *o*

O les dens *L*, fort] puis *M*, le] me *M*¹
—8763 *B*
—8764 *B*, se] me *A*, O les d. me p. b moustra *L*
du l. au s. *M*, limage *B*
d. je fui d. *A*, fu] sui *M*
neschape *oTM*¹*L*

les] se *T*
point *L*
me tenoit *L*

—Dont *M*
u] en *MG*
apoincon *TH* apointon *corrected* apoincon *M* appoincon *G*
au] a *T* o *L*
tous *T*, Ou toz ses i. *L*, ses] des *H*
rentoi *B*, rens *A*
voy *H*, puis *A*
a moy hurter *A*
A me b. et me f. *L*
Et p. faire assez s. *H*, Et assez paine f. s. *o*, poine *L*

Quant ainsi me vi atrape, 8785
   Se grandement desconforte
Fu, demander ne me faut pas.
Bien pouoie crier ha las !
Respit avoit de soi pener
Peresce de moi arrester ; 8790
Arreste *du tout* estoie
Ne moi mouvoir (je) ne pouoie.
Toutevoies mon bourdon droit
Je tenoie et point ne m'estoit
Cheu et grant fiance avoie 8795
Que par li j'eschaperoie.

Ainsi *qu'* en tel point j'estoie
   Et (que) ca et la regardoie,
De vers un tertre vi venir
Une autre vielle et acourir. 8800
"Tenez le bien ! tenez le bien,
Dist elle aus autres, quar je vien.
Gardez que il ne vous eschape
Par le bourdon ou (il) s'agrape.
Celle vielle *ert* deguisee, 8805
Quar d'aguillons *ert* armee
Tout entour comme un hericon ;
A escherpe avoit un fauchon,
Et en ses mains ·ii· caillous bis
Tenoit, si com m'estoit avis. 8810
Feu li sailloit *du* visaige
Et bien vous di (que), se sans rage
Estoit, si n'i paroit (il) mie.
En (sa) bouche avoit une scie,
(Mais) a quoi faire ne savoie, 8815
Se avant ne li demandoie."

Le peche de Ire parle a Envie et a ses filles.

entrapee *M*
Si *TAM*¹
me] le *A*, ne lestuet p. *M*, Fui que d ne me f. p. *L*
helas *AH*
de moy penner *LM*¹
P. et de moi (me *L*) a. *AL*
du tout] de touz poins *to*... de touz point *L*
mouvoir ne me p. *T*, Si que mouvoir ne me p. *L*, Ne m. aidier je *o* Si que m. ie ne pouoie *G*

Que] Quapres *to*...

qu'] com *to*..., en ce p. *L*
—que *T*

G. bien quil vous e. *A*

ert] estoit *to*...
ert] estoit *to*...
hiresson *M*
A] En *H*
caillos *T* cailleus, *B* sa main ·ii· chailleux *L*
du] de son *to*...
Et vous di b. *B*
—il *B*
sa] la *T*

"Vieille, dis je, quant prez de moi
    Fu venue, di moi pour quoi
As tel contenance et maintien?
Comment as non? ne me ment rien! 8820
Volentiers savoir (le) vourroie,
Comment quë a souffrir aie."
Adonc ses (·ii·) caillous ensemble
Elle feri (si) que la flambe
U visage me fist saillir.   8825
"Certes, dist elle, tost sentir
De mes mestiers je te ferai
Et mon non te deviserai."

"(Je) sui la vielle hericiee,
    (La) mal pigniee et mal herciee, 8830
La fille au hericon heru
Qui se herice pour vertu.
De ses broches (il) m'a armee
Pour ce que soie (re)doutee,
Pour ce que, se aucun s'aproche   8835
De moi, qu'(il) ait d'aucune broche.
Venjance quier et veul avoir
De touz ceus que je puis savoir
Qui m'ont meffait en atentant
Contre Dieu et sa main brisant.   8840
Bien croi que je l'amenderai,
Quar en sa main venjance sai
Prise comme en main souv(e)raine,
Veu en ai lettre certaine.
Poignant sui et haineuse   8845
Impacient, (et) desdaigneuse,
Plus aspre que n'est gletonnier,
Ronce, espine ne groiseillier.
Qui vourroit clorre son courtil

Eu v. *B*, di me *M*
A tel *L*
me] men *M* ne *B*, Dy moi trestout nen mens de rien *H*

quë] quassez *to*...
chailloux *L*

U] En *M* Eu *G*, Au v. men f. s. *L*
dist] fist *L*

hiriciee *T* hirecie *M*
—8830 *B*, et] la *L*, et ma h. *G*, herciee] treciee *o*
hircon *L*

si aucun *L*

sauoir *B*
—8838 *B*
attemptant *AH*

v. arai *LG*
—en *T*
Veue *L*
P. s.] Je sui poignant *to*...
et soingneuse *o*, Impaciente *L*
gletonier *o* glentonier *H* aglantier *M*, P. a. sui que arglentier *L*
groaiselier *L*
cultil *M*

Le Pelerinage de Vie Humaine.

De haie fort, s'estoit soutil, 8850
(Il) m'i mettroit, quar nulle haie
N'i feroit tant com (je) feroie.
J'ai no*n* Noli me tangere
Qui ai tantost carmen en ve
Mue a petite achoison 8855
Et fait un saut, quant d'aguillon
Sui pointe en delaissant celui
Qui par devant m'estoit ami.
Je fais des hommes chahuans
En plain midi et non voians, 8860
Et les avugle et abestis
En eulz troublant tout leur avis.
Je serf de vin aigre et verjus
Et d'aigruns qui sont vers et surs
Et en donne aus coleriques 8865
Plus tost quë aus fleumatiques.
Je fas ou firmament (de) l'omme,
Qui microcosme *se nomme*
Ou petit monde, lever (les) vens
Et tonner et faire tourmens, 8870
Et i fas raison esconser
Et entendement eclypser.
Ire sui la reboulee,
La crapoud(in)e envenimee,
La rechigniee mere aus chiens 8875
Qui de douceur n'a en soi riens.
Plus aspre sui que n'est chardon
Et plus sure que absinthiu*m*.
Je sui ra*m*nus dont li feu saut,
Quant, tant soit pou, aucun m'assaut. 8880
Si pou ne puet vers moi venter
Que fumee me faut geter,
Hurter mes caillous et ferir

ce estoit *L*, sutil *M*
quar il nest haie *L*
Plus doubtee que ge seraie *L*

carnem *H*, en ne *T*, Q. ai t. cuer moult ire *A*
—Mue *H*, Meu *A*, M. en petit a. *o*, M. pour petit dacheson *L*, encoison *M* achaison *G*
delaussant *B*, en lessant c. *L*
p. auant *L*
de h. *o* chashuans *B* chas huans *H*, Ge faz h. estre chouans *L*
Et en pl. m. non v. *L*
auugles *TM*, aveugle et abestis *G*
eulz] leur *oTBL*, tourblant *T* croullant *H*, Et leur trouble t. l. amis *B*
vergus *H*
de esgruns *LM* de grains *o*, Et degrus q. vers est et s. *H*
Et si en d. *M*, coloriques *H*
Pl. volentiers quaus to..., flem. *LM* flam. *o*
—8867 *o*, ou] en *M* eu *G*
se nomme] ou petit monde *to*..., nicroscome *H*, Q. mi trotosine *o*
Ou p. m.] Est apele *to*...
Et tourner *L*
absconser *M* escouter *L*
entendemens *L*
J'ai nom Ire *to*..., reboullee *H* redoubtee *L*
crapaud. *H*, crapodine envelimee *o*

en soy na r. *H*

sure] fiere *M*, pl. amere quebsinthion *L*, absithum *H* abuichon *o*
rammis *changed by a later hand* rampus *M* rampuis *B* rempous *oG, changed in margin to* rancune *G*
venter] venir *H*
me fait g. *L*, Q. f. nen faille yssir *H*
chailloux *L*

276   *Le Pelerinage de Vie Humaine.*

Et la flambe faire saillir.   flame *M*, fl. en faire s. *L*
Se eche seche assez avoie,   8885   esche *oM*¹*LGMH*
(Tan)tost le feu dedens metroie.   T. dedens le f. m. *M*
Despit l'un des caillous a no*n*   Lun des c. despit a n. *M*
Et l'autre est apele Tencon.   tenson *M*
Ce sont li caillous dont souvent   chailloux *L*
S'entrefierent la sote gent.   8890
Ceuz (que) jadis s'entreruoient   sentreuoient *L* sentreueoient *B*
(Les) deuz fames qui demandoient   entreriuoient *M*
Au roi Salemon jugement,   —8893 *M*, Salmon *L*
La quelle aroit le vif enfant.

De ces caillous jadis forgai   8895   chailloux *L*
   La scie que en ma bouchë ai.   sie *H* see *L*, quen *H*
Martel en fu cil qui est dit
Tencon et enclume Despit.
Impacience en est le fer
Qui fu pris et fait en enfer.   8900   fait et pris *B*
Plus le fiert on, mains aplatist ;   on] ou *M*, f. len et m. platist *L*
Plus le chauf'on, plus endurcist.   chaufe on *M* chauffe on *G*, chaufe len plus
Jadis endenter soutilment   durcist *L*
Je le fis, or entent comment !   entendre *L*, sutilment *M*
Dame Justice, (la) favresse   8905   entem bien c. *B*
De vertus et (la) forgerresse   faueresse *L* faeuresce *M*
A une lime qui par non   Qui de v. est forgeresse *L*
Apellee est Correction.
C'est la lime qui hors lime   Est ap. *BL*, Correpcion *L*
Pechie jusqu'en la racine   8910   que dehors l. *L*, q. tout h. l. *M*¹*G*
Ne puet souffrir rooul n'ordure   jusques en *oM*¹*L*, jusqua la *H*, jusques en
Que tout ne lime (et tout) ne cure ;   la cime *L*
Et pour ce que jadis li*m*mer   rououl *T* rouil *LGH* ruille *M*
Elle me vout et hors oster   et t. ne pure *M*, nescure *T*
Mon röoul, je li oppose   8915   limer *BLGM* lumer *H*
Le mauves fer dont ai parle.   h. geter *B*
                                                             , rououl ne li op. *T*, ruille *M*, opposai *LM*
                                                             fair *B* fait *G*, d. parle ai *L*, d. parle tai *M*,
                                                                jai p. *H*

Elle, quant limer me cuidoit,
Mon fer limoit et endentoit.
Scie en a fait, tu le vois bien.
Ses dens sont grans com dens de chien. 8920
Elle est Haine apellee
Par qui' est desjointe et sciee
L'union de fraternite
Et l'aliance d'unite.
En Jacob et en Esau   8925
Tu as la figure vëu.
Je les sciai et les desjoins
Et l'un de l'autre envoiai loins.
Aussi ai je mains autres fait
Dont au conter aroit trop plait.   8930

A us dens ceste scie (je) porte,
 A fin que, se (ma) patenostre
Je di, que (je) soie sciee
De Dieu le pere et (des)sevree.
Quar, quant je pri qu'il ait merci   8935
De moi et me pardoint *aussi*
Mes meffais com (je) les pardonne,
Et rien de ce ne (je) pardonne,
Bien sai que contre moi prie
Et (de)vers moi tourne la scie.   8940

E n ceste scie a si trespeu
 D'onneur, de loenge et de preu
Que qui la tient et maistre en est,
Dessouz ce qu'il scie se met ;
C'est en la fosse qui est bas   8945
Ou habite le Sathanas.
J'ai en pense que (tu) l'essaies
Et que maistre tu en soies,

et estendoit *LG, but corrected in another hand to* endentoit *G*
a] ai *L*, vois] sces *B*
grant. *T*, dent d. ch. *G*
Elle] La scie *to...*

Tu] En *LM*¹
seie *L*
enuoie loigns *L*
fais *T*, Et a pluseurs ai ainsi fait *L*
plais *T*, au] a *M*, trop] lonc *L*

O les dens c. seie porte *L*
pater nostre *M*
soiee *L*
—et *M*, desseurre *G*
aussi *oTAM*¹*LMH*, ainsi *tB*, et quil p. ainsi *B*
comme les p. *o*
—Et *o*, Et de ce rien ge *L*
Je sai bien *to...*
—la *L*

se mest *H*, se semet *M*¹, Au dess. et au plus bas est *L*

habita *T*
en pencey *M*, lessies *B*, tu le soies *L*
m. tost tu *o*, tu en] de ce tu *M*¹, q. de ce m. tu s. *L*, Et aussi q. m. en s. *M*

Et puis apres je te caindrai
Le fauchon quë entour moi ai.   8950
C'est cil que je caing aus murtriers,
Quant je les fas mes chevaliers.
Barrabas l'avoit caint jadis,
Quant pris fu et en chartre mis.
Homicide par son droit non   8955
Est nomme et Occision.
C'est cil qui fauche et coupe hors
La vie et l'esperit du cors,
Cil *que* les tirans (se) caignoient

Jadis, quant les sains *tuoient*.   8960
Beste sauvage, non pas hon
Est cil qui porte tel fauchon.
Le fauchon le fait sauvage
Et querre proie en (maint) boscage.
Tex bestes perilleuses sont   8965
A ceus qui par le pais vont.
Miex i devroit le roi chacier
Qu' a cerf n'a dain ne a senglier.
Et pour ce quë ez pelerin,
Mise me sui en ton chemin.   8970
Ou le fauchon je te caindrai
Ou je ta vie en faucherai."

Ainsi *qu'*en tel point estoie
Et (que) seulement atendoie
La mort, Memoire pres de moi   8975
Vi qui me dist : "Di moi, pour quoi
Tes armëures tu ne vez?
Escuser ne te pues, quar prez
Sui de toi, (et) touz jours aroies
(Tes) armes prestes, se vouloies.   8980

je] si *M*, ceindrai *G*

sain *G*, murdriers *o* martries *L* mustriers *B*
—je *B*
B. iauoit *B*, ceint *G*

que] dont *to...*, se singnoient *M*, se targoient *o*, Cest cil que le t. auoient *L*, li tirant *T*
tuoient] occioient *to...*
hons *L*
te f. *B*
si le f. s. *oM¹LGM*
querroye *H*

singlier *M* sengler *BL*

O *L*

qu'] comme *to...*, tel] ce *M¹L*

Ca m. *R*

armes *T*, vest *M*
ten p. *H*, ne te te p. *M*
tousours *B*

Ves les ainsi comme t'a dit
Grace de Dieu et ci ton lit
Ne faces (pas), quar honte aroies
Se plus *lonc temps* atendoies.
Honce est quant tant as atendu 8985
Et nul profit i as ëu.
Se piec'a vestu les eusses,
(Pas) maintenant livre ne fusses
Aus vielles qui t'ont arreste
Et abatu et surmonte." 8990

Vest *L* Veist *M*
—de *B*

face *T* faire *M*
lonc temps] longuement *to*...
que t. *L*

vestues *L* vesti *M*

Et bastu et trop seurmonte *L*

Le pelerin parle.

Quant vi quë ainsi m'arguoit
Ma baesse et me reprenoit,
Dolent fui et au cuer marri,
Se plus je me gesoie ainsi.
A mon bourdon je m'agrapai, 8995
Et si con si me relevai
Laschement (fu), quar floibe estoie
Et longuement geu avoie,
Mes armëures voul vestir,
Mes pas n'en eu temps ne loisir. 9000
Peresce se mist au devant
Et me dist en moi menaçant
Que, se aus armes aprochoie,
(Tan)tost de sa coignie aroie.
Je la doutai et rien n'en fis, 9005
Ses gieuz piec'a avoie apris.
Desarmes remains com devant,
Las et afflit et recreant.

quainsi *A*
Ma b.] Memoire *A*, beasse *G*
fu *M*¹

com pui me r. *L*
flebe o*A* foible *BM*¹*GH* feible *M*
jeu y auoie *L*
volz *H* vous *B* voulu *L*
ne eus *B*, laisir *TL* lesir *M*

menacent *T*

de la c. *L*
ne f. *T*
ses yelx *L*
remain comme d. *A*
af. comme recrant *A*

Or me gart Diex de pis avoir,
Quar en moi n'ai mais nul pouoir, 9010
Rien n'a en moi ou (mais) me fie
Fors le bourdon ou (je) m'apuie.

garde de Dieu *M*
mais point de p. *B*
nay *H*, ou mains ne f. *B*

M'escherpe me sert de mont peu.　　　　　　mon peu B moult poi L
Au pain qui i est a mon preu　　　　　　　qui y fut mis pour moi L
N'ose touchier, tant com (je) soie　　9015　couchier o, saie L
Desvoie (par) de ca la haie.　　　　　　　la voie A
Se j'en mengoie, Grace Dieu　　　　　　　Se je m. M Se nen m. B
Ne le vourroit tenir a gieu.　　　　　　　Si ne le tendroit pas a jeu L
Fameilleus sui de lez le pain.　　　　　　de lez] iouste L
Mal cru Huiseuse au premerain.　　9020　oyseuse G, premierain M
Elle me decut, quant la cru ;
Par li sui chetif devenu,
Et aus vielles larronnesses,　　　　　　　Et] Par li to..., au v. T, larnesses corr.
(De) pelerins espierresses　　　　　　　　　larrenesses M
　　　　　　　　　　　　　　　　　　　　Des p. LM
Sui livre ; en leur mains morrai,　9025　leurs m. monrrai B
Se de Grace Dieu secours n'ai.　　　　　　secour L

Ainsi comme ainsi meditant　　　　　　　A. com ici m. L
　　M'en aloie et mon frain rungant,　　　—et H
Un val parfont (plain) de boscage,
Horrible, hideus et sauvage　　　　　9030　Orrible B
Vi devant moi par ou passer
Me convenoit, s'avant aler
Vouloie dont esbahi fu,
Quar par bos on a tost perdu　　　　　　　a on TBM a len L, boys a len tost G
Sa voie et mains perilz i sont　　　9035　maint peril M
Aus pelerins qui seulz i vont.　　　　　　A. p. si soulx L, soulz G
Larrons et bestes sauvages　　　　　　　　et] murtriers to...
S'i tienent en tapinages.　　　　　　　　　Si tienent] Y repairent to..., tapinage M
(Et) maintes choses desguisees　　　　　　desguisies M
Y sont (par) mainte foiz trouvees.　9040　maintes H
Tiex choses, quant par la passai,　　　　 li T
Si com vous dirai, i trouvai.
Mais avant que plus (vous) en die,
A fin que il ne vous ennuie,
(Je) vous donrrai une vespree　　　　9045　une] yci o

Le Pelerinage de Vie Humaine. 281

Et [i]ci ferai (une) pausee.
Demain, se voules, revenez
Et puis le remenant orrez.
Assez vous dirai de meschiez
Que je trouvai et d'encombriers.   9050
Pitie en arez si com croi
Et garde i penra endroit soi
Chascun, quar du meschief d'autri
Chascun a un mirour pour li.

ci] si *LG*, pousee *L* posee *o* pensee *BM*¹*G*
D. si vous plait r. *M*
le demourant o. *L*
meschiers *L* meschiefs *G*
encombries *M*¹
si comme *A* si comme je *T* si com je *H*
prendre *B* prendra *G*

A ch. mirouer p. li *M*¹*LG*, Fait ch. mirouer p. li *o*, miroer *T* miroir *BH* mireur *M*

Between 9054 and 9055: *Explicit secundus liber, Incipit liber tercius. BM*¹*M.* Ci achieue le segont liure et commence le tiers. *L.* Cy finist le second liure de vie humaine et sensuit le tiers. *H.* Cy finit le second liure. *A.* Cy fine le second liure *G.*

[*Hic incipit liber tertius.*] Cy commence le tiers liure G.

<pre>
Or escoutez tresdouce gent   9055   entendez L, e. ma douce g. M
   Mes aventures et comment
Mal fu venu et mal mene
U boscage dont j'ai parle.   En b. M Eu b. G, dont ai p. BG
Ainsi com(me) je descendoie
En ce val (parfont) et avaloie,   9060   En val M Eu val G
Vi vieille d' autre figure,   Vi] Une to..., Vne autre v. dautre f. B
D'autre maintieng et (d'autre) laidure   —et oABM¹LH
Que par devant veu n' avoie,   veu auoie B
(Vy) qui s'estoit mise en ma voie.
Desguisee estoit grandement   9065
Et sembloit qu'aviseement
Comme sa proie m'atendist
Et que courre sus me vousist.   —que B
Nulle tel beste en Daniel   Nul L, —tel B telle A
N' ainsi faite en Iezechiel,   9070   Naussi f. L Nen einsi f. A Ainsi f. BT
(Ne) plus laide en l'Apocalipse   lapocalice T, Ni en lapocalice ne vi L
Ne recort pas c'onques veisse.   qu'onques G quanquez M, De quoi je tant
                                              fusse esbahi L
Boisteuse *ert*, torte et bocue,   ert] estoit to..., bossue AG, Elle estoit t. et b. L
                                              Boiteuse G
D'un gros (et) viez burel vestue,   vielz A, g. burel et viez H, Et dun gros viez
                                              b. v. L, Dun ort et viel P²
Ratatelee de clustriaus   9075   —9075 M, Ratasselee P², clutiaus M¹, Rata-
                                              celee de clustiaus T, Rapatinee de
                                              cluteaux L, clustiaus G
</pre>

Le Pelerinage de Vie Humaine. 283

De viez panufles, de churriaus.

Un sac avoit pendu au col
Et bien sembloit que faire vol
Pas ne vousist, quar ens boutoit
Arain et fer et ensachoit. 9080
Sa langue que hors traite avoit
A ce faire forment l'aidoit,
Mais meselle et sursemee
(En) estoit toute et diffamee.
·VI· mains avoit et ·ii· moignons. 9085
En ·ii· mains ongles de grifons
Avoit dont l'une derriere
Estoit *d'*estrange maniere.
En une de ses autres mains,
Aussi comme se dëust frains 9090
Limer, une lime tenoit
Et une balance ou pesoit
(Le) zodiaque a grant entente
Et (le) soleil pour metre en vente.
Une escuelle en l'autre main 9095
Tenoit et un sachet a pain.
En la quinte avoit un crochet
Et sur sa teste un Mahommet
Portoit qui ses iex encliner
Li faisoit jus et regarder. 9100
La siziemë (main) apuiee
(Avoit) sur sa hanchë afolee
[Avoit] et s*ouvent* la levoit
Haut a sa lengue et l'en touchoit.

Quant tel vielle si laide vi 9105
Et qu'il me convenoit par li
Passer, esbahi fu assez,

—9076 *M*, penifles de chirr. *H*, p. et charr. *M*¹, churraus *T*, De vielles feupes et chainseaux *L*, p. et cheuriaus *G*
pendu auoit *H*
Et sembloit bien *A*, Par maniere du semblant foul *L*
Et en ce sac dedans b. *L*

loingue *M*
faire moult li aid. *LG*
mesele *T*, sorcemee *M*, M. m. toute estoit *L*
Et soursemee ce sembloit *L*
Sept m. a. et iiij m. *G*
En *L* Les *to*..., ongle de grifon *M*
Auoit *L* Auoient *to*...
d'] en *to*...
En lune *B*
se *corr.* selle *M*

ou] en *H*
entende *o*

en] a *B*

sus *BL*, mahonnet *G*
incl. *M* enclinoit *B*
fait *T*, et] de *B*, et jus r. *P*²
sizime *BM*, apoiee *LA*
sur *AM*¹*H*, sa] la *A*
souvent] aucune foiz *to*...
loingue *M*

telle *A*
qui me c. *AM*

Quar ja estoie tout lassez
D'avoir ennui si com dit ai.
"Harou ! dis je, Diex ! que ferai ? 9110
Mort sui, se *la* laide beste
En ce boscage (ci) m'arreste.
Tant a de mains (que), se m'agrape,
Je (me) dout que ja n'en eschape.
Conseille moi, biau douz Jhesu, 9115
Ou autrement je sui perdu !"

En ce point la vielle venir
Vi vers moi pour moi assaillir.
Avarice. "Par Mahommet, dist elle a moi,
parle.
Qui est mon dieu en qui je croi, 9120
Je t'atendoie. A moi l'aras.
Mal i venis, tu i mourras.
Met jus t'escherpe et ton bourdon
Et fai hommage a mon Mahon !
C'est cil par qui sui *louee*, 9125
(Et) sage dite et honnouree ;
Celui sans qui nul n'est prisie
En terre ne auctorisie ;
Celui par qui sont honnourez
Mains grans folz et sages clamez. 9130
A li faut que te soumetes,
(Et) de li servir t'entremetes
Et puis apres honteusement
Mourir te ferai et vilment."

Quant tiex paroles *oï dire*, 9135
La vielle, (nul)talent de rire
Ne me prist, mes bien voul savoir
Son non et qui estoit de voir.
"Vielle, dis je, ton non me di,

ja] ie *TL*, tous *AMH*
Dauoit *T*
—Diex *A*, Haa doulx dieu dis ge q. f. *L*
la] ceste *to...*

doute *M*, doute q. ia ne e. *B*
Conseilliez *TL*, Jhesus *A*
perdus *A* pardu *T*

—9117 *L*
—9118 *L*
Mahonnet *G*

Mar *M*

—mon *A*
louee] alosee *to...* aleusee *L* eslosee *M*,
—qui *T*
nest nul p. *LG*

M. foulz et tressages cl. *L*
faut] convient *to...*

oï dire] prist a dire *to...*, print *A*
veulz *B*
—et *A*

Qui es et de quoi sers aussi, 9140
De quel lignage et nation
Tu es et de quel region,
Qui est, (et) dont sert ton idole
(A) cui servir veus que m'afolle !
N'est pas raison qu'a marmouset 9145
Qui avugle est, sourt et muet
Je serve ne (que) face hommage
Qui sui de noble (et franc) lignage.
Et s'ainsic est qu'a li servir
Doie pour paour de mourir, 9150
Si te di je que veul savoir
Qui il est, aussi com de voir
Savoir veul qui tu es et dont.
Si te pri, tantost m'en respont !"

est] es *TAB*, dont] de quoy *A*

qua] que *A*, —qu' *H*

sainsinc *M*[1] sainsi *G*

di ie ie v. s. *M*, di que ie v. *M*[1]

—et *M*

me r. *TM*

Avarice. parle. Adonc la vielle respondi : 9155
"Puis que savoir veuz qui je sui,
Ja assez tost le te dirai ;
Mes avant je te mousterrai
De mes enfances et mes gieus,
A fin que tu me croies miex. 9160
Vien apres moi ou me verras
Aler et crie fort : ha las !
Je verrai ja le ve de pleur
Et le hëu plain de douleur,
La doulente interjection 9165
Plaine de lamentation.
Nul ne voit ce qui (tost) ne crie
Harou, *quel* (grant) forsenerie !"

moustrai *TB*

et de m. g. *T*

ou tu voulras *A*

et fort crie *A*

ja] ie *M*[1], Tu verras *M*, Ja verras le val d. p. *A*

Et le lieu p. *A*

quel] com *to...*, H. quele g. f. *A*, Hee dieu quel g. f. *L*, foruerie *M*

Le pelerin parle. Adonc sur 'i' fosse monter
Me fist la vielle et regarder 9170
En une plaine un bel moustier

sus *BL*

Fonde de lez ·i· eschequier
Ou il avoit menus et gros
Esches des quiex je vi les ros   Eschac *M*, E. de qui je *B*
Et les chevaliers et le roi   9175
Qui en menoient grant desroi.   Q. y men. *L*
Chascun (d'euz) avoit caint s'espee   ceint *G* saint *L*, c. lespee *MG*
Qui (me) fu chose desguisee.
(Quar) autre foys joue avoie
Aus eschez et nul n'(en) avoie   9180   eschac *M*
Veu qui fust de tel maniere.
Leur contenance *ert* moult fiere.   ert] estoit *to...*
(Quar) vers le moustier s'en alaient,
(Et) jus abatre le vouloient.
Li rois premier devant aloit   9185   devant premier *L*, p. auant *B*
Et les fondemens en minoit.
De une crocë a (un) evesque   Dune o*TL*, croche *M¹M*
Faisoit son houel et (sa) besche.
Besche en estoit le bout agu   li bouc *T*
Et houel l'autre bout crocu.   9190   crochu *TM*

"Qu'est ce, dis je, quant ce la vi,   —ce *B*, ce] ic *T*, cella *H*
Que je voi la? Sui je esbahi?   Que voi je trop sui esbahi *L*
Est ce songe ou faerie   phaerie *BM¹*, Est ce dis je s. ou f. *H*
Ou fantome ou deverie?   desverie *G*
Est ce le ve que (me) disoies   9195   disoie *B*
Et le hëu dont (me) parloies?   donc *A*
Ce est, a certes, voirement   Ce est *TA* Cest *M¹* Se cest *toBMH* Cest il *L*
(C'est) hëu et ve conjoinctement,   —Cest *L*, —heu *B*
(C'est) interjection dolente   C. linteriection d. *A*
Ou (il) n'a rien qui m'atalente."   9200

Avarice. parle.
Adonc la vielle si me dist :   dit *AH*
"C'est voirement ce que t'ai dit.
Voiz la le roi de l'eschequier   —la *H*
Et si roc et si chevalier   si] li *L*

Qui ont touz leur poins limites 9205 l. p. limies *M*¹
En l'eschequier et ordenez.
Assez eussent de leur terre,
Se (je) ne feisse, sans acquerre
L'autri ; mes je ne puis souffrir   mes ne le p. s. *L*
Que souffisance sans tolir 9210
Aient. Et pour ce' a ce moustier   a ce] au *M*
Qui prez est de leur eschequier   Qui est prez *M*
Je les envoie pour fourrer
Et pour tolir et pour haper.   tolier *T*, et happer *A*, haper] embler *LM*¹*G*
Au roi qui les moustiers fonder 9215   le moustier *L*
Doit et deffendre et gouverner
J'ai baillie oustil d'onneur plain
Pour faire ouvrage de vilain.   ouvrage] office *L*
C'est une croce d'evesque   Ce est *LG*, dun evesque *M*
Pour faire en houel et besche. 9220   P. en faire *LM*, bouel *B*
Croce d'evesque (est) honnourable   Croche *M*¹.
[Est], mes a roi (chose) reprenable   a] au *TAMG*.
Est de fouir et de houer   fouir] bescher *L*
Et de fundemens deffonder   de] des *TBM*¹*LM*, deffunder *H*
Quë ont fonde ses ancesseurs 9225   Qui *M*¹, Quont f. s. antecesseurs *T*
Et les autres nobles seigneurs.
Vilain *est*, quant feut et houe   est] deuient *to*..., fuet *o* foyt *A*, q. besche et h. *L*
Et quant (il) fait houel et houe   Tant en la terre comme en bowe *M* (added in the margin)
Du baston qui crocu devient
Pour sainte eglise que soustient. 9230   quil soust. *L*
Vilain ausi est li cornu,
Qui le baston dont soustenu
Est *son* moustier et gouverne   son *TABM*¹*LM* le *toH*
Et du quel il est honnoure,
Baille a celui qui besche en fait 9235   —en *M*¹
Et houel, a fin que deffait
Et abatu soit son moustier,   Et batu s. *B*
Pour ce qu'est prez de l'eschequier.

L'un est vilain et l'autre plus,
Mais pas ne di le quel l'est plus.   9240
Li rois tient besche et houe et feut
Dont toute eglise si se deut.
(Et) li cornus oustis li livre,
Quant (les) diziemes li delivre ;
Sa croce et (son) pouoir li donne,   9245
Quant l'eglisë (li) abandonne.
De ce jadis prophetisa
Ieremies et en ploura ;
Quar quant il vit quë on houoit
Entour l'eglise et on fouoit,   9250
Qu'elle paioit subventions,
Diziemes et extortions,
Il dist en soi esmerveillant
Et en soi griefment complaignant,
Comment c' ert que la princesse   9255
De toute gent et (la) mestresse
Devenue ert tributaire
Et qui [l'] avoit ose (ce) faire,
Ausi com se dire il vousist
Que plourer bien i aferist.   9260

Or pleure donc et fai dueil grant !
Si com je t'ai dit par devant,
L'eglise est entour minee,
Pou faut (que), ne soit aterree.
A li destruire chascun met   9265
La main et roc et paonnet,
Tuit li eschec siuent le roi ;
Mes quanqu'il font, il font par moi.
Je leur fais faire quanqu'il font,
Quar piec'a mes escoliers sont.   9270
Fierte n'i a ne roc ne roi

—9240 B, q. est plus A
feust L
D. sainte e. si se deust L

dizimes B, le xme M, Q. les desmes li baille et liure L

Iheremie LB
—Quar GL, que len houet L, on] en T
—on H en TM, Enuiron legl. et f. L
peoit L
extorsions T
Et si dist L

ert] estoit to..., —que o
toutes gens ML
ert] estoit to...

Ainsy comme A, —se TM, —il oH
Q. bien plourer B, —bien i A, y auenist L

plorer M
p. auant M, —je G
est] tout toTAMH, est tout entour M^{1}LB
quel ne s. L
li] la M^{1}L
La m.^{e} roi roc et pionnet A
Tous les esches L, suient tTBM^{1}G suiuent oAH
M. tout quanquil f. f. p. m. A, M. q. il f. ce est p. m. LG
fas T, quanquil] ce quil TAM^{1}LGH
piece ait M
Fierta B Fierce M

                Que touz n'obeissent a moi.   Qui *T*
                Tous estudient en mon art,   en] a *ABM*¹*LGH*
                Viengnent matin ou viengnent tart.
                Jeremie, se ne m'en crois,   9275
                Le tesmoigne en son double trois."—   Le te tesmongne *A*, en semble croys *H*

Le pelerin   "Mont esbahi, dis jë a li,
parle.   Tu me fais, se ne me dis qui   ne] ni *T*, di a qui *B*
                Tu es, quar je ne puis vooir   —je, voair *L*
                Que puisses avoir tel pouoir.   9280   Q. tu aies si grant pouair *L*
                Povrement te voi vestue,   Je te voy pourement *to*...
                Contr(ef)aite, tort(u)e et bocue,   torte *ALMH*, Toute contrefaicte torte *A*
                (Et) maugre nature engendree,
                Si com (je) croi et pourpensee.   Selom ge c. *L*
                (Et) comment seignourie aroies   9285   seignouries o*A*
                Sur rois, (et) contes, et seroies   Sus *BL*, S. r. sur c. *TA*, conte *T*
                Leur dame, qui sont engendrez
                Par nature et noblement nez ?"—

Avarice   "(Et) je le te dirai, dist elle :   —Et *T*, Je len te d. *T*, drai *B*
parle.   Tu dois savoir que (je) sui celle 9290
                Qui ai les ensorceremens   --les *B*, ensorcelemens *A*, Q. euure des ensorcemens *L*
                Par quoi j' ensorcere les gens.   ie sorcere *T* iensorcele *AM*¹ ge ensorce *L* iensorce *B*
                Quant je veul, je me fas plaisant,   je fai le plaisant *P*²
                Gracieuse et entalentant,   et ratalentant *P*² et deceuant *L*
                Et quant je sui amee et plais,   9295
                Plus tost ce que commande est fais.
                J' ensorcere contes et dus,   Jensorcele *A* Jai ensorce *L*, condus *B*
                Roys et princes ; n'en i a nulz   Roy *T*, nen ny a *B*
                Qui par mon ensorcerement   ensorcelement *A*, mon dit ensorcement *L*, Qui] Et *G*
                Ne facent mon commandement.   9300   faice *M*
                Je sui la fille Besachis,   de besachis *A*, besahis *L*
                Apemen, de les qui s'est mis
                Le roi qui rit, quant je li ri   je li vi *T*
                Et dolent est, quant je le sui,   Et d. q. ie ne le sui *M*¹

Qui sueffre (bien) que la couronne 9305
(Je) li oste et que la me donne.
Ainsi escrit le trouveras
U secont du secont Esdras.
Jadis li rois ot (une) amie
(Qui) grant temps en sa compaignie 9310
(Fu) et si [tres] grandement l'ama
Que ses tresors touz li bailla
A despenser aus souffraiteus
Et aus povres religieus.
Liberalite ot a non 9315
Et fu jadis de grant renon.
Celle qui le roi mont amoit
Et s'onneur pourchacier vouloit
Des tresors le roi donna tant
Qu'au roi en vint honneur tresgrant. 9320
Il en aquist honneur et pris
N'onques son tresor plus petis
Ne fu, ains en acrut asses ;
Quar ausi com li ble semes
Fait plus de bien et de profist 9325
Que cil qui u grenier se gist,
Aussi les biens qui sont donnes
Valent miex que les amasses.

Or te di que, quant celle vi
Qui le roi honnouroit ainsi, 9330
Je (me) pensai que, se pouoie,
Du tout la li fortrairoie.
Ainsi le fiz com le pensai.
En la chambre le roi entrai.
Taut fiz par ensorceremens 9335
Que le portier me laissa ens
Entrer. Au lit le roi alai,

Quil *M*, qui sa c. *B*, la] sa *TBM¹LGM*
—que *L*
Aussi *L*
U] En *M* Eu *G*, de s. E. *L*

souffrateurs *M*

L. auoit non *L* L. ot n. *G*
mont le roi a. *TBM¹LM* moult l. r. a. *G*
pourchecier *T*
le] du *B*
h. grant *B*

—en *B* N'en fu *G*
blef *T*

eu *G* guernier *M¹G*
Ainsi *MH*

Que *L*
pensai se ie p. *M*, si pouaie *L*
Du tout] De tous poins to..., Que de tous poins li f. *M*, fortraroie *A* fortreraie *L* fourtrauoie *B* forstrairoie *G*
Et *B*, Dedens la ch. men entrai *LG*
—9335 *L*
—9336 *L*
Au] ou *L*

Le Pelerinage de Vie Humaine.

De lez li s'amie trouvai.
Je la li emblai et fortrais   Je li e. et li f. *M*
Et hors de la chambre la trais;   9340   la to *ABMH* sa *TM*¹*L*, Et fuer d. *M*
Souz la clef en prison la mis,
Elle i est et sera touz dis.   toudis *M*¹
U lit le roi aprez entrai   En lit *M* Eu l. *G*
Et en sa place me couchai.   Et en la chambre me c. *M*
(Il) cuida que fusse s'amie,   9345   feust *A*
Mes je ne l'estoie mie.   —je *B*, M. voir ie ne *M*¹*LG*, Certes maix ie ne liere mie *M*, M. telle ne est. je m. *H*
Je l'ensorcerai et decu   lensorcelay *T* lensorcele *A*
Et sa tresoriere ainsi fu.   trisorie aussi *M*
Je li garde tout son tresor   gardai *L*
Et tout son argent et son or.   9350
Il cuide que li face honneur,
Mais je li fais grant deshonneur   fas *TG* faz *M*¹, grant] son *L* sa *G*
Et (li) ferai toute ma vie
Tant *comme serai* s'amie.   comme serai] com fera de moi *to*..., T. com de moi fera s. *LG*, amie *T*
Plus diffamee amie avoir   9355
Ne pourroit pour tout son avoir.

Se savoir veuz ma nation,   vuelz savoir *H*
  Dont je sui et quel est non non,   Donc *A*, quel] qui *B*
Tu dois savoir que nee fu
U val de l'infernal palu.   9360   En vaul *M* Eu *G*
Li Sathanas m'i engendra
Et dë illec il m'apporta   Et puis dillec *L*, illec mi ap. *M*
A Chaours ou en me nourri   Chaourse *P*² Caours *T*; en] on *MP*²*H* len *L*, et on me *G*
Dont Chaoursine dite sui.   Caoursine *T* Chaours me *B* Chaoursiere *P*²
(Auc)uns m'appellent Couvoitise,   9365   Couoitise *L* Conuoitise *H*, Aucun me nomment convoitise *P*²
(Et) aucuns autres Avarice.
Couvoitise apellee sui,   apele *o*
Pour ce que couvoite l'autrui.   coite *corr. by a later hand* couuoite *M*
(Et) Avarice sui nommee
Pour (ma) substance trop gardee.   9370

Appelle moi si com vourras
Et esbahi ne soies pas,
S'ainsi *sui* ratatelee,
(Et) mal vestue et taconnee !
Tu dois savoir que faire bien   9375
Onques ne m'endurai du mien.
Assez ai robes a vestir,
Mais tout lairoie avant pourrir
Et tout de vers estre mengie
Que moi ni autre en fust aisie.   9380
Assez de bons amis eusse,
Se departir a point sceusse
Le mien qui ne me sert de rien.
En ce ressemble jë au chien
Qui se gist sus le tas de fain   9385
Au quel, së autrui met la main,
Il abaie et brait et crie,
Com(bien) qu'il n'en menguce mie.

Assez ai mains pour agraper,
  Mes nulle n'en ai pour donner.   9390
Les mains de (mon) donnait copees
Sont et *des* moignons ostees,
Bien vois que n'ai que les moingnons.
Fouz est qui me demande dons.
Je ne quier qu' amasser deniers,   9395
C'est mon office et mes mestiers.
Siz mains ai pour eus grapeler
En siz maniers et glenner,
Pour eus en mon sac ensachier,
Pour moi apeser et charchier,   9400
A fin que, se trebuche jus,
Relever ne me puisse plus.
Plus en ai, plus avoir en veul,

A. m. com tu v. *L*
soie *T*
sui] me vois *to*..., ratacelee *TM* rapatinee *L*
et atournee *L*

mengee *L*
ne *ABH*, ou autre en f. aaisiez *M*, aisee *L*

ie sceusse *B*
me desert *B*

sur *TM*, faing *T* destrain *M*
autre *L*
Il labaie *M*, bret *BL*
mengusse o*TA* mengue *M*

nulles *L*
donait o*M*¹*G* donat *MH* donnast *T* donnest *L*
des] de leurs *to*..., maingnons *B*

p. c. agrapper *A*, p. tout agraper *L*
glaner *T* glanner *AHG*
eus dedans m. s. ficher *L*, enfichier *M*¹
—moi *B*, empeser *M*, chargier *M*¹*LGM*

Releue *B*
plus en veul auoir *L*

Insaciable en est mon veul,
Ma pensee et m'affection   9405
N'en puet avoir replection.
Je sui le grant goufre de mer
Qui tout recoit sans regeter,
Qui tout absorbe et engloutist
Et rien ne rent et rien n'en ist. 9410
Je me *hourt*, trousse et apoise
Du metal que voi, (que) plus poise ;

C'est d'or dont bloq(uel) et estache
(Je) me fas et si m'i atache
Qu'a droit puis estre apelee   9415
(Une) singessë abloquelee.
Il semble que le bloc (je) garde,
Mes il assez (mont) miex me garde,
(Il) me garde qu'en haut ne voise,
(Et) jus me tient et jus m'apoise. 9420
A Judas qui ton roi trahi
Ce bloc jadis ainsi pendi ;
En ses bourses et en ses sas
Mis tant d'arain que de haut bas
Honteusement jus trebuchier   9425
Le fiz et en enfer plungier.

Ce mesmes. Or te dirai de mes vi· mains
Dont les metaus et les arains
J'agrapelle ainsi co*m* t'ai dit.
Plus males mains, si co*m* je cuit, 9430
En ta vie tu ne trouvas,
Ja assez tost l'essaieras.
La premiere qui' est armee
D'ongles de grifon, (est) nommee
Rapine [est] qui gentil se fait,   9435
Et dist que sa proie li lait

—9404 *B*
pencee *M*, et aff. *L*
Ne o*T*, puis *L*, replecion *TM* repleccion *G*
gronfre *M*
recort *T*, sans riens getter *AH*
assorbe *L*, agloutist *H*
nen rent o*M*, et] ne *L*, Et r. nen sault ne rien *H*
hourde *to*..., et poise *TAB*
—9412 *B*, vois *A*, qui plus *LH*
Cest or d. bloit *L*, dou bl. et ataiche *M*, et athache *A* et eschase *T* et entasse *B*, bloquer *G*
Ge faz et puis si *L*, fais *G*
Quar droit o, Par droit *B*, ie p. *G*
ablotellee *L* embloquelee *TH*
Y s. *M*, Il me semble le blot g. *L*, blot *H*
mont] trop *L*, mont miex assez *T*

me poise *L*
—9421 to 9510 *B*
—*B*, blot *L* bloq *T*
—*B*, sacs *G*
—*B*, Mist *LH*
—*B*
—*B*

—*B*
—*B*
—*B*, Je grapele *TM*, Ge grape a. com ge tai d. *L*, ainsi] si *H*
—*B*
—*B*, vie ne trouueras *LG*
—*B*, tost tu le saras *L*, Jay *T*
—*B*, amee *H*
—*B*, —est *G*
—*B*, gentile *A*
—*B*, dit, laist *T*, praie len li lait *L*, loit *H* on li lait *G*

Penre ou elle la puet trouver,	—*B*, Prendre *G*, —elle *A*, ou la pourra t. *L*
Dont souvent s'en va desrober	—*B*
Es boscages les pelerins	—*B*, As b. *M*¹ Aux b. *L*
Et tuer les par les chemins. 9440	—*B*, et les tuer *AL*
Je ai, dit ellë, ongles crochus,	—*B*, Jai *oAH*, dit e. o. crocus *H*
Gentille sui, ne me doit nus	—*B*, Gentil *TM*, nulz *G*
Chose que veulle refuser,	—*B*, que il veulle *o*
Et s'ainsic est, par tout haper	—*B*, Et cainsinc *M*¹, Et sains est *o*, Et ainsi *HG*
(Je) puis et par tout penre proie. 9445	—*B*, praie *L*, prendre *G*
Qui qu'en *groust*, la chose est moie.	—*B*, groust] grouce *to*..., Qui que g. *T*
Ainsi ceste main se deduit	—*B*
Et fait mains maus et jour et nuit.	—*B*, fay *H*, maint mal *M*
C'est (la) main du huat qui hape	—*B*, hua *oAA*¹*L*, la paon du haut q. h. *H*¹, du hault *G*
Les poucins et les agrape, 9450	—*B*, et si les ag. *M*¹*LG* et qui les a. *M*
Qui prent chevaus et charetes	—*B*, Qui] Elle *to*..., charestes *L*
Et les pourveances qu'ont faites	—*B*, pourvoiances *M*
Les bonnes gens pour leur user.	—*B*
Se un povrë homme pour garder	—*B*
A [un] buef (ou porc), si le prent elle; 9455	—*B*, les p. e. *G*
(Et) Ne li chaut, se sa cotelle	—*B*, si la c. *G*
Li povre pour son vivre vent,	—*B*
Mais qu'acompli soit son talent.	—*B*, soit] ait *H*
De ceste main si taille et tont	—*B*, si] le *L*, tont] cout *AL* coust *G* tond *M*
Quë au taillier j'esrache et ront, 9460	—*B*, Et au t. ge arage tout *L*, —j' *AH*, esrache tout *AG*, romp *T*
Et au tondre et au forcellier	—*B*, tomdre *H*, forcillier *ALGH*
J'escorche tout sans riens laissier.	—*B*
Aussi fais co*m* l'iraine fait,	—*B*, fas *G*, Ainsi *MH*, lairaigne *A* laraigne *M*
Quar tant co*m* sanc ou mouelle ait	—*B*
En (la) mousche, toute la suce, 9465	—*B*, succe *L*
(Et) eviscere et espeluche.	—*B*, Et enuiscere *M*, esuisceresce *o*, espluche *TA*
Cestë (main) est escorcherresse	—*B*, escorcheresse *H* descorcheresse *L*
Des povres et bacon(ne)resse.	—*B*, baconerresse *M*
Elle quiert le poil souz le cuir	—*B*

Pour plus avoir et plus tolir ;	9470	—B
Et quant ainsi sont escorchiez		—B, escorchier L
Les povres et espeluchies,		—B, espluchiez A
Quant tout le leur est hors sachie		—B, —est H, hors] si L
Et hors tire et esrachie,		—B, arrachie M arragie L
Qui vie i cuideroit trouver,	9475	—B, cuidroit T
Il se feroit pour fol clamer.		—B
Ainsi a cerchier (je) te pense,		—B, a sarchier T, cherchier H serchier G, A. errachier A
(Et) de toi faire ma despense,		—B
Ta mouelle et ton sanc sucier		—B, Ta mamelle TA, succer L
Et dont dois vivre a moi sachier.	9480	—B, Donc te dois v. A, Et toi trestout espeluchier L
Mais des 'v' autres mains avant		—B
Te dirai si com t'ai convant.		—B, couuent T couuant G, Te d. com tai conuenant L

L'autre main que port(e) derriere
Au dos d'estrange maniere

		—B, darriere L
		—B, d'] en to..., Aus M, Au d. est en e. m. A
Est la main dont repostement	9485	—B, Cest l. A
Je sache a moi or et argent,		—B, lor et largent M
Dont les biens d' autrui trai a moi		—B, traiz M
Repostement et en recoi.		—B, requoy L
C'est la main qui le pie baler		—B
Fait et les oreilles couper.	9490	—B
Coupe Bourse est apellee		—B, bource L
Et Larrecin la celee.		—B, celee] diffamee to...
C'est la main qui gans demander		—B, qui au gantier o
N'ose au gantier pour enganter,		—B, N. pour enganter gans demander o
Qui ne se monstre fors de nuit	9495	—B
Et quant la lune point ne luist.		—B, luit TAH luyt G
Ongles crochus comme l'autre a,		—B, crocus L, Ongle crochu M
Quar elle acroche, quant temps a,		—B, Quant A, el L
Autant ou plus com l'autre fait ;		—B, com] que M¹
Mais tant i a que son atrait	9500	—B
Ne vient (pas) si a cognoissance		—B, si] tant AH
Dont c'est douleur et (grant) meschance.		—B, D. est d. A, —grant M¹L

Mont sont ore d' acrocheteurs   —*B*, descrochetours *M* de crocheours *L*
Entour le roi et de hapeurs   —*B*, de lobours *L*
Qui, se ap*er*c*eu*s estoient,   9505   —*B*
A soudre au roi *mont* aroient.   —*B*, mont] assez to..., au] a *T*, Assez
        assoudre au r. ar. *L*
Tel gent li font l'autri ravir   —*B*, Tielx gens *L*, aultrui muir *A*
Pour le sien dont ne puet jouir.   —*B*
Cestë (main) est pertuiserresse   —*B*, —main *L*, pertuseresse *M* pertruiserr. *T*
        descouuererresse *H*
De maisons et descouv(er)resse,   9510   —*B*, descouureresse *LG*, Des m. et per-
        tuiseresse *H*
Une briserresse d'escrins   briseresse *LM* brisereresse *H*, de sains *B*
Et roongnerresse de florins,   Et vne r. o, rongneresse o*GH* rongnerr. *A*
        roignerr. *L* rongerr. *T*
Une contrefaiserresse   Et vne c. *M*, contrefeseresse *LH*
De faus seaus et graverresse,   De faire et g. *A*, graueresse *LH*
Une fausse serruriere,   9515   —9515 *M*, Et si est f. s. *P*², serreuriere *L*
        serrurie *H*
(Et) une fausse monnaiere,   —9516 *M*, monneiere *L* monnoiere *AP*²*H*
        monnoire *B*
Une Poitevinerresse,   Et u. p. *M*¹*LP*² Cest u. p. *M*, V. grant p.
        *H*¹, poitennerresse *B* porte vinerresse
        *H*¹*A*¹
(Et) de deniers mesconterresse.   mesconteresse *P*²*GH*
Ceste main despouille les mors   despouille *G*
Et tient fenestres et huis clos,   9520
Jusqu'a tant qu'ell' a grapele   quel a *L*
Ce qu'ell' a voulu et glane.   glanne *B*, quel a v. et glenne *L*
(Et) s'ell' est executerresse,   Et celle est o*ALM*¹, executeresse *H*
Du restat (et) dispenserresse,   Du testat ou d. *L*, dispenseresse *H* de-
        penserr. *T*
Si te di je qu'a li traira   9525   dire qua *B*
Du plus bel et acrochera.
De tel main pas exent ne sont   exempz *A*
Gent qui de nuit conviner vont ;   couuiner *A* conuiuer *TBM* coquiner *M*¹
        conniner *G*, Ceulz q. d. n. quoquiner v. *L*
Faus forestiers qui consentans
Sont a tex fais et faus sergans ;   9530   a ciex f. *T*, fais] choses *L*
        Ceus q. serrent *P*²
Gent qui servent desloiaument   —qui *B*, labourent *G*
Et qui labeurent faussement ;
Mouniers qui emplent leur raison   Moulniers *A* Mousniers *L* Maunier *P*²,
        Manniers *T*, emblent *AB*
Sans point apeler i Raison ;   Des grains d'autrui contre raison *P*²

Faus p*er*mentiers et autres gent 9535
Qui de l'autri si largement
Prennent que, se scëu estoit,
La main më[e]sme les pendroit.
Et non pour quant pendu seront,
Quant assez attendu aront. 9540
Au derrenier je les pendrai
Si co*m* mains autres pendu ai."—

autre *G*, gens *L*

Prenent *T*, se seus e. *P*²
meesme *o* meismes *H*, penderoit *M*, Le meins mesme les prendroit *P*², prendroit *B*
pour tant *L*

Le pelerin parle.
"Comment, dis (je), es tu bourrelle?"—
"Ouil *voir*" respondi elle.—
"Peresce, dis je, si m'a dit 9545
Quë elle l'est." Adonc me dist :
"Elle l'est, certes, voirement,
Mes c'est de l'ame seulement ;
Mes de l'ame et du cors le sui."—
"Si te gart Diex, dis je, or me di : 9550
Qui pendi le cors de Judas,
Ou toi ou li, ne me ment pas !"—
"Ja, dist elle, Diex ne me gart,
Mes je te di que nous la hart
Tout ensemble li mëismes 9555
Et par acort (haut) le pendismes.
Mais se ma main n'i eust aidie,
Ja mais Peresce haut sachie
Ne l'ëust, quar son cors pesoit,
Et a li pas n'apartenoit ; 9560
Et pour ce tout principaument
Ma main en fist le pendement.
De *li*, se me crois, te garde !
(Quar) elle fait l'arriere garde,
Elle prent la gent soutilment 9565
Et puis, quant puet, elle les pent.

borrelle *M*

voir] certes *to...*
si me di *B*, me dist *G*
Quel est adonques si me d. *L* Quelle lest adoncque ma dit *M*
E. est *L*
—c'est *B*

Se Diex te gart *MLG*

ne mens p. *A* ne men mens p. *L* ie ne m. p. *G*
Je dis elle *A*
dis bien que la h. *A*, nous] onques *o*
Toutes *M* Touz ·ii· *M*¹*L*, li mesmes *T*
—haut *o*, haut] nous *L* au bec *B*
neust *H*
en haut s. *L*
car li cors trop p. *M*, c. moult p. *G*

par ce *A*

li] tel main *to...*
lamere garde *H* larele g. *L*

q. elle peut *A*, q. el p. el les *L*, le pent *T*

298 *Le Pelerinage de Vie Humaine.*

Avarice parle.

De la main qui la lime tient
   Te dirai, quar talent m'en vient.
C'est la main dont j'agrapelle,
Met en tas et amoncelle   9570
Ce quë autri a laboure
Et a sa sueur conqueste.
Ellë est (faite) contre nature,
Quar (en) touz temps elle met cure
D'arain et fer metre couver   9575
Pour autre pondre et engendrer.
Autres mains descroistre le font
Par atouchemens quë i font,
Mes ceste ci croistre le fait
Tout maugre que Nature en ait.   9580
Enchanterresse est grandement,
Quar tournois par enchantement
Fait convertir en parisis
Et de ·v· fait devenir ·vi·.
Vaches qui ne pueent mourir   9585
Fait et forge sans coup ferir,
Et par leur longuement durer
Vaches de fer les fait nommer.
Elle met avaine en guerniers
Et atent que li grains est chiers,   9590
Et puis s'avaine a double vent
Et double paiement en prent.
Elle tient lime pour limer
Autri substance et degaster.
Petit et petit va rungant   9595
L'autri en alant et venant.
Rien n'est que de lez li durast
Que tout au paraler n'usast.
Usure *est par nom* nommee;
(Quar) par li est la vie usee   9600

la lune *A*
quant t. *LG*
j'] ie *BMH*, don ie amonselle *M*
Et met *TAM¹LMH*
Ce] Et *T*
a grant suour *M¹LG*

tout *M¹*, mest *M*

—pondre *o* poudre *BL* poindre *H* prendre *A*, —et *LM*
Autre descr. *L*, descroitre *H*
i] il *M¹M* ilz *LGH*
ceste acroistre *BG*

Quatournois *G*, tornoix *M*, enchantemens *M¹*
paresis *AGH*

fais *A*
auoinne *oA*, greniers *TMH*
est] soit *TBGMH*
sauoine *A*, a] au *L*
Et en prent d. paiement *o*

et gaster *L*
P. a p. *ALM*
et en v. *T. L.* aualant et v. *B*
qui *L*
a parler n. *A*, nuisast *M*
U. par nom est n. *to*…

Le Pelerinage de Vie Humaine.

De celi qui' en son usage   en tel vsage *B*
Use son temps et son aage.
Se si en usage ne fust,   Se cecy en *A*
De li chascun paour ëust.   grant p. e. *L*, Chascuns de lui *H*
Mais si en us est (de)venue   9605   en usaige *A*
Que es foires est connëue.   Par toutes f. *L*
Es foires va la gent usant   faires *L*, en va *A*
Devant toute gent et limant.   toutes gens *L*
Nul n'i a, prevost ne maire,   Ne nul M^1GL, Nul nen y a *MH*, Nuluy a p. *B*
Qui contredie a son (af)faire."—   9610   Quil c. *B*

Le pelerin parle.

"Di moi, dis (je), de la balance
Ou poises a (si) grant entente   Tu p. *B*, poise *T*, g. jnstance *L*
Le zodiaque et le soleil,   soloil *M*
Quar c'est chose dont me merveil !"—   meruoil *M*

Avarice parle.

"Apren, dist elle, et entent bien,   9615
Quar je ne t'en mentirai rien.   de rien *B*, je nen ment. de rien *L*
Grace de Dieu jadis assist   —de *B*
Entour le zodiaque et mist
Le soleil pour luire a chascun
Et pour estre au monde commun.   9620   au] a *T*
A touz vout que general fust   tout *T*
Et que nul faute n'en ëust.   nul deffaut *L*, ne en *M*
Or te di que ce me desplut   desplust *B*
Pour mon profit qui pas n'i gut,   ni iust *B*, ni fut *AL* jut *G*,
Quar bien vi que se (je) n'avoie   9625   —je *A*
Le temps et l'aproprioie   et ne laprop. *LM*, et ne ie proprioie *B*
A moi, mont pou pouoie ouvrer
De ma lime et mont pou limer ;
Et pour ce' a moi j'apropriai   moi rapropriai *B*
Le zodiaque et usurpai.   9630   vsurai *A*
Le temps et le soleil mien fis
Et en ma balance le mis.
Je m'en sui fait(e) peserresse   Je me sui faute peseresse *G*

Par (mon) outrage et venderresse.
Je le vent par jours, (par) semaines, 9635
Par uitaines et (par) quinsaines,
Par mois et par ans tous entiers
Et la livre en vent ·xx· deniers.
Le mois en vent ·ix· soulz ou ·x·
Et la semaine ·v· ou ·vi·. 9640
Selonc ce que chascun en prent,
Selon ce je le poise et vent."—

venderesse *GH*
et sepmaines *TABM*¹*LGM*
vitaine *o* huitaines *AH*, quinzaines *AH*
P. ans et par moys t. e. *AG*
—Et *L*, vens *M*
vent ou .ix· ou ·x· *H*
.v. soulx ou six *LG*
Celoc ce *B*

Le pelerin parle.
"Or me di, dis je, je te pri,
D'un bosquellon qui me vendi
Busche piec'a en sa forest 9645
Et me dist : tieue la buche est
Pour ·xxx· solz, se maintenant
Tu m'en veus faire paiement,
Et se a l'an tu veus atendre,
·xl· soulz (la) me faut vendre, 9650
A savoir mon se cil vendoit
Le zodiaque et le pesoit."—

dis ie le te p. *B*, dis ie te p. *T*
buscheron *L* bouscheron *M* bosqueron *G*
tienne *AMGH*, busche *T* bouche *B*, d. que la b. e. *L*
soubs *B*
m'en] me *M*¹*LM*, f. le p. *L*
le *M*¹*L*, rendre *B*
moult *BM*
—le *L*

Avarice parle.
"De ce, dist elle, te dirai
Si com oui parler en ai.
Jadis (les) bosqueillons vendoient 9655
Leur bos sur (le) pie et disoient :
Se mon bos avoir vous voulez,
Tel pris maintenant en donrrez,
Et se a l'an voulez atendre,
Plus grant fuer le me faut vendre ; 9660
Quar jusqu'a l'an mon bos croistroit
Et selonc ce plus il vaurroit.
Se ainsi le bos te vendi
Celui, a mon avis te di
Que le temps il ne pesa pas. 9665
Mais se le bos estoit en bas

parler oui *TBM*¹*GLM*
buscherons *L* boucherons *M* bosquerons *G*
bois *A* bouais *L*, Le boys *G*
bois *AG* boais *L*
men d. *L*
Et si a *L*
feur *H* fueur *G*, A pl. g. f. *M*, Pl. g. argent *M*¹*L*
=9662 *L*, lam *B*
=9661 *L*
Et se *M*¹, boais il te v. *L*
te] ge *L*
boais *L*

	Et jus abatu et coupe,	
	Je croi que le temps fu pese.	
	De la chose qui augmenter	que *A*
	Ne se puet ne monteplier,	9670	multiplier *BGH*
	Quant pour lonc plus venduë est,	pour l. temps plus v. *BM*¹*GLM*, plus]temps *T*, par lonc temps v. *H* pour le temps v. *A*
	Le zodiaque pese est.	
	Mais quant la chose puet de soi	Mais la ch. quant de soi *A*
	Monteplier, je cuit et croi	Multepl. puet je *A*
	Que l'acroissement est pese	9675	est] et *AH*
	Tant seulement et mesure."—	
Le pelerin parle.	"Les bosqueillons, dis je, les bos	buscherons *L* boucherons *M*, le b. *TALGH*
	Pou vendent mes sur les estos,	sus *LAH*, estoc *M* escois *L*, Vendent mais peu sur les e. *A*
	Avant gisent grant piece jus	g. pie ius *T*
	Quë il puissent estre vendus,	9680	
	Et toutevoies chiers les font,	chier *T*
	Quant en present paie ne sont."—	en] a *TABM*¹*GLM*, paies *T* payer *A*
Avarice parle.	Adonc me respondi et dist :	et me d. *T*
	"Je te dirai ce qu'il m'en gist	m'en] me *o* ten *M*
	Sur le cuer, vaille que vaille.	9685	Sus *L*, et v. q. v. *M*¹*L* se v. q. v. *M*
	Se les bosqueillons la taille	Car se l. b. *M*¹ Quar si les bucherons *L*, Se len vendeurs de boix la t. *M*, bosquerons *G*
	Des bos devant (lors) ne faisoient	De *B*, Des bois auant *L* De boys lors d. *G*
	Que acheteurs a eus venroient,	a eur *M*¹
	(Mont) grant temps pourroient atendre,	temps att. pouroient *T*
	Ains qu'il peussent leur bos vendre.	9690	Auant q. *to*..., puissent *M*, Auant q. l. b. v. peussent *T*
	Les marchans, quant le bos coupe	le] les *H*, le bois couper *L*
	Ne verroient ne debite,	Ne voudroient ne esboucher *L* vourroient ne debiter *G*
	Diroient : Trop atendrïon.	atenderons *M*
	Passon outre et nous en alon !	
	Nostre chose se veut haster,	9695	—9695 *M*, vielt *L*
	N'avon mestier de demourer.	—9696 *M*
	Et pour ce pour commun profit	—pour ce *A*
	Ordene fu, si com je cuit,	Ordrene *L* Ordonne *G*
	Que avant que marchans venissent,	
	Les vendeurs (leur) bos abatissent	9700	les bois *A*

Et les fëissent debiter
Et metre a point et cherpenter.
Ce fu un bon ordenement
Et pour ceus grant avancement
Qui de *bos* mestier aroient   9705
Ou (qui) buche a ardoir vourroient.
(Et) pour ce ceus ne doivent mie
Perdre qui font (la) courtoisie.
Se pour les autres ont coupe
Leur bois qui mont fust amende   9710
Dedens ·i· an, (je) cuit que vendre
Plus chier (le) puent sans mesprendre,
(Sup)pose que il n'i *pensent* mie
Faire *aucune* tricherie,
Qu'en tel maniere il vendroient   9715
(Le) zodiaque et peseroient.
Et par aventure le font
Aucuns, mes couverturë ont
De ce qu'il est accoustume
Et que l'us en est aprouve.   9720
Or i entent et (i) expose
Si com tu veus (et) texte et glose !
De *la* main a l'escuelle
Te vuel dire autre nouvelle.

Ceste main (ci) Coquinerie   9725
Nommee est, (et) Truanderie.
Hoguinenlo par non la claim

Et qui apelle Mengu pain.
C'est celle qui bribes repont
En son sachet et tant i sont   9730
Que *elles moisies* deviennent
Et (a) nullui nul lieu ne tiengnent.

Et le faissent couraier *L*
et] a *L*
ordrenement *L*
eulx *L*
bos] merrien *to*... marrien *P*², merrain mestier aroit *L*
—a *A*, vouldroit *L*

font coper *M*
fut *L* fuit *M* fust] eust *o* (in the margin)
croi *L*

pensent *oTBM*¹*LH* pence *M* peussent *tA* pensoit *G*
aucune] barat ne *to*...
Qu'] Quar *to*..., Quar en itel m. v. *o*, vouldroient *B*

c. ilz ont *L*

l'us] plus *LH*, esprouve *M*¹ approxime *T*
et expose *oTAG*
Si com vouldras et tieuste *L*, tiexte *T* tente *A*
la] lautre *to*..., a] de *H*, lexcuelle *A*
Dire te v. *to*...

quoquinerie *LH* truanderie *P*²
—et *o*, truandie *T*, Est nommee et Coquinerie *P*²
Hoguinenlo *toaB* hoguinelo *H* hoguincle *P*² hunguinonlo *M* hoguilanlo *A* hoquilenlo *T* hanguilanlo *y* hanguilcneu *g* hoguilenno *M*¹ Hoguinenno *G* Aguillanleu *L*, Hoqueleure Prose 1464
mengue *BLGP*²
brimbes *P*²

moisies elles *to*..., mouesies *L* musies *M* moyses *A*

Le Pelerinage de Vie Humaine. 303

C'est celle qui quiert pain pour Dieu,	pain perdu *L*
Qui paier ne veut en nul lieu	
Escot ne *rien* que despende 9735	rien] chose *to*..., qui *o*
Et n'a cure, (qu') aucun amende	Ne na c. que nul amende *L*
De courtoisie que(lle) face.	
A l'escuelle (elle) pourchace	A escuelle *T* O lesc. *L* Et a lesc. *M*
Sa vie treshonteusement,	tres] trop *M*
Combien que bien amendement 9740	Comment que *H*
Y mëist, s'elle labourast	se elle *G*
Et se de gaignier se penast.	gaaignier *T*, Et de g. si se p. *L*
(C'est) celle m'a ratatelee	m'a] qui *to*..., ratacelee *TM* ratasselee *P²* rapatinee *L*
(M'a) ainsi com vois et clustree.	aussi *H*, clistree *P²* clostree *A* clutee *G*, Ma com tu voiz et taconnee *L*
Rien ne set faire que rives 9745	
Et pautonnieres et saches,	
Que la penthecouste porter	pentecouste *TA*
Et moi aus buissonnes grater.	byssonnes *o* bouchenes *M* buissons *A*, a ses bucons g. *L*, b. garder *BG*
Elle me maine aus grans chemins	moine *M*, mamaine *L*
Ou trespassans ou pelerins 9750	ou] et *H* lez *M*
Ou grans seigneurs doivent passer	
Pour leur aumosne demander ;	
Et a fin qu'il aient greigneur	qu'il] que *L*, ilz *G*
Pitie de moi et que du leur	
Il me donnent plus volentiers, 9755	dongent *L* doingnent *M*
Elle me fait plus floibe au tiers	me] ma *T*; flebe *o* foible *TAM¹H* feible *M* faible *BL* fieble *G*, au] le *L*
Et plus povre que je ne sui.	
Et avec ce encor te di	
Que par art me fait contr(ef)aite,	contrefaire *o*, fait aultre faire *A*
(Et) de piez et (de) mains contr[ef]aite, 9760	des p. et des m. *T*, contraire *oA* contraitte *G*
Aler courbe sur 'i' baston	sus *LH*
Et crier ha las sans raison.	
Et combien que nul mal (je) n'aie	
Et (que) souvent saoule soie,	saie *L*
Si maudi jë ou bas ou haut 9765	
Celui ou celle qui me faut.	

Ceste main empruntent souvent
Pour truander la gentil gent.
En leur grans gans a fauconnier
Bien la sevent metre et mucier, 9770
Et bien la sevent desganter,
Quant il en veulent truander.
Aus religieus la tendent
Et sans avoir honte (l')estendent
En demandant or ca des piaus, 9775
Or ca chaperons a oisiaus.
Unes longes, se vous voulez
Et unes guiches me donnes !
D'une surcainte ai grant mestier
Et d'un colier a mon levrier. 9780
De voz fromages me faciez
Donner, et pas ne me failliez
Que n'aie (une) cote hardie
Du blanchet de l'abaie !
Prestez moi ·viii· jours un sommier 9785
Et ·i· roucin a chevauchier,
Une charete a amener
Ma busche, et ma terre a arer
Deuz bonnes charues ou ·iii· !
Vous les rares dedens le mois. 9790
Ainsi de ma main (il) s'aïdent
Et (ain)si de l'autri se vivent
En espargnant honteusement
Le leur dont ont habondanment.
(Et) semble qu'il ne cuident mie 9795
Que (les) povres gens d'abaie
Aient nulle riens que pour eus ;
Dont tu as vëu, se tu veus,
Que quant il n'ont (ce) qu'il demandent,
(Nulle) excusation n'en prennent, 9800

emprunten B emprunte MP² emprunter o
truhander le g. g. P²
leurs G, leur gaans a f. M
la] le T
soiuent L, scevent enganter P³

Aus] A ces to..., religeus T
latendent M¹
Ou demandent M¹L
ca des ch. BH, a] et A, oyseaulx G
—9775 L, longnes T, Vne longee M
—9776 L, vne guiche M
—grant B
coler M collier L
froum. oA form. M

Que jaie A
l'] vostre to... nostre T
viii jours] huy M

a mamener L
—a TL, et a ma t. arer M¹H
charrettes A
le] vn LH
de main a main il s. o
Et aussi de M, Et de l. si se v. L

De leur B Le iour G, habondenment M
  habondaument G habund. A
qui ne A, quil ne cuide M

nul T

ce que d. A
natendent L

Ains en ont indignation   Maix ont grant ind. *M*
Et heent ceus de la meson.   Et en h. *M*
Or regarde, se bien amer   regarder *T*
Me doivent, quant ainsi porter   p*a*rter *B*
Leur fas l'escuelle aus truans 9805 cescuelle *A*, truians *M*
Et leur met ma main en leur gans.
Quant mon sac(het) et m'escuelle
A leur coutes (je) leur flavelle,   contes *M* coudez *L* coustes *B* costes *G*
C*ë* est (une) nouvelle maniere   Cest *to*..., Cest vne noble m. *L*
Que noblece son pain quiere   9810 Que] Quainsi *to*...
Et soit serve devenue   Et] Quainsi *to*...
A moi (qui sui) viell*ë* et chanue."— —et *M*

De Symonie.
"De la main, dis j*ë*, au crochet
Me di, se veus, un petitet,
Quar de ceste ci me soufist."   9815 de cetui *B*, Car de c. ci viex sauoir *L*
Adonc me respondi et dist: A. me r. pour voir *L*

Avarice parle.
"La main au croc peschiee fu   croq *T*; peschie *M*
Jadis en l'infernal palu.   linferna p. *B*
Simon Magus et Giesi   Giezi *LG* Gizei *T* Gierri *A*
La m'aporterent jusques ci   9820 maportarent *M*
Et m'en firent present et don,   me *T*
Mes le croc li donna Simon   croq *T*, li] me *BG*
De la *letre* premeraine   letre] figure *to*...
De son non et chevetaine.   Et de s. n. *L*, Et fut de s. n. chev. *A*, D. s. n. la fit ch. *M*
Com(me) crochet est figuree,   9825 figure *LH*
Tu (le) sez bien, 's' est no*m*mee.   nomme *LH*
Ce *crochet* et cest*ë* 's'   crochet] croc ceste croce *tTBM*¹*GM* croc et ceste croce *oA* croc sa croce *L*
Monstrent que (je) sui abaesse,   abbeesse *AH* abbesse *B*
Mes c'est *de* noire abaie   de] dune *to*..., M. se d. n. abbahye *B*
Ou en vit de *male* vie.   9830 male] mauvaise *to*..., en] on *A* len *M*¹*GH*
De *ce crochet* et ce Simon   ce crochet] ceste croce *to*..., et de ce S. *A*
Ceste main Simonie a non.   C. maine simonne a n. *T*
C'est une main qui entroduit   entrodist *L*

2 R

En la meson de Jhesucrist
Par fausses breches et pertuis 9835
Les larrons sans entrer par l'uis,
Et quant dedens les a menez
Et de son croc acrochetez,
De son crochet croces leur fait
Et pasteurs des brebis les fait. 9840
Pasteurs di je, mes ceus ce sont
Qui se paissent et qui tant font
Que miex les doit on leus clamer
Que pasteurs de brebis nommer.
De leur cro(che)s par force eslochent 9845
Grace (de) Dieu et la descrochent
Du throne de sa roiaute
Par don de temporalite.
Une heure s'en font acheteurs
Et l'autre foys en sont vendeurs. 9850
(Et) pour deniers souvent l'engagent
A ceus qui les deniers (leur) baillent.
Grace Dieu courouciee en est,
Quar bien li semble que pou est
Prisiee, quant (est) engagiee 9855
[Est] pour si pou (de chose) et bailliee.
Ausi n'est elle (pas) contente
Ne (pas) bien ne li atalente,
Quant ceus qu'a (mis) en seigneurie
[Mis], li font *tel* vilennie. 9860

Ceste main a tout son crochet
De tel maniere et tel guise est
Que une heure achate et autre vent ;
Pour quoi qui parle(r) proprement
(Veut), quant vent, Gieziterie, 9865

broches *AGM*, brosches et pertruis *T*

les ay meneiz *M*
de] a *TAM¹GM* en *B*, acrochies *o*
clochier les fait *A*
—Et *A*, des] de *G*, Et p. douailles l. f. *L*
dis je m. leux ce s. *H*, ce] se *B*
passant *T*
leux *BH* leupz *A* lous *M¹* loux *LM*

croches *toTABM¹LM* croces *H*
—de *L*, decroch. *A*, la eslochent *T*
trone *TL*, sa beaute *A*
dons *L*
U. foiz *L*, se f. *TB*
Et l. heure sen font v. *MH*, sen font v. *L*

les] leurs *B*
c-cie *BMG* c-cee *H*

—9855 *B*
baille *B*
pas] mie *B*, contentente *H*
Ne p. b. lui at. *H*

tel] la dicte *to...*, A li font telle v. *L*

o tout *L* a ton *H*
et de tel g. *AB*
achete *T*, et lautre *B*, Q. vne achate et vne heure v. *L*

qu. vient *o* quant veult *G*, q. veult giesit. *MH*, giezet. *LG*

Le Pelerinage de Vie Humaine.

(Et) quant achate, Simonie
Est dite ; mes communement
Symonie les nons comprent.
De tel main pas exent ne sont
Ceus qui les messes chanter font   9870
Pour prametre et donner argent.
Les prestres aussi pas exent
N'en sont qui (les) deniers en prennent,
Ains au fauz Judas resemblent
Qui Jhesu pour deniers vendi.   9875
Et avec ce encor te di
Que pires il sont que Judas ;
Quar, quant il vit qu'il n'avoit pas
Bien fait, les deniers il rendi,
Mais ne veulent pas faire ausi.   9880

Nul silogisme de raison
Ne nulle predication
Ja mais rendre ne leur feroit
Ne a tel fin ne les merroit.
Et se la cause veus savoir,   9885
Je te di, saches le de voir,
Que le sac que au col je porte
A une si soutil(le) porte
Que ce qui est dedens gete
N'en puet issir ne estre oste.   9890
Fait est comme nasse a poisson,
Entree i a, issue non.
Et pour ce que dedens geter
Faut quanque puent conquester
Mes mains et touz ceus qui les ont   9895
Ou qui de moi emprunt en font,
Pour ce du sac ne puet issir
Rien, ains le faut dedens pourrir."

---

achete *T*
les no⁹ *HT*, le vous *o* le nom *A*
9869 to 9884 struck out *M*¹, telz mains *M*, exens *L* exempz *G*
et] ou *M*¹*L*

Ne s. *TM*
Ains *L* Ancoys *G* Ainciez *to*...

—Et *M*, ouec *L*
pire *B*, —il *oA*, p. sont plus q. J. *o*

—pas *T*, ainsi *G*, M. il ne v. p. f. a. *oA*, M. il ne v. f. a. *M*¹*L*, M. il ne v. f. ainsi *BH*, M. iamaix ne feroient ainsi *M*

silogismes *L*

menrroit *B* manroit *M* mettroit *A*, Ne a ce ne les amainroit *L*
Es se *B*
—le *oTB*
—que *A*, au] en *M*

Ne *T*
Faite *B*, Fet ait *o*, nance a poicon *L*

Fait *H*
quilz les ont *L*
de] a *B*
P. ce ne p. du sac i. *A*
dedans le faut p. *L*

Le pelerin parle.

Quant m'ot ainsi conte et dit
De ceste main qui grant despit 9900
Fait a Dieu, si com m'est avis,
Je li priai apres et diz
Que me contast de l'autre main
Que mise avoit sur son mehaing.

Avarice parle.

"L'autre main, dist elle, Barat 9905
Tricherie, Tricot, Hasart
Est *nommee* et Decevance.
(Qui) de trichier touz jours s'avance
Ceuz qui (sont) simple et sans malice
Ou (qui) de marchander sont nice. 9910
De faus pois (et), fausse mesure
Et (de) fausses balances use,
Et selon ce qu'achate ou vent,
De chascun use doublement.
A la grant aune mesurer 9915
Veut ce qu'elle veut achater,
Et ce que elle vendre veut,
A la mendre mesurer seut.
Tout aussi des balances fait
Et du pois que ens elle met ; 9920
Quar bien scet faire changement
Selonc ce qu'elle baille ou prent.
Onques a point ne mesura
Ne a juste pois ne pesa.
Tel chose fait a Dieu despit, 9925
En Proverbes le truis escript.

Ceste main est (es)tenderresse
De courtine(s) et faiserresse
Et fait aus drapiers courtines
Pour (ce) que les couleurs plus fines 9930
Des draps resemblent a la gent.

sus *BL*

Trecherie *B*, heusart *T*
nommee] apellee *to*..., —et *B*
Qui de la tricherie t. j. s. *T*
—sont *L*
nices *G*
et] de *oBGM*, et de f. mes. *TAH*
balance *T*
quacheter *T*, ou] et *A*

A la aune g. m. *B*, mensurer *T*
quel v. ach. *L*
veust *T*
maindre *A*, mesure *AL*
ainsi *A*, fet *H*
du] d *B*

juite point ne poisa *L*

prouerbe *oG*, trueve *TA*, En aprouerbes le t. en esc. *B*

courtine *o*, finserresse *L*
Et] Elle *to*...
De dr. *B*, resemblant *L*

Et si te di que bien souvent
En monstre bonnes denrees,
Mais quant *puis* sont achatees,
Elle a autres de tel couleur   9935
Qu'elle delivre a l'achateur.

En] Elle *to*...
puis] apres *to*..., achettees *A* arretees *L*
telz couleurs *M*
Que elle liure a lachateour *L*, lacheteur *A* lachatour *G*, aus achateurs *M*

Le mesmes.

Mont fait ceste main ci de maus.
Une fois coconne chevaus
Et fait les mauvais bons sembler
A ceuz qui veulent achater.   9940
Une autre foys par le pais
Faus saintuaires et faintis
Porte et monstre a la simple gent
Pour faussement avoir argent.
L'autre fois prent en ces moustiers   9945
Aucuns images qui sont viez,
(Et) leur fait pertuis en la teste
Pour faire gaignier le prestre.
Es pertuis qu'a fait huile met
Ou eaue ou vin ce *qu'a* plus prest,   9950
A fin que, quant celle liqueur
Descent a val, dite sueur
Soit et (que) de faire miracle
(Soit) reno*m*me le viez image.
Et a fin que plus couloure   9955
Soit le miracle et reno*m*me,
Je m'en vois aus coquins parler
Et leur fais faire simuler
Que boisteus soient ou contrais,
Sours ou mues ou contrefais.   9960
Et en tel point venir les fais
Devant l'image et crier : las,

cotonne *TALH* concone *M* cossonne *B* cothonne *G*
ressambler *A*

—et *M*¹

prens *H*, ses m. *T*
Aucunes *T*, vielx *L* viels *G*
fay *H*, pertruis *T*
P. y f. g. *M* (y *added above*), gaaignier *TM*¹
Ens *M*, pertruis *T*, quay *H*, faiz *M*¹, huille *H* vile *L* oile *M* oille *M*¹
qu'a *TABM*¹*M* que *toLH* que plus puet *o* (puet *corrected in the margin*)
liqueurs *M*
dite] estre *A*
mirable *A*
vieil *A*, ymages *M*, S. r-mee la vielle ymage *T* vielz ymages *G*
A f. q. pl. soit couloure *L*
—Soit *L*
me v. *T*, quoquis *L*
fas *TM*¹*G* fay *H*
bouetoux *L*, contrains *B*
muel *M*
—Et *o*, le *L*, fas *TAM*¹*GLH*
cr. alas *L*

9961a : Devant limage venir les fais *B*.

Saint image, garissiez moi!"
Aprez Dieu ai en vous grant foi.
(Et) adonc de ma main les lieve 9965
Et touz *sains* en heure brieve
(Les) moustre. Merveille n'est mie,
Quar n'avoient (ne) maladie.
(Tant) seulement mon mal avoient,
Mais la gent (pas) ne le cuidoient. 9970
Il le reputent (a) miracle,
(Et) dient que c'a fait l'image,
Et (puis) *ainsi* gaaigne le prestre
Et [si] fait on (une) fausse feste.

M ains autres maus a la main fait 9975
Et tous les jours encore fait,
Mes (je) ne t'en dirai plus ore,
(Quar) assez t'ai a dire encore."—

Le pelerin parle.
"Au mains, dis je, tu me diras,
Se tu veus, pour *quoi la main* as 9980
(La main) *dessus* ta hanche qui cloche
Et pour quoi (si) souvent s'aproche,
(Et) touche a ta langue meselle?"
Adonc (voir) me respondi elle :
"Ma lengue qui' est sursemee 9985
Parjurement est *clamee*
Et ma hanche Menconge claim,
Pour ce que trait de l'espavain.
A ces ii ci Tricherie
Familiere est et amie. 9990
Vers elles volentiers se trait,
Quar de lignage leur retrait.
Par li *faite est* menterie,
(Et) par li sui espaveignie.
Par menterie aussi est ne 9995

Sainte *TM*, garissez *T*
en vous ay *A*
—Et *A*, mes mains *L*, Et a. tous garis l. l. *o*
sains] garis *to*..., Et de ma main en brieue heure *o*
et merveille *H*
Quar] Mal *to*..., Quar mal nav. ne m. *L*

les gens *L*

disent *T*, c'a] ce *AM*
ainsi *TABM¹GLMH* aussi *to*
on] en *A*

Mais a. m. ha l.m. f. *T*

moins ce di ie me d. *M*
p. quoi la main] p. quel cause *to*...,
dessus] sus *to*... sur *G*, ta] la *H*
souv. approche *A*
loingne *M*

loingne que e. surcemee *M*
clamee] apelee *to*...
hanche] bouche *BM* hanche *corrected from* bouche *t*
de leparuain *M*¹ lespervain *G*
ci] choses *to*... cloches *A*
Familliere *AH* Familiare *L* Famlierie *B*, Est fam. et a. *A*
elle *o*
lingnage *T*, ler ret. *B*
fu faite *to*... fut f. *G*
espauignie *TB* espauagnie *L* esparuaignee *M¹*

Le Pelerinage de Vie Humaine. 311

  Parjurement et engendre,
  (Quar) parjurement ne puet estre,   nem p. *A*
  Se menconge *nel* fait naistre.   nel] ne le *to*..., f. estre *L*
  (Et) en menconge et parjurement   Si quen m. *L*
  Ne puet qu'il n'ait baratement.   10,000   ny ait combatement *A*
  Ce sont ·iii· choses d'un acort,
  Com bien quë il aient grant tort.   quil *TA*, quil y hoient *M*
  C'est la cause pour quoi la main
  Apuiee est sur l'espavain,   sus *BLH*, sus lesparuaign *L*, esperuain *G*
  Pour quoi s'entremet de taster   10,005   du *M*
  Souvent la lengue et visiter."—   la] ma *L*, loingne *M*, la gent et v. *T*

Le pelerin parle.   "Or[e] me di, dis je, comment   Or me di dont dis je c. *H*, d. j. alui *G*
    Ta lengue dis Parjurement   loingne *M*, dit *L*.
  Et ta hanche espaveignie   Et] Pourquoi *to*..., esparuaignie *L*
  Tu apeles Menterie ?"   10,010   Tu espalles et m. *M*, et ment. *LG*
  "Jadis, dist elle, Verite   Judas d. e. v. *T*
  En mon chemin et Equite   et] y *L*
  Trouvai qui leur pain queroient,   Trouvai] Encontrai *to*...
  (Et) qui assez povres estoient.   Et assez *H*, poures *G*
  Elles n'avoient nus amis   10,015
  Ne n'ont encore a mon avis.
  Quant je les vi, moi destourner
  Me voul, pour ce que conquester   voulz *AH* veulz *B*
  Riens a elles (je)ne pouoie.   a] o *L*, eulz *A*
  En la fin lessai leur voie   10,020   En la fin] Finablement *to*...
  Et m'en commencai a fuir
  Par les champs sanz chemin tenir.   sanz] mon *AH*
  A une mote m'abuissai,   mothe *M*, mabuisay *A*, mabussai *T*, maboussay *M*, mabuschai *H*
  Jus chai et m'espaveignai.   Je chey *G*, mesparuig. *L* mespauegay *T* maspauig. *M*

  Encor n'en sui (je) pas garie   10,025   ne s. *T*
  Ne(ne) serai jour de ma vie.   second *ne* added above *o*, jour de] toute *H*
  Boisteuse sui, torte et clochant,   Bouetouse *L*, torte] courte *H*
  Au vireli vois clopinant.   virili *H*, bois *B*, clopignant *A*

Mon mehaing et mon espavain
Par son non Menterie clain, 10,030
Quar (il) n'est nulle clocherie
Si laide com(m est) menterie ;
Toutevoies (mont) necessaire
(Elle) m'est a ce quë ai a (f)faire.
Plus tost en est mon sac emplis 10,035
Et plus tost chevissance en truis.
Se droite fusse et (droite) alasse,
Pas tant assez (je) ne trouvasse.
Tel vient a moi qui s'en alast
Et de mes voies se gardast. 10,040

Or te di qu'en ainsi clochant,
Ainsi mentant et clopinant
Dedens moi naist si grant chaleur,
Si grant chaut et si grant ardeur
Et si grant desir et vouloir 10,045
De plus que n'ai encor avoir,
Que la langue traire me faut
Aussi comme ·i· chien qui a chaut.
A la court du roi je m'en vois,
Apres que j'ai oui des lois, 10,050
Et di qu' avocate serai
Et que des plais me meslerai.
La endroit je fais serement
Que ma lengue pour nulle gent,
Se bon droit n'ont, je ne trairai. 10,055
Mes quant vëu le stillë ai
Et clopine ·i· pou de temps
Par menconges et mentemens,
Combien que soit ou droit ou tort,
De ma langue faire deport 10,060
Ne puis que hors (je) ne la traie,

meshaing, espervain G, esparuaign L
son] lour L

comme Menterie oLM
mon nec. M¹
que ai o que jai L, que mest af. A, quai af. tTBM¹MH, E. m. quace quay H
em est T, Mon sac en est pl. t. emplis L
cheuance BGL
et droit a. AM¹
dassez M

quainsi cl. L

De moy o, nest AM¹L

et] de o

laingue M, Que langue traicte A
Ainsi H Ainsic M, q. au ch. T
me v. T'menuoies L
—j G, de lois oTM¹, les l. A, des laies L
= 10052 L, quauocace o quauocasse M
= 10051 L, de ples o, Et des pl. ie me m. M
fas TM¹L, f. le s. o, serment B serrement L seremement H, faiz ie sairem. M¹
laingue M, Q. male cause point n. g. T
non B, Fors que boin dr. ia ne tr. M
le stile o lestile L

—soit B
loingue M
pues M, —je B

Le Pelerinage de Vie Humaine.

Quant voi *que avoir doi* monnoie.
Et si te di que tout aussi
Fas comme la balance qui
Sa lengue encline celle part   10,065
Ou du pese a plus grant part ;
Quar ou plus a gaignier je voi,
La de ma lengue fas convoi.
La je la trai plus volentiers
Ou plus voi qu'il a de deniers.   10,070
Mainte fois il m'est avenu
Qu' aucuns s'en sont a moi venu
En (moi) priant que leur aidasse
De leur cause et (leur) tesmoignasse
Avoir droit et que serement   10,075
En fëisse hardiement.
Et sez tu lors que (je) faisoie ?
Soiez *seur* que, quant monnoie
Me bailloient pour ensachier,
Tost je juroie et de legier   10,080
Que en la cause droit avoient
Et qu'a bon droit (il) en plaidoient.
Et bien savoie vraiement
Quë il estoit tout autrement.

  Tel maniere de lengueter   10,085
    Et de muer et bestourner
Le tort en droit et droit en tort,
Pour atraire et pour faire aport
A mon sachet autri argent,
Monstre pour quoi Parjurement   10,090
La lengue est dite et *nommee*,
Et (si) te di que sursemee

quen doy auoir *to* A B M¹ G H que doi auoir T L M
—la G
a celle p. M¹, celle] dune M
—10,066 B, peser M pesant A
guangner A gaaigier T, gaaignier voi M¹, Q. la ou p. a g. v. L
La dame ma l. o, Jlluc ma l. ie connoyz M troi M¹

Maintes L H, il] y M, adv. G
10,072 in the margin o, s'en] se M
prient L

A auoir G
Ge en faisse L, E. f. et h. G

seur] certain *to*...

—je L, je viroie de l. A, Je juroie tout de l. M
—il M, qua] a H, plodoient L, ilz G
Et] Dom L, bien] si M (si *added in a later hand*), voirement G
Quil T

bestourner] detourner H betourner G

A] En L

Monstrent M
nommee] apellee *to*..., La] Ma H, —lengue g, —est L
surcemee M sourcem. L

10,082 a b :—Par protester par aloingnier
    Le droit faisoie en tort chaingier. M.

Ell' est par mentir et jurer
Et pour l'ardeur qu'a d'assembler
L'autri par faus lenguetemens 10,095
Et desloiaus parjuremens.
Tant a menti et parjure
Et tant faussement lenguete
Que ja mais ne sera creue,
Se canon et loi ne (se) mue. 10,100
A li connoistre me puet on,
Quar tel lengue n'est mie d'on.
Nature se courouceroit,
Së homme ou fame a soi trahoit
A la lengue fer et arain 10,105
Et en fëist com d'une main.
Et a ce pues tu vëoir bien
Qu'a Nature point n'apartien.
(Que) point ne sui de son lignage
N'onc ne fu de son ouvrage, 10,110
Et encor miex tu le verras,
Quant de ma boce oui aras."—
"Bien est, dis je, m'entention
Que m'en faces collation,
Et quë aprez n'oublies pas 10,115
Le Mahommet dont parle m'as."—

Avarice parle.

"Ma boce, a elle respondu,
Est celle par qui sont bocu
Ceus qui se doivent limiter
Selonc droite riule et riuler. 10,120

Ce est (une) chose superflue
Qui *la* riule fait bocue
Et empesche quanque droit est.
Tu dois savoir que cellë est
Que fait le riche comparer 10,125

p. laideur *T,* quay *M,* dassempler *B*
lenguetement *M,* pour *G*

perj. *A* pariurement *M*
—10,097 g, ay *M,* parjure] languete *o* (pariure is dotted and struck *out*)
Et iure et repariure *o*
seray *M*
canons et lois ne se muent *M*
Et li c. ne p. on *BG*
langage *A,* l. est *H*

a li *B,* traoit *T,* traioit *AL*
O sa langue f. ou a. *L,* et] ou *LH*
comme *L,* fet comme *o*
—a *T,* puet tu uoir *L*

Nonques *to...*
le saras *L*

me face *T,* collacion *ALH* collaction *B*
noblie *LM*
dom *L,* donc parles *T*

Et c. *o,* bossu *G*
doient *M*
droit *M¹L,* rieule et rieuler *AM¹* riulle et riuller *G* reule et reuler *L* rigle et rieuler *o* riegle et riegler *M*
Ce est] Cest *to...*
la] toute *to...,* rieule *o* riulle *G* reule *L* rigle *A* riegle *M,* bossue *A* ruille *G*
empesche *o*
celle el est *L*
Que *M*

Le Pelerinage de Vie Humaine.

Au chamel qui ne puet passer		chamail *L*, chamoix que *M*
Pour sa boce la porte acus,		bouce *B* bosse *A*
Quant u mondë est entre nuz		Q. homme u m. *TALH*, u] eu *M* eu *G*
Par le postis qui est estroit.		
Se par la retourner s'en doit	10,130	Se] Et *A*
Et il se fait boce entre deuz,		
Bien doit savoir que, se li treuz		dois *T*, q. cellui treux *A*
N'est agrandis, il ne pourra		—ne *T*
Passer ou sa boce ostera.		ou] en *B*, sa] la *L*
Homs qui entre en religion	10,135	
Par veu et par profession		—et *A*, et] ou *M*, par confession *BH*
Et par postis qui est estroit,		
Se puis aprez boce se fait		Se] Et *T*, boce] croistre *L*
En amassant ce qu'a laissie		cen *G*
Et ce a quoi a renoncie,	10,140	cen *G*
Par le postis de paradis		
Qui est estroit, si com vëis,		est estroit] estoit *B*, s. c. tu v. *G*
Passer ne pourra a la mort,		ny *A*
Tant com tel boce avec soi port.		ouec *L*, porte *T*
Ceste boce est Propriete	10,145	
Qui sa miresse Povrete		miresse est p. *M*
(Tant) doute que ne l'ose atendre,		
Pour ce que(lle) la vousist fendre		que ne la v. *M*
Et li crever et esmerder ;		le *L*, Et cremer et la esmarder *A*
Ce ci n'est pas chose a celer.	10,150	
Quar (aus)si com teigneuse teste		ainsi *M*
De nul (bon) pigne ne fait feste,		paigne *AM* piegne *T* piengne *G*
(Aus)si Propriete n'a cure,		Ainsi *AH*
(Que) Povrete la prengne en cure ;		la tiengne a c. *A*, en] a *TA*
Elle la het et jë aussi.	10,155	Ella h. moult et *L*, he *T*
Quar, en tant com bocue sui,		com] que *BG*, bossue *AG*

10,129, 10,130.—Par pourete pertuis estroit
Sa dieu dont vient retourner doit *t* (written in the margin in a later hand).

Les bocuaus et les bocus
Qui en ces cloistres sont reclus
Sont mes parens et mes cousins
Et plus quë autres mes affins.   10,160
Delez leur riule bocus sont
Et delez droite voie vont
Tortuement, et d'adreceur
N'ont cure ne de repreneur.
Ici aprez bien le verras,   10,165
Quant de mes bocuaus seras.
Ce sera, se je puis, bien tost ;
Mes avant te dirai un mot
De mon idole Mahommet
Qui mon seigneur et mon dieu est. 10,170
Aussi, si com je croi, le tien
Il sera. Or t'en garde bien !
Combien que l'aies refuse,
Ton dieu sera bon gre mau gre.

M on idole et mon Mahommet 10,175
    Le denier d'or et d'argent est
Ou *l'emprainte est* figuree
Du (haut) seigneur de la contree.
C'est ï dieu qui enmallotes
Veut estre souvent et liez,   10,180
Qui veut *souvent que* on le couche
Et *souvent que* on le descouche,
Qui veut gesir en escrines
En repostailles, en angles
Et bien souvent estre repos   10,185
En terre aveques les mulos.
C'est le dieu qui avugle ceus
Qui devers lui tournent les eus,
Qui fait aus fols les iex baissier

bossuaulx *AG* boucuas *B* boucualz *M* boucuiaus *L* bossus *G*
ce cloistre *A* cest cloistre *TM*, reclus] venus *o*

quen a. mi af. *M*, Et pluseurs a. *o* a. sont m. *G*
rieule *o* ruille *G* reule *L* rigle *A* riegle *M* bossus *G*

Tortilleement et dadreceour *L*, dadreceurs *A*
repreneurs *A*, ne de preneur *H*

bocuiaux *L* bossuaulx *G*

te] ce *T*, dire *L*
mahonnet *G*

—si *G*

t'en] ti *L*,—en *G*
—10,173 *M*
—10,174 *M*

Non i. a non m. *M*¹, a non m. *L*
est] fet *L*
est lemprainte f. *to*... lempreinte *G*

en maillotes *B* enmallolez *L* enmaill. *G*
et souv. l. *G*
= 10,182 *A*, que souvent *to*..., Et souv. vieult q. len le c. *L*, len *T*
= 10,181 *A*, que souvent *to*, on] en *T*
= 10,184 *L*, en] es *B*
= 10,183 *L*, Veut g. et en esc. *L*, repositoires et a. *A* r. et en a. *G*
oueques *L* auec *oABM*, malos *M*

torne *M*

Le Pelerinage de Vie Humaine. 317

En terre et la taupe gaitier,	10,190	gueter *L*
Celui qui fait les gens bocus		bossus *G*
Aussi comme je sui ou plus,		Ainsi *A*
Cil qui m'a deffiguree		Cel] Celui *to*...
(Ain)si com vois et diffamee.		Aussi *MH*, com] qua*n* *B*
Il m'a fait laide et contr(ef)aite ;	10,195	faicte *AGH*
(Et) toutevoies tant m'ahaite		Et] En *B*, me h. *ABM* ¹*LH*, haite *H* hete *M*¹*G* hette *L* hecte *A*
Et tant me plaist et a m'amour		
Qu'en terre comme dieu l'aour.		d. haour *B*
Rien n'est que je peusse faire		Jl nest rien q. j. puisse f. *M*
Que ne feisse pour li traire	10,200	p. atraire *o*, faisse p. li atr. *L*
Et li mener en ma meson.		le *LH*, mene *o*, en] a *M*¹
Jadis Lorens sur le charbon		laurens *AG*, sus *BL*
Je rosti pour ce quë oste		
Il le m'avoit et destourne.		—le *o*, mauet *L*
Tant l'aim(e) que pour li sui sote	10,205	
Et que souvent (je) pert ma cote		ien *G*, pers *M*, Et pour lui s. pars ma c. *L*
Pour li a mains gieux deveez		g. ce veez *o*, P. li ai moult de gens hantez *L*
Et aus merelles et aus dez,		Et de m. et de dez *L*
Qu'en vois despoulliee et nue		Qu'] Et *to*..., voais *L*
Comme oublaier *par* la rue.	10,210	par] aual *to*..., oublier *oTALG* obloier *M*
Et pour ce que je l'aime tant,		
Veul jë aussi que biau semblant		—je *A*
Tu li faces et que servi		face *T*
Il soit de toi et seignouri.		signoris *M*
Or garde que tu en feras !	10,215	Or regarde q. tu f. *T* Or reg. q. en f. *G* Et regarde q. tu f. *A*
Quar plus de moi triues n'aras.		trieue *o* treues *ALM* trues *T*
Aoure le tout maintenant		
Et de touz poins a li te rent !"		

Le pelerin parle.

Ainsi comme ainsi me preecoit		me pressoit *oTALM* ma pressoit *BM*¹*H* maproissoit *G*, Ici c. *L*, Tout ainsi c. me p. *A*, Ainsi com tresfort me p. *M*
Avarice et me contraignoit	10,220	—me *L*, contrendoit *M*
De son faus idole aourer,		
Derriere moi oui crier		

A haute vois et a haut ton :
"Harou, compaigne ! est ce 'i' hom
Que je voi la a qui tient plait　　10,225
Avarice et rien ne li fait?
Alon la et si l'assaillon
Et assez honte li faison !
Trop *l'espargnë* Avarice,
Tenue en doit estre (pour) nice."— 10,230
"Certes, tu dis voir compaigne
Disoit l'autre.　Or meton (grant) paine
Que de nos mains [il] ne (nous) eschape
Et (qu'il) demeurt mort en la place !"

Quant tex paroles jë oui,　　10,235
　Plus que devant fu esbahi.
Volentiers eusse pris (la) fuite,
Se n'eusse (re)doute la suite.
Un pou sur coste me tournai
Et vi venir et regardai　　10,240
Une grant vielle a un lonc nes,
A uns gros iex mal faconnez
Qui un ort sac ou fons percie
Tenoit aus dens et enbouchie
Avoit dedens un entonnour.　　10,245
Pour moi estrangler prist son tour
Et contre moi tendi les mains
Et me jura par tous les sains :
(Et) foy qu'elle devoit [Saint] George
Que(lle) me prendroit par la gorge. 10,250
Une autre vi aprez venir
Qui plus assez me fist fremir.
Un faus visage painture
D'une dame bien figure
En sa senestre main portoit　　10,255

ton] son *L*
Ha c. *L*, —'i' *M*
a] et *A*, tiens *T*

T. la espargnie *to*..., esperne *L* espergne *G*,
　lauarice *H*

tu as dit v. *o*
—grant *oTL*, Dist *L*, et mettroit *A*, Tu dis
　voir or y metons p. *o* metons g. peine *G*
= 10,234 *o*, Et qui deuant mort *o*, —nous *g*
= 10,233 *o*, quil] que *AH*, demeure *TAH*,
　que mort d-re *H*

telles *A*

V. rursse p. *o*
Se ge n. *L*, Se ne n. *T*, Se n. doubter auoir
　s. *M*
sus *ABL*, men *T*

grande *T*, lonc] grant *G*
Et vn *M*, O uns g. i. maulx f. *L*
s. v foiz p. *L*
embuchiei *M* enbunchie *B*
entonneur *M*

Encontre *T*
le *T*
saint *oTABLMH*
prenroit *A* penroit *TM*
aultrez *M*

pointure *M*
et b. f. *M*
—sa *A*

GLUTTONY RIDING ON A SWINE.

Et aussi com targe en faisoit. ainsi *MH*, comme *H*
Elle chevauchoit un pourcel
Et paree estoit assez bel, parce *H*, assez] molt *B*
Mes son parement tout honni
Estoit de boe et enlaidi; 10,260
Pour quoi son viz et sa facon vis *TB*
Embrunchoit souz son chaperon. Embranchoit *L*
Un dart avoit dont me feri,
Tout avant que parlasse a li.
Par l'eul entra, au cuer me vint. 10,265 au] a *T* ou *AH*
Mont grandement me mesavint
Que mon hyaume lors (je) n'avoie —je o*TAM*¹*GLMH*, lors] pas *H*
Et (que) sur l'ueil arme n'estoie. sus *BH*
Aprez me feri elle es mains,
Pour quoi mestier mes gaaignepains 10,270 —mestier *A*, gaignep. *TALGMH* graignep. *B*
    gaingnepains *G*
M'eussent ëu, së engantez en ce eng. *A*, engánteles *M*
Les eusse ëu et enfourmez; eusses *M*, ëu] ens *TH*, Et les e. euz *A*
Mes voir est que dient la gent: M. e. v. *G*
Le fol ne croit, devant qu'il prent. Le] Que *M*¹*LM*, foulz ne doubte tant q. p.
    M, de ca q. p. *LG*

Quant ainsi je me vi navre 10,275 naffre *L*
  Et quë encor assëure
N'estoie (pas) de la premiere,
Pour ce que (bien) me faisoit chiere, men f. *L*
(Que) puis que gorgiere n'avoie,
Par la gorge *pris* seroie, 10,280 pris] tenu *to*...
(Je) ne sceu que penser ne faire; nen sceu o*M*
Tant vi (bien) que crier ne braire Maix vi *M*, ne] et *o*, brere *L*
Ne me vaudroit un hututu. v. mie un festu *H* valoit vng hucucu *G*,
    hutentu *L* rututu *T*gy hurelu *M*
"Chetis, dis je, que feras tu? Chestif *G*
Mont t'est certes avenu mal, 10,285 test *corr. from* mest *M*
Quant onques venis ci a val. vensis *L*
Miex te venist quë au premier
Eusses crëu le natier. Tu eusses o*G*

Or as (tu) Raison adiree
Et grace (Dieu) s'en est alee   10,290
Et ez si navres en tes mains
Par la faute des gaaignepains   force *T*, de gaignep. *AH*
Que ne pues ton bourdon porter.   puet *L*
Au mains deusses tu demander
Qui sont celles qui t'ont ce fait."   10,295   qui tout ce font *T*
"Vielle, dis je, qui le sac lait
Percie u fons portez aus dens,   u] eu *G* en *M* au *AH*, aus] as *M*
Di moi ton non, pas ne me mens,   me] men *L*, ment *M*
Së a certes sans coup ferir
Me veus ainsi faire mourir!"   10,300   ainsi si f. *H*

Adonc la vielle respondi :
"Se ses qui sont Epycuri,   espicuri *o* espituri *L* enpicuri *T*
Saches bien que sui leur mere   Saches b.] Tu dois sauoir *to*...
Qui quë ait este leur pere."—   Qui que] Quiconques *to*...
"Qui sont, dis jë, Epycuri?"—   10,305   espituri *L*, Q. s. donques espicuri *o*
"Ce sont, dist elle, une gent qui   Cest d. e. *L*, vnes gens *AH*
De leur sac percie leur dieu font,
Qui en touz temps leur pensee ont   tout *AH*
De li emplir pour li vuidier.
En la cuisine 'i' jour entier   10,310   A la *GL*, cuisine *corr. in a later hand from* cousine *M*
Ou plus vourroient bien croupir
Pour 'i' menu haste rostir,   hate *M*, haste menu *L*
Pour faire (auc)une charbonnee   Ou pour aucune ch. *L*
Ou autre *rien* desguisee.   rien] chose *to*...
Nulle delectation n'ont   10315
S'en boire ou en mengier ne l'ont.   ou] et *G*
Ce reputent il a delit   a deduit *H*
Tant seulement et a deduit."—   a delit *H*
"Comment as non, dis jë a li?"—
"Gloutonnie, dist elle, qui   10,320
En mon sac percie boute tant

Le Pelerinage de Vie Humaine.

Qu'il en devient ort et puant.
Tant y ensache aucune foiz
Que ·ii· povres hommes ou ·iii·
En empliroient bien leur sas.　　10,325
Se tu savoies bien les gas,
Les outrages et le lagan
Que de viandes fas par an,
Castrimargie (me) diroies
Je sui et [m']apeleroies."　　10,330
"(Et) qu'est, dis je, Castrimargie?"—
"Ce' est, dist elle, plungerie
Et submersion de morsiaus
C'om puet trouver es bons chastiaus.
Touz bons lopins (je) plunge et noie, 10,335
N'est (nul) cui ja mais nul envoie,
Puis qu'en mon sac les ai plungies.
Et si te di quë ensachiez
En i ai mains que regeter
M'a convenu et hors bouter.　　10,340
Aprez moi traces de limon
Laisse com fait le limecon."—
"Fi! fi! dis je, vielle puant,
Ne me va plus de ce parlant!
C'est (une) chosë abhominable,　　10,345
(Et) laide et orde et reprenable."—
"Certes, dist elle, tu dis voir.
Mes quant tu veus le voir savoir,
Il est *drois* que le te die.
Se on m'appelle Gloutonnie,　　10,350
(Et) Trop mengus et Trop gloutoie,
N'est (pas) chose que celer doie ;
La leuve sui du boscage
Qui touz jours ai es dens (tel) rage
Que le menton faire troter　　10,355

—10,323 *T*, T. jensache *AM¹GH*, aucunes
　f. *AH*

—En *B*, leurs *ABH*

ouuraiges et lez langan *M*, les lagan *Bg*, les
　lagans *T*
p. ans *T*
Castrimergie *o* Castrimagie *G*, men *aH*
Je sui] Proprement *to...*, et mapeleroies *ML*
castrimergie *o* castrimagie *G*, je (*added
　above*) *a*
Cest *oTL*, grant pl. *L*
submercion *B*, s-rtion *L*, des *TM¹*
Con *GM* Quon *H* Quen *T*, es] as *M*

cui] qui *to...*, nulz en voye *G*
que mon s. *GT*

—i *LH*, y *oTABM¹GM*, y a *BM*, maint *L*

limacon *o* limasson *G*
dis] fis *M*

apominable *L*

q. tu le veulx donc sav. *G*
drois] raison *to...*
Si en *T*, Sl len *L*
Et] Se *M*, mengue *oBGL* mangue *corr.
　from* mangus *M*

Je sui la leuue *to...*, louue *LGM* loue *H*
tel] la *L*, es] en *M* aux *L*

2 T

Me faut et la gueule baer.
Je sui Bel qui deveure tout,
Qui es cuisines mon nez bout
Par les fenestres pour flairier
Et pour enquerre et pour tracier   10,360
Comme fait chien a ven[ë]eur
La quel viande est la meilleur.
Mon nes (est) lonc par tout se boute,
En flairier s'*entente est* toute
Pour savoir, se pourra trouver   10,365
Chose que doie u sac bouter."—

"Di moi, dis je, se point t'emplis
De viandes de petit pris,
Se de feves ou de pain gros
Tu feis onques ton ventre gros."— 10,370
"Saches, dist elle, en verite
Quë aussi bien acoustume
Ai gros et bis pain ensachier
Comme grans viandes mengier ;
Tout aussi bien l'avidite   10,375
Comme la curiosite
Gloute me fait, mais le lonc nez
Me fu de mon pere donnez
Pour en faire pescherie
Au goust de ma (grant) lescherie."— 10,380
"Et quel chose, dis jë, est goust?"—
"Ce est, dist elle, par ou tout
Passe quanque jë engloutis
Et ou sans plus est mes delis.
C'est de mon sac l'embouchement   10,385
Qui se fait par atouchement ;
Et si te di que (pas) iii doie
N'a de lonc, *sel* mesuroie.

fait *G*, gueulle baier *G*, baier *L* beer *T*
beel *M* ver *H*, deuoure *G*

flarier *M* flaerer *L* flairer *G* clairier *H*
trecier *M*
veneour *GM*, —fait *L*
Laquelle *TH*
se] le *oTL*
met sentente toute *tTABM¹GLMH* maisment. t. *o*, flairie *B*
q. puisse en s. b. *M*, u] eu *G*

Dis *H*, p. emplis *G* p. raemplis *o*

—Tu *M*, fais *oTL*
—en *o*
ainsi *o*

la vidite *T* la wid. *o* la uibiite *L* la rudite *aBGM*
le nes long *T*

Afin quen feisse *to*..., Afin que feisse, *TG*, faisse *L*, peesch. *o*
lecherie *G* lich. *M*
quellë *G*
Cest *T*, Cest d. e. p. ou trestout *L*

samplus *B*

·iii·] ·ii· *o*, doiez *M*
se le *to*..., musiroye *a* mesuroiez *M*

Le Pelerinage de Vie Humaine.

Bien vousisse que plus lonc fust
Et que com col de grue fust,   10,390
Et bien vourroie que trespas
Tous jours i fust de morsiaus cras,
Que de lopins fust bien froie,
Fussent a cheval ou a pie,
Ne me chauroit quel paine ëust   10,395
Le sac percie, mes que plain fust.
Mes iex sont grans, ardant mon gout,
L'un et l'autre veulent de tout.
Tant ou plus com li gout gouter
Puet, li euil li veulent livrer.   10,400
Plus sont li euil desmesurez
Que li sac n'est ne li lonc nez.
De *rien ja* n'ont soufisance,
Tant com (rien) puist entrer en pance.
Cë est (une) chose qui ma vie   10,405
Acource (mont) par ma folie.
N'est nul plus traïteur coutel
Quë est superflue morsel."—

—que *o*, Et comme coul *G*
—10,391 *H*
—10,392 *H*, gras *oG*
—10,393 *H*, freie *L* faireiz *M*
—10,394 *H*, ou] et *M*, Feuse *o* Fusse *L*
—10,395 *H*, chaurroit *G*, que p. *M*¹, pain *o*
—10,396 *H*, plen *L*
mon] nis *M*, goust *G*
voulent *L*
ou] ont *o*, li] de *L*, goust gouster *H*
li ouil qui v. l. *L*, les ieulx *GB*, liuer *B*
les ieulx *GL*
ne long li nes *M*¹*GH* ne lonc ne lez *oTBL*
De nulle rien nont s. *to*...
puet *TLMH*
Cest *to*..., ma] na *G*
Acourcit *M* A courte *B*
traitour *GM* tristeur *o*, coustel *B*
Quest *o*, de sup. m. *B*

"Et pour quoi, dis jë, mes tu ens
Morsel qui est si pestilens?"   10,410
"Je port(e), dist elle, en ma bouche
Une si pestilent(e) touche
Que, quant atouchë au morsel,
En soi en prent si grant revel
Que, s'a l'autre ne retouchoit,   10,415
Aussi com hors du sens seroit.
L'un apres l'autre veut touchier
Aussi com li gout sans cessier.
Rien ne li chaut de mon profit,
Mes que sans plus ait son delit."—   10,420

—quoy *B*, —je *o*

pestilence *GLH*
Qui *M*¹, atouchie *T* a touchie *o* iatouche *G*
  ja touche *L*, q. elle touche *M*
ruel *B*
Q. si a. l. *L*, ratouchoit *G*
Ainsi *M*, scens *G*
vieulx t. *L*
cesser *oaL*

samplus *B*

"Di moi, dis (je), comme est nommee
   (Est) celle touche et apelee?"—
"Ce' est, dist elle, une sauciere,
Une *volant* messagiere
Qui a tost dit et raconte   10,425
Ce que le cuer a commande.
Male clique et mal(e)voisine
L'appelent la gent (sa) voisine,
Pour ce que volentiers mesdit
Et vilennie assez tost dit,   10,430
Quant a aus bons morsiaus touchie
Et des bons vins a essaie."—
"Est elle, dis je, groumete
Qui *a taster* vins se(ntre)mete?"—
"Qu'est elle donc, a elle dit.   10,435
La prent elle son grant deduit,
Par li sui (je) desmesuree
Et par li (sui) gloute nommee.
Elle me met a deshonneur
Et me taut et pris et valeur.   10,440
Elle m'a l'entonneur baillie
Que en mon sac vois embouchie.
Les vins (y) avale et entonne,
(Et) par oultrage tant m'en donne
Que je n'ai ne sens ne raison   10,445
Ne ne sai trouver ma meson
Ne moi aler couchier en lit?"—
"Tu ez donques, lui ai je dit,
Chose qui nul gouvernement
N'as en toi n'endoctrinement?"— 10,450
"C'est voir, dist elle, se tresbien
Tu savoies tout mon maintien;
Quar quant mes vins ai entonne
Et mes viandes gourmande,

comme est] comment *to*...

Cest M^1GL, saciere L
volage *to*...
dist BM^1

Mal duite L clice G chique o
Lapellant T La nomment L

vil. tantost dit GL, dist H
de M

gourmeite o grouinette M, donc dis oTM^1H
a t.] dessaier *to*...
dont M^1H
delit TBM^1GLM

n.] clamee oL

taut *from* tout M tout M^1 toult BGH
  tost oL, toaut pris T
entonnour oBM^1L entonnoir a e-noer T
  e-nouer H, baillier B
vois] est L

me d. T

nay sens T
Je ne scey G

donc T

Na oT, ne doctr. oGL, dotrinement L
vroi G
sauoie T

Lors diroie (je) vilennie 10,455
A Dieu et (a) Sainte Marie.
[Et] se Raison venoit a moi,
Tantost li diroie : fui toi !
Se Justice, së Equite,
Se Prudence, se Verite 10,460
(Y) venoient, *tost hors* boutees
Seroient (hors) et refutees.
Sobriete (et), Atemprance
N'i aroient (fors) que mescheance,
De elles je me moqueroie 10,465
Et chacier hors (je) les feroie.
Quant (mest) le vin [m]'entrë en corne,
(Adonc) sui fiere com unicorne ;
Adonc veul je chascun hurter,
A l'un tencier, l'autre blasmer. 10,470
Les iex esrooulle comme un tor,
Pour nient n'ai mie com butor
Deuz ventres, quar butordement
Parle a la gent et lourdement"—
[10,475
"Comment, dis je, as tu ·ii· ventres ?"—
"Ouil, dist, *et* qui sont gendres
A dame Venus qui m'ensuit,
De quoi li uns Ivrece est dit
Et li autre li Goufres est
Qui de mengier touz jours est prest. 10,480
Le premier quant il a bëu
Et l'autre l'a apercëu,
Il dit aussi qu'il veut mengier ;
Et quant il avient que premier
Il mengut, l'autre boire aussi 10,485
Veut et tost dist : je le renvi.
Et ne soufist pas ce' une fois,

diraie v. *G* diroi ie v. *oL*

Et se *LMH*
diroige *L*
se] et *L*

tost hors] toutes *to*...
S. et hors ref. *G*, refusees *BL* reboutees *o*
a(t)trempance *TBM*¹ *GH* astemperance *M*
—que *L*, meschance *BH*

Q. le vin met entre *B*
Adonc] Dom *L*, com] et *T*
viex *B*
A] Et *o*, Lun t. et l. bl. *L*
esrooullie *o* esroulle *TaM*¹*H* esrouille *G*
errouille *B* raoulle *M*, Des i. regarde *L*,
neant *H*, na *o*, mie] pas *L*
quar] pour *LM*¹, butor deuient *oGg*
—10,474 g, —la *L*, lourd.] rudement *H*, Et
bien souuent ceci auient *o*, Je me
maintien et lourdement *G*
tu (*written above*) *o*
et] elle *to*..., Oy *H*
me suit *oL*, Dame V. q. ci me suit *o*

a. g. dit est *LM*¹, est dit *G* (dit *being in paler ink*)
prest (*added in paler ink*) *G*

d. quaussi il v. *L*

mengue *GL*
reuuy *GH* reui *L*
ce] se *TM*, —ce *GL*

Non pas certes ne deuz ne trois,
Ains veulent touz jours poursuir   pourceuoir *L*
Ce qu'ont commencie sans fenir.   10,490   finer *L*
Chascun veut penre derrenier   prendre *H*
Et touz jours a recommencier   a] au *LM*, racomm. *TM*
Est, tant comme u pot il a vin   u] eu *G* en *ML*, com ont en p. v. *L*
Et que viande est mise a fin.

Gloutonnie parle.
Ces 'ii' ventres font reveler   10,495   releuer *oBL*
    Dame Venus et repesner.   et esleuer *L*
Par eus (elle) est plus reveleuse,   el est *L*
(Et) de mal faire mains honteuse.
Par eus plus volentiers se tient
Prez de moi et apres moi vient.   10,500   apres] auec *M*
Par ou je vois, volentiers va,
Quar elle pense qu'elle ara   quel ara *L*
En sa subjection celui   —sa *H*
Que par la gorge arai saisi.   ara *TG*, saici *L*
Je pense que ce seras tu,   10,505
Puis que tu es ici venu."   ici] par ci *B*

Le pelerin parle.
Adonc par la gorge me prist
    A 'ii' mains et ainsi me dist :
" Puis que (tu) n'as point de gorgiere
Saches de voir que (mont) plus fiere   10,510
Et plus cruel me trouveras."
" Harou, dis je, ha las, ha las !   helas helas *G*, Haa se d. ge alas alas *L*
Lesse moi a celle parler   Lasse *M*
Que derriere toi voi aler.
Elle m'a de son dart feru ;   10,515   Celle *L*
Mal bailli serai et perdu,
Se de voir ne sai qui elle est."
Adonc me dist : " A toi en est.
Bien veul qu'elle le te die   —le *B*, que elle *GM*[1]

GLUTTONY TAKES THE PILGRIM BY THE THROAT.

Le Pelerinage de Vie Humaine. 327

   Mes (tu) ne m'eschaperas mie.   10,520
   Saisie me tendrai de toi,
   Puis que te tien si prez de moi."

L'acteur parle.
  Adonc a celle qui feru
   M'avoit, demandai : "Qui es tu ?
  Sotement vas par le pais   10,525   Soteme *B*, vez *L*, les *o*
  Sus ce porcel, ce m'est avis.   Sur *oTG*, ce] se *G*
  (Et) nichement t'es embrunchiee   embruncee *H* embranchee *L*
  Souz (ton) chaperon et muciee."   muchiee *o*

Venus parle.
Luxure parle *G*.
  "Certes, a elle respondu,
  Je sui celle qui u palu   10,530   u] eu *G* en *oM*
  Aussi com raines demourer   Ainsi *oMH*, rainne *o* raenes *L*
  Fais mes subjez et habiter.   —Fais *T* Fois *L*
  Illeuques mains j'en (i) afole   Illec *G* Illuc *M*, —i *o*
  Et de veue et de parole
  Et de leur contenance aussi.   10,535   contin. *M*
  Je sui Venus dont as oui
  Parler (a) dame Gloutonnie
  Qui par la gorge (te) maistrie.   te] me *M*
  Du monde piec'a hors boutai   piece a fuers b. *M*
  Virginite et enchacai.   10,540   et lenchacai *L*, enchantay *T* en sachay *G*
  Li angre a cui elle estoit suer   angle *B* ange *G* anges *M*, Les angels cui *H*, a qui *TGL*, est *L*
  Onques puis ne m'eurent a cuer,   morent *oGM*, a] en *M*
  Leur nez estoupent, quant (me) voient
  Moi venir, que ne feroient   M. v. q.] La quel chose pas *to...*, Laquelle ch. p. *G*, La quelle p. *T*
  Pour une charonne puant,   10,545   —une *T*, cheroingne *G*
  Se vice n'i avoit plus grant.
  Par tout je parsui Chastete   parsuie *T* poursui *L*
  Sans cessier iver et este.   cesser *oTM*, et] ne *GM* ny *L*
  Se en religion muciee   Sen en r. *T*
  Ne (se) fust piec'a et logiee,
  Piec'a je l'eusse mise a mort ;   10,550   —je, mis *L*
  Mais je truis le chastel si fort   castel *T*

Que la mal faire ne li puis,	f. ie ne p. *T*
Se pour muser ne vient a l'uis,	par *M*
(Aus)si com Dina corrumpue 10,555	Ainsi *MH*, Dina] dune *o*
N'eust (pas) este, se hors issue	hors] fors *M*
Ne fust, aussi nuire ne puis	ainsi *M*
Chastete, se n'ist hors de l'uis."—	A chaste *G* A caste *L* A chastate *B*, du luix *M*

Le pelerin parle.
"Que t'ont meffait, dis je, ces ii·
A cui si pou de bien tu veus?"—   A qui *BGL*, de bien si po *o*
[10,560

Venus parle.
"Virginite, a elle dit,	
Onques ne vout gesir en lit	vost *L*
Ne en chambre ou je gëusse,	Ni *L*
Onq(ues) ne fu que ne li fusse	
Haineuse (et), abhominable, 10,565	
Pour (ma) pueur intolerable.	
Chastete si me het aussi	
Et quant me voit, tantost dit : fi !	voist *G*, t.] si me *L*, dist *H* di *T*
Miex aime mon mantel laissier	
Qu'en nul temps avec toi couchier, 10,570	Que nul t. *B*
Miex *moi* rendre en abbaie	moi] maime *to*...
Quë (point) estre en ta compaignie."—	

Le pelerin parle.
"Comment, dis je, puet ce' estre voir	
Que cil moine blanc gris et noir	moingne *M*¹, —blanc *o*, et] ou *L*
Aient Chastete receue 10,575	
Et qu'a(vec) eus se soit rendue"—	que a eulz *o*, Et auec e. *T*

Venus parle.
"Ouil, dist elle, vraiement,	
Mais il m'en desplaist grandement.	me d. *TL*
La est elle dortouriere [10,580	dortorerie *o*; Quelle est dortouerriere *I*.
Et fait leur lis com chamb(e)riere."—	chambriere *B*, leurs *H* les *LM*

L'acteur parle. "Donques, dis je, a elle office?"—   Donc *M* Dont *o*
Venus parle.
"Voir dis, dist elle, et pour ice	—dis *T*
La he je plus et la parsui	Labbei je pl. *M*, poursui *TLH*
Et plus aspre contre li sui."	haspre *H*, Et contre le pl. a. s. *L*

Le Pelerinage de Vie Humaine.

"Pour quoi, dis je, m'as tu feru?"—   —je *B*, ma *T*
"Comment, dist elle, cuides tu, [10,585
Puis que je sui si prez de toi
Que tu ne te sentes de moi?   ten *T*
Par mon chief qui est biau pignie,   biau] bien *o M¹L*
Encor n'as pas tout essaie.   10,590   na *T*
Quant j'ai qui que soit assailli,   ja *B*
Si tost ne me part pas de li."—   men *L*

Le pelerin parle.
"Es (tu), dis je, si bien pigniee   paignee *L* pagniee *M¹*, Et tu dis ie sui b. p. *o*
Com (tu) dis et appareilliee?   esparilliee *M*
Se tu le fusses, si com croi,   10,595
Pas ne te mucasses de moi."—   mussasses *B*

Venus parle.
"Or entent un *peu*, dist elle :   peu] petit *to*...
Bien est vrai, se (je) fusse belle
Que ne m'embru[n]chasse mie.   Que] Quainsi *tTAG*..., Ainsi *o*, membrunch. *BM¹GL* membruncasse *T*
Pas *n'ensuit*, se sui pigniee,   10,600   ne sensuit *to*...
(Et) un pou fais la cointerelle,   —un *o*, fas *TM¹GH*
Que pour *ce je* soie belle.   ce je] tel cause *to*...
Laide sui, vielle et baveuse,   Je sui laide *to*..., —et *T*
Puant, orde et limonneuse,   Orde puant *to*...
Plus orde (assez) que n'ose dire.   10,605   Pl. laide *L*
Pour ce qu'il n'est pas a dire,   P. ice qui *M*, que il *M¹*, que ne lest p. *L*
(Je) m'embrunche c'on ne me voie,   membronche *L*, quen ne *T*
Combien que mont cointe (je) soie,   —je *B*
Et n'ai cure d'estre veue
En lieu ou ait point de veue.   10,610   ou il ait *BG*
Je vois par destours et angles   uoies *L*
Et quier mucailles et cornes.   mussailles *B* mucalles *T* mucables *M¹*
Je ne voi goute en plain midi   Je] Et *G*
Et ai assez paine et souci   sousci *L* soussy *H*
Et en peril me met souvent   10,615
Pour faire un pou de mon talent.
Se tu savoies quantes foiz   quantefois *G*
Et par quiex lieus souvent je vois,   quel lieu *o*, — lieus *B*

(Je) cuit que mont t'esbahiroies
Et (que) mont pou me priseroies. 10,620

J e chevauche ï mauves cheval,
 Quar la ou est le pas plus mal
Et la ou plus (il) a ordure,
La couche il de sa nature.
Ce cheval est ma voulente 10,625
Qui me porte et est apreste
Aussi com truie soi couchier
Ou est la boue et le bourbier.
Figure est comme pourcel
Qui a en terre le musel. 10,630
La ou se couche, la me met,
Mais plus est en lieu ort que net.
Par li ainsi (je) sui souilliee,
(Et) emboee et ordaiee.
Par li ainsi in abstracto 10,635
Laide sui, mes in concreto
Encor je sui plus laide assez
Et pour ce porte ï painture(s)
Faus visage a couverture
Faire a mon vis plain d'ordure. 10,640
Ce (faus) visage Farderie
Est dit [dont], quant (sui) enviellie
Sui devenue et ridee,
(Et) fronciee et descoulouree,
Luisant en despit (de) Nature 10,645
M'en fais (en) muant ma faiture.
Lors me fas je (une) chambre coie
Pour (tous) ceus qui passent la voie,
Un droit fumier en carrefour
Ou chascun qui veut a son tour 10,650
Puet venir pour faire ordure."—

tabairoies *M*

Je] Or *G*

dordure *o BL*, ou il ait plus o. *M*
La se couche *LM*

aprestie *from* aprestre *L*
soi] de se *L*·
La ou est la b. *L*

—10,630 *B*, le] tel *o*, Q. en terre a *M*¹*L*
ou il se c. il me met *o*

—est *B*, M. pl. est ort le lieu q. net *G*
soullee *T* souillie *M*
emboe *G*, ordoiee *H* ordoie *M*
Et par *L*, astracto *M* abstracto *B*

suij ie *T*; E. le sui je pl. assez *M*
porte en pointure *M*
a] pour *tTABM*¹*GLMH* par *o*
dordure *o*]de laidure *tTAG*...
Ce] Et *G*.
E. d. dont q. s. e. *oTABM*¹*GLM* dont *(dotted and struck out)* t, enuillie *M* esueillie *L*,
—Est dit dont *H*
Et sui dev. r. to... Et dev. s. r. *G*, sui] si *o*
—Et *L*
Me f.*BG*, ma figure *M* ma nature *T*·
—je *M*, une] en *L*, fas une ch. *G*
Pour] A *L* Qui *M*¹
fumer *T*, quarrefour *H*
q. vient *LM*
f. sordure *BGL*, Y puet v. et f. o. *M*

Le Pelerinage de Vie Humaine. 331

Le pelerin parle.
"Fi! dis jë, or n'ai je cure
De t'acointance ne de toi.
Bien connois maintenant et voi
Que d'avoir a toi parlement, 10,655
Il n'a que grant diffamement."

Si *G*, Fi fi d. *M*, Fi d. ge a le or *L*

Y nait q. *M*

Venus parle.
"Certes, a elle respondu,
S'avoies les oustis vëu
Que souz ma cotelle ai muciez,
Se mont n'estoies desvoiez, 10,660
Encor(e) mains me priseroies,
Et (mains) parlemens me tenroies."—

Si a. *L*, le o. *G*, eustilz *M*
—ma *M*
deuoiez *L*
Encor *M*

L'acteur parle.
"Monstre les moi, dis jë a li,
Et comment sont nommez me di!"—
"Li ·i·, dist elle, a non raptus 10,665
L'autre stuprum, l'autre incestus,
L'autre est dit adulterium
Et l'autre fornicacion.
De l'autre qui n'est a dire
Te puet il (bien) a tant souffire. 10,670
Or les entent si com tu veus
Et saches qu'il sont perilleus.
Pas ne les verras a present,
Quar nulle fois apertement
(Ne) les monstre pour leur faiture 10,675
Contrefaite et (pour) leur laidure;
Et toutevoies bien ferir
En sai aucuns, quant ai laisir.
Je t'en ferrai, se ne t'en fuis
Ou plus tost ne vas que Tigris. 10,680
Mais *se* te tient Gloutonnie,
De ta fuite ne dout(e) mie.
A moi l'aras, tu i mourras
Et ja mais plus avant n'iras."

son n. *T*
Lun a non dist elle r. *A*
strupum *TM* ¹*M*, insertus *o*

fornicacium *H*
De] Et *A*
souffir *T* suffire *GL*
entens *T*

moustre *G*, pour] ne *H*
et] est *H*, leur (added in the margin) *o*, leur ordure *G*

q. jay lesir *G*

nen *M*
se] puis que *to*...
ne dout ie mie *o*

av. plus *G*

Le pelerin parle.

A donc la vieille me feri 10,685
   Du dart ou cuer et m'abati.
Gloutonnie mont li aida,
Par la gorge jus me sacha
Avarice et *elles* toutes [10,690
(Pas) ne monstrerent qu'eussent goutes,
Chascune a son tour me feroit
De tele armeure qu'elle avoit.
Tolu me fu lors mon bourdon,
Mais m'escherpe me laissa on.
A recouvrer bien (i) pensoient, 10,695
Quant *du tout* ocis m'aroient.

Quant ainsi me vi atrape,
   Jus abatu, feru, navre,
(Quant) mon bourdon perdu avoie
Par qui (re)lever me souloie, 10,700
Onques nus hons si com je croi
Ne fu plus desolez de moi.
"Ha las! dis je, que feras tu?
Chetis, dolens, que diras tu?
Or es tu venu a ta fin. 10,705
Pour quoi fus onques pelerin?
Pour quoi onques bourdon prëis
Pour perdre lë en cest païs?
Miex te vausist quë avortez
Tu eusses este et mort nez. 10,710
Qui te pourra ja mais aidier,
Qui visiter, qui conseillier?
Perdu as par ta folie
Grace (de) Dieu, ta bonne amie.

(H e) Penitance, Penitance! 10,715
   Pour quoi fis onques (re)doutance
De (passer) ta haië espineuse

ferri *T*
Dun d. *BM*, ou] au *BM*¹*GLM* a *T*

elles] les autres *to...*, toutes *changed* gloutes *o*
P. ne me m. q. g. *T*, moustroient que eussaint g. *L*, Ne mostrarent pas q. g. *M*
tel *G*, quelle] comme *GH*

los *B*

du tout] de touz poins *to...*, mauoient *L*

naffre *L*

quoi *L*

deffoulez *H*, de] que *G*
Alas *L*
Chestif *G*, Ch. d. ou iras tu *BGM*

fu *B*
preins *L*
pour le perdre *LM*
te venist *L*
esses *B*, et] ou *H*, mors *H*
te *corrected from* se *M*, pourras *M*¹, ja m.] ici *L*

Tu as perdu *to...*

feis *BG*, fis ge o. doubtance *L*
ta] la *GL*

FINAL ASSAULT OF THE SEVEN DEADLY SINS.

Le Pelerinage de Vie Humaine. 333

Passer ? Douce et amoureuse
Me fusses [or], së (si) esloingnies
De toi ne fusse et estrangiez. 10,720
Tes verges et (tes) desceplines,
Tes pointures et (tes) espines
Fussent maintenant (une) ointure
A ma (tres)grant mesaventure.
(He) armes de chevalerie, 10,725
Vous *plourer* toute ma vie
Devroie, se vivoie plus.
De vous une fois fu vestus
Et aournez mont cointement,
Mes las, chetis ! quar longuement 10,730
Pas ne fu, ains tost vous mis jus.
Mains maus m'en sont puis avenus
Et maintenant sanz nul deport
Je sui livrez et mis a mort.
                           [10,735
H e sacremens (de) Sainte Eglise !
  Je me dout (que), pou ne vous prise,
Je me dout qu'en vain recëus
Ne vous aie, puis qu'est perdus
Le bourdon par qui (me) souloie
[Moi] (re)drecier, quant cheu estoie. 10,740
Hee Jherusalem, la cite
Ou d'aler estoie excite,
Comment vers toi m'escuserai
Et quel response te feray ?
Promis t'avoie *u* courage 10,745
Que (je) feroie le voiage
A toi, pour ce que je te vi
Ou biau mirour cler et poli.
Or sui des vielles arreste,
Or sui batu, or sui navre. 10,750

Passer] Maintenant *to*..., am.] savoureuse *H* f. et si e. *G*.

deciplines *OT* disciplines *G*

F. m. ointures *B*
desaventure *o* mal aventure *H* male auent. *M*
He] Les *L* Hee *H*
plourer] regreter *to*...

fus *HG*
adorneis *M*
chaetif *L* chetifs *G*, chatis pas l. *M*
Car ne fut *M*, ains t.] tantost *G*, —tost *B*
Maint malz *M*, maur *o*

Jen s. *TM¹G*

Hee *GH* Ha *M¹L* Et *T*, sacrement *BM¹M*

questes p. *G*
me] ge *L*
Me releuer q. *L*
He *TBM* Ha *M¹* Haa *L*

responce *B* responsse *M¹*
u] en mon *to*...

A toy et pour ce q. ie vi *M*
Eu *G*, En bel mireur *M*, miroir *H* miroer *T*

—10,750 *B*, naffre *L*

334 *Le Pelerinage de Vie Humaine.*

De male heure me fourvoiai, mal *LM*, fouruoie *L*
Ja mais, je cuit, ne te verrai." je] ce *M*¹*G*, se croy *L*

Ainsi com (je) me complaignoie
 Et (que) mes pertes regretoie.
(Je) vi passer une nuee 10,755
Qui (pas) n'estoit mont eslevee ; —mont *o*, Q. nestoit pas m. aleuee *M*
Elle venoit de vers midi
De quoi le vent venoit aussi. si venoit *L*
Elle dessur moi s'arresta dessus *BGH*
Et une piece i demoura. 10,760
Mes (pas) grant force n'en faisoie forte *H*
Pour les douleurs que (je) sentoie.
J'estoie aussi com demi mors deme *L*
Et pou de vie avoie u corps. u] eu *G* en *M*
Or entendez, se Diex vous gart, 10,765
Comment Grace Dieu se depart Comme *G*
Envis de ceus qu'a secouru Quenvis *B*, do c. *G*
Autre fois, quant mesavenu Autresfoiz *H*
Leur est, et comment volentiers
Leur sequeurt, quant en est mestiers. 10,770 L. secourt q. en ont m. *G*
De celle nue descendi
Une vois qui me dist ainsi :

race Dieu " Or sus, meschant couart, or sus ! cornart *TH* cornat *o*, meschans couars *M*
irle.
Trop as croupi et gëu jus.
Tu n'as d'espreuve mais mestier, 10,775 mais] nul *L*
Quar tu es mauves chevalier.
Je t'ai ton bourdon raporte aporte *B* apporte *G*
Pour toi relever d'orfente. P. releuer toy d. *T*, dorfante *o*
Entent a moi, je le te tent Enten *H*
Et (je) le te restablis et rent. 10,780 —je *o TM*¹*LH*, Et] Je *BM*
Encor ne veul je pas ta mort, vuil *G* vueil *H*
Combien que vers moi aies tort, aie *T*
Mes (je) veul que tu convertisses tu] te *TM*¹*GL*, convertissent *B*
Et que t'amendes et (que) vives." et q. tu vives *M*¹

THE PILGRIM RECOVERS HIS STAFF OF HOPE AT THE HANDS OF GRACE DIEU.

Le pelerin parle.

Quant tiex paroles j'entendi 10,785
J'ouvri un pou mes iex et vi
Une main qui en haut tenoit
Mon bourdon et le me tendoit.
Je pensai que c'estoit la main
De celle qui au premerain 10,790
Le m'avoit baillie, c'ert elle.
(He) Diex, dis je, bonne nouvelle
Onques vers toi ne desservi
Que pensasses de moi ainsi !
Maintenant estoie perdu, 10,795
Se ne m'ëusses secouru.
Puis que mon bourdon [tu] me rens
Et par ta pitie le me tens,
De mes douleurs me fais confort
Et me respites de la mort, 10,800
Je t'en rent graces et mercis,
Douz debonnaires Jhesucris !
He Grace Dieu, (ma) douce dame !
Or voi je bien qu'encor(e) m'ame
N'as pas *du tout* oubliee ; 10,805
Au (grant) besoing t'es aprestee
De moi aidier, s'a moi ne tient.
Je ne sai dont ce ci te vient
Fors de ta debonnairete,
Quar en moi ne l'as pas trouve. 10,810
Ton conseil onques je ne cru.
A droit m'en est mal avenu.
A jointes mains t'en cri merci
Et en plourant ma coupe en di.
Je m'amenderai, ma dame, 10,815
Je le te promet par m'ame.
Sans plus m'aïde ceste foys,
Je te croirrai une autre foys.

tes p. *M*
Je ouvry *GH*, mes] les *L*
haut] air *H*

pense *G*
primerain *G*
c'ert] cestoit *to*...
He] Et *TH*, dieux *G* bonnes nouuelles *M*

Se tu ne m. *M¹GLM*
tu *oBM¹GLM*, P. q. tu. m. b. me r. *H*, tu me tens *o*
temps *H*
confors *T*

ten] te *G*, rens *HM*
Jhesucrist *L*
Hee *H* Ha *L*

du tout] de touz poins *to*..., Na *B*
ti es ap. *L*

te] me *H*

creu *BG*
est mesauenu *LM*
t'en] te *M¹LH*, merci ten cri *T*
mamendrai *B*, Et je mam. *M*, Je men amend. *M¹L*, Je me amend. *G*
Et je le te p. *M¹L*, Car ie le vous prom *M*
Aide moy a ceste f. *L*, S. pl. pardonne moy c. f. *o*
croiroi *M¹*, vn *L*

Redrece moi et (me) relieve !
(Quar) la demeure m'est trop grieve. 10,820
Droit a la haie m'en fuirai,
Se delivrance par toi ai ;
Et se tu veus, tu m'i merras,
Quant releve de ci m'aras."

Redesse *B* Radrece *TL*
d. trop me grieue *oBM*
me fuirai *T*
ai par toi *L*
menrras *B* menraiz *M* mainras *L*
Q. deliure de *L*

Grace Dieu parle.
Adonc respondi Grace Dieu : 10,825
"Je te dirai un trop biau gieu.
Se celle qui (est) aumosniere
De moy *est* et despensiere,
Vouloit tant faire *a* mon pere
Qui' est son fil, elle sa mere, 10,830
Quë il a toi me redonnast,
Encor n'iroies pas a gast.
Encor(e) bien retourneroies
A Penitance, et vouloies,
Je t'i merroie liement 10,835
Et t'osteroie de tourment."—

ten d. *T*, tresbiaul *M*

—10,828 *o*, est] donner *tTAG...*
a] vers *to...*, pour *G*
filz *G*, et le sa m. *L*, elle est sa m. *o*

nirais tu p. *L*, niroie *B* niray ge *G*
Et oncor *L*
et] se *to...*
menroye *H* mainroie *L*, lieement *M*
tosteray de ton tourment *L*

Le pelerin parle.
"(Et) qui est, dis je, celle dame
Qui de toi *donner* est dame ?
Grant dame est, quant despensiere
(Elle) est de toi et aumosniere."— 10,840

donner] despenser *tTAG...* dispenser *L*
despa*r*ere *o*, toi] vous *T*
d. elle est q. *L*
toi] vous *T*, et taumosniere *M*

Grace Dieu parle.
"Certes, dist elle, tu dis voir
Et pour ce te faut il avoir
Premierement aces a li

—il *M¹*
acces *H* actes *M*, a] de *o*, P. ton cuer a li *LM¹* (*M¹* had originally *aces a li*, this is struck out and *ton cuer a li* added by the scribe)
cries] pries *tM¹G* cri *T*

Et que tu li *cries* merci :
Së elle veut, je t'aiderai 10,845
A ce besoing et secourrai.
Encor en ai je voulente
Si com je le t'ai ja monstre.
Se tu ne ses qui la dame est,
Grant faute et grant honte a toi est. 10,850

ce] cest *L* ton *M*

G. honte et g. faute *T*

Le Pelerinage de Vie Humaine.

	Autre foys elle t'a gete	Autresfoiz *H*
	De mauvais pas et releve.	De mauls p. *B*, relieue *H*
	C'est l'escharboucle et le poumel	escherb. *G*
	De ton bourdon qui est si bel.	si tresbel *L*
	Autre fois je t'en ai parle. 10,855	A. f. ten ai apelle *o*, Autreffoiz *H*
	Fol ez, se tu l'as oublie."—	Fols *H*
Le pelerin parle.	"Dame, dis je, pas ne savoie	
	Ne (pas) garde ne me donnoie	men *G*
	Que de celle vous parlissiez,	celles *G*
	Ains cuidoie que dëissiez 10,860	q. vous d. *G*
	D'aucune autre mesconneue	
	Que onques mes n'eusse vëue ;	
	Mes puis que c'est *m*'escharboucle	m'] mon *to*..., escherboucle *G*
	Volentiers *euvre* ma bouche	euvre] ouuerray *to*..., ouureray *G*, ma] la *T*
	Et de bon cuer la prierai 10,865	
	En tel maniere com sarai ;	sarray *G*
	Mes se fourme me donnïez	se la f. *TAM*, men d. *L*
	Et la guise me moustrïez	Et la fourme me mostressies *M*
	Comment *prier* la devroie,	prier]equerre *tTAG*..., requerir *o*
	Tres volentiers (je) le feroie." 10,870	

	Adonc de la nue i· escrit	Ad. la dame vng e. *G*
	Me geta et ainsi me dist :	dit *H*
Grace Dieu parle.	"Vois comment prier tu la dois	V. ci com. p. la dois *TB*, Voy ci comme p. la d. *G*
	A ce besoing et toute foys	cest *LM*¹, toutes f. *BH*, et autre f. *T*
	Que semblable besoing aras 10,875	semblabe *o*
	Et qu'es mains des vielles seras.	—10,876 *M*¹, Et quen pechie cheu s *GL*
	Or le li tost ap*er*tement	le leis *L*
	Et la requier devotement	
	En li promettant de cuer fin	
	Que tu seras bon pelerin, 10,880	
	Que ja mais par chemin n'iras	
	Ou cuides trouver mauves pas."	

Le pelerin parle.

Or vous di que l'escrit ouvri
Et le desploiai et le vi.
De touz poins fis ma priere   10,885
En la fourmë et (en la) maniere
Que contenoit le dit escrit
Et si com Grace l'avoit dit.
La forme de l'escrit orrez,
Et se vostre ·a·b·c· (ne) savez,   10,890
Savoir le pourrez de legier
Pour dire le, s'il est mestier.

Oracio devotissima.

A toi, du monde le refui,
Virge glorieuse m'en fui   [10,895
Tout confuz, (quar) ne puis miex faire.
A toi me tieng, a toi m'apui.
Relieve moi, abatu sui,
Vaincu m'a mon (grant) adversaire.
(Et) puis qu'en toi ont tous repaire,
Bien me doi (donc) vers toi retraire,   10,900
Avant que j'aie plus d'ennui.
N'est pas (tel) luite necessaire
A moi, se tu (com) debonnaire
Ne me sequeurs com a autrui.

Bien croi que par toi confortes   10,905
Sera mon cuer desconfortes,
Quar tu es de salut (la) porte.
Se je me sui mal tresportes
Par sept larrons, pechiez mortes,
Et erre par (la) voie torte,   10,910
Esperance me (re)conforte

Et] Je *H*
Et fis de t. p. *to*..., proiere *G*
—et *L*

—ne *o TM*¹*LH* ne *tBGM*, —Et *MH*, Et se bien a b c sauez *o* la *M*¹*G*
la *G*

Je] ie *P*, — le *G*², le frui *aφ*
Virgene *A*⁷, me suy *P* mafui *L* ie affuy *A*⁴*G*²
—quar *TM*¹ quar *to ABA*¹*LGMA*¹*H*¹*H* ie *A*⁴*G*²*P* car ie *aφ*, Tous *A*⁴ Dont *A*⁷
= 10,898 *TA*, men t. *T*
= 10,896 *TA*, quabatu *P*
= 10,897 *TA*, —grant *TM*¹*A*⁴*G*²*P*, Et vaincu m. m. a. *A*⁴*G*²*P*, V. mout mi g. a. *A*⁷
—Et *TM*¹*A*⁴*G*²*P*, tous jours r. *T*, tous le r. *P*, P. q. tous o. de (vers) toy r. *A*⁴*G*², qua toy *o*, tout r. *H*¹, en toy tout bien r. *A*⁷
—10,900,—donc *TM*¹*A*⁴, Je my vois (doy) bien traire et r. *A*⁴*G*² doy *G*², —doi *aφ*, ret.] traire *A*
—10,901 *P*
—tel *TM*¹*A*⁴*P*, tel] la *P*, La luytte nest p. nec. *A*⁴*G*², celle l. g, Ta grasce mest moult nec. *A*⁷
—com *T*, com] tres *AA*⁴*G*²*P* veulz *Hr*, se com d. *M*¹, Mors sui se tu c. d. *A*⁷
—me *A*⁴, secours *A*¹*LMA*⁴*G*²*P* sousceurs *H*¹, Donne secours c. *Hr*, comme ault. *A* comment a. *A*⁴ contre a. *P* comme abatu *M*

par] pour *P*
Serai qui suis d. *P*
—la *T*, —Quar, la p. *M*¹
tresmal portes *A*⁴*r* mal transportes *TA*¹*LA*⁷ *PH*¹*H* mal portes *A*, me] ne *A*⁷
sep *B* vng *P* les *M*, mortelz pichez (peche)*AG*²
—la *TM*¹*A*⁴*P*, erre] chemine *A*⁴*G*² foruoyez *P* tourne *A*¹*L*, Et] Ai *H*¹
—re *TM*¹*A*⁴*G*², E. si me conf. *A*⁴*G*² E. ma conf. *T*, men reconf. *P*, resconf. *A*⁷

10,894-11,192. *G*² = Copy of the French Prose in the possession of Mr. Gibbs.
For obvious reasons the metric form of this Abc-Prayer have been preserved in the French prose.

THE BLESSED VIRGIN AND INFANT JESUS.

Qui a toi hui me raporte,

A ce que soie deportez.
Ma povre ame je t'aporte,

Sauve la, ne vaut que morte ; 10,915

En li sont touz bien[s] *avortez*.

Contre moi font une action
  Ma vergoigne et confusion
Que devant toi ne doi venir
Pour ma tresgrant transgression, 10,920
Raisons de desperacion
Contre moi veulent maintenir ;
Mes pour ce que veul plait fenir,
Devant toi les fas convenir
En faisant replication. 10,925
C'est que je di appartenir
A toi du tout et convenir
Pitie et miseration.

Dame es de misericorde
  Par qui Diex bien se recorde 10,930

A sa gent estre racorde.
Par toi vint pais et concorde,
Et fu pour oster descorde
L'arc de justice descorde.
Et pour ce me sui acorde 10,935
Toi mercier et concorde

—10,912 *P*, a] devers A^4G^2, Q. ici a t. me r. A^1L, Q. en t. encui me r. M, h. si me r. o A^7, ma rap. TA, Q. au jour de huy a toy map, H^1
Affin q. ie s. A, Affin q. s. supportez A^4, Ad ce q. s. supporte G^2, s. conforte P
povre] dolente A^4G^2 chetiue P, te rap. o H^1

v. miex q. o v. maiz q. *g* v. plus q. G, q. ne m. M, S. le moy n. v. q. mort H^1, S. le elle v. q. m. A^7, S. la car elle v. m. A^4G^2, S. la ou elle est m. A^1L
—10,916 *g*, auortez $oTAA^4A^7BA^1LGM^1M$ H enortez *t*, t. maus arriues H^1, En elle s. b. a. A^4, En elle s. tous b. evorte G^2 u. confusion A^7

v.] grant honte L, et ma c. AA^7H^1
Qui aϕ, me dois v. A^1, doyt A^4PGM doye G^2
P. m. grande t. A^4, confusion G^2
R-n et desp. oA^4PA^1L, desesperacion A^4
Veullent c. moi m. A

le pl. A, —ce G^2
fay A^7 fait H^1 faix G^2
—10,925 H^1, = 10,928 A
—10,926 H^1 = 10,925 A, Cest ce q. AA^1P
—10,927 H^1 = 10,926 A, Du tout a toy H
= 10,927 A

es] est P es tu A^4G^2, —es A^7
—se B, bien dieu T, b. si se rac. o, Dieu] telz filz M, bien] souuent A^7 forment P, d. tresbien sac. A^1 d. moult tresb. sac. L, P. laquelle d. b. racorde H^1, P. laquelle d. si tac. A^4G^2
g. et e. A, recorde P, A tous chiaus qui sont discordet H^1
reuint A^7, nous vint MPG^2 nous vient A^4, et p. et c. GL
Et si fu AA^7GL, de disc. H^1 la disc. MP, Et ce f. p. o. de corde A^4G^2
—10,934 *g*, Lac B De larc P
—me A^4, s. je a. G^2
—10,936 H^1, concorder H, et a toi conferme A, T. m, en concorde A^4, En ta merci et encorde P

Pour ce quë ostas la corde.
Quar, ainsi com j'ai recorde,
S'encore fust l'arc encorde,
Compare l'eust ma vie orde.   10,940

E n toi ai [m'] esperance ëu,
Quar a merci m'as recëu
Autre foys en mainte guise.
Du bien qui u ciel fu crëu
As ravive et repëu   10,945
M'ame qui estoit occise.
Las! mes quant la grant assise
Sera, se n'i es assise
Pour moi, mal i serai vëu.
De bien n'ai nulle reprise.   10,950
Las m'en clain, quant bien m'avise,
Souvent en doi dire hëu.

F uiant m'en vieng a ta tente
    Moi mucier pour la tormente
Qui u monde me tempeste.   10,955
Pour mon pechie ne t'absente!
A moi garder met [t']entente!

A mon besoing soies preste!
Se lonc temps j'ai este beste,
A ce, Virge, je m'arreste   10,960

—10,937 H^1, —ce T, q. tu o. $a\phi BA^1LMP$, q. en o. A^4, De quoy tu en o. G^2
—10,938 H^1, a. que j. A^7, a. que je r. A^4, que jay G^2, comme ie r. A, ie acorde o Encore B, Sonc. larc f. e. A^1L, en corde A^4 Compaire B Encor g Chier comp. A^4, Chier leust c. G^2 l. mame vil o. L, C. l. a ma viez corde P

mesp. $a\phi o TAA^1M^1A^7Pg$, mesp. ay o ay mon esp. H mon esp. ay A^4G^2 ai esp. tB GM
Quant o, tu m. r. A^4P mas tu r. G^2
Pluseurs f. M^1 Par plusours f. A^1L, Par a. f. en m-s g-s M, A f. et en PH^1 Plusieurs f. et en A^4G^2
q. fut ou c. G^2, que u c. est c. A^7, u] en M eu G
As abruue A, recoye P resuscite A^4
Mon ame MH^1A^4, Mon a. par pechie o. A^4G^2, Mame laquele e. A^1L
Halas $A^1LM^1MA^4G^2P$, —mes M^1 mes] et A^4 G^2, tres grant H^1
se tu ni es $AA^1LMA^4G^2P$
mar A^7, sera B, venu $A^1LMA^4G^2PgH$
—10,950 P, Car d. b. G^2 Car de b. n. n. prise A^4, ie nai A^1LGH^1, b. naray n. M
L. ie m. cl. A^1LGA^7, reclain H clame A^4G^2, L. me plains A, b.] ie A^1A^4M, q. ie men a. M q. b. my a. P, q. men rav. H^1
Forment P, jen d. A^4G^2, doi bien d. h. H^1

Suiant men fui a o, F. ge m. L, me v. A^7 men revieng M, ving H, F. me retray a P
Me m. A^4, G^2L, M. renuncier p. M, p sa grant t. o, la grant t. A^1LP, Pour escneuer la g. t. P
Q. en cest monde A^1L, en ce monde AMP
Par P, P. mes p-z A^4G^2, p. pas ne P, te assente L t'ent. $AM^1A^4A^7H^1H$ ton ent. A^1LMG^3, met grant ent. P, regarder H^1, Mais metz a moi g. tent. A
Et a m. b. A^7M, soie A^4M, s. tout pr. P
jai] ai AA^1P, Et se l. t. A, Se par l. t. A^1LM, este] vescu P
je] le $Ba\phi$, virgene H^1, A toy virgene A^7, A ceci v. M, me ar. A^1 mi ar. L, A toy doulce v. marr. A, A toy dame pardon demande P

Le Pelerinage de Vie Humaine. 341

Que de ta grace me sente.

Si te fais aussi requeste
Que ta pitie nu me veste,

Quar je n'ai nulle autre rente.

G lorieuse virge mere   10,965
 Qui a nul onques amere
Ne fus en terre ne en mer,
Ta douceur ore m'apere
Et ne sueffres que mon pere
De devant li me gete p[u]er.   10,970

Se devant li tout vuit j'apper

Et par moi ne puis eschaper,
Que ma faute ne compere,

Tu devant li pour moi t'aper

En li moustrant que s'a li per   10,975
Ne sui, si est il mon frere.

H omme vout par sa plaisance
 Devenir pour aliance
Avoir a humain lignage.
Avec li crut des enfance   10,980

Pitie dont j'ai esperance
Avoir en a mon usage.

g. ie me s. *oaφATBA¹LGMA⁷gH*, Q. ta g. soit ma s. *H¹*, Pour ce que de toy je me s. *P*

Se *A¹*, Et si te *A⁷*, faz ge a. *L*, f. encore r. *M*, f. vne autre r. *P*

p. me reueste *A¹* p. nu me reueste *LM* p. moi nu reueste *A* p. aussi me v. *H¹*, Q. ta grant p. me reueste *P*

r.] tente *aφBG*, —autre *H¹*, nulles aultres r-e *M*, ai] attens *P*

virgene *H¹*, v. et meire *M*, Gl. pucelle et m. *P*

nulle *A⁴* nullui *MP*, o. auere *P*, Q. ne fus o. a. *A⁴* Q. o. n. fuz a. *G²*

A nul en t. *A⁴G²*, fus] es *H*, ni L*A⁴*, Ne f. ne en m. ne en terre *H¹*

ma priere *g*, or ma porte *A⁴*, o. si map. *L*, Ta tres grant d. si map. *P*, De ta d. o. m. *M*

ne] me *HG* si ne *LP*, sueffre *A¹A⁴G²A⁷P*, s-rez pas *M*

puer *oaφGM¹* en puer *A⁷* peur *H¹* per *tTAMP*, Dev. li ge me g. p. *P*, De lui me face separer *A¹L*, Me vueille dehors gecter *A⁴G²*

—li tout *G²* d. toy nud je app. *A⁴*, t. nu j. *A*, tant v. et per *P*, iaper *BA¹LM*, wit aper *A⁷*

—Et *H¹*, Et je ne p. e. *A⁴G²*

Q. manfance ne *o*, mes faultes *A⁴G²* ma deffaulte *P* ma deffence *M*, f-e ne le c. *A¹L*

Tout d. *A*, —Tu *A⁴H¹*, te apper *H¹*, p. m. d. li t. *A⁴G²* lui me vieng taper *A⁷*, A lui te vueilles presenter *A¹* A lui me vueilles presenter *L*

Lui m. q. ce (sa) luy p. *A¹G²*,com se a luy *P*

m. pere *TA¹L*, se est il m. compere *A*, —i *A⁷*, Je ne sui *M*, Ne s. pas *L*

vault *A⁷*, sa grant pl. *M*

par *A⁷*, D. et p. a. *M*

al humain *A⁴A⁷H¹*, a men h. l. *M*

efence *g*, de senf *H¹* des seffance *A¹* des senf. *L* des tout senf. *P* des son enf. *M*, O l. c. de son enf. *A⁴G²*

ie ay *M*, jai grant e. *A¹P*

ent *A⁷* eut *H¹* eu *M* 'g eu en m. u, *G* A. en mon cuer u. *B*, A. a tout m. u. *P*, Den auoir a. m. *L*, A en auoir en moi u. *A¹*, A au. en moy u. *o*, Dauoir vn peu a m. u. *M*, Den au. pour m. u. (p. m. esperance u.) *A⁴G²*

Elle fu mise a forage,
Quant au cuer li vint message
Du cruel fer de la lance.   10,985
Ne puet estre, se sui sage,
Que je n'en aie avantage,
Se tu veus, et habondance.

Je ne truis par nulle voie
Ou mon salut si bien voie   10,990
Com, apres Dieu, en toi le voi.
Quar, quant aucun se desvoie,
A ce que tost se ravoie,
De ta pitie li fais convoi.
Tu li fais laissier son desroi   10,995
Et li refais sa pais au roy
Et remes en droite voie.
Mont est donc cil en bon arroi,
En bon atour, en bon conroi
Que ta grace si conrroie.   11,000

Kalendier sont enlumine
Et autre livre enterine,
Quant ton non les enlumine.
A tout meschief ont resine
Ceuz qui se sont achemine   11,005
A toi pour leur medecine.
A moi donc, Virge, t'encline,
Quar a toi je m'achemine
Pour estre bien medicine.

fourraige AA^4, a folage o a afor. A^7 a affounaige P, Elle si fu M
—10,984 P, li] me o, v. le mess. A^7A^1LM
Du trescruel f. M, D. c. f. et d. P
se je sui A^1LMP, e. ce se A, se suige s. G^2
—je A^7, je naie a. oM^1M, je nen naye G, je ni aie a. A^1LP
Se il te plait et h. M

treuue AA^4G^2P,—par G^3, par] pas g, t. pas par M
mon] moult B, si] de A^1, m. saluement M, b. je v. P, Ou si b. m. s.v. A^4G^2, En m. s. si b. y v. H^1, Qui daucun bien me pouruoie g
Que a. A^7 Quap. H^1, dieu est en toy A^4G^2
si se d. MP
Affin q. tout A, tout AA^4 tantost P, tost il se r. M
—ta H^1, Ta p. li fait c. A^4 G^2
—son H^1, Tu f. cesser s. d. A^4G^2
—li A^4G^2, Et se li fais A^7P, Et li fais oH^1 Tu li faiz B
—10,997 P, d. roye $a\phi$, Et le rem. $A^4A^7A^1$ LMM^1 (re erased in M^1)Et le metz G^2
—10,998 P, cil dont g, —donc $A^4G^2H^1$, M. vont cil o
—10,999 P, et en c. g, et b.c. M^1 et c. A^4G^2, Et en b. a. et c. A^7
Qui G $a\phi$, se couroye T, convoie AA^4G^2, ainsi conuoie A^1L, A qui ta g. M, Q. de ta g. A^7G
Kalendrier AA^4 Kalendries LP, soit G—sont $A^4G^2H^1$
—11,002 A, a-s l-s e-s M, a-s l-s entrine A^1L a. l. en trinite P, Sont et l. e. $A^4G^2H^1$
—11,003 A, tes nons A^7, si les e. P, Q. de t. n. l. e-nez M
—11,004 H^1, ou r. T, resigne oM reffuige P, Tous maulx ont ceulx r-gne A^4G^2
—11,005 H^1, —Ceuz A^4G^2, enchemine AM
Deuers toi M, p. auoir m. P
v. encl. G, doncques MP, douche virgene H^1, A m. viergene si t A^1, Vierge doncques a m. t. A^4G^2
t. men ach. A, ie me ach LI .me rachem. M
—bien A^4G^2, P. y. e. L, P. iestre aidies de medec. H^1, A toy pour leur medicine H

Le Pelerinage de Vie Humaine.

Ne sueffres que de (sa) gaine	11,010
Isse justice divine	
Par quoi je soie extermine.	
La douceur de toi pourtraire	
Je ne puis, a cui retraire	
Doit ton fil de ton sanc estrait.	11,015
Pour ce' a toi m'ai voulu traire,	
A fin que contre moi traire	
Ne le sueuffre[s] nul cruel trait.	
Je recongnois bien mon mestrait	
Et qu'au colier j'ai souvent trait	11,020
Dont on me devroit detraire.	
Mes, se tu veus, tu as l'entrait	
Par quoi *tantost sera* rentrait	
Le mehaing qui m'est contraire.	
Moises vit en figure	11,025
Que tu virge nete et pure	
Jhesu, le fil Dieu, conceüs.	
Un buisson contre nature	
Vit qui(l) ardoit sans arsure.	
C'es tu, n'en sui point deceüs.	11,030

—11,010 H^1, suefre TAA^1LMP sueuffre G, —sa $oTAA^1LA^7H$ sa $ta\phi BGM$, de ta g. P, q. desgaigne oA^1LA^7, Et s-s M^1, Ne s. pas AA^1LMP, Garde (Gar) que justice diuine A^4G^2
—11,011 H^1, d.] de gaine o, Il isse j. P, la j. M ta j. M^1, d. le coutel de j. d. A, Ton filz sa j. d. A^1L, Son glaiue ne desgayne A^4G^2
—11,012 H^1, Pour A^1LP, Que nen s. A^4G^2
—11,013 H^1, Aa d. o, retraire A^7, L. grant douceur M
—11,014 H^1, ne] ie T, cui] lui P, a cui] aultrui A, Je ne pourroie M, Ne p. na autrui r. A^1, Ne p. ne lautri r. L
—11,015 H^1, s. pourtraire o, D. com cil de son s. e. P, Dont t. f. de son s. e. A^1L, Quant ton f. d. toy e. A^4D. t.f.d. toye. G^2 ma A^1LP, me v. A, me vueil retr. A^4 me veuil je tr. G^2
—11,017 H^1, q. encontre A^7
s-res $TABA^1LM^1MPA^4A^7H^1$, s-re $to a \phi H$, —le AH^1—le—nul G^2, Ne s. n. c. traitre H^1, Ne lui s. c. t. A^4, Ne li s. n. mauuais t. A^1L, Tu ne s. P, Tu ne sueffreches A^7
—bien A^4G^2, mestrait tTM^1MPH^1H mal trait $a\phi BG$ meffait G^2 mesfait oAA^1L A^4A^7, Bien r. le m. H^1, Je me r. moult m. A^7
Que au c. ai H^1, ai A^1L, Et q. jay au c. t. A^4G^2, Car de mal viure ne mai retrait A^7
—me A, deueroit M, retraire P
se v. TAH, Mes sil te plest tu as l. L, M. tu as en toy l. A^4 G^2
t. s. $oTAA^1LM^1PA^7H^1H$ s. t. $ta\phi BGM$, retr. oAA^1LMH^1H, Pour q. A, t.] tos H^1, Dont pourroit estre rent. A^4 G^2
que H^1, que si m. M
vi A^7, se vit M, en sa f. P
virgene A^7, Q. virgene H^1
Jhesus A, Jhm, conchus H^1, fieu A^7, Jh. filz de d. c. A^4
Un] Ou G^2 bysson oA^1 busson A^7, Un bosson vit c. n. M
qui $TABA^1LGM^1a\phi A^4G^2$ quil to, a. PA^7 H^1H Li quelz a. s. nulle ars. M
Sces tu ne s. A, Ce es tu C'es tu] Ce croy $G^2A^1LA^7$, Cies tu n. s. pas d. H^1, De ce ne s. A^4, Sans toy nen fust nulz d-z P

Diex est li feus qu'en toi ëus
Et tu buisson des recrëus

Es pour temprer leur ardure.

A ce vëoir, Virge, vëus

Soie par toi et recëus, 11,035

Oste chaucement d'ordure.

Noble princesse du monde
  Qui n'as ne per ne seconde

En reaume n'en empire,
De toi vient, de toi redunde 11,040
Tout le bien qui nous habonde;
N'avons autre tirelire.
En toi tout povre homme espire

Et de toi son salut tire
Et en toi seule se fonde. 11,045
Ne puet nul penser ne dire,
Nul pourtraire ne escrire
Ta bonte comm' est parfonde.

O lumiere des non voians
  Et vrai repos des recreans 11,050
Et de tout bien tresoriere,
A toi sont toute gent beans
Qui en la foi sont bien creans
Et en toi ont foy entiere.
A nul onques ne fus fiere, 11,055

fus A^7
tu] toy G^2, boussons M, receus T recceus BM^1,
  Le buiss. es d. r. A^1, Et tu boisson de re-
  traire P
Et AL, tremper oG^2 temperer M atemprer A^7
  atramper A^4PA^1L tempester A, attrem-
  per lard. A^1L
veoier A^1 voier A^7 voir oA^4LPH^1, vierge
  veoir A virgene voir H^1, eus A^1, voir
  soit vi. v. P
—11,035 A, Soy T, Soye par t. G^2 Soient
  pour t. A^4, recreus GM, et peus H^1, Mon
  esperit est repeuz P
O. le ch. M O. mon ch. A^1L O. leschauffe-
  ment P O. chargement A, En moy
  ostant de laidure A^4, O. depechie lo. G^2,
  De celestijel peuture H^1
de A^4, principe de cest m. M
Q. nas pareille ne M Q. nas premiere ne A^1
  LA^7 Q. na prime ne A^1, Q. nest ne paix
  ne concorde A
ne en e. $a\phi BA^1GMPA^4A^7$, ny en L nen en M^1
viennent M, et de t. A^1L, redoubte o, Que
  de t. ne viengne et de t. r. A
Trestout A^1LM, nous] y L
Nous nav. M, Ne nauon a. bouteilliere A^1L,
  N. plus seur mire H^1
—tout oA, —homme $a\phi A^7$, respire H^1, Pour
  ce en toy t. h. e. M, En toute pur te
  spira A^4
son] tout A^4 tout son P, s. saluement t. M,
  il tire A^1L, salu tiue o
seulement A^1L, s. il se f. M
Nul ne peut A^4, nulz hons M
ni L, ne nulz e. M
Tabonde o, comm] tant A^4A^7, comme elle e.
  p. M, La b. qui e. p. A

luminaire oA^7, de T, des nons v. o des
  voians A

—11,051 A, trestous b-s A^7M, t-s b-s la
  t. A^4, la tr. G^2
toutes g-s $oAA^4G^2A^7M^1H$, b-t H^1, A t. s.
  beaux t-s g-s P
Q. s. en toy b. c. A^4 Q. s. en foy b. c. G^2
Et qui en t. A^4G^2M, fianche A^7, entire H^1
nullui A^7MH^1, fu T, ne fus o. A^4, tu n.f.o. G^2

Le Pelerinage de Vie Humaine. 345

Ains toi dëis chamberiere,

Quant en toi vint li grant geans.

Or es de Dieu chanceliere

Et de graces aumosniere

Et du tout a touz agreans. 11,060

Pris m'est volente d'enquerre
    Pour savoir que Diex vint querre,

Quant en toi se vint enserrer.

En toi devint ver de terre ;

Ne cuit pas que fust pour guerre 11,065

Ne pour moi tout jus aterrer.

Virge, se ne me sens errer,

D'armes ne me faut point ferrer

Fors sans plus de li requerre.

Quant pour moi se vint enterrer, 11,070

Se il ne se veut deterrer,

Encor puis s'amour aquerre.

Quant pourpense aprez me sui
    Qu'ai offendu et toi et lui

Et qu'a mal est m'ame duite, 11,075

Que fors pechie en moi n'estui

Et que mal hier et pis m'est hui,

Tost apres si me ranvite ;

Virge douce, se pren fuite,

Se je fui a la poursuite, 11,080

Ou fuirai qu'a mon refui ?

desis H^1, A. je te dis P, te dis chambr. A, Ainsoiz te d. ch. M, Ainchois te dis estre canbr. A^4, Ainsois tapelas ch. A^4G^2
en] a P, gaians A^7, le grant g-t oA^4M, le roys poissans H^1
Si es A, ch-lerie T, la ch. A^4M, camberiere H^1, es tu de D. aumosniere A^4G^2
des TA, de ses g. A^7, grace oA^4H^1, li a. M, de sa g. chancelière A^4G^2
de G^2 Et confort a tous recreans o Et conf. a t. mescheans A^7

vol. mest L, de enq. M
P. a. s. M, s.] entendre A^4G^2, v.] vouloit P
en] a H, veult G^2, asserrer H^1
Et en P, d. com ver A^7GM, voir A^1, vens en terre H^1 vaisseau de t. A^4G^2, En t. vint veir de ta t. A
cuide P, Je ne quit p. A^7, Ne tiens p. A, Ne croy p. A^4G^2L, q. ce f. A^4G^2LM
—tout $oTABA^1LGM^1A^7P$, t.] sa M, Naussi me menèr G^2 p. m. j. a. M^1, Mener ne p. materrer A^4G^2
—ne oM, Viergene A^7, Virgene se ie me H, Combien q. ie (jay) voullu e. A^4 G^2
—point P, ferer A^7, Ja ne me f. darm. f. A^4G^2
F. que s. o, pl. que de M, Mais mercy du cueur luy r. A^4 M. d. c. m. l. r. G^2
mi H^1, se $oTLP$, sen v. en terre TLP, aterrer A^4
ne]me P, Et il ne se voult A, dest. oAA^4LG $G^2A^1H^1H$ desserrer A^4
Encore oH, Je espere enc. sam. aq. A^4G^2, E. p. son haulmonne querre P

p-ce A^4, ap.] encor A^7, me fui M
offense A, offence toy A^4
que a A^7M, mon ame P, que mal e. mon a. d. A^4 que m. e. ma vie d. A^1L, —a G^2
Fors q. AA^4L, f. en m. p. G, Et q. f. p. en m. nest hui A^7, en est hui o, nest hui A^1G^2 ne truy P, Q. f. pekieres mais ne suy H^1
—Et P, hier] iert M, Et se m. h. p. il m. h. H^1
Tout L Tantost M Et toust G^2, rauiue o renyure A remisse P, Et tousiours a mal suis reduyte A^4, Et en chou ie naye refuite H^1
Virgene H^1, D. v. A^4G^2, si je G^2 se ie p. oA^4A^1LM, Viergene se de toy p. la f. A^7
—11,080 oH^1, Et je T, Et se je A^7, Et je men fuis A^4G^2, men f. parfuite M, Ce que ie suis a P, sui a A, pars L
—11,081 o, fuyerai A, f. ie A^4G^2LMP, que a A^7H^1, f. qua toy mon r. A^4G^2, f. ie car mon reffrain P

346   *Le Pelerinage de Vie Humaine.*

S'a nul bien je ne m'afruite
Et mas sui, avant que luite,

Plus grief encor en est l'ennui.

Repren moi, mere, et chastie,   11,085
   Quar mon pere n'ose mie
Attendre a mon chastiement.
Son chastoi si fiert a hie,

Rien n'ataint que tout n'esmie,
Quant il veut penre vengement.   11,090
Mere, bien doi tel batement
Douter, quar en empirement
A touz jours este ma vie.

A toi dont soit le jugement,
Quar de pitie as l'oingnement,   11,095

Mes que merci on te prie.

Sans toi nul bien ne foisonne
   Et sans toi Diex rien ne donne,
Quar de tout t'a fait mestresse.
Quant tu veuz, trestout pardonne   11,100
Et par toi est mise bonne

A Justice, la mairesse.
N'est roine ne princesse
Pour qui nul ainsi se cesse
Et de droit se dessaisonne.   11,105

Du monde es gouvernerresse

Et du ciel ordenerresse,
Sans raison n'as pas couronne.

—11,082 H^1, Se a A^7B Si a A^4G^2, A, maffuite P, me fruitte A je maffuy G^2
—11,083 H^1, mat oM^1 mate AG^2, ma suiui av. A^1L, Et mes av. q. je l. P, q. le l. A^7M, ains q. je l. A^4 suis avis q. je l. G^2
—11,084 H^1, en est enc. T, P. en est enc. l. A, g. en sera mon e. A^4, lesmay P P. g. encor e. ce mon e. G^2

et me ch. $A^4G^2A^7$
Encor m. p. B, de m. p. A^4, ie nose oA^7MP H^1 nose ie m. A^1L] ne nose G^2
Entend. T., a] et M^1 que H^1, A. le ch. A^4
—a B, Car s. ch. M, chastiement L, S. baston si G, f. et h. A^1LM^1 f. et alie A f. de haye P, ch. trop il fier et haye A^4 trop fort fiert en haye G^2

R. il n. A^4G^2, nattens q. toust naye P, t. ne finie M

doit A, dois t. bast. A^4, Bien d. itel castoiement A^7 bastement G^2
Redoubter q. en empirant M, en empirant o$a\phi BMG^2$, q. sans espirem. H^1
t. les j. M tou dis A^7, iestes H^1, Ay este toute ma v. P, Ay t. j. demene ma v. A^4 Aige t. j. mene m. v. G^2

s. d. H, s.] mere A^7
—11,095 o, es l. P, longuementaϕ G^2 ionghem. H^1 largem. A^4, Soit car d. p. as longem. A^7
te deprie MP, m. jou te p. H^1 m. a toy je crie A^4, p.] crie H Ne m. q. m. ie t. crye G^2

—bien A, ia ne fais. M, fais. MBA^7 foues. L safuisonne H^1
D.] tes filz M, toi nul bien dieus ne d. A^7
te f. A, faite TP, f. la m. M, mestraisse o
—11,100 P, Quanque tu H^1, v. tout p. A, tr. il p. M, v. tous maulx p. A^4G^2
—11,101 P, pour A^4, toi], tout G^2 est est A^7, m. la b. M
—11,102 P, maresse A^1 meresse A^4 miresse aϕG maistresse A
Y nest M Il n. P, ne r. o, na r. na p. H^1
quoi B, nulluy ausi M, se saisse A
Ne qui de M, te des. H^1, desacesonne L, de rigueur s. d. A^7
De cest m. M, est g. AH, yes gouuereneresse H^1, gouueneresse o, Royne es et commanderesse P
c. li ord. M, ordonn. G^2 Du monde et gouuern. P
nas tu p. M, na p. AA^4A^7

Temple saint ou Dieu habite
   Dont prive sont li herite   11,110
Et a touz jours desherite,
A toi vieng, de toi me herite,

Recoif moi par ta merite,
Quar de toi n'ai point hesite.
Et se je me sui herite   11,115
Des espines d'iniquite,
Pour quoi terre fu maudite,
Las [je] m'en claim en verite,

Quar a ce fait m'a excite
L'ame qui n'en est pas quite.   11,120

Virge de noble et haut atour
   Qui au chastel et a la tour
De paradis nous atournes,
Atourne moi ens et entour
De tel atour quë au retour   11,125
De ta grace me retournes.
Se vil sui, si me raournes.
A toi vieng, ne te destournes,
Quar au besoing es mon destour.
Sequeur moi, point ne sejournes   11,130
Ou tu a la court m'ajournes
Ou ta pitie fait son sejour.

Xpe, ton fil quid escendi
   En terre et en la crois pendi
Ot pour moy le coste fendu.   11,135
Sa grant rigueur il destendi,

D.] Jhesus *M*, Tres clere estoille de mer *P*
Duquel p. *AM*, heretique *A¹LA⁷*, Blanche colombe sans amer *P*
Du tout et d. *A⁴G²*, En qui toute doulceur habonde *P*
= 11,113 *A*, de] a *A⁴A¹LH¹* et a *A*, hesite *H¹* excite *A¹L*, A t. ie v. et m. *G²* Nul ne doit homme diffamer *P*
= 11,112 *A*, —*H¹*, Et me r. p. *M*, ton *oA⁴* Qui de fin ceur te veult amer *P*
—*H¹*, —Quar *A G²*, herite *oA⁷*, Car tu es de tous pechies monde *P*
—*H¹*, hesite *A*, Se me s. desher. *A⁴*—Et *G²*, Tre shaulte dame sans seconde *P*
—*H¹*, Despines *A⁴G²*, En ceste mer grant et parfonde *P*
—*H¹*, Par *A⁴*, la t. *AM*, De bon ceur te veulx reclamer *P*
—*H¹*, L. ie m. *M¹*,—je G L. m. claime *M*, L. m. clame *G²* clame *A⁴*, Je me clame l. *A*, Que l'ennemy ne me confonde *P*
—fait *A⁴G²*, me e. *H¹*, Qui ses laz a mis par le monde *P*
Li a. *M*, Mon a. *A*, Le corps q. *A⁴G²A⁷*, nen nest *B*, Pour moy lancier et en tirer *P*
de h. et n. *H* de h. n. *G²*
au] a *P*, ou *A*

De sainct p. *A⁴*, Du s. p. *G²*, p. hault *M*, as tournes *A*
A-es *aφBH¹* Entourne *A⁴*, en *B*, Acroire moi vs et atour *P*
a *A*, au tour *A⁷*,
—De *G²*, ta grant g. *A⁷M*, tu me r. *A A⁴G²*, grasse soie recouures *H¹*
—11,127 *A⁴A⁷*, Si *G*, Et se v. *AM* Sy ie suis v. *G²*, raorne *A*.
Je v. a toy *G²*, me v. *M*, te] me *oP*, destourne *A* detour. *G* retour *A⁷PH¹*
Sequeure *A* Secoure *P*, et p. *A G²A⁷M*, desiournes *B* te tournes *G²*
—11,131 *P*, toi dedens la c. m. *A*, la grant c. *M*, Au moins a la c. *A⁴G²*
son] vray *A⁴*

Xpristus *APX*prist *A⁴* Xpistus *G²*, d-dit *A G²*
p-t *A*

Et *oB* Eust *A⁴*, Et p. m. eut le *H¹*, P. m ot *A*, P. m. et le coffre fendist *P*
La *H¹*, rogeur *oP* doulceur *A⁴*, il] y *oA¹LM* sans gr. r. *G²A⁴*, et *P*, descend. *AGLMP* descist *P*, Sa vertu adonc desc-t *A*

Quant pour moi l'esperit rendi.
Son corps pendant et estendu,
Pour moi son sanc fu espendu.
Se ce ci j'ai bien entendu, 11,140
A mon salut bien entendi ;

Et pour ce, se l'ai offendu,
Et il ne le m'a pas rendu,
Mercis t'en rent, graces l'en di.

Ysaac le prefigura 11,145
 Qui de sa mort rien ne cura
En obeissant au pere.
Comme ·i· aignel tout endura,
En endurant tout espura
Par crueuse mort amere. 11,150

O tres douce vierge mere,

Par ce fait fai que se pere

Par pleur l'ame qui cuer dur a ;

Fai que grace si m'apere

Et n'en soies pas avere, 1,155

Quar largement la mesura.

Zacharie de mon somme
 Me excitë et si me somme
D'en toi ma merci atendre.
Fontaine patent te nomme 11,160
Pour laver pech[ë]eur homme,
C'est lecon bonne a aprendre.
Se tu donc as le cuer tendre

Quar BG^3, lesprit ABA^7, r-ist P r-it G^2

f. son s. $AA^4G^2A^7$, -son B, despendu oTM
De A, Seci iai o, Se j. b. cecy A^4—ce ci G^2
—11,141 aG, (added in a 16th cent. hand) M^1,
 e-du B, s. nay pas tendu P, ent-dit G^2
Ne onc graces ne len rendi A^1L
p. tant A^4G^2, p. ce lai je o. A
ne me la A^4M, point A^7
M-i TA^1LMPH^1H, M. en r. g. en di A^7,
 M. luy r. g. en di P m. te ren, graces
 ten dy G^2
—le L, Ysaye le fig. P
sa] la A^7, r—s decusa P, oncques G^2
au] o o, a son p. $AA^4G^2A^7M$
—·i· P, engnel o, tant P, tost A^4
EtM, espira H^1 expira A^4G^2, Et en e. expira P
P. tres cruelle m. A^7, cruel m. et a. A^1L, P.
 sa m. cruelle et a. A^4G^2, m. et a. A^1LM,
 m. enuiere B
virgene H^1, v. et m. M, t. benigne v. A^4G^2,
 Tres d. dame v. A
ce] se A^1, tant que M, se] ce AH, paire o,
 que ne tappere A^4G^2, P. ce f. que my
 apere P, Si com la mort ton fil amere A^7
lerme que P, mame q. H^1G^2, Lame q. c. si
 tres d. A^1 Lame q. c. si d. L Mon ame
 q. c. si d. A, Mauluaix com cil q. A^4,
 Te fu quant en crois trespassa A^7
g. mi ap. o, ta g. mi ap. M, sa g. map. A^7, Fais
 q. sa g. moy repaire A^4, en m. G^2, Par pleur
 f. q. g. m. A, Par plour f. q. g. ap. A^1L
ne soie H^1, Et si n. M, Et ne men s. p.
 amere P, point amere A^7, arriere A, Et
 nemenvueillesestreamereA^4 G^2 (veilles)
longuement H, le A^7P
Z-es qui de H^1
Si me ex. A^4GA^7
De t. $A^1LMA^4G^2P$, Du tout de t. m. a. A,
 ma fait m. P, ma m. a at. M
patente A^7 apparant P viue A^4G^2, F. parta te
 n. A, il te n. M, te] ce o
pecheour et h. A^1L, l. tout p. h. A^7P, l. trestout p. h. M, l. de peche h. A^4G^2
Ce est M, Ceste l. $TABP$, Ceste lisson est
 b. P
doncques $AA^1A^4G^2BMP$, aiz doncq. M le G^2

Le Pelerinage de Vie Humaine. 349

Et m'offense n'est pas mendre
De cil qui menga la pomme, 11,165
Moi laver veulliez entendre,
Moi garder et moi deffendre
Que Justice ne m'assomme.

Ethiques s'avoie lëu,
Tout recorde et tout scëu 11,170
Et aprez rien n'en ouvrasse,
Du tout seroie decëu
Aussi com cil qui est chëu
En sa rois et en sa nasse.

Virge, m'ame je claim lasse, 11,175

Quar en toi priant se lasse,
Et si ne fait point son dëu.
Pou vaut chose que j'amasse,
Ma priere n'est que casse,
S'a bien je ne sui esmëu. 11,180

Contre moi dont que ne prie
Ou qu'en vain merci ne crie.
Je te promet amendement ;
Et pour ce que je ne nie
Ma promesse, je t'en lie 11,185
L'ame de moi en gagement ;
Puis si te pri finablement
Que, quant sera mon finement,
Tu ne me defailles mie.
Pour moi soies au jugement, 11,190
A fin quë heritablement
J'aie pardurable vie."

me o. *H*¹, mon off. *AA*¹*LM*, Mon o. nen est
p. maindre *A*, maindre *G*²
celi *A*⁷*MPH*¹, Que de cellui q. *A*, q. prist l.
p. *H*¹ menge a, De g. *G*²
A moi l. *AA LMA*⁷, v. et estandre *P*
A moi *AM* Et moi *A*¹, Et me g. et d. *L*
Par quoy j. *M*, Q. sa j. *A*, ne me a. *A*¹*L*

—11,169 *H*¹, Et sethiques au. l. *AH*, Et
ctiques s. veu *A*⁷, Physique s. *A*¹*L*, Eth.
sainsi par moy leue *P*
—11,170 *H*¹, t. veu o, Lescripture toute
sceue *P*
—11,171 *H*¹, Et quapres *A*⁴, ap. ce r. *AP*,
r. ie n. o. *M*
—11,172 *H*¹, De *A*⁴*A*⁷
—11,173 *H*¹, Ainsi *AA*⁷, Si com cellui q. *P*,
Comme celluy q. *A*⁴*G*²
—11,174 *H*¹, raiz *A*¹*LA*⁴ rez *P*, rethz *G*²
Dedens sa roi *A*, et] ou *A*⁴, et puis en *M*
Virgene *H*¹, je clame mame l. *A*, -V. marie
je me' cl. *P*, m. se claime *M*, m. est ja
l. *A*⁴ *G*² (desia)
—11,176 *A*, Et en *aφB*, toi depriant *M*, p.
ie me l. *P*
—si *L*, nen *A*⁴*G*², si me f. *H*¹, pas *aφBG*²,
Autant vaulsist que fust mie *P*
ie am. *oAA*⁴*M*, Petit v. ce q. ie a. *A*
piere *T*, Car ma p. est moult lasse *H*¹, n. fors
q. *M*, p. est vaine et c. *A*⁴*G*²
Se b. *A*⁴*A*⁷

dont *M* doubt *oMG* doubte *AA*⁴*G*²*H*¹, q.
ie ne *MA*⁷, q.] ie o
Et.*H*¹, ne]ie o*H*¹*A*⁴*G*², —ne *L*, mercismerci *A*
pourmectant *A*⁴ promectant *G*²
p. ice q. *M*, ne mie o nai mie *A*¹*LA*⁴*G*²*A*⁷ nen
mue *P*, quencor na mie *A*
te en l. *M*, te l. *aφBG*, p. a toy en l. *A*, p.
si bien l. *P*, p. tenu je en l. *A*⁴
Ma poure ame en g. (gaigement) *A*⁴*G*²
—si *L*, *P*, je pry *A*⁴, prie *TG*, fiablement *H*¹,
Jointes mains te p. f. *P*
—Que *P*, Qua mon mortel f. *A*⁴*G*²
Que tu *M*, Dame ne *A*, Vierge tu ne me
failles m. o*A*⁷
soie *T*, au] en *A*⁴
hereditablem. *AGH*¹ habitablem. *A*¹*LA*⁴*G*²
Jen aie *A*⁷, Jaie la p. *M*, v. Amen *BA*¹*L*
*M*¹*GMH*¹*H*

Quant ainsi u fait (ma) priere
A celle qui' est despensiere
De Grace, ma main haut levai   11,195
Et mon bourdon a moi sachai.
Grace, si con vous ai conte,
Le me tendoit de sa bonte.
Quant je le ting, a Grace dis :
"Maintenant, dame, il m'est avis   11,200
Que, së aidier vous me voules,
Tantost je serai relevez,
Et tantost arai garison,
Se m'oingniez de vostre onction.
Bien sai que mon escharboucle   11,205
(A) si bien desboucle la boucle
Sous qui esties (en)bouclee
Que liberte vous (est) donnee
[Est] d'aidier (a) ceus que vous volez,
Combien qu'a mort soient navrez.   11,210
(Vous) escuser de despensiere
Ne vous pouez ne' aumosniere.
Elle veut qu'a tous *donnee*
Soies et (a) tous aumosnee,
Que nul de vous defaute n'ait,   11,215
Mes que vostre vouloir i soit ;
Si que, se de vous n'ai secours,
Pas ne tient a li, mes a vous.
Aidiez moi, elle m'aidera,
Je m'i fie et apuie ja."   11,220

 A donc Grace Dieu me tendi
   Une main et me dist ainsi :
GraceDieu "Puis qu'as si grant fiance en moi
parle.   Je t'aiderai ; bail ca le doi,
Sus lieve, au bourdon t'apuie,   11,225
(Et) gardes, ne te faignes mie !

en *G*

De] A *AA¹L* h.m.m.l. *G*

tend.] rendit *L*

ting] truis *A¹*
il] y *M*
—vous *A*

aroi *A¹*

Je scei bien q. *AM*
desbouclai *o* descloue *H*, d. sa bouche *A*
q. vous estiez *M*, enblouclee *B*
v.] nous *T*, vous a en d. *o*, ait *G*

naffrez *A¹L*, s. liurez *H*
—Vous *A*, Excuser destre desp. *A*
Ne vous p. ne aum. *A*, Pas ne p. ne daum.
    to...
d.] despensee *to*... despee *A*
aum.] donne *H*
deffaut ni ait *A¹*, Q. nul deffaut de v. ni ait *L*
i sait *A¹*
vous] lui *H*
t. en lie *A¹*, Ne t. pas a *AM*
aideray *M*
ja] la *B*

baille *oA*
Lieve sus *to*..., L. sur *M*
garde *M¹L*, ne te faign m. *L*

<table>
<tr><td></td><td>Pour nient le doi (tu) me tendroies,</td><td></td><td>—tu *G L*, neant *AH*, doi] toy *T*</td></tr>
<tr><td></td><td>Se a toi lever ne t'aidoies."</td><td></td><td>Sa toi l. ne te a. *A¹L*</td></tr>
<tr><td>Le pelerin parle.</td><td>Adonc mon doi je li baillai</td><td></td><td>baillie *A*</td></tr>
<tr><td></td><td>Et au bourdon je m'agrapai.</td><td>11,230</td><td></td></tr>
<tr><td></td><td>Tant m'efforcai et tant m'aida</td><td></td><td></td></tr>
<tr><td></td><td>Qu'aus laides vielles en pesa.</td><td></td><td></td></tr>
<tr><td></td><td>Chascune a sa confusion</td><td></td><td></td></tr>
<tr><td></td><td>S'en ala en sa region,</td><td></td><td></td></tr>
<tr><td></td><td>Mes toutesvoies puis les vi</td><td>11,235</td><td>le *B*, vis *A*</td></tr>
<tr><td></td><td>Et puis me firent maint ennui ;</td><td></td><td>maint] grant *A¹L*</td></tr>
<tr><td></td><td>(Et) se touz les jours je disoie,</td><td></td><td>Et se je t. l. j. d. *A*</td></tr>
<tr><td></td><td>Je cuit, (que) point n'en mentiroie.</td><td></td><td>Je croy *A¹L*, p.] rien *o*, ne m. *TH*</td></tr>
</table>

Adonc me moustra Grace Dieu
Une grant roche en un haut lieu. 11,240 — en] et *L*
Un eul sus celle roche avoit — Vn veil *L*, sur *M¹M*
Qui goutes d'iaue degoutoit — deue *A¹* desue *L*
Et un cuvier avoit dessous
Qui recevoit touz les agous. — retenoit *BG*, esgouz *A¹L* degouz *AM*

<table>
<tr><td>Grace Dieu parle.</td><td>"Vois tu, dist elle, ce cuvier ?"</td><td>11,245</td><td>cuiuier *B*</td></tr>
<tr><td></td><td>"Ouil, dis je."—"Dedens baignier</td><td></td><td>Ouy *AH*, dist il *o*</td></tr>
<tr><td></td><td>Te faut, dist elle, pour saner</td><td></td><td></td></tr>
<tr><td></td><td>Tes plaies et pour toi laver."</td><td></td><td>p. te l. *L*</td></tr>
<tr><td>Le pelerin parle.</td><td>"Or me dites, dis je a li,</td><td></td><td></td></tr>
<tr><td></td><td>Dont iaue i vient, je vous en pri !</td><td>11,250</td><td>—en *L*</td></tr>
<tr><td></td><td>Cel eul que je voi m'esbahist</td><td></td><td>C. veil *L*</td></tr>
<tr><td></td><td>Et l'eaue aussi qui hors en ist."—</td><td></td><td>En l. *o*, que *A*</td></tr>
<tr><td>Grace Dieu parle.</td><td>"Or entent un pou, dist elle,</td><td></td><td>pou] petit *to...*</td></tr>
<tr><td></td><td>Et tourne (de)vers moi t'orelle !</td><td></td><td>loreille *L*</td></tr>
<tr><td></td><td>Celle roche que tu vois la</td><td>11,255</td><td></td></tr>
<tr><td></td><td>Est le cuer de celi qui a</td><td></td><td></td></tr>
<tr><td></td><td>A escient aussi com tu</td><td></td><td>ainsi *BLM*</td></tr>
<tr><td></td><td>Laissie la voie de salu,</td><td></td><td>Laissiee *A*</td></tr>
</table>

Qui com roche s'est endurci
En son erreur et racorni. 11,260
Or te di que, quant l'ai laissie
Ainsi grant piece en son pechie,
Acune foiz pitie de lui
Me prent et son eul devers li
Li fais convertir et tourner 11,265
Pour soi, quel s'est fait, regarder ;
Et lors quant l'ueil a bien vëu
La durte du cuer, esmëu
Tantost est a forment plourer
Et lermoier et degouter. 11,270
Fontaine volentiers seroit
Pour faire le mol, s'il pouoit.
Mais pour ce qu'il *nel* puet mie,
(Et) a fin qu'il ne perde mie
Son labour, ce cuvier dessous 11,275
Ai mis pour penre les agous ;
(Pas) ne veul que soient perdues
Lermes que (si) voi espandues.
Bonnes sont a faire le baing
A cil qui a aucun mehaing. 11,280
C'est (un) baptesme secondaire
Dont Penitance set (bien) faire
Sa lexive et sa buec.
(Ded)ens baignïe et estuvee
Fu la Magdalene piec'a. 11,285
Saint Pierre aussi si s'i baigna,
(Et) l' egiptienne Marie
Et (mains) autres que ne di mie.
A Penitance, se vousis,
L'ouis dire, quant la vëis ; 11,290
Et pour ce, së estre sanez
Tu veus, dedens estre lavez
Te faut, c'est un grant purgement."—

comme r. cest *A*
recorni *M* encorni *corrected from* encoru *L*
lai] la *M*, di quant ie l. l. *o*
Aussi *M*
Aucunes f. *LH*
et] de *o*
et retourner *BT*
faiz *M*
l'ueil] il *M*
durtie *M*
T. se mait a fort pl. *L*

P. le f. m. *LM*, si p. *oM*[1]
nel] ne le *to*... ne *H*, quil] qui *o*
—Et *oALM*[1]
A *M*, agoustz *H* esgoux *A* degouz *LM*

quainsi v. *TBLM*[1]*GM*, respand. *A*

aucun] au cuer *o*

11,282 *repeated M*[1]
laissiue *oL* laiciue *A*, huee *B*
estufee *L*
Mad. *B*
S. pere *TBL*, si] cy *A*, a. si b. *L*, —si *G*
legipciaine *M*

Lors *A*, q. tu la v. *o* (tu *added above*)
sauuez *AL*
estre ded. l. *L*

Le Pelerinage de Vie Humaine.

Le pelerin parle.
"Dame, dis je, se vo talent
Estoit de moi au lieu mener, 11,295
Volentiers i vourroie aler ;
Sans vous je n'i feroie rien."—

Grace Dieu parle.
Adonc me dist : "il me plaist bien ;
Va devant, tu m'i troveras,
Ja si tost aler n'i saras." 11,300

Or vous di que la m'en alai
Pas pour pas et la la trouvai,
Mais sous la nue (estoit) celee
Estoit et obnubilee.
Quant je ving la, le cuvier vi 11,305
Qui n'estoit pas plain a demi.
"Dame, dis je, n'a mie assez
D'eaue ci ou soie lavez ;
Pour faire baing pou en i a."
Adonc Grace Dieu bas baissa 11,310
Une verge qu'elle tenoit,
Ne sai ou prise elle l'avoit ;
(Point) autres foys ne li avoie
Veue dont m'esbahissoie.
Je pensai que la Moisi 11,315
Estoit dont u desert feri
La roche et eaue en fist saillir
Pour la soif Israel garir ;
Et ç'estoit elle voirement
Si com vi par fait evident. 11,320
De celle verge elle feri
La roche, tost eaue en issi,
U cuvier qui dessouz estoit
S'en acourut et vint tout droit,
Mes toutesvoies son cours prist 11,325
Parmi l'eul dont je vous ai dit.

vos *M* vostre *AL*, D. ce d. je se vostre t. *A*
au] en *M*

—me *A*, A. ma dit *H*, il] y *M*

seraiz *M*

Par *T*, et la tr. *H*
nuee *T*

Estoit] com deuant *to*..., obnubliee *B*
cuvel *M*

mi *B*
Desue *L*, ycy *o*, —ci *G*

bas b.] abaissa *TH* bas abaissa *A*

el l. *L*
ne li a.] veu nauoye *H*
d. moult m. *A* dom moult me merueilloie *L*,
V.] Tel feste *H*

u] en *M*
f. la s. *A*, s.] issir *B*
seif *L* souef *A* suef *oB*, guerir *AH*

ferit *A*
en saillit *AM*
En cuuel *M*

court *T*, print *A*
dont je] si don *o*

353

2 Z

"Or as tu, dist elle, eaue assez,
Se tu veus, pour estre lavez.
Entre dedens et (ens) te leve ;
(Quar) a point je la t'ai fait teve ; 11,330
Jusques aus joes te boute ens,
Si sera bons li lavemens."

Or en as *A*, —eaue *AM*¹

ens] en *M*, laue *AL* leue *corrected from* laue *M*
    layue *G*
la] le *MH*, teiue *M* tiede *L*, tayue *G*
aux deux jours *A*

Adonc sans delai ens entrai
Et m'i baignai et m'i lavai.
Tout m'eust, si com je croi, sane, 11,335
Se je l'eusse assez endure ;
Mes tost m'en issi, quar mie
N'o apris tel baignerie.
Pas ne resembloie David
Qui disoit que par toutes (les) nuis 11,340
De ses lermes baing se faisoit
Et en son lit les espandoit.

me *L*, mi l. et mi b. *BG*

—je, sauue *L*, sanei *M*
—je *AL*
m'en] en *T*, t. je m. o*MH*, tantost men *AL*
Nauoye to..., tel] ceste *A*
res. *corrected from* resemble *t*, resemblai a d.
  o*M* ressemble a d. *B*, a d. o*ABLGM*
—les o*H*, —par *BM*¹*L*, p. toute la nuit *A*,
  q. chascune nuit *M*
feroit (in the margin) *t*
espandroit (in the margin) *t*

Grace Dieu parle.

Quant fu ainsi du baing issu,
Grace Dieu me dist : "Cuides tu
Que tu soies si tost garis ? 11,345
Se en espines t'ëusses mis
Tout nu et (en) poignans orties
Que *avoies bien* desservies,
Comment souffertes les eusses
Qui 'i' pou d'eaue, dont deusses 11,350
Pour ta sante toi esjouir,
Un pou de temps ne pues souffrir ?
Comment aussi souffrir pourras
La haie que desirree as,
Que trouveras (plus) espineuse 11,355
(Et) plus, poignant et dangereuse
Sans compareson qu'au premier,
Qui pas ne te sueffres baignier ?
Or va et fai si com tu veus !

—tu *T*, gueris *H*
Sen en esp. *T*, teusse *TAM*¹*LH*
et empoignans *B*, ortiees *T*
bien auoies to..., auoie *A*
souffretes *B*

resioyr *A*

souffir *B*

c-raison *A* c-roison *H*
Quant *A*, s. a b. *B*

Je verrai comment viguereus 11,360
Tu seras a ce remenant
Qui pas ne l'as este devant.
Bon chevalier, quant est navre
En l'estour et s'est eschaufe,
Assez en est plus courageus 11,365
Aprez et plus chevalereus.
S'ainsi le fais, liee en serai
Et plus volentiers t'aiderai;
Mes toutevoies ceste fois
Plus ne me verras, je m'en vois. 11,370
Je veul vĕoir que tu feras
Encore et quel chemin tenras."

verre *B*, comme v. *M*
cest *M*, ram. *B* remaignant *L*
Que *L*

naffre *L* entre *A*

En est ass. *A*, cour.] vigoureux *H*
Et apres pl. *A*
fay *T*, lie *AH*

veil *M*¹, uoir *L*
En quoi et *L*, t.] prendras *TM*¹*H*

Le pelerin parle.

Quant j'oui quĕ ainsi me dist
Et qu'en tel guise elle le fist,
Dolent deving et esperdu. 11,375
"Ha las, dis je, que feras tu?
Ha las, dolent, chetif ha las!
Quel part irai, quant ne sai pas
Ou doie prendre mon chemin?
Je cuit c'onques mais pelerin 11,380
Ne fu plus esgares de moi.
Biau [douz] sire Diex, aidiez moi!
Vous estez le pommel hautain
De mon bourdon, je vous reclain
Et (vous) requier qu'en vous je voie 11,385
Ou est mon chemin et (ma) voie.

quainsi *AL*
telle, —le *o*, elle] ainsi *A*

chetis dolant *MA*
ie ne s. *B*
doi *T*
cuit onques *T*
de] que *L*
Ha biaul s. d. *M*, aide *o*, —doux *G*

vous] vois *H*

Sainte escharboucle reluisant
Dont mon bourdon est fait luisant,
Esclaire moi par ou irai!
Tu es ·i· pommel ou mont ai 11,390

r-s *B*

Esclairiez *M*, giray *H* ge irai *L*
·i·] le *L*

11,372 a b : Or va et fais si comme tu veulx
Je verray comme seras cheualereux *A*

De sëurte et (de) fiance surte *T*, seurete de f. *o*
Et ai eu toute m'enfance. eu en t. *oBL*
A toi me tieng, a toi m'apui;
Se ne m'aïdes, perdu sui." Se tu ne *M*

Ainsi comme ainsi (je) parloie 11,395 —je *o*, A. com ie me complaingnoie *M*
   A mes pommiaus et (les) prioie, —les *o*
(Je) me pensai de quel partie men *G*
La haie avoie laissiee. Jauoie la haie *to*..., laissie *AHL* lassie *M*
                                     Jauoie la voye *G*
Par assent pensai que iroie P. aduis p. *A*, q. ie ir. *AL*
Et (que) pou ou nient i faudroie. 11,400 neant *AH*
A chemin assez tost me mis, Au *AM*, Assez t. a ch. *H*
Mes pas ma journee ne fis
Que je trouvai empeschement. Quar ie trouue *A*
Se vous voules oir comment,
Revenez (une) autre journee, 11,405 vn *L*, vtre a. j. *B*
Quar [i]ci ferai (une) pausee. fairai *A*, pousee *L* pensee *BM*[1]

Between 11,406 and 11,407: Explicit liber tercius, Incipit liber quartus *M*[1]*M*. E. tercius liber, I. quartus 1. *B*. Ci fenist le tiers liure, Et commence le quart *L*. Cy fine letiers liure Et commence le quart *G*. Cy finist le tiers liure de vie humaine, Cy commence le iiii[e] liure de v. h. *H*.

[*Hic incipit liber quartus.*]

Or vous dirai, seigneurs, comment
En ma voie ou e*m*peschement
Et de ce vous dirai sans plus
Dont plus m'est et me touche plus. 11,410
(Quar) en montaignes et valees
(Vi) maintes choses desguisees
Vi dont mes fin ne feroie,
Se tout raconter (vous) vouloie,
Et aussi il ennuieroit 11,415
A moi ou a cil qui l'orroit.
Or vous di, ainsi *qu'* aloie
(Par) un chemin que pris avoie,
Devant moi trouvai une mer
Ou mont avoit a regarder. 11,420
Tempestee estoit grandement
De grans orages et de vent.
Homme(s) et fames i estoient
Qui touz vestus (ded)ens nooient.
Les uns i avoient dessus 11,425
Les piez, je n'en vëoie plus.
(Les) autres touz drois i estoient
Dont aucuns heles avoient
Et sembloit qu'il deussent voler,
Se ne les empeschast la mer. 11,430

s-r *A*
—ou *oLM* en *T* ie eux *A* eu *G*
Encor trouay et ce s. p. *M*
Vous diray qui me t. pl. *M*

Vi dont mes] De quoy ja mes *to*..., feroies *B*
—vous *M*¹*L* vous] ge *L*, reconter *B*
ennuyroit *ABL*
ou] et *oTALM*¹*H*
qu'] com *to*..., aussi *M*

Tempeste y auoit g. *B*
vraiges *MH*, et du v. *L*

noient *L* noioient *T* naioient *A*
—11,425 *B*, i] si *L*
—11,426 *B*
Et de ceuls qui d. i e. *B*, Aussi des aultres en y auoit *M*
D.] Desquiex *to*..., eles *B* elles *TM*¹ eilies *L* ailes *A*, Aucuns deuls e. a. *BG*
qui d. *A*, deussoint *L*

Between 11,427 and 11,428: 11,424 is repeated *G*, and Et d. c. q. d. y. e. is inserted as *B* 11,427.

Aucuns autres vi arrestes
Par les piez et forment liez
A longues herbes qui' estoient
En la mer qui (mont) leur nuisoient.
Aucuns autres i vi bendez   11,435
Par les iex et autres assez
Appareillies diversement
Dont je me tais quant a present.

Et auc. a. par les piez *L*
Vi qui estoient f. l. *L*

leur] les *A*

—les *B*, et] ou *AH*

Le pelerin parle.

Quant je vi tel chose, esperdu
   Grandement [et] esbahi fu.   11,440
"Sire Diex, dis je, qu'est ce ci?
Onques mais tel mer je ne vi,
Tel mer n'a pas en mon pais
Ne tex poissons, ce m'est avis.
Or voi je bien qu'avant aler   11,445
Ne puis, il me faut retourner
Ou demourer il me faut ci
En attendant vostre merci.
Së ens me met, je sui noie ;
Se vois sus coste, forvoie   11,450
Tantost serai, s'aucun ne truis
Qui me donne aucun bon avis.
Ne sai, sire Diex, que (j')en face,
Se avis n'ai par vostre grace.
Toutevoies je m'avisai   11,455
A moi me[ï]smes et pensai
Que, se illeuc je demouraie,
Rien gaignier je n'i pourraie.
Du retour estoie certains
Qu'encore i gaigneroie mains.   11,460
Sus le rivage voul aler
(Pour) voier, se pourroie trouver
Nef ou batel *que* passasse

et *ALM,* —et *toBM*[1], Et gr. esb. fu *T,* Gr. esb. ie fu *H*
et qu. *A*
tele mer ne vi *A*

poisson *from* pesson *M* poicons *L*

d. me f. ycy *A*

naie *A*
Si uoies *L,* sur *T*

donge *L,* doingne a. bons a. *M,* —bon *L,* —aucun *G*
ie f. *T*
Se nay aduis *A*
me auisoi *L*
meismes o*AL,* En moi *AM,* pensoi *L*
Q. se je il. d. *A*
gaaignier *TBM*
estoies *T,* estoie ge c. *L*
gaagn. *T,* g. ie m. *BG*
Sur *T,* veux *M*
—Pour *AL,* veoir o*TABM*[1]*H* voir *LM*
que] par ou *to*..., bastel *A*

SATAN AS A FISHER OF SOULS.

Et *sans peril outre* alasse.   outre sans peril *to*...
A chemin me mis sans targier   11,465   tarder *L*, s. t. m. m. *G*
Et commencai a costoier
La mer tout (se)lonc le rivage,   mer en alant le r. *L*
Mes (pas) ne fis mont grant voiage   ny fi *T*
Que vi, douce gent, seigniez vous !   doulces g-s *A* bonnes g-s *L*
Une laide beste que touz   11,470   que (*corr. from* qui) *M*[1]
Qui bien regarde(e) l'aroient   regarde *o*, Ceulz qui b. r-e *A*
Ja mais a seur ne seroient.   m. asseur *AH*
Pour moi le di, m'ame le crient   la cr. *BL*, craient *L*
Toutes les fois qu'il l'en souvient.   quil en s. *o* qui len s. *BM*[1] qui men s. *A* quil
                                                    men s. *LM*, Toutesfois que il men s. *H*
Celle beste *ert* desguisee   11,475   ert] estoit *to*..., beste *G*
Si *vilment* et figuree,   vilment] laidement *to*..., Et si laidem. f. *L*
(Que) du parler grant hide aroie,   hide] paour *L*
Se longuement (vous) en parloie.
Ordene ai (que), painturee   Ordonne *A*
(Elle) soit [i]ci et figuree,   11,480
Pour que, qui voudra la voie,   Pour] A fin *to*..., —que *A*
Autrement *n'en cheviroie*.   cheuir nen saroie *to*...
Toutevoies tant vous en di   Toute voie *B*
Quë en la mer peschier le vi ;   le] la *TL*
Dedens avoit gete ses ains   11,485   ses] ces *o* se *T*; haims *H*
Et la ligne tenoit aus mains.   la] sa, mains] dens *o*
Un cor au col pendu avoit   Vne *T*; Encor au c. *L*
Et 'i' troussel de las portoit.
(Et) rois volans avoit tendues   Et auoit retz v. t. *A*, raiz *L*
Sus la mer (au) dessous *les* nues. 11,490   les] des *to*..., Sur *TAM*[1]*G*, d.] dessus *L*
                                                    nuees *T*
Quant venir me vit, a corner   Q. me vit venir *oBLH*, a] au *M*
Commenca tantost et juper,   et a j. *T*; juper] viper *A* piper *BG*
A tendre en ma voie ses las,   Et t. *oL*
A fin que n'eschapasse pas.
Quant je vi tel aprestement,   11,495

Illustration between 11,482 and 11,483 *to TM*[1], between 11,480 and 11,481 *AH*.

Esbahi fu mont grandement,
Quar *bien vi'* que, se passoie
Par li, tantost pris (je) seroie.
"Douz Diex, dis je, que ferai je?
Mal chemin truis, ou irai je?   11,500
(Ja) mais n'istrai de ceste place,
Se n'ai secours de vo(stre) grace."

En ce point d'autre part venir
Vi une vielle et acourir.
Un fagot de buche portoit   11,505
Et a reculons acouroit,
(Et) de travers et de clicorne
Me regardoit, *qu'* estoit borgne.

Heresie. "Or ca, dist elle, quant prez fu, [11,510
Rent toi a moi!"—"Et qui es tu,
Dis je, a cui rendre me doie?"—
"Je sui, dist (elle), en belle voie
Un achopal et abuissal

A gent de pie et de cheval.
Heresie ai non, la borgne   11,515
Qui, (tan)tost que mon pere corne,
Les pelerins vieng arrester
Pour leur escherpes descherper.
Escherpe he sur toute rien,
A monstrer le te pense bien,   11,520
Quar la teue je t'osterai,
Se je puis ou despecerai.
Es cloch(et)es voi escripture
Qui selonc ma regardeure   [11,525
N'est (mie) a point n'a droit escripte."—

Le pelerin parle. "Tes toi, dis (je), vielle maudite!

bien vi] je vi bien *to*..., Q. moult bien vi q. *M*
P. li que t. p. s. *A*, P. li que retenus s. *M*

trui *B*

de] par *H*

Touteuoies d. p. v. *A*

Qui vn f. *A*
ac.] a moi couroit *A*
clicorgne *AP*² licorgne *o* bicorne *L*
qu'] car *to*...

a qui *ALH*

a-pail et a-issail *BM*¹, aclopal *H* aclepail *M*, assoupail *o*, acompail vn ab. *L*, habuysal *A* aschopail *G*
gens de p. ou de *L*, n p. et a ch. *A*
J'ai non heresie *to*..., herisie *T* herissiee *o*, borne *L*
que] com *o*
viens *AH*
e-pe *B*, desch.] lour ouster *L*
Hesch. *H*, hai *A* ay *T*, sus *ABLH*
monstre *B*
toie *M* toue *L* tue *B* tienne *AH*, ie ost. *B*
despiec. *A*

na point *A*

Tais *oTM* Taix *A* Tay *H*, Tu dois dis je *B*

	L'escripture est escripte a droit,	Escripture *A*
	Mais pas n'i regardes a droit.	—11,528 *oB*, M. point *A*
	De borgnes ieulz et traversains	
	Ne puet estre regart bien sains."— 11,530	
Heresie parle.	"Ne m'en chaut, dist elle, je veul	me ch. *TALH*
	Que selonc ce que voi de l'ueil	de] a *L*
	L(es)'escripture(s) corrigiee(s)	
	Soi(en)t du tout ou despeciee(s).	ou] et *oTALMH*
	Aussi com vois a reculons 11,535	quareculons *L*
	Et qu'a rebours sont mes talons	Et a r. *L*, rebous *M* reboux *H*, sont] tout *o*
	Et que les autres n'ensui pas	—11,537 *B*, suis *H* suif *L* ne suif *G*
	Ne ne vois mie par leur pas,	—11,538 *B*
	Aussi n'ai pas regardeure	—11,539 *B*, ie pas *A*, rag. *M* regardure *T*
	Com (les) autres a l'escripture. 11,540	Et que les a. *B*
	Arse en serai encor, je croi,	Aise *L*, seroie *A*, je] se *oL* ce *H*
	Et mise u feu ; pour ce' avec moi	u] en *M*, ouec *L*
	Je porte ce fagot ici	cest *LM*
	Tout prest et pour le feu metre i."—	et] est *BM*, —et *L*
Le pelerin parle.	"Es tu, dis jë, or me di voir, 11,545	
	La vielle qui fëis ardoir	La *G* fait *A*
Heresie parle.	Les Templiers ?"—"Oïl (voir), dist elle,	oy *A*
	Et (si) dois savoir que sui celle	que que *A*
	Qui esmu plait contre Augustin	esmut *GL* esmeut *A*, —plait *o*
	U temps qu'il estoit pelerin, 11,550	En t. *M* Eu t. *G*
	Mes onques ne li pou oster	pos *H* poz *A* peux *M*
	S'escherpe ne li descherper.	li] la *H* le *L*, Son esch. ne d. *M*
	A ma honte m'en departi,	
	Folle fu, quant je l'assalli."—	fuy *H* fus *A*, —je *A*
Le pelerin parle.	"Et pour quoi, dis je, m'assaus tu ?"11,555	—je *A*
	"Comment, dist elle, cuides tu	
	Que soies aussi fort com li !"—	Q. tu soies si f. *M*
	"Nennil voir, dis je, mes je di	—dis je *T*
	Que, puis que t'a hom(me) vaincue,	
	Ne dois pas estre (puis) si drue 11,560	—puis *B*, pas puis estre *o*

Heresie parle.

Vers homme."—"Ha, respondi elle,   ha dist elle *A*
Touz n'ont *pas* force parelle ;   pas] mie *to*..., fort *H*
Jë en ai puis pluseurs trouves   Jen ay *A* Jen nay *T*
Que maugre eus ai descherpez,   maugres *T*, ai atrapez *GLM*[1]
Et ainsi ferai je de toi.   11,565   aussi *M*, aussi ferege *L*
Or ca sans delai baille moi   baille moi sans delai *o*

L'acteur parle.

T'escherpe !"—"Certe[s] non ferai,"   certes *AM*[1]*H*
Dis jë. Adonc se prist a moi   print *A*
Et tel (fois) fu que paour me fist   —Et *M*[1]*GL*, —que *o*
Que l'ëscherpe ne me tolist   11,570
Ou qu'elle ne la depecast   —ne *B*, desp. *AH*
Et aucune chose en ostast ;   Ou *oLH*, Et quauc. *A*
Toutevoies je me ganchi   gainchi *M* guenchi *AM*[1]*H* men garanti *G*
Et de mon bourdon la feri
Si que li fis vuidier le lieu.   11,575   li] la *M*[1]*L*, vuidier li fi *TA*
Adonc s'apparut Grace Dieu
A moi et me dist qu' avoie   et si me *M*[1]*GL*, que jauoie *MH*
Bien fait, quant *garde* m'estoie   garde] deffendu *to*..., deffendu *corr.* from vestut *o*, quant] que *A*
Et que pour ce me monsterroit   mousterroit *G*
Ma voie et avec moi venroit.   11,580   ouec *L*

Le pelerin parle.

"Dame, dis je, je vous merci   je vous] vostre *o*
De ce qu'estes venue ci
Et de ce que vous prometez   vous] me *TALM*[1]*H*, —vous *o*
Et ainsi me reconfortez.   me conf. *A*
Perdu(e) estoie en (i)ceste heure,   11,585   Perdu *TBM*[1]*LM*, icelle *G*
Se plus eussiez fait (de) demeure.   —de *AM*[1]*M*, faite dem. *M*
Celle beste sauvage la   Ceste *T*
Tout desconforte m'avoit ja ;   desconfortee *L*
Ceste sauvage mer aussi
M'avoit ja fait tout esbahi   11,590   fait ia *T*
Et encor ne sai je que c'est,   —je *G*
Se de vous enseignie ne m'est ;
Si vous pri que vous m'apreigniez   pri] dy *AH*, mapreniez *A* maprenez *L*

De ces choses et enseigniez."—

Grace Dieu parle. "On puet bien, dist elle, en alant 11,595
Parler et aler en parlant.
Alons et je t' enseignerai
Briefment ces choses et dirai."

Le pelerin parle. Or vous di qu' encoste les las,
Qu'avoit tendu devant mes pas 11,600
La beste sauvage, alasmes,
(Et) maugre li outre passames ;
Tant pou fust groucier n'en osa
Pour Grace Dieu que redouta.
Selonc la mer en costoiant 11,605
Vint Grace Dieu a moi parlant :

Grace Dieu parle. "Ceste mer, dist elle, que vois
Est le monde qui nulle foys
N'est quë *ens* il n'ait tourmente
Pour Vaine Gloire qu'i (y) vente, 11,610
C'est le soufflet que porte Orgueil,
N'a pas mont le vëis a l'eul.
Par ceste mer diversement
Noent et vont diverse gent.
Les uns i ont dessus les piez, 11,615
Ce sont ceus qui se sont charchiez
Du sac Avarice porter
Qui n'est co*n*venable en mer,
Quant la grant pesanteur de li
Plunge la teste de celi 11,620
Qui le porte et jus afonder
Le fait si qu'il ne puet noer.
Tel gent je repute a perdus
Jusqu'a tant qu'il metront tout jus.
Des autres qui touz drois i vont 11,625
Des quiex aucuns elles se font

En p. *T* Len p. *L*, en a. *G*
paller, pallant *o*
11,597 and 11,598 between 11,606 and 11,607 *L*
Briement *M*¹

vous] te *o*, que coste *AL*, les] ces *GT*

li] le *L*

fust pou *oTBLM*¹*G* fu pou *AH* pou fu *M*
quil r. *AH* quelle doubta *L*
costiant *T*, Jouste la m. *L*
a] o *L* en *AH*

Cest *A* Et *B*
ens] dedans *to*..., il] y *M*, niait *A*

qui *A*

que le ueis *L* que le vis *A* que (*in faint ink*) *G*

Nouent *A*, vont sauuagement *L*
y vont *BM*¹*G* uiont *o* vont *H*, —i ont *A*, u. en haut li ont l. p. *L*
chargiez *ALG*

nest pas c. *TALM*
Quar *TAM*¹*LM*, la] li *T*

afunder *B* affondrer *H* afondrer *G* enfondrer *A*
Li *T*, que ne p. *BM*
gens *oM*, Tielx ge rep. *L*, —a *A*
Jusques a *A*, que m. *B*, mestent *o*, tous *T*
Les a. *M*¹, tout *LM*, —i *L*
elle *A* eles *BT* eiles *M* heles *H*

Saches que ce sont une gent.   Sache *T*
Qui u monde tant seulement   u] en *M*
Ne quierent fors (leur) soustenance   substinence *M*, f. que l. substance *A* soust. *G*
Et en Dieu suel ont (leur) fiance.   11,630   Et ont en d. s. *A*, seul *AG*
En la mer sont, quar autrement
Il ne puent corporelment   pueent *M*¹, pouent corporem. *L* peueent corporelem. *B*
Vivre, (mes) l'esperitel vie   lespiritel *M* lespirituel *HG*, m. esperituele *A*
En la mer (il) ne quierent mie.   m. ne q. il mie *A*
Bien sevent que d'ailleurs l'aront   11,635
Et pour ce drois noent et vont   droit *TM* noant il vont *ALG*
Et se font elles de vertus   eles *B* eiles *M* ailles *A* heles *H*, Et ce sont elle *o*, vertu *T*
Pour voler au païs la sus.
Tel gent resemblent l' oisel   Tels gens *AL*
Quë ortigometra j'apel ;   11,640   ortigametra *oL* ortigrometa *A* ortigo metra origo metra *G* rappel *B*
Quar quant il doit la mer passer   d.] vuelt *GB*, Quant il d. parmi m. p. *L*
Et traveillie est de voler,
A noer en la mer se prent,
Mes en noant haut l'ele estent   noent laut l. estant *T*, en uolant h. leile tent *L*
Et en fait voile et gouvernail,   11,645   Il en *B*
A fin quë il n'afonde a val   quil *T*, qui ne fonde *A* affondre *G*
Et a fin que repuist voler   q. puisse reuoler *A*
Comme devant dessus la mer ;
Aussi ceuz dont te parle font,   tai parle *L*, Ainsi donc te p ceulz f. *A*
Quar seulement en la mer sont   11,650   m. vont *LG*
Pour cause de necessite,
Mes ailleurs ont leur volente.

De ceus qui par les pies lies
   Sont aus herbes et arrestez
Saches que gent mondaine sont   11,655   gens m-e *L* g-s m-es *M*
Qui leur affection toute ont   tout *T*
D'eus appliquer a vanitez   apiquer en v. *L*, a] en *LM*¹, vanite *TM*
Et vaines secularitez.   s-tei *M*
Miex aiment (les) mondains negoces   —aiment *B*

Le Pelerinage de Vie Humaine.

Quë enfans ne font *les* noces ; 11,660	Quenfans ne font aler a noces *to...*, Queffans *L*, f. daler aux n. *A*
Et par tel chose(s) entorteilliez	chose *oBM¹LH*, telz choses *A*
Il sont par jambes et par piez,	I s. *M¹G*, gambes *corr. from* chambes *M*
Ne sai comment pourront voler,	porrient nouer *M*
Assez ont a faire a noer.	affaire *L* afaire a aler *M*

De ceus qui ont les yex bendez 11,665	
Et sont aussi com avuglez	auouglez *L*
Saches que ce sont sotes gens	Sachies *o* Saiche *AH*, sote *BLM* sote g-t *M*
Qui ne croient qu'aus paremens	quen p. *o*, paramens *T*
Et a ce qu'il voient dehors.	que v. *L* qui v. *oAM¹*
Comment que li monde soit ors 11,670	mondes *AHG*, hors *oL* ors *G* [ordeux *G²*
Et toutes choses qui i sont,	quil sont *o*
Toutevoies bendiaus se font	sen f. *LG*
Les folz d'une biaute qu'il a	d'une] de la *AH*
De la quelle jadis parla	
Salemon et dist qu'*ert* vaine 11,675	ert] estoit *tTA...*, Salemons *oM* Salomon *A* Salmon *LH*, —qu'ert vaine *o*
En l'epistre (de la) Magdalaine.	esprite *T*, de M. *AL* espitre *G*
Et de celle se sont bendez	
Ceus que vois la et avuglez.	
Iex ont dont (il) ne voient goute	—il *L*
Quar vanite (qui) leur estoupe 11,680	Quar] Pour *to...* leur] les *G*
Et fortune et prosperite	Et] Pour *to...*
Qui du tout les a avugle.	—a *B*, du tout] tous *H*
En peril sont, tu le vois bien,	Em p. *M¹*, les *o*
Dë eus ne te dirai plus rien ;	Deux ne te d. ia p. r. *L*
Mes (se) de la beste sauvage 11,685	M. de celle b. s. *LG*
Qui *pesche* sus le rivage	pesche] vois peschier *to...*
S'aucune chose veus ouir,	Saucune *L*, Aucune *to...*
Briefment t'en dirai sans mentir.	Briement *M¹*, Je le te d. s. m. *M*
Celle beste Sathan a non	Ceste *T*
Qui met toute s'entention 11,690	
D'avoir tous ceus qui sont en mer	que *A*
Par peschier et acrocheter.	pechier *H*, P. les p. *A*, P. peeschier et acrochier *o*

Sa ligne est sa temptation
De quoi il tempte et fame et hom,
A la quelle quant se consent 11,695
Aucun, tantost a l'aim se prent,
Tantost le tire et sache a li
Pour porter l'en avec[ques] li ;
Mes pour ce quë ainsi avoir
Ne puet pas touz a son vouloir, 11,700
C'est a dire qu' a l'amecon
Et a pou de temptacion,
Si com vousist, touz ne prent pas,
Pour ce apris a faire las
Il a et a filez lacier 11,705
Et a faire rois pour peschier,
A faire pour chacier penneaus
Et rois volans pour les oisiaus.
De ceus que vois quë eles ont
Et qui bons contemplatifs sont 11,710
Oisel[ë]eur est devenu
Et pour ceus a ses rois tendu
Sur la mer quë il ne batent
Leur eles et ne[n] (li) eschappent.
De ceus qu'il pense que fuir 11,715
Doivent de la mer et issir
Veneur s'est fait et tendu las
A et cordes devant leur pas.
Nul n'en istra que il n'arreste,
Se il puet, par pie ou par teste. 11,720
Onques irayne ne vëis
Qui tant de roiz et lacëis
Pour penre les mouches fëist
Ne qui si grant paine i mëist
Com(me) ceste beste se paine 11,725
D'enlacier amë humaine.

—sa *A*
tempte fame *TBM*¹*L* il t. femme *G*
se] ce *o*
se] le *TBM*¹*MH*, *A*. a lain t. le p. *M*,
    alainc le. p. *B* lain *G*
Tant le.t. *A*
auecques *TABM*¹*LH*, P. lemporter ou. li
    L, P. les p. a. *A*, l'en] le *M*
= 11,700 *H*, qainsi *A*
= 11,699 *H*
—qu' *L*
a si pou *A*, A un poi *L*
Comme v. *A*, —touz *T*
Tous pour ce *T*; P. ce sest prins a *A*
files *M*¹ filleiz *M* filer *T*, filler et a l. *A*, et
    filer et l. *L* a filler l. *G*
raiz *L* rethz *A*
Et p. ch. f. panneaux *A* penniaux *G*
raiz *L* rethz *A*
voit *t*
bons] com *H*
O-leur est d. *to TAB*, O-leur il e. d. *H*, Il est
    ois. d. *M*¹*GLM*
—a *L*, ses] ces *T*, tendus *M*, reis *G*
Desur *M*¹ Dessus *ALG*
et que ne li *AM*¹, et il ne *L* qui ne li e. *G*
qui p. *oAB*
Doient *T* Deuent *L* Dueuent *o*, D. et de *A*
Veneour *L*
dedens l. p. *BM* pardevant *G*, leurs *AH*
nen nistra *B*
pies *TH*
yraigne *AH*
raiz *L* reiz *G*, et de lac. *oAG*
mousches *AH*, feist] preist *H*

ame] creature *to...*, De lacier *L*

En touz temps temptations tist,   En toutes temptacions tist *B* Et toutes t-ons *G*
Touz jours lace, touz jours ourdist,
Touz jours endruist ses verveus   endruit *MH* entreduit *A*, vernens *T* nerueux *M*, Et touz j. lace ses penniaux *L* Et s. penneaulx et s. reseux *G*

Et ses penniaus et ses raiseus ;   11,730   raisens *T* raiseux *M¹* raiseurs *H* roseulz *M* retheux *A*, Et ses raiz et ses cordeaux *L* Tousiours en duist et ses berseux *G*
Mes certes qui sages seroit
Et qui .i. pou de force aroit,
Mes qu' eust de mouche la force,   de] dune *to*..., —la *M¹*
De (touz) ses las ne feroit force.   —11,734 *B*, ses] ces *AH*
Ses las ne sont que yrainnïes,   11,735   yrangnies *AH* yraigniees *B* yraignees *L*
Rompues (sont) et despeciẽs   d-ciees *oAB* d-cees *L*, Qui r. s. et d. *A*
[Sont] au vol de (une) grosse mouche,   —Sont *G*, voler *A*, dune *TALM¹G*
Dont S. Jeroime dist pour ce   Jheroime *B* Jerome *AH*, dit *AMM¹H*, pour] sur *M*
Que nul, s'il ne veut, n'est vaincu   Se nul se ne v. *A*, si ne v. *BM*, vaincus *M*
De li n'en ses las retenu ;   11,740   retenus *M* receu *A*
Quar floibe sont li et ses las.   floibes *T* flebe *o* foible *M¹GM* foibles *ABH* feubles *L*
Mes pour ce ne te di je pas   —te *H*, dis *AH*
Que de li tres soingneusement   trop s. *M*, t. diligeaumant *L*
Ne te gardes et sagement,
Quar de decevoir a mil ars   11,745   Que *o*, ars] las *H*
Et mil et mil que ne vois pas.   —ne *B*, Et plus 'c' mil que *M*
Volentiers faus visage prent   visages *M¹*
Et dissimule faussement
Que il soit ange de lumiere   angre *M¹* angle *B* angel *M*, Quil s. au gre de l. *GT*, Qui il s. aueugle de l. *A*
Et (que) mal faire point ne quiere.   11,750   Et qua m. *M¹*, point mal f. *A*
Souviengne toi comment decut
Un hermite a cui s'aparut   a qui *LH*, et qui apparut *A*
En faus visage et (en) semblance
De bon message et (de) bon angre.   mess.] ymage *L*, angle *B* angele *M* ange *AHG*
"Le dyable, dist il, est soutis ;   11,755   soutilz *T* soubtilz *AH*
Gardes que ne soies souspris   Garde *ALH*, soies de lui s. *A*, soupris *T* sourpris *LH*
De li ! A toi demain venra   Di *o*, demain a toi *B*, Quar dem. a t. vendra *A*
Et ton pere estre semblera.
Je le te lo a devancier   adauanc. *M* adenoncier *A*, Je te lo a le deu. *L*
Et que tu le fieres premier.   11,760   le premier *A*

L'endemain son pere a li vint
Dont grandement li mesavint.
Son fil le vit, il le feri
Et mort a terre l'abati.
Soutilment Sathan le deceut,   11,765
Mes trop a tart s'en apercut.
De li te garde, se m'en croys,
Et de ses tentes et ses rois !
C'est celui dont Saint Pierre dit
Qui circuie jour et nuit   11,770
Qui i puist penre et devourer.
Se te vouloie raconter
En *quiex* manieres et guises
Maintes brebis (il) a occises
Et combien a d'aigniaus sevres   11,775
De la mamelle et estrangles,
(Je) cuit qu'il ne te plairoit mie,
Quar bien voi ja que il t'ennuie.
De li te garde, (je) m'en passe   [11,780
Briefment, que trop (je) ne t'en lasse."

Ainsi comme parloit a moi
Grace Dieu, je vi devant moi
Une damoiselle sote,
Ce sembloit, qui' une pelote
Portoit, (et) com coulon duvee   11,785
Ert es pies et emplumee.

Comme le pelerin parle a Joeunece qui a les pies duves.
A li *voul* parler, je li dis :
"Damoisellë, il m'est avis
Que nicement vous maintenez,
Se ne sai de quoi vous servez."—   11,790

Jeunece parle.
"Se savoies, dist elle, bien
De quoi je serf, de mon maintien
Tant ne quant (tu) ne parleroies,

Lond. *M*, L. a li son p. *T*
li] il *A*
il] quil *M* si *L*

Soubt. *AH* Soutilement *oTB*
Et il trop tart *M* tant *G*
gardes *TB*, Grade toy de lui se me c. *A*
et ces r. *o*, et de ses r. *TLH*, De ses t. et de
   s. r. *H* reis *G*
d.] que *M*, pierres *M*¹ pere *L*
circui *o*, c. et j. *H*, Q. auironne j. *A* Quil
   auironne j. *L*
—i *H*, Quil y p. *A* Que il p. *M* Qui il p. *TB*
   Quil puisse *L*

quiex] quantes *to*...

c. daign. esseurez *A*
—la *B*, et desseures *M*¹*G*, Et de la mem.
   desseurez *L*
qui ne *AM*¹
voy qui t. *A*

—je *A*, Briemcnt, —ne *M*¹, te l. *oLMH*

d-sele *oTM*¹ domiselle *L* damoisellete *H*, d.
   bien sote *AM*¹*GL* dem. assez sote *M*
que *oM*, Qui se jouoit dune p. *A*
Et ainsi com c. duue *A*
Estoit *to*...
veul *t* voil *o* voul *TM*¹ voux *L* voulz *AH*,
   je] si *B*
Dom. *L*, il] y *M*
v. demenez *TA*
Si *AM*¹*GH* Et *L*

de] et *ALM*
—tu *TA*, Point a moi tu ne p. *L*

YOUTH.

Ain(cie)z de moi paour aroies."—

L'acteur parle.
"Si estes (vous), dis je, si gente, 11,795
(Que) se de vous on faisoit vente,
Nuls ho*n*s vivans suracheter
Ne vous pourroit ne trop amer."—

Jeunesse parle.
"Tu ne mens, dist elle, de rien,
Mes que de moi on usast bien ; 11,800
Mes (il) y a trop fort a faire
A [la] gent (qui sont) de put afaire.
Jeunece sui, la legiere,
La giberresse *et* coursiere,
La sauterelle, la saillant 11805
Qui tout dangier ne prise un gant.
Je vois, je vieng, *sail et* vole,
Je espringale, je karole,

Je trepe et queur, (et) dance et bale

Et vois a la huitefale, 11,810
Je luite et sail fossez piez joins

Et gete la pierre au plus loins
Et nulle fois (je) ne m'esmaie
De trespasser mur(et) ou haie.
Se des pommes a mes voisins 11,815
Veul avoir, tost en leurs gardins
Sui saillie et sur 'i' pommier
Sui tost rampee et de legier.
Pour nient (je) ne sui pas duvee
Es pies ne *si* emplumee. 11,820
Mes piez me portent ou je veul,
Eles ont, tu le vois a l'ueil.
Asael jadis les porta,

este *T*, —si *o*

seur acheter *BH* chier achatter *G*

de mon en us. *A*
—il *B*, —fort *a*
—11,802 *By*, —la *G*, A gens q. s. d. mal af. *L*
Jai non jeunece *to...*, jonesse la lig. *M* Jay nom Janesce *G*
et] la *to...*, giberesse *M* regiberesse *A*
sauterelle *T*, faillant *y*
tous *A*, dong. *M*
sail et v.] ie vois ie v. *tBM*, ie sail ie v. *GoTa LM*¹*gy* ie val ie v. *H*
espingale *L* e-gole *M* espignele *g*, espringue et si car. *P*², ou ie car. *o*, ie vois a k. *A*, je] et *a*
tripe *aoTAMg*, q.] cour *L*, tripe ie d. et b. *o*, J. t. cours et *G* tripe et dance et cort et gale *M*
Et. v.] En alant *to...*, huite falle *M*¹ hutef. *aLg* huref. *A*, le witef. *P*²
lute *L*, saus (saux saulz) *ALM*, fousselz *M*, fosse a p. j. *B*
giete *M*¹, piere *T*

nul *T*, Ne n. f-z qe ne mesmoie *L*
t. ne mur ne h. *L*
a] ont *A*
jardins *AH*
sus *AB* en *L*
Si *A*, r-pes *B*, t. montee de l. *L*
—je *aoALG*, —ne *B*
—11,820 *B*, si] ainsi *L* pour nient *to...*
Es p. *B*
Elles *M*¹*G* Heles *AH*, les v. *T*, v. bien a. l. *A*
Azael *Ag* Azahel *a*

11,824 a b: Aussi fist le bel Absalon
Comme ou llure des rois lit on. *A*.

3 B

Mes chierement les compara.	le *TLH*, chierment *T*
(Trop) grant legierete n'est mie 11,825	legierte *T*
Souvent bonnë a la vie.	S.] aucunes foys *to...*, Aucune f. *TB*, a] en *T*
Miex vaut ·i· saige a pies pesans	pie p-t *M*
Que quatre folz a piez volans.	pies v-t *M*
(Et) pour ce piec'a sainte eglise	sainte eglise pieça *A*
Ordena que ne fust mie 11,830	Si ord. *LGM*, f. pas mise *g*, mise *BM*¹*GMg*, Que ne f. mie ordonna *A*
Personne pour li gouverner	le *L*, la *o* lie *G*
Qui n'eust pies de plonc pour aler,	pie *M*, plon *L* pl.] colon *A*
Si ques de ce (je) sui privee,	pennee *A*
Tant com serai (ain)si duvee.	ausi *M*
Un estuef me faut pour jouer 11,835	Vne croce me faut a souler *to...*, pour souler *M*, f. a. crocer a*A*
Et une crocë a souler;	Et vn estuef pour moi jouer *to...*, esteur pour me j. *L* esteuf *G*
Autre croce ne (me) faut mie,	
Se (je) l'ai, ce sera folie,	—ce *B*
Mes piez tenir ne se *pourront*	pourront *L* pourroient *to...*, —se *B*
De voleter ne ne vourront; 11,840	voudront *L* vourroient *to...*
Encor ne sui (je) pas saoule	—je *L*
De jouer au gieu de (la) boule,	
D'aler quillier, d'aler billier	
Et de jouer au mereillier,	Ne de j. *TA*, merrell. *B* marrelier *H* merell. *G*
D'ouir chancons et instrumens 11,845	
Et querre mes esbatemens.	—11,846 *B*, Et de q. esb. *L*
En ma pelote jour et nuit	et jour *TLM*
Ai plus soulas et plus deduit	
Qu'en quanque *me dit* mon pere [11,850	me dit] menseigne *to...*, Que q. *TM*¹*M*
Ne (en quan)que *m'enseigne* ma mere.	m'ens.] me dit *to...*
Je la tourne *et* la manie,	—11,851 *M*, et] ie *to...*
(Je) m'en geue, c'est m'estudie.	—11,852 *M*, gieue *B* ioue *LH*, c'est] ie *H*, mon est. *A*
Soing n'ai fors que de moi jouer	—fors *o*, —que *BH*, Esmai nai fors de m. j. *L* Soulcy nay f. d. *G*
Et de mes soulas procurer."— [11,855	

L'acteur parle. Jeunesce parle.

" Servez vous, dis je, [plus] de rien?"—	plus *oTAM*¹*LH*, S. v. ce d. j. de r. *M*
"Tu le verras, dist elle, bien,	
Quar maintenant te trousserai	

Le Pelerinage de Vie Humaine.

L'acteur parle.
    Et par la mer te porterai."—
    "Vous me porterez, qu'avez dit,
    Dis je, damoiselle ? Petit   11,860
    Fais porter mie ne voulez,
    Quant de porter moi vous parlez."—

Junesce parle.
    "Si te porterai (je), dist elle,
    Ou tost tu trouveras celle
    Qui t'ostera l'ame du cors,   11,865
    En latin on l'apelle mors."—

L'acteur parle.
Junesce parle.
    "Et quel chose, dis jë, est mors ?"—
    "Tu le saras, dist elle, lors,
    Quant Viellece aras vëue
    Et (que) sera a toi venue."—   11,870

L'acteur parle.
    Et ou est, dis je, Viellece
    Et ou maint et quel chose est ce ?"—

Junesce parle.
    "A temps, dist elle, le saras,
    Mes encor ne sera ce pas.
    Bail ca la main, je vueil voler   11,875
    Et par la mer te vueil porter.
    La verras (tu) pluseurs mervelles,
    Se trop ne dors ou (ne) soumeilles."

    Adonc sans plus targier me prist
       Par la main et tantost me mist 11,880
    A son col et puis a voler
    Se prist au dessus de la mer.
    Pas bien asseur je n'estoie
    Pour les grans ondes que veoie
    Et pour ce quë ens me plungoit   11,885
    Toutes les foys qu'elle vouloit.
    En grant peril me mist souvent
    Par son nice contenement.
    Cirtem, Caribdim et Scillam,
    Bitalassum et Syrenam   11,890

---

par] sur *T* sus *A*

dem. *B* dommis. *L*
Fes mie p. *L* Fes *G*
de moi p. *AL*

poteray *T*
tantost *M*¹*H*

en lap. *T*, lapella *B*
11,867 added in the margin *o*, quelle *AH*

Q. tu vieillesce aur. *H*

a] en *o*, moy *G*
ce d. je *M*, dont vieillesce *H*, lors V. *L*, Et ou est dist elle le seras *B*
—11,872 *B*
—11,873 *B*
encore *o* (ce *added above*), encore ne sera p. *HG*
Baille *A*
la main je te v. *A*

dorps *B*

tarder *L*
—me *M*¹
En s. *L*
a dess. *T* au dessur *M*
Point *A*, seur *o*

Et g. *B*, g-s p-z *L*
Pour *G*
Circem *H* Syrtem, cillam *o*
Bitalasom *o* B-sson *B* B-llasim *L* B-llassimi *M*¹
Blcallassum *H* Bicalassim *A* Bitalasum *G*

Et touz autres perilz de mer
Me fist sentir et endurer.
Et se ne savez qu'est Cirtes
Caribdis et les autres trois,
Je le vous dirai bien briefment,   11,895
Quar plus a autre fin je tent.

C yrtes est propre volente
   Qui comme sablon assemble
Fait une montaigne en la mer,
Par ou quant on cuide passer,   11,900
Il i faut faire station.
Se je vëoie fame ou hom
Qui en soi trop atropelast
Ses vouloirs et amoncelast,
Qui n'eust cure de faire aussi   11,905
Comme autre, je diroie ainsi :
Ce est sablon, ce'est gravele
Qui trop ensemble (s')amoncelle,
Qui fait bocu le fons de mer
Et tot la voie pour noer.   11,910
Si est Cyrtes le perilleus,
Gardez vous en, il est douteus.

C aribdis est (la) sapience
   Qui est u monde et (la) science,
Seculiere implication   11,915
Et mondaine occupation.
Tiex choses touz jours circuient,
Touz jours tournent *et* varient,
Touz jours en (leur) *idem* reviennent
Et point en un (point) ne se tiennent.   11,920
C'est un mouvement circulier
Tel en la fin comme au premier.

cyrtes *M*¹ cyrces *a* scirtes *M* sirtes *o* atrois *H*
C-dim *L*, tres *M*¹*G*
—bien *B*, briemment *M*¹

Circes *H* Scirtes *M*, prope *B*
s. amassei *M* s. atrempe *L*

i] lui *LH*, fait faire *A*, fraccion *G*

Se voies f. *A*
atrouppell. *H* atrapel. *M*, Q. trop ad soy a. *A* atroppelast *G*

ainsi *B*
diroye cy *H*
Que cest s. et est g. *L*

bossu *A*
tost *LH* tout *BT* toult *AMG* tant *oM*
Ce est *TABM*¹*G* Cest c. *oL*, cirtes *TALM*, circes li p. *H*

—est *o* cest *L*
u] en *M* eu *G*, et lescience *L*
S-leire *M*

et *AL* toux jours *to...*, tournoient et v. *LG*
=11,920 *A*, idem *oTLGH* ides *tBM*¹*M* ydee *A*, remainent *o*
=11,919 *A*, —point *o*, en leur p. *G*
moment *B*
en] a *M*

Arrestance n'i a ne fin que il a *H*, quen la roe du m. *M*, Quil en la
Ne qu'a en roe de moulin, reue du m. *L*
Tant com dure et eaue li vient. 11,925 comme d. et e. v. *H*
Se de Salemon vous souvient, salomon lui s. *A*
Comment ainsi il circuia, aussi *M*
Comment de tout il assaia, essaia *TABM¹GLH*, Et com. de t. ess. *A*
(Et) comment tout a chose vaine toute chose *H*
Et (a) affliction et paine 11,930 —a o*A* a] toute *H*
Jl reputa, savoir pourrez
A son example, se voulez,
Que toute l'occupation
Et la negotiation
Du monde est i· droit Caribdis 11,935 drois *B*
Et i· entorteillant perilz. vns ent-s *M*

En Scilla et Bitalasso cilla *o*, bitalasson *M* bitallasso *Lgy* bicallisso *H*
   Vous di aussi qu'a mauves no. que m. *oBG*, nou *M* uo *o*, que iamais no *a*
Scilla est dite adversite,
Bitalassus prosperite. 11,940 Bitall. *A* Bicallissus *H* Bitalasus *G*
Ce sont engins dont fait tourner Se *M*
Sa roe Fortune et roer. reue f. et rouer *L*, F. sa roe et roer *B*
Monter la fait Bitalassus lez *M*, Bitall. *L* Bicallissus *H* Bitalasus *G*
Et avaler Scilla tout jus. tous *M*
Paint l'avez vëu es parais, 11,945 Poinet l. v. as p. *M*, v. en ces p-z *L*, parois *AB*
Bien le savez, a tant m'en tais. me *T*, taix *A*
Adversite fait com Scilla,
Quar quant aucun par li s'en va, par lui aucun *H*
Il est hurte et tempeste h-s et t-s *M*
Et au[s] flos de mer expose. 11,950 aus *oTABM*, aus fols *oT*
Abaiant le vont dens de chien dent *TAMG*
En murmurant de son maintien.
C'est un peril que mont (re)doutent
Mainte gent qu'envis s'i boutent, qu'] et to..., Maintes gens *oALM*
Mes mains n'est pas l'autre a douter 11,955 —pas *A*

Qui bien i saroit regarder,
Quar retenant et argilleus,   r-s *A,* a-lloux *L*
Arrestant et bitumineus   b-noux *L* vitumineus *B*
Est (si) de richesse mondaine,   [11,960   —si *o,* Et sil *M*
D'onneur, (de) force et (de) biaute vaine   D. f. *B,* D. et f. et b. v. *L,* et b. v. *M¹G,*
                     —et *oTAM*
Que merveille est que n'est peri   perilz *M*
Celle ou cil qui passe par li.   Cil ou cel *M*

S yrena est soulas mondain   Syren *A,* m-ns *M*
  Qui par son chant et deduit vain
Les mariniers a soi atrait   11,965   marinies *B,* soi trait *L*
Et bon chemin laissier leur fait.
C'est un peril ou me mena
Plus souvent Jeunece et porta.   ionnece *T*
Je cuit que le peril amoit   Je croi *L,* aimoit *A*
Ou qu'a mort elle me haoit.   11,970   baioit *MH* heoit *L*

O r vous di, quant porte ainsi   Si v. di *A*
  M'ot grant piece, a senestre vi
Une vielle qui chevauchoit
Les undes de mer et avoit
Ceint comme favresse une pel   11,975   Cainte *T,* Chaint com fauer. *M,* feuresse *H*
Et en sa main un grant martel
Et unes tenailles portoit   vne tenaille *M,* p.] tenoit *H*
Dont de loing fort me menacoit.   mencoit *B*
Tribula-   "Or ca, dist elle, descent jus!   descens *TA* dessen *M*
tion parle.   Porte ainsi ne seras plus.   11,980
Il te faut apenre a noer
Comme les autres par la mer.
Lors voul je savoir dont servoit   voulz *H,* de quoy s. *M*
Et son no*n* et qui elle estoit.   —Et *A,* et quelle e. *T*
"Di moi, di[s] je, de quoi tu sers,   11,985   dis *TAH*
Comment as non et qui tu es,
Pour quoi me menaces qui rien   menace *TA,* que *o,* qui en r. *A*

Le Pelerinage de Vie Humaine. 375

<table>
<tr><td>Tribula-
tion parle.</td><td>

Ne t'ai meffait, je le sai bien!"
Adonc me respondi: "Ma pel,
Mes tenailles et mon martel 11,990
Mo*n*strent assez bien mon mestier,
Quar ce sont oustis pour forgier.
Il ne me faut que une enclume;
Bien t'est avenu, s'(en) as une,
Quar se tu l'as, je forgerai 11,995
Ta couronne sus et ferai,
Et se tu ne l'as, mal venu
Seras, assez tost saches tu!
Mon coup en vain pas ne sera,
Sur enclume ou sus toi charra." 12,000

</td><td>

tu le sceiz b. *L*

mon] le *M*
Moust. *GT*, bie *B*
pour] a *G*

auenus *M*
tu ne las *T*
Sus ta c. et ferrai *A*, c. et sus ferrai *L*
mau *L*, venus *M*

pas] point *L*, pas en v. *H* cherra *G*
ou] et *A*, S. lenclume ou sur t. cherra *GH*

</td></tr>
<tr><td>Le pelerin
parle.</td><td>

Adonc du noble gambeson
Que Grace Dieu en sa meson
M'avoit donne ou *ert* mise
Derriere enclume et assise
Me souvint, mes trop a tart fu, 12,005
Quar pas ne l'avoie vestu.
Trop a tart vient a armer soi
Qui ja est entre ou tournoi;
Assez tost elle le m'aprist,
Mes le surplus avant me dist. 12,010

</td><td>

dou *M* dun *GH*

ert] estoit *to...*, donne *T*
Lenclume derriere *to...*
—trop *B*

Trop tard *A*
ou] en *M* eu *G*, tournai *AL*
la *A*
sourplus *L*

</td></tr>
<tr><td>Tribula-
tion parle.</td><td>

"Je sui, dist elle, (l')orfavresse
Du ciel et la forgerresse
Qui fas et forge en cest païs
Les couronnes de paradis.
Le metal dont je veul ouvrer 12,015
Je bat et fier pour esprouver,
Et en fournaise ardant le met
Pour voier de quel despoise il est.

Une heure aus tenailles le pren
Et l'aplatis tout et esten, 12,020

</td><td>

lorfeur. *M* lorfauerr. *T*' lor fauer. *A* lorfaurer. o
la fauerr. *L*
D. c. hault *M*, forgeresse *ALH*
fais *G*, force *A*, ce p. o*AH*
co*n*ronnes *B*

ardoir *L*
veoir *ABMH* uoir *LM*¹*G*, despoise] depoise
T pois o*M*¹*GLM* (pois *corr. from* des-
poise *M*) pris *AH*
o t. le prens *L*, preng *M*
et lesten *M*¹*G*, Et le platis t. y e-ns *L*
lapplastis *G*

</td></tr>
</table>

(Et) une autre le ramoncelle
Au martel dont le martelle.
Le bon metal je fais meilleur
Et le mauves je fais pieur.
Tribulation (sui) nommee   12,025
Sui d'escripture aprouvee,
Mon martel Persecution
Est dit dont je parsui maint ho*n*
Et l'en fier, quant je voi mon point,
Si grant coup que, se le pourpoint   12,030
Quë a Memoire n'a vestu,
Il est perdu et confondu.
A Iob jadis out grant mestier
Et a touz ceus du kalendier
Et a mains autres qui escris   12,035
N'i sont pas, quar est trop petis ;
Quar se l'enclume et le pourpoint
N'eussent endosse a droit point,
Les grans cous dont les martelai
Confondus les eust sans delai.   12,040
Mes tenailles sont (la) Destrece
Et (l') Angoisse *qui* (si) fort presse
Cuer trouble *que* li est avis
Qu'en un pressour fermant a vis
Il est estraint et enferme   12,045
Aussi com marc qui est foule
Dont on a vëu bien souvent
Que par le conduit en descent
De lermes (un) grant pressourage
Qui de (la) douleur est message.   12,050

    La pel dont je fais devantel
       Honte, Confusion j'apel ;
Quar quant aucun ai encloue

Vne a. heure le r. *L*
12,022 *added in the margin o*, Au] Par le *to*...,
   le] ie *oABM*¹*LMH*
metail *B*, fas *T*
fas *T*, piour *M* peour *L*
Sui d'] Par toute *to*..., Par toute lescr. *A*,
   esprouuee *oTBM* espuee *L*
parsuif *L*
le f. *TH*, Je lenfier dont je *A*

Q. memoire a *AL*

—A *L*
k-drier *A*
m-t aultre *A*, —qui *B*
q. il est t. p. *A*, q. trop est p. *H*

endocei *M*, —droit *M*¹*G*, end. bien a p. *L*
De g. *L*, donc *A*, le m. *B*
C-dui *M*, C. fussent s. d. *LG*
Les t. *M*¹*L*, font de la destr. *A*
que *to*..., lengouesse *L*, pr.] blesse *A*
qui *to*... quil *TL*
Que un p-ouer *H*, p-ouer *AL* p-oir *BM*¹,
   p-eur a wiz *M* p-eur f. avis *G*
Aussinc *B* Ainsi *A*
b.] moult *B*
descend *H*
Des *BL*, lemes *T* larmes *H*
12,050 *added in the margin A*, —la *B*

fas *TL*, deuental *T* dauantel *LM*
H. et c. *ABM*¹*L*, lapel *A* apel *oT*
—quant *B*, jai *L*

Et tant forgie et martele
Soit justement ou soit a tort 12,055
Quë il doit estre mis a mort
Ou civile ou corporelle,
Tantost sa pel (si) le compere.
A sa pel acheter le fais
Par la vergoigne que l'en fais, 12,060
Quar a la couenne et la pel
Qui est ·i· forain devantel
Connoist on cil que je parsui
Et a cui je vueil faire ennui.
Bien puet on voier a sa face 12,065
Que *est maugre li* en ma chace ;
Confusion (en) a et honte,
Mes en ce fais (je) pou de conte.
Devantel en fais pour forgier
Et pour li plus faire encombrier. 12,070
Plus a de vergoigne li hon,
Plus treuve persecution ;
Se tel pel as, je le sarai
Et mon devantel en ferai
Et puis [trop] plus hardiement 12,075
Ferrai sur toi et plus forment.
Se tu es vuit, tu briseras
Ou hautement tu sonneras.
En vuidengë (n)a (que) murmure,
(Puis) c'on i fiert de chose dure ; 12,080
Je le sai bien, essaie l'ai,
Commis m'en fu piec'a l'essai.
Adonai le me commist,
Quant favresse du ciel me fist."—

Le pelerin "Monstre, dis je, se tu dis voir, 12,085
parle.
Ta commission et pouoir,
Mes hui de riens ne te crerrai,

Soy *T*, ou a son t. *L*
il ne d. *A*
ciuille *AM*, cheuille ou corps corporelle *o*

A] Et *G*, achater *H* achatter li *G* atacher *A*,
 lui *H* li *M*¹, fas *T*
lui f. *AH*, fas *T*
co*n*uenue *oAH* couuenue *B* convenne *G*
dauantel *LM*
porsuy *M*
—a *H*, a qui *TABM*¹*GLM*
—on *T*'en *L*, veoir *AM*¹*GMH* voir *BL*
maugre li est *to*... maugre moy est *H*

en] de *H*, fas *T*, f. je bien p. *A*
Dau. *LM*, fas *T*
—Et *G*, —li *H* li] eulz *M*¹*G*, f. pl. *T*, —Et,
 dencomb. *L*.

as] ay *H*, je] bien *G*

trop *A*, —trop *toTM*¹*H*, Et p. apres pl. *BG*
 Et apres plus h. *LM*
sus, fortement *B*, fermement *A*
vuid *A* vif *G*
soneras *M*
widange *oTA* widence *H*
P. quen *TA*

me fu p. le sai *L*, —en *G*, lassai *M* la loy *o*

Et *L*, fauetresse *oT*, du] ou *A*
di ie *A*
et ton pooir *M*, et] ton *A*
rien, croiroy *L*, crerai *M*¹*T* croirai *A*
 croiray *HG*

Se ne la li et ne la voi."
Adonc tantost elle bouta
Sa main en son sain et sacha 12,090
La commission et me dist :
"Ce ceste ci ne te soufist,
D'un autre mestre un[e] autre en ai
Qu'encor apres te monsterrai."

L'acteur parle.
Celle voul je savoir aussi, 12,095
Elle la bailla, je la vi ;
Toutes ·ii· (les) lu, la premiere
Escripte ert en tel maniere :

Commission de Dieu a Tribulation.
Adonai, roi (de) Justice
Dont le pouoir point n'eclipse, 12,100
(Le) grant empereur de nature
Dont roiaume touz jours dure
Salut a Tribulation
Tel comme mander li devon.
De nouvel avons entendu 12,105
Que la marrastre de Vertu,
Prosperite, a mis la main
En nostre roiaume mondain,
Et a a noz soudaiers mis
Les chaperons devant les vis 12,110
Et (leur) a leur armes ostees,
(Et) tolu boucliers et espees,
(Et) les veut mener sans attendre
Aus instrumens (de) Joie pendre,
Et encor plus que (que) vuidie a 12,115
Les garnisons que de piec'a
Nous et nostre Grace avions
Mis en diverses regions.
Pou avion de bons chastiaus
Que n'eussion mis aucuns vaissiaus 12,120

lis *LH* luis *G*

sainc *M* soing *A*

Se *TAM*¹*MH* Si *L* Se ceste *G*, suffist *G*

Q. pres *B*, moustreray *G*

voulz *AH* vueil *BM*¹*GLM*, auoir *TAMG*
lez b. je lez *M*
les lu] je lis *H*, T. les ·ii· dont la p. *o*
ert] estoit *tTABM*¹*GLMH*, Estoit escr. *A*,
   E. est en ceste m. *o*

le roy *A*, foy de *B*
D.] De qui *tTABM*¹*GLMH*, Qui a le p. en
   lesclipse *o*
—Le *L* La *B*, emperiere *A*
D.] De qui *to*..., le roy. *oA*

le *T*, com m. nous li *M*

marraste *B*

—12,108 *B*

le v. *A*, Le ch. d. le v. *M*

bouclers *M*

prendre *AL*
vuide *M*¹, pl. q. widie *T* pl. q. ce q. v. *A*
   p. querviudie *G*
qui *H*
auiens *T*

auiens *T*, Moult peu auiens *M*, avions *G*
Ou n. *ABM*¹*LM*, neussiens *TM*, auc.] de
   boins *M*, vassaux *M*¹*A* neussons *G*

Le Pelerinage de Vie Humaine. 379

Es quiex emplage avion mis
Des grans tresors de paradis ;
Estoit la douce infusion
De nostre Grace et l'onction,
C'est assez plus noble tresor   12,125
Que n'est argent, pierre ne or.
Et pour ce que no(stre) machiere
Tu es et no(stre) machecriere,
Nous te mandons et commetons
Que voises par toutes maisons   12,130
Et (que) Prosperite si quieres
Que la truisses et (que) la fieres,
Que contre nous plus reveler
Ne s'ouse ne plus rebeller.
Si te mandons apres aussi   12,135
Et commetons que touz ceus qui
Leur chaperons ont bestournez
Et qu'a Prosperite bendes,
Tu les hurtes si cruelment
Quë il prengnent avisement,   12,140
Quë il desbendent si leurs iex
Qu'il puissent regarder aus ciex ;
S'il ne vousissent, pas bendes
Il ne fussent n'enhuvetes.
Et *puis* que [sont] despecïes   12,145
(Sont) leur armes ou desmaillïes,
(Tu) leur reforges et refaces
Et (que) tost revestir leur faces,
Pour ce *du ciel orfavresse*
T'avon nous fait et favresse.   12,150
Apres nous te mandons que tous
Esbatemens et soulas tous
Et toute joie et gieu mondain

Des q. en plege auiens *M*, en place *H*, auiens *TM* enplage avions *G*
De *T*
Cestoit *ABLG*
—Grace *A*, loncion *L*
noble] grant *o*
pieres *T* pierres *M*¹*GH*, ni *L* ou *A*
maciere *BL* massiere *oH* merciere *A* mestiere *M* matiere *G*
macecr. *B* massecr. *oG* machetiere *H* macuere *L* chambelliere *A*
N. ne te *A*, commandons *L*

si] tu *L*, si tu q. *A*
Si que la t. *o* Si q. la t. et la f. *L*, que] si *TABM*¹*G*
c. nulz *H*

commandons *A*
on *B*

—12,139 *B*, hurte *A*
—12,140 *B*, prennent *A*
—12,141 *B*, Quil debendent *A*, ils descendent *G*
—12,142 *B*, Que p. *M*¹*G*, au ciex *M* es c. *H*
—12,143 *B*, S. ne v. neiz huueteiz *M*
—12,144 *M*, Ne f. ne enh. *AG* Ne f. ne enduuettes *B*, ne huv. *oTL*
puis] aprez ce *toBMH* aprez que se *TAM*¹*G*, En aprez q. si d. *L*
leur] les *A*, ou] et *LM*
renforces *H*

du ciel o.] tauon nous fait fauresse *to*..., P. te auons *A*, faueresse *T* phaur. *L*
—12,150 *B*, De paradis et orfauresse *to*..., orfaueresse *T* orphaur. *AL*

tous] doulz *AH*, E. s. et gieus *M*

Prengnes et tiengnes en ta main
Et (que) de la place point n'isses 12,155
Ains que tous ensevelisses.
Pas ne voulons qu'a tiex mestiers
Soient pendus nos soudoiers.
Nous te donnons aussi pouoir
Qu'a nos vaissiaus voises vooir, 12,160
Se rien i a; se vuis il sont,
Quant i(l) ferras, il sonneront ;
Se plain ne sont, murmure orras ;
Signe est a quoi les connoistras.
De ce ci faire te donnons 12,165
Plaine poste et commandons
A touz qu'a toi sans contredit
Obeissent grant et petit.
Ce fu fait ou jour et en l'an
Quë en exil fu mis Adam. 12,170
L'autre commission orrez
Qui n'est pas telle, se voulez.

Commission de Sathan a Tribulation.

L'amiraut de la mer, Sathan,
   Anemi du lignage Adam,
Roi et seigneur d'Iniquite 12,175
Et persequuteur d'Equite
Salut a Tribulation
Tel comme mander li pouon.
Entendu avons de nouvel
Dont il ne nous est mie bel 12,180
Que les sergans Adonay
Se sont vers nous si envahi
Qu'au lieu dont nous sommes chëu
Il veulent estre recëu
Et ont chascun prins i· bourdon 12,185
Et une escherpe, se dit on,

tien *A*
—Et o, —la *L*
Ains] Deuant *to*..., tout *TAM¹GL*, enseveill. *B*
que t. *T*, qua] par *A*
pendus] de paradis *A* occupez *L*, s-daiers *B*
mandons *A*

vesseax uoir *L*
vuis] rois *B* plains *M*, il] y o *T*, et se vuidz s. *A*
Q. i f. o*TBM¹MH* Q. tu y f. *A* Q. tu f. *L*, y son. *B*

tu le c. *A*

poeste *B*, poeste et mandons *H*, P. puissance *A*, Plain pouoir et si com. *L*
O. tous gr. *G*
ou] au *M¹H* en *M*, et a lan *G*
essil *H*

tel *T*

Lamiral *A*, mort *T*

T. et c. m. le p. *A*, le p. *T*, poon *B*
vous o, D. y ne n. en est m. b. *M*

ver *B*
n. fumez ch. *M*, cheux *A*
receux *A*
pris *TBM¹GL*, pris chascun *L*
se] ce *GH* et *A*, se dit lom *L*

Le Pelerinage de Vie Humaine. 381

  En disant que le voiàge
  (Il) feront et pelerinage,
  Pour la quel chose mandement
  Te faison et commandement   12,190
  Que la t'en voises sans targier
  Et que fieres sans menacier
  Tous ceus que monter i verras,
  Et quanque tu leur trouveras
  Plus en fais qu'a Job ne fëis   12,195
  A cui son temporel prëis.
  Oste leur escherpe et bourdon,
  Et jusqu'au foie et au po*m*mon
  Leur boute ou cors tes tenailles
  Si que le cuer et (les) entrailles   12,200
  Leur issent hors comme a Judas
  Et qu'il se pendent a son las.
  De ce plain pouoir te donnon.
  Ce fu fait en celle saison
  Que le larron en paradis   12,205
  Fist monter le roi des Juis.

Le pelerin parle.
  Quant ces commissions veues
   Diligaument o et leues,
  Je les ploiai et li rendi.
  "Si te gart Diex, dis je, or me di,   12,210
  Se veus user de toutes deus
  Ou de la quelle user tu veus ;
  Pas ne tendent a une fin
  Ne que fait triacle a venin."—
  "Quant, dist elle, je te ferrai   12,215
  Et sur toi je martellerai,
  Adonc tu saras, se tu veus,
  De la quelle userai des ·ii· ;
  Quar se mot ne sonnes ou dis

q. la le v. *ALG*, q. la le le v. *M*¹, q. celi v. *M*
Il seroit du p. *G*, Y f. *o*, et] de *A*, et le p. *L*

ten uoaises *L*

tu] du *o AM*¹*LM*, Quanque du l. tu tr. *o*
Fais en pl. *A*, fai q. *M*¹, nen *MH*, feis] fais *L*
A qui *ALH*, prenis *L* pris *T*
Ostes *o*
faie *L*, et poumon *H*, pormon *M*
Ou cors leur boute *to*..., Eu *G* En cors *M*, boutes *TL*

ysse *TAB*, L. sache h. comme Jud. *M*
qui se p. *A*, a soulas *BM*¹

telle *H*
—le *M*¹
Juifs *AH*

ces] ses, v.] leues *o*
D-gemment *AH* D-gement *TM*, oy *oM*
oz *AH* oyes *G*, veues *o*
ploie *L*, li] les *o*

tiriacle *L*, triarcle v. *A*, —a *AM*¹*G*, tr. et v. *M*, vinin *B*

sus *BH*, martelerai *TL* martelai *o*
A. se tu veulz tu saraiz *M*, sceras *G*
des] de *o*, De la q. ie vseray *M*
sonne *A*

Fors en rendant a Dieu mercis, 12,220
Lors pourras tu de voir savoir
Que je sergante du pouoir
Et (la) vertu de la premiere ;   Et] De *H*
Mes se (tu) mues ta maniere   tu weus t. m. *o*
En Dieu et les sains maugriant 12,225   ses s. malgriant *M*, maugreant *LGH*
                                                                          maugreans *A*
Et en t'escherpe descherpant   en esch. d-ns *A*, depecant *L*
Et en getant ton bourdon jus
Aussi com fist Theophilus,
Lors pourras tu savoir aussi
Que je le fais par l'anemi, 12,230   la fas *o*, fas *AM¹H*, pour l. *A*
Si ques sans plus il tient a toi   sen plus *o* samplus *B*, il] y *M*, pl. i plest
                                                a *M¹*, pl. sil plaist a *G*
De la quelle jë userai ;   vseroi *L*, q. adonc vser doi *A*
Quar (tout) selon ce que je treuve
    —tout *TAL*
Es cuers des hommes je i euvre.   ie euure *o*
Aussi com[me] li chaut soulel 12,235   comme *oTAM¹GLH*, soleil *GH* solail *A*
Endurcist la boe par bel,   E. boe p. temps bel *L*
(Et) amolie cieu ou cire,   amolist seif et c. *L*, cieu] tien *o* sieu *M¹*
                                 xieu *M* sieuf *H* cieuf *G* suif *A*
Aussi de moi (je) puis bien dire   Ainsi *M*
Que selon (ce) qu'est disposee   —Que *A*, que desp. *B*
La matiere et ordenee, 12,240   ordonnee *G*
Selon ce je i sergenterai   —je *T*, —i *M¹GLMH*
Diversement et ouvrerai.   euuerrai *o* ouuray *T* ouuere *L* ouureray *A*
Or te gart de moi, plus tenir   garde *L*
Je ne me puis de toi ferir."

Tantost com ot ce dit, s'en vint 12,245   T. quelle eust *M*
  A moi tout droit et bien me tint   —me *o*
Convenances, si me feri   C-ce *M¹L*, C-ce de me ferir *L*
Que jus en la mer m'abati.   Et, mabatit *L*, Jus dedans la m. m. *M¹*
Jeunece chëoir me lessa   choir *B* choair *L*
Et s'en fui et s'en vola. 12,250   fouy *H* fuit *A*
Sans delai eusse este noie,   noye *H* noiei *M*, noie eusse este *L*
Se mon bourdon ne m'eust aidie.

A li forment (je) me tenoie,
Car pas noer (je) ne savoie ;
Et si l'eusse je bien apris,   12,255
Se n'eusse trop este remis.
Mains (en) vi voir qui bien nooient
Et (qui) leur mains bien estendoient
En donnant du leur volentiers
Aus povres, quant estoit mestiers,   12,260
(Et) mains autres qui remuoient
Les piez, (et) volentiers aloient
Par Penitance es (grans) voiages
Et (es) lointains pelerinages.
C'est la maniere du noer   12,265
Que je vi faire en celle mer,
Mes pas ainsi je n'i noai,
Quar seulement je me fiai
En mon bourdon qui sus nooit
Et qui au fons point n'afondoit.   12,270

Or vous di com ainsi noant
J'aloie, tous jours martelant
Me venoit la forgerresse
Et si (fort) me tenoit en presse
A ses tenailles que avis   12,275
M'estoit que fusse en pressour mis.
Tant (de) douleur au cuer avoie
Qu'a (par) un pou que ne laissoie
Mon bourdon contreval la mer
Aler ou il vousist aler.   12,280
Quant en tel peril je me vi,
Je priai lors a Dieu merci.
"Merci, dis je, douz createur !
En ma tristece, en ma douleur
(De)faillant ne me soiez mie !   12,285

Que p. *H*

se *H*, —je o*BH*, Et li eusse b. *B*, eussai *G*
Se je n. este trop r. *H*
Maint, naioient *A*, vi noier q. b. noient *L*
q. bien l. m. est. *L*

maint aultre *A*
Leurs *AH*

de n. *A*

aussi *LM*, noci *A* nouay *G*

noait *A*
aus *B*, nafondroit o*AL* nafondoit *corr. from* nafondroit *GM*

di quen a. n. *T*
—J *G* Aloie *A*
fog. o, v. lorfageresse *H*, Me menoit celle forg. *M*, Venoit sur moi la f. *A*
empresse *M*¹
Assez t. *M*¹
p-sseur *M* pressoir o*TM*¹ p-ssouer *A* prison *LH*
Tan *B*, au] a *T*
Que par *TALMH*, Que par un p. ie ne l. *M*

Je criai *L*
c-tour *M*¹
tristresse, dolour *M*¹
soie *T*

Se *par Jeunece ai* ma vie
Une piece use folement,
Douz createur, je m'en repent.
Bien, certes, repentir m'en doi,
Quar quant Jeunece devant moi   12,290
Vi et que soterelle estoit,
Ta Grace qui me conduisoit
Je laissai et me fis porter
A la sote parmi la mer.
Or m'a porte, or sui chëu,   12,295
Or m'en est voir mesavenu.
Se ne me prestes ('i') refuge
Aussi *qu'* u temps du deluge.
Par ta Grace a Noe fëis,
Tu vois, douz Diex, que sui peri(l)z.   12,300
Fai moi de toi 'i' esconsal,
Un abri et un repostal
Ou je me puisse aler bouter
Pour ta favresse et abrier,
Et se de toi *nel* veus faire,   12,305
Douz Diex, te veulle au mains plaire
Qu'encor ta Grace le me soit
Aussi comme estre le souloit."

A̲insi com faisoie mon pri,
  La favresse tantost m'oui   12,310
Et (me) dist, puis que mis n'avoie
Jus mon bourdon et (que) crioie
A Dieu merci, que me merroit
A Grace Dieu et conduiroit.

Tribula-
tion parle.
"Je sui, dist elle, tout aussi   12,315
Com le vent qui maine a l'abri
Et au destour fuelles cheues,
Quant aucun (veut) voler ans nues

Se jai par jeunece *to...*, Se ia p. j. *B*, Se ge
  p. j. *L*, ioeunece *M¹*
vsee *A*

creatour *BM¹G*, me r. *T*
Certes bien r. *M*
iaunece *M¹*
sotelette *G*

sotte *A* force *o*
Tant ma p. que s. ch. *GL*
Si que men est mes. *A*
preste *M¹*
qu] com *to...*, Ainsi *A*, u] en *M*, comme ou *G*
  du] de *o*, duluge *M*
a noel *AM*
periz *AMH* peris *oTM¹G*, Doux dieu tu v.
  q. peri suis *L*
e-sail *BGLM¹P²* absconseil *M*
abril *AP²*, repostial *A* r-stail *BLM¹P²*
  r-stel *M*

faueresse *AT*, arbrier *M*

nel] ne le *to...*
Au mains douz Diex te v. *to...* Douz D. au
  m. te vueil *A*, veille *M¹*
Que ta g. encor *A*
—le *B*

A. c. confessoie m. peril *A*, Lors quant ge
  prioie ainsit *L*
faueresse *AT*, Lor faur. *H*, f. vint tost a mi *AG*

prioie *A*
menroit *MH* mainroit *L* mettroit *A* mairroit *G*

ainsi *A*
moine a lerbri *M*, a] en *G*
Ou au *L*, feulles *M¹* fueilles *G*
voler veult *AH* veult monter *M*, au n. *L*

Le Pelerinage de Vie Humaine. 385

[Veut] et apres (il) avient qu'il chiet,
Comment que soit, ou li meschiet, 12,320
Jl a mestier que sans sejour
Jl truisse refuge ou destour
Et qu'il soit mis et destourne
En lieu ou pas ne soit foule ;
Je sui celle qui ce mestier 12,325
Fas volentiers, quant est mestier.
Je chastie les dissolus
Et bat ceus que je voi trop drus.
Les fourvoiez (je) met a voie
Et ja (mais) aise ne seroie, 12,330
Devant que trouve leur eusse
Destour ou mucier les peusse.
Les uns je chace a la pite
De la roial Dieu majeste,
Les autres a (sa) Grace maine 12,335
Ou (a) l'estoile tresmontaine;
Les autres maine jointes mains
A aucuns *de ces* autres sains.
Ou chascun acoustume a
Soi mucier, je le maine la. 12,340
Et pour ce que Grace Dieu est
L'abri qu'as touz jours trouve prest
A (touz) tes besoings, je t'i maine,
(Point) ne te chaille, s'en as paine."—

Le pelerin parle.

Ainsi com Tribulation 12,345
Me faisoit sa narration,
(Je) regardai que prez estoie
Du rivagë ou *aloie.*
Grace Dieu vi qui s'i tenoit
Qui point mëue ne s'estoit 12,350
"Or ca, dist elle quant prez fu,

Veut *G,* apris *o*
quil soit *AM*[1], Et que par force il se siet (*written over an erasure*) *o*

treuue *H,* ou] et *A*
Ou q. *M*[1]*GL,* —mis *A*, m. en d-nez *M*
ou ne s. p. *GL,* foulleiz *M* soule *H*
que *AH*
—12,326 *B,* Fay *AH*

f. remet je a v. *H,* ge m. en v. *L*
Ne ja *M*[1] Ne james *G,* a aise *M*

mussier *AH,* peuisse *M* sceusse *A*
pitie *ALH*
De Dieu la r. m. *A*
menne *M*
tramontaine *T* tresmondaine *M*[1]*GL*
moine *M*
de ces] des *to...*, de ses *LM*

le] les *A* la *B*

t'i] te *H*
—Point *A,* ten *M,* chault se tu en as *A,* ay p. *H*

regarde *oH*
aloie] aler vouloie *toTBM*[1]*LMH* aler deuoie *AGL*
s'i] se *TBH* ce *o*
Et p. *T,* meute *M,* Ne p. muee *L*

3 D

    Ou as tu este, dont viens tu ?   Ou as este et d. *B*
    Perdu avoir (je) te cuidoie   Auoir p. *A* Auoir pardu *M*
    Pour ce que (mes) ne te vĕoie.   mes] plus *A*
    Tu m'as laissie mont sotement, 12,355 lessee sot. *L*, moult souuent *A*, —mont *G*
    Ne sai comment pris hardement   prenis *L*
    Tu as de retourner a moi.   recouurer *o*
    Di moi, si te gart Diex, pour quoi   se *ABLMH*
    Ainsi me lessas et qui t'a   laisses *A*
    Ramene a moi par de ca."   12,360 Ainsi ramene p. d. *H*

Le pelerin parle. Quant vi que m'arguoit ainsi,
    Tantost lui diz : "Dame, merci !   dis *AH* di *T*
    Voirement, de vous folement
    Me departi et sotement.
    Chierement l'ai puis achete,   12,365 Chierment *T*
    Mes toutevoies ramene   touteuoie *T* courtoisement r. *A*
    M'a a vous la grant (or)favresse,   orfauerresse *TA*, grant fauresse *LM*
    Je le jehis et confesse.   jehis] cognois *L*, et le conf. *oTM¹GLM*
    Voiz la ci ou elle me tient   Veez *TA*
    Et maugre moi a moi s'en vient. 12,370 maugre mien *AL*, a] o *BM¹GLM*, auec moi vient *T*, se tient *A*
    Rechaciez l'en je vous en pri,   Rachetez *L*, le je *A*
    Et me soiez destour pour li !
    Bien me soufist ce qu' elle a fait,   quella f. *T* quel a f. *L* quelle f. *o* quil f. *A*
                       que ma f. *H*
    Puis *que* vous retrouver m'a fait ;   que *oTAM¹H*] qua *t*, qua v. retourner *BLM*
                       que v. retourner *o*, me f. *A*
    Encor ai (je) grant baerie   12,375 Oncor, baierie *GL*, haerie *B*
    Que vous ne me (def)failliez mie."

    (En) faisant ainsi ma priere,   En] Or *o*, aussi *M*
    L'orfavresse (se) traist arriere   Lorfaueresse *TA*
    Et en porta ses instrumens
    Dont je ne fu mie dolens,   12,380 fus *AH*
    Mais plus las assez me lessa
    Que je n'avoie este piec'a.   —je *B*

Grace Dieu parle. Adonc Grace Dieu si me dist : Adont *TH*, —Dieu *B*, —si *A*

" Or voiz tu bien qu'ausi mal gist
Hons com chievre par trop grater.   12,385
Tu t'es de tant voulu mesler
C'onques repos tu n'i ëus.
Tu as este et sus et jus
Et *m'as* u temps de (ton) deluge
(M'as) lessie qui sui ton refuge.   12,390
Chetif dolent, ou (re)fuiroies,
(Ou) iroies et que feroies,
Se je n'estoie ton abri,
Quant on te voudroit faire anui?
Chetif dolent, que ëusses fait,   12,395
Quant maintenant te tourmentoit
Tribulation, se trouvee
Ne m'euss(i)es en *la* contree?
Elle t'ëust certes mene
A mauves port et arrive,   12,400
C'ëust este au pescheur la
De qui commission elle a.
N'a pas mont que li veis tendre
Ses amecons pour (la) gens prendre;
Toutevoies se toi tenir   12,405
Tu veus avec moi et venir,
Encor ne te faudrai (je) mie,
Ain[coi]s te serai (encor) amie,
Et te merrai en bien brief temps
A la haie la ou tu tens.   12,410
Et se vouloies abregier
Ton chemin et bien acourcier
D'aler en la belle cite
Ou d'aler tu es excite,
Encor bien je t'i merroie   12,415
Sans [point] aler a la (longue) haie.
(Mais) non pour quant equipollence

voi *A*, quainsi *ALH* quansi *o*

voulu de tant *B* voulu de tout *M*
eux *A*
sur *M*
m'as *AL*] moy *to TBM¹GMH*, u] en *M* ou *G*
—M'as *AL*, Lessee q. *L*, Laissiee q. s. tout
    ton r. *A*

arbri *M*

vendroit *o*, ennui *ALH*
queusse *T*, queusse tu foit *L*, Queusses tu f.
    chetis d-t *M*
tourmetoit *T*, Q. te tourm. m. *M*

meusses *oABM¹GLMH* meusse *T*, la *A*]
    ceste *to TBM¹GLMH*
Certes elle t. m. *A*

Ce eust *L*, Sceust este *M¹* Ce fust estei *M*,
    Ce feust a ce p. *A*, a ce *corr. from* au *o*
le *B* la *T*, rendre *G*
la gent *AH* les gens *TBM¹GLM*, S. laz ses
    raiz p. les g. p. *L*
Touteuoie *T*
—et *o*, a. moi retenir *B*, T. v. et a. m. v. *GLH*
te (*added in the margin*) *o*

menray *H* mainrai *L* metrai *o* mettrai *AM*
En la cite la *A*, haie ou *o*, tu temps *B*, tems
    corr. from temps *M¹*
abreier *A*
auancier *A*
en] a *oTM¹GLH*
Ou aler *T*
E. moult b. ti m. *A*, menroye *H* manroie *M*
    maineraye *G*, te mainroie *L*
—point *G*

(Y) aroit bien de Penitance.
Penitance a en lieus divers
Mis ses verges et ses mailles   12,420   et mailles *o*, mails *L*, et s. balers *A*
Et encor plus efficaument
En la voie dont parlement
Te tieng, elle a ses oustis mis,   ella s. *T*
Mes le chemin est plus petis
Et plus court assez a aler   12,425   cours *M*, a] pour *L*
A la cite ou veus aler,
Si ques de ce me respondras ;
Ma volente ouie en as."   oye *G* ouy tu as *B*

Le pelerin parle.

Quant tex paroles jë oui,
    De leesce fu tout rempli.   12,430   De joie fus *A*, tous *L*
Mont me plesoit l'abregement   labrigement *M*[1] labriefment *A*
De ma voie et l'acourcement,   lacoursem. *A*, De la v.et lacourtem. *M*
Et pas ce ne me desplaisoit   ce] se *M*, Et ce point ne *A*
Qu'encor aidier me prometoit.   Quaidier encor *H*
"Dame, dis je, le court chemin   12,435
Bon est a recreant pelerin.   recrant *T*, Vault mieulz a traveiller pel. *A*
Recrëu sui et traveilliez,   Recreus *o* Recreant *H*, traueilliers *A*
La court veul aler volentiers,   La] Le *G*
Menez m'i et le me monstres !
De rien ne sui espouantes,   12,440   nen *M*
Se je i truis equipollence
De la haie (de) Penitance."

Le pelerin parle.

En ce point une nef tresgrant   trop grant *M*
    Et merveilleuse vi flotant
En la mer (bien) pres du rivage   12,445
Preste de faire passage,   Preste de] Aprestee a *to*...
Que estoit de cerciaus liee   Que] Elle *to*..., sarciaus *oTGLH*
(Tout) entour et forment fretee ;   fretee] ferree *A*
Mes aucuns des cerciaus laschies   de *T*, laciers *A*

Le Pelerinage de Vie Humaine. 389

Estoient par faute d'osiers. 12,450	faultes doziers *M*, desires *o*
Ancuns trop lasches (i) estoient,	laschies *G*
(Et) aucuns touz rompus estoient ;	—12,452 *B*, touz] trop *A*
La lieure en estoit mains fort,	La lointe *L*
Mes les sarciaus mie le tort	cerciaulx *G*
N'en avoient, quar fors assez 12,455	Ne nauoient *T*, Nen a. pas q. *G*
Estoient, se fussent liez.	sil *B* silz *G*, lieeiz *M*
En celle nef plusieurs maisons	ceste *A*, pluseurs *M¹MH*
Et plusieurs habitations	pluseurs *M¹MH*
Avoit et (mont) nobles estoient	—mont *G*
Et (bien) maison de roi sembloient. 12,460	maisons *TBM¹GLM*
Il y avoit tours et chasteus,	chastiaulx *G*
Murs a archieres et quarniaus,	a] et *M¹LM*,—a *A*, et a carniaus *o*, creneaux *L* carneaulx *G*
Et au dessus drecie estoit	
Le mas de la nef ou pendoit	mast *AM¹GL*
Le tref tendu qui est nomme 12,465	
Voile autrement, tout apreste	autre *o*
De nagier, mes qu'il eust bon vent	nagier sil e. *B*, que e. *L* queust *A*, eut *T*
Et que n'eust point d'encombrement.	—que *A*, quil n. *o*, q. fust sans enc. *L*, demc. *M*

Grace Dieu parle. "Vois tu, me dist lors Grace Dieu,	
Celle nef la ?"—"Ouil, par Dieu,	
L'acteur parle. Dis je, mes mont sui esbahi [12,470	—sui *B* sui] fu *o*
Quë onques mais telle ne vi."—	Quar *AL*
Grace Dieu parle. "Encor, dist elle, plus seras	
Esbahi, quant dedens seras.	
La verras tu (les) belles choses, 12,475	les] des *L*
S'avec(ques) moi entrer i oses."—	Sauec *oT*; Se auecques ent. *A*
L'acteur parle. "Or me dites, dis jë a li,	dites] dist *T*
Comment a non la nef et qui	non *M¹*
La gouverne et së ens entrer	et senz *T*
Me faudra pour passer la mer."— 12,480	
Grace Dieu parle. "La nef, dist elle, par son non	nef] mer *H*
Appellee est Religion.	

Liee est et reliee
De observances et fretee.
Tant com liee ainsi sera,   12,485
Perir ne faillir ne pourra.
De relier (elle) est nommee,
A fin qu'en li soit (re)liee
L'ame dissolute et roupte
De celi qui (ded)ens se boute.   12,490
Se les grans serceaus et les veus
Que jadis les bons relieurs
Y mistrent fussent bien gardes
Et bien a leur droit reliez,
Ja mais en nul temps ne fausist   12,495
La nef pour mal *qui li* venist ;
Mes aucun(e)s (gens) si *petit* prisent
Les petis osiers qui (les) lient
Quë en peril la nef en est ;
Quar chose toute notaire est   12,500
Que (les) serciaus de riens ne servent
Së (les) osiers ne les afferment.
Les osiers j'apel les petis
Commandemens qui restraintis
Et gardiens des plus grans sont ;   12,505
Pour quoi je di que qui les ront
Ou les despiece ou trop (les) lasche,
Toute la nef (en) est plus lasche ;
Et ja les grans veus bien gardez
Ne seront, se ne sont lies   12,510
D'aucuns commandemens legiers
En guise de menus osiers.
Plëust ore a Dieu, mon pere
Que fust Religion (au)telle
Comme quant au commencement   12,515
Elle prist son reliement ;

Liee est] Elle est liee *to*...
Des o. *MH*

Peril *B*, Faillir ne perir *H*

Religion e. e. *G*

Lame *TM*] La vie *toABM¹GLH*, dissolue *L*

grans] boins *M*, veux *A* voulx *L*
—les *AL*, b. religioux *L*, relieus *M¹* relieux *AH*
midrent *A* misdrent *G*
—leur *T*
en] a *AM¹LH*, faillist *L*
qui li *oTBM¹GL* que lui *AH*] quil y *tM*
petit] pou *to*...
oisiers *AH*

Q. la nef en p. en est *A*
toute chose n. *M*, —toute *L*; notoire *AM¹GLMH*
sarciaux *M¹AH* sercles *L* sarciaulx *G*
—12,502 *B*, oisiers *AH*
Se les os. *B*, oisiers *AH*, j'apel] si sont *L*
restrantis *H* restraintifz *A*

rompt *H*
trop les les sache *o* tr. les sache *M*
—12,508 *B*
jadis gr. v. *A*, voulx *L*

oisiers *AH*
a D. le roy m. p. *oT*, Pl. a D. le roy m. p. *M¹GL*
autele *oTBM¹L* en telle *M*
Comment *G*
print *A*, relieuement *L*

Mes des relieurs n'est mes nus
Et touz ont leur oustis perdus.
Li menu osier rompu sont,
Les grans cercel mains fort en sont,   12,520
(Et) pour ce' en est plus perilleuse
La nef asses et (plus) douteuse ;
Non pas que la veulle blasmer
Ne desprisier ne desloer,
Quar encor des lieures   12,525
Bonnes et (des) relieures
Y a assez qui n'ont mestier
C'on i mette nouvel osier.
De li (je) sui gouvernerresse,
Maistresse et conduiserresse,   12,530
Et li mas qui est haut drecie
A tout le tref par mi croisie
Bien m'aïdent a li mener,
Quant li bon vent i veut soufler.
Li mas est la crois Jhesucrist   12,535
Et li vens est li Sains Esp(e)rit
Les quiex, si com dit Bouche d'or,
Pueent la nef mener a port.
Se en Jher(u)salem briefment aler
Tu veus, dedens te faut entrer   12,540
Et logier en ·i· des chastiaus
Ou de Clugni ou de Cysteaus

Ou en ·i· autre qui a gre
Te venra miex et volente.
Touz sont deffansables et fors   12,545
Pour garder y et ame et cors.
(Nul) anemi n'i puet meffaire,
Tant (i) sache geter ne traire,
S'ainsi n'estoit qu'on li ouvrist
Le chastel et qu'on se rendist.   12,550

religieux nest il m. n. *L*, nulx *G*
oustieus *o* oustieuls *B*
oisier *H*, Les m-s o-s *AL*
Li grant *B*, sarcel *TM*¹ sarceaux *AH*
  sercleaulx *G* cercles *L*, fors *AH*
—en *M*
dassez *A* aussi *B*
—la *B*, les vueille *AH*, q. weille la bl. *T*
despisicr *oT*
encore *ALH*, lieurs *AT*, des relieures *o*
des lieures *o*, Bons et des religieurs *A*

Com y m. *M*¹ Quon y m. *G*, oisier *AH*

le *B*, le mast *AGH*, q. haut est d. *L*, dr-s *A*
O tout, croesie *L*, trief *T*, croisies *A*
—12,533 *o*, Maident bien *A*, a la m. *L*
—12,534 *o*, le *ABH*, —li *T*
Le *BG*, mast *G*
le vent *AB*, le saint *AH*, esprit *T* esperist *L*
Lex q. *T*
mener la nef *AMGH*
Se en Jh. br. *o*, Se br. en Jh. *tTBM*¹*GH*, Si
  tost en Jh. *A*, Si tost a la cite aler *L*
en] a *AH*
cluigni *B*, cluny, citeaus *TL* clini *M*¹*G*,
  cytiaux *M*¹ citiaulx *G* citeaus *AH*
  cistialz *M*
—·i· *A*
T. vendra et a v. *G*, et] a *LM*
deffens. *AM*¹*GLH*, deffendaubles *M*
P. y g. *AL*, P. garentir et a. *M*, y ame *GH*
Nnul *M*, mal faire *G*
Tan *B*, ne tirer *A*
Sansic *M*
et com se *M*¹, se] li *T*

	Or i alon, je le te lo ;	—le *o*
	Miex i vault passer que a no.	nou *M*, Il y. v. m. p. qua no *A*
	En peril sont ceus qui (y) passent	—y *L*, cilz *M*
	A no et envis (en) eschapent."	—en *A*, nou *M*, et] a *G*, envis] a paine *L*

Le pelerin parle.

Adonc Grace Dieu me mena   12,555
En la nef et la me monstra
Les biaus chastiaus dont ai parle
Et me dist que tout a mon gre
Alasse ou je vourroie aler
Et que la me feroit entrer.   12,560
Si com me dist, 'i' en eslu,
A i entrer tantost m'esmu.
(Le) portier trouvai a l'entree
Qui portoit une (grant) plom*m*ee
" Portier, dis je, laisse m'aler !   12,565
En ce chastel je vueil entrer.
Grace Dieu le m'a ordene
Qui ci endroit m'a amene."—

Janitor loquitur.

" Amis, dist il, se (je) savoie
Qu'au roi pleust, bien te lairoie   12,570
Entrer ens, mes pas ne le sai."—
" Est donc, dis je, leens [le] roi ?"—
" Ouil, dist il, certainement,
Pas ne fusse ci autrement,
Ja (mais) a l'uis ne me tendroie,   12,575
Se le roi (ded)ens ne savoie.
Signe est, quant je me tieng a l'uis
Qu'ens soit le roi de paradis." —
" Comment, dis je, es apelle ?"—
" Paour de Dieu, dist il, nomme   12,580
Je sui et sui commencement
De sapience et fondement.
Je boute et chace hors pechie

—je *L*

A *L*
jai p. *ABL*

—en *L*, esleu *A*
Et y e. *M*
a] en *M*
Q. tenoit *L*

cest *M*, ie y v. *B*, veil *M*¹

il ie ne s. *B*
ti *o*, lerroie *AH*

le *oTABM*¹*GLH*, li *M*, leans *TB* laiens *o*
ceans *H* seans *A* seens *G*

Ne f. pas cy *A*
tenr. *A*
—12,576 to 12,690 (leaf 79 being wanting) *G*,
ded. ie ne s. *A*
soit] est *L*

Pouoir *A*, Crainte de d. d. il nome *L*

ch.] saiche *oBMH*

THE PORTER AT THE ENTRY OF THE SHIP OF RELIGION, WHOSE NAME IS "THE FEAR OF GOD."

Le Pelerinage de Vie Humaine.

Qu'en ce chastel ne soit logie,
Et point je ne le lesse entrer   12,585
En ceste nef pour habiter.
S'il i entre, c'est maugre moi,
Repostement et en recoi.
Ma grant macue et (ma) plommee
Est (la) Venjance Dieu nommee   12,590
Et des paines d'enfer l'Orreur
Dont touz doivent avoir paeur.
J'en bat et fier et (en) chastie
(La) gent que ne facent folie.
Se ceste macue n'estoit,   12,595
Chascun trop pou me priseroit."

"Comment, dis je, m'en ferras tu ?"—
"Ouil, dist il ; autrement tu
Ne dois mie u chastel entrer."
Adonc je pris a regarder   12,600
Grace Dieu et ainsi li dis :
"Tresdouce dame, il m'est avis
Que si com disies l'entree
Ne m'est pas abandonnee."

Adonc me respondi et dist ;   12,605
"As tu oublie que t'ai dit
Que *avoir doiz* equipollence
De la haie (de) Penitance.
Coup de portier n'est pas a mort,
Il ne te ferra pas si fort   12,610
Qu'encor ne puisses endurer
Autres paines ; pas a entrer
Ne refuse pour (sa) plommee.
Bien doit *ains* soufrir colee
Chevalier qu'il entre en estour   12,615

cest *AM*
—je *AT*, —le *MT*, —ne le *B*
pour] ny *L*

Repostemement *T*
plomme *A*
v. de dieu *T*
l'erreur *T*
peeur *o* peur *H* paour *ALM* doient *M*
Jembat *M¹L*, Je b. *T*, jen fiers *AB*
Les gens *H*, qui *A* quil *L*

Trop poi la gent me p. *L*

me f. *TBM¹L*

u] en *M*
a] au *M*

il] y *M*
Q. ainsi c. *M*
pas] mie *M*, p. mont ab. *TAM¹H* moult (*added in the margin*) *o* p. bien ab. *L*

ce que *A*
·avoir d.] doiz trouuer *to*...

serra *T* ferras *AH*

enter *B*
refuses *oALM*, par *H*, sa] la *o*
ains] auant *to*..., d. auoir auant c. *H*
qui, astour *A*, en lestour *BM*

Ne qu'il ait dignite d'onnour."—
"Est il ainsi?" dis jë a li.—
"Ouil," dist ellë.—"Et jë i
Enterrai, dis je, volentiers,
Mes que pas n'i entre premiers.   12,620
Ales devant, je vous suirrai
Et aprez vous tantost irai."

—Ne L, damour T ne honnour A

Et] te T

Entrai B, Entreray dist elle A

dauant M, suirrrai M¹ suiuray AH

Le pelerin parle.

Lors entra elle et jë aprez,
Mes le portier qui estoit prez
Ne m'oublia pas a ferir.   12,625
Tel coup me donna que fremir
Me fist, et jus m'eust aterre,
Se n'ëust mon bourdon este;
(Pas) ne recoivent tel colee
Touz chevaliers qui' ont espee.   12,630
Grant joie fust et grant proufit,
Se telle l'ëussent, ce cuit.

L. elle entra A

—jus A

Se m. b. neust e. AL

Point A, recouuent B receuant g

tele oABM¹ tel H, Se tuit telle M, ce] se g
ie A si com y

Or vous di, quant outre passe
Fu par le portier qu'ai nomme,
U chastel (vi) plusieurs merveilles   12,635
[Vi] qui mont (me) semblerent belles.
Il i avoit cloistre et dortoir,
Moustier, chapitre et refectoir

Fuy AH

En ch. M

mont] forment M¹L, sembloient Ag, Qui me resemblerent tres b. M
d-touir y d-touer oaL d-tour T d-teur Mg
r-touer a r-teur g r-tor M refretoir AM¹ refretouer L refrectouer o refrectour T refroitour H.

Et si (i) vi hostelerie
Par tout et enfermerie.   12,640
A l'ostel alai au premier
Pour moi pauser et herbegier.
La vi Charite qui servoit
Les pelerins et hebregoit,
Et a la porte aloit souvent   12,645
Pour repaistre la povre gent;
Parle vous en ai autre foiz.

hosteliere T

P. t.] Dune part to...

poser M, penser et h. AM¹ penser a h. LH
penser de h. o, heberg. A haberg. L

herbeg. M¹H herberg. TAB haberg. LM

Parles v. T, P. voi ai B, autresfoiz AH

THE PILGRIM ENTERS THE SHIP OF RELIGION.

Le Pelerinage de Vie Humaine. 395

C'est celle qui l'escript de pais lesprit *B*
Tenoit, quant le relief donnoit
Moises et le departoit. 12,650
Outre passai, en cloistre alai
Et au moustier et la trouvai —Et *H*, a m. *B*
Une belle compaignie U. moult b. *BM¹LHgy*, U. tres b. *M*
De dames dont (je) ne sai mie
Le non de toutes, car sans plus 12,655 Les nons *oLM*, —de toutes *B*
De celles dont il m'estoit plus celle *T*, —il *AB*
Et dont plus je me mervellai, = 12,658 *L*, Adonc pl. *A* Et du pl. *M*, je mesmerueillay *TABM¹*
Les nons a Grace demandai. = 12,657 : Et adonc plus me meruille *L*, grace dieu *A*
Deuz vi, (qui) les degrez montoient D. en vy les d. monter *A⁷*
Du dortoir, (et) ensemble aloient. 12,660 De *tBy*, d-touer *aL* d-toer *T* d-teur *Mg*, aler *A⁷*
Et avoit l'une un gambeson l'une] vne *Bg*, Lune si ot vng g. *L*, Lune deulz auoit u. g. *A*
Et l'autre portoit un baston.
Celle au gambeson *ert* nue ert] estoit *to*..., —nue *oA⁷*
Fors tant qu'elle en *ert* vestue, ert *A⁷*] estoit *taTABM¹LMHgy* auoit *o*, quel *L* F. t. seulement quen est. v. *A* F. du pourpoint dont ert v. *A⁷*
Et l'autre es mains *ert* armee 12,665 ert] estoit *to*...
D'uns ganteles (et) engantee danteles *A*
Et estoit d'un chainse tres blanc dune *T*, chien si tr. *o*, est dung surplis tr. *A*
Aournee trescointement. Ournee *T*, tr.] moult noblement *o*
Deux autres ensemble parler
Vi et vers le chapitre aler 12,670 —et *A*, Vi vers le ch. et a. *T*, chapistre *M¹*
Dont l'une cordes et liens
Portoit et l'autre entre ses dens
Tenoit (une) limë aceree asseree *AL*
Et *de* targe estoit armee. de] dune *to*...

12,660 a, b, c, d :—Moult furent de belle maniere
   Si com je vi a leur chiere
   De beau maintien et de beau tour
   Si vous conterai leur atour. *A*
12,663 a, b :—Aus degrez et la main tenoit (la matendoit *A⁷*)
   Dautres dras estoit toute nue. *oA⁷*

Une autre vi qui s'en aloit   12,675   —autre *A*
Par cloistre et, si com me sembloit,
Viande enmiellee portoit   emmiellee *M*¹ enmielee *oL* enmillee *M* en-
Sur parchemin qu'elle tenoit   miellie *B*
                                              Sus *L*, perch. *H*
Et la suiuoit ·i· coulon blanc   suiuoit *AH*
En l'air aprez li voletant.   12,680   le *L*, volant *T*
Une autre aler je vi encor   U. aut. vi aler e. *AL*, vi entour *M*¹
Droit avant vers le refectoir   —le *T*, refector *TM* refrector *o* refretoir *M*¹*H*
                                              refretour *L*
Qui une gorgierë avoit   gorgerete *M*
Entour la gorge, ce sembloit.   gorce *H*, ce] se *L*

C'est   Une autre trouvai u moustier   12,685   —autre *H*, trouue *A*, u] au *oH* en *M*
Sobrete.
Qui portoit boiste a messagier   boeste *AH* boueste *L*
Et avoit eles (es)tendues,   elles *M*¹, estudues *T*
Prestes pour voler aus nues,   p. en v. *M*, v. jusquaux n. *H*, Preste estoit
                                              de v. *L*
Et ·i· tarere lonc portoit   vne tariere longue *A*
En sa main et haut le tendoit.   12,690   la tenoit *A*
A l'autre main, dont m'esbahi,   mesbay *AH*
Servoit gens mors que leens vi,   leans *AH*
Et sembloit que par son servir
Les feist a vie revenir.   fist *H* veist *B*, f. tous vis r. *L*

Latria.   Une autre avoit leans encor   12,695   leans *BM*¹*G*
          Qui en sa main tenoit ·i· cor   t.] auoit *TAM*¹*G*
Et faisoit leens ·i· grant son
D'orgues et de psalterion   Dorgres et de sarter. *L*, psalterium *T*
Si comme fust jouglerresse   Si c.] Je pensay que to..., iugl. *TM*¹*L*
                                              iugleresse *M* iougleresse *A* ianglerr. *H*
Et de gent (une) esbaterresse.   12,700   Ou *G*, —une *B*, esbateresse *AH*

Quant ces choses o bien vëu,   oz *A* os *H* eu *G*
  De demander fu esmëu   fus *AH*
A Grace (Dieu) de quoi servoient   —dieu *T*
Ces dames et qui (ell)estoient.   que elle est. *M* que elles est. *H*, elle est. *M*¹
                                              el est. *L* elles est. *oAG*
"Dame, dis jë, enseigniez moi   12,705
Qui sont ces dames et de quoi

SACKBUT AND PSALTERY.

Elles servent, je vous en pri,
Quar pour elles sui esbahi."
Adonc me dist : "Avant je veul
Qu'apertement voies a l'ueil   12,710
Comment on sert en refectoir
Et que tu voies le dortoir."—
"Or i alon !" dis jë a li.
En dortoir alasmes ; la vi

Castitas. Celle au baston qui refaisoit   12,715
Les lis et blans draps i metoit
Et sa compaigne au gambeson
Chantoit une telle chancon :
" Je chanterai, faire le doi
Rien je ne porte avecques moi.   12,720
Au petit guichet (re)tenue
Ne serai pas, quar (je) sui nue."

En refectoir apres je vi
  Ce dont mont je fu esbahi.
Plusieurs mors touz ensevelis   12,725
Donnoient a mengier aus vis
Et les servoient doucement
A genous et devotement
Et la dame a la gorgiere
I estoit refectouriere.   12,730
Ceus qui mengoient visitoit
Et leur fautes leur emplissoit.

Grace Dieu "Or te dirai, dist Grace Dieu,
parle.   Des nobles dames de ce lieu
Et de ce que vëu i as.   12,735
La dame qui porte les las
Et les cordes et les liens
Est la mestresse de cëens.

r-tor *M* refretoir *AM*¹ refretouer *LG* refroitoir *H*
—tu *o*, d-touer *LG* d-tour *H* d-teur *M*

Ou *H*, d-tour *L* d-teur *M*, li *T*

bl.] bialz *M*

tele chanson *A*

ie nen port *A* ie nem port *T*, avec *oALGM*

guinchet *M*, retreuue *B*
qua ie *B*

Au *G*, r-touer *A* r-tor *M* refretoir *M*¹ refretouer *LG* refroitoir *H*
m. plus fu *M*¹*M*, m. plus esb. *B*, m. fu plus e. *L*, C. d. ie fu plus e. *T*; d. je f. moult e. *G*
—touz *A*

genoiz *L*

I] Si *L* De la *to*…, r-toriere *M* refrector. *M*¹ refretouer. *LG* refrector. *o* refroittur. *A* refroictiere *H*
l. panse rempl. *A*, f. bien lour moustroit *L*

cest *TA*

Cest, seans *A*, seens *BG*

Apres moi (c')est (la) prieuresse
Qui *ses cloistriers maine* en lesse   12,740

  priour. *TM*¹ prior. *H*
  maine ses cl. *to*..., ses] ces *ABH* lez *M*,
  cloestr. *L* clostr. *MH* cloistiers *A*,
  leesse *AB*

Touz lïes par mains et par pies
Et a huis ouvers prisonniers
Les fait.   Par no*m* (elle) est nommee
Obedience et *clamee*.

  liees *M*
  aus h. *M*
  f. et est p. nom nommee *L*, par n. est apellee *o*
  cl.] apelee *tTABM*¹*GLMH* nommee *o*

Ses cordeles et ses lïens   12,745
Sont ses divers commandemens
Qui lient Propre Volente
Que rien ne face de son gre ;
Ici aprez tu le saras,
Quant en ses las tenus seras.   12,750

  nen *G*

  tu] bien *TAM*¹*GL*

La dame qui *a* la lime
 Par no*m dite est* Decepline.
C'est *celle* qui garde l'ordre
Que a meffaire on ne s'amorde.
La lime qui en sa bouche est   12,755
Reprehencion de mal est.
Rien *n'i* a que ne corrige
Et (que) n'escure et ne fourbisse ;
Et a fin que *a point tout* face
Et qu' autri rien ne (li) mefface,   12,760
De la targete que laissas
Et qu'a Memoire tu baillas
Est targiee ; son no*n* t'ai dit,
Redire le vauroit petit.

  a] porte *to*...
  est dite *to*..., est dist *T*, discipl. *TAM*¹*GH*
  celle] la dame *to*..., lorde *M*
  malfaire ne s'acorde *A*, Qui a mal faire ne s. *L*, sacorde *G*
  que *A*
  R-sion *AM*¹*H*
  n'i a] ne lesse *to*..., ni l. q. ni c. *M*; que corr. *T*
  Q. nesc. e. q. n. f. *G*
  tout a point *to*..., —Et *T*, —tout *B*
  —li *o*, —rien *A*, qaltre *M*
  Elle a la t. *o* Et de la targe *G*
  que a M. b. *A*
  et son n. *L*, non *M*¹
  Le redire *L* Recorder le *A*, vourroit *T*

Celle qui a le gambeson   12,765
 Et qui a dicte sa chancon
Est Voluntaire Povrete
Qui a laissie de son bon gre
Touz biens quë u mondë avoit

  sa] la *L*
  Et *B*

  u] en *M* au *G*

Le Pelerinage de Vie Humaine. 399

Et quanque avoir en i pouoit,	12,770	Quant quauoir o, —en AG, auoit ou y p. H
De touz poins s'(en) est desvestue ;		—en AM, Maix de trestout cest desu. M
Maintenant la veisses nue,		De tous poins la veisse M, veissiez L vaisses B
Se je ne li eusse endosse		—je L
Le pourpoint que par laschete		
Baillas a Memoire a porter ;	12,775	Mem. p. AG
Bien ses com on le doit nommer.		comme le d. L, la BM
Elle chante, tu l'as oui,		
Quar elle n'a rien entour li		
Qui la retiengne de passer		
En la cite ou veus aler.	12,780	A L, veult A
Bien *faut* que de li t'acointes		faudra to...
Et (que) li pries les mains jointes		li] le B
Qu'elle te veuille conforter,		
A fin qu'ainsi puisses chanter.		

De sa compaigne aussi te di,   12,785   compaignie A
  Qui porte le baston et qui

Fait les lis, (je) lo que t'amie		le lis B
(Tu) en faces toute ta vie,		face T
Que toutes (les) nuis ton lit face		
Et *o* toi li faces place.	12,790	o] quauec to... quauecques B, Et auec M
Volentiers avec toi gerra		
Toutes les foys qu'il te plaira,		qui te B
Avec les autres souvent gist		
Et se repose toute nuit.		nuist L
Bon fait avoir (tel) dortouriere	12,795	dortor. T dourtour. H dortoir. A chamberiere LG
Tel, baesse et (tel) chamberiere.		baiesse AM¹ baiasse H, b. tel dortoueriere L tel dortoriere G
Se͏̈ en dortoir Venus venoit,		d-toer T d-tour L, Se V. en d. v. A, d. venus estoit o
De son baston l'en chaceroit		le ch. B
Et en lit qui i fust couchier		
Ne *la* lairoit pour nul denier.	12,800	la oTABM¹GLMH] le *t*, lerroit AH
Et se tu ne ses pour quoi ce' est.		—ne BL, se est o cest THG
La cause et la raison telle est :		Et la c. A, tel G

Quar Venus piec'a l'en chaca
Du monde, si com dit le t'a ;
Si *est drois* que l'en rechace   12,805
Et (que) tout autel li reface.
Ceste dame est appellee
Dame blanche, la (bien) lavee,
Celle qui de nul(li) n'a cure,
Së il n'est blanc sans ordure ;   12,810
Et s'autrement la veus nommer,
Chastete la pourras clamer.
Chastelaine est de ce chastel,
Archiere n'i a ne carnel,
Qu'elle ne veulle deffendre   12,815
Que saiete *ou* dart n'i entre.
Pour neent elle n'est (pas) armee,
De ganteles (et) engantee,
Plus hardie ell' en est assez
Contre les dars qui sont getez.   12,820
A main armee bien convient
Que soit a l'uis dont l'assaut vient.
Bien sces des ganteles le non,
Je le t'apris en ma maison.
Fol fus, quant tu les desgantas,   12,825
Envis aprez tu les raras.

L a dame qu'as vëu aler
Par cloistre et viande porter
Sur parchemin (est) pitanciere
De ceens [est] et (sous)celeriere   12,830
Et donne a mengier a l'ame
Et la repaist que(lle) n'afame.
Le cuer remplist, non (pas) la pance
De (sa) douce et bonne viande.
Elle est appellee Lecon   12,835

Que *M*¹, la chaca *LM*
lota *o*, tay *M*
ques drois est *to*..., quil la rech. *L* quelle len
chasse *A*
aussi li *L*, refaces *o*
appele *M*¹

blans *H*, et sans o. *ABM*¹*M*

la voudras *o*, la pues appeller *H*
—est *o*, ce] cest *M*
crenel *ALM*
v. si. deff. *H*, Que elle *M*¹
ou] ne *to*..., siete *L*
nient *LM*¹*G* neant *AH* neeant *B*, el nest *o*,
nest elle p. *ALH*
—ell' *LG*

—A main *B*, maint a. b. souuent *o*
dom *L*, Quelle s. a l. quant l. v. *A*
de *M*

fu *T*
Car en apres les r. *M*, aras *G*

veue *AH*

panetiere *aA*
est celeriere *o* et souscelleriere *taTABM*¹*gy*,
souscelliere *H* sourceneliere *L* sor-
celeriere *M*
Elle *to*... Celle *H*

raempl. *B* emplist *M*¹ rempli *T* rempist *L*,
panse *AL*
v.] pitance *BH*
lisson *corr. from* licon *M*

Et Estude par son droit non
Et sa viande nommee est   no*mme B*
Sainte Escripture qui mise est
En vaissel fait de parchemin,   vesseau *L*
Pour ce que n'espande en chemin ; 12,840   —12,840 *ABg*, en] ou *L*
Gardee si bien ne si bel   ne si bien *aTA*
Ne puet estre en autre vaissel.   vessel *L*
De li je te lo acointier,
Quar par li, se veus, de legier
D'(es) autres aras l'acointance,   12,845
(Et) l'amour et la connoissance,   —Et *L*, —la *A*
Et la grace du Saint Esp(e)rit
Qui comme coulon blanc la suit   comme come coul. *B*, coulomp *G*, le *A*
Te dira et anuncera   annonc. *A*
Quanque on fait u païs de la.   12,850   Quancon f. en p. *M*, Quanquest f. ou p. de
                                                        dela *L*, u] au *M*¹ ou *G*, —de *aA*
Messagier en est et parler   Messagiere *AH*
Vient a ceus qui estudier   Vieult *L*, que o*M*¹*LM*
Voit et qui leur refection   affection *G*
Prennent par la main de Lecon.   lisson *corr. from* licon *M*
Or te dirai aprez encor   12,855
De ce qu'as veu en refectoir.   r-tor *LM* r-teur *g* refretor *AG* refroitor *H*
                                                        refretoir *M*¹ refretouer *a*
Celle qui a la gorgiere   Celle] La dame *to*...
(En) est dame et refectouriere.   r-toriere *TM*¹*g* refretoir. *a* refretouer. *L*
Abstenance l'appeleras,   refroitoir. *A* refroitiere *H* refretoiriere *G*
Quant a li parler tu vourras.   12,860   Abstin. *M*¹*H*, lapperas *A*
Sa gorgiere est Sobriete,
Savoir le dois, së oublie
Ne l'as, piec'a je le te dis.
Les mors qui repaissent les vis
Et les servent devotement   12,865
Sont sans mentir la bonne gent
Qui de cest siecle alez s'en sont   cest] ce *H*
Et de leur biens tant donne ont
Aus vis qu'il en sont soustenus   Au v. *BM*¹, substenu *M*

Souffisanment et repëus. 12,870
Cil certes seroit bien nice
Qui ne saroit qu'eust service
Des mors et le leur mengeroit,
Et sans le leur de fain mourroit,
Et pour ce qui service en prent 12,875
Tout aussi com fussent present,
En priant pour eus, mercier
Les en doit et regracier ;
Pour ce se sont mis a genous
Aussi com se " priez pour nous." 12,880
Dëissent, "du nostre vives,
A tout le mains pour nous pries!"

Or te di que ce est bien fait,
Cëens tu l'as vëu de fait.
La dame qui est au moustier, 12,885
Qui porte boiste a messagier
Est la dame qui les ressert
Selonc ce que chascun dessert.
Ell'a tarere, vëu l'as.
Le ciel en perce si qu'en bas 12,890
Elle en fait les biens descendre
Qui leur fait la vie rendre.
Ce tarere est dit par son non
Fervent Continuation
Qui par son lonc continuer 12,895
Le ciel en haut fait parforer.
(Et) ainsi a mengier leur donne
Et doublement (leur) guerredonne ;
Maille ne denier n'ont donne
Qui ne leur soit guerredonne 12,900
A cent doubles, quar il en ont
La vie ou ja mais ne faudront,

Souffisamment *A* Suffisaument *G*
Celi *to...*, Celi seroit certes *M*
queu *B* quest *aA* quil eust *L*

Les doit on et *o*

Ainsi comme *A*, prier *oaALg* prises *B*
Deussies *A*

di ge q. cest b. *L*, ce est] cest *oaALHg*
Ceans *AM*¹*H*, la *B*, Ceens est v. las *L*

boite *a* boeste *M*¹*H*, bouete a mesag. *L*
Cest *a*, resert *TM*¹
Selom *L*, q. vn ch. *M*, desert *T*
Et la t. *o*, tariere *aG* tairiere *A* tarelle *corr. from* talaire *M*, v. la *T*
perse sicques *A*

12,892 left blank *g*, Li quel leur font *M* Qui leur font *G*
Cest *Ggy*, tairiere *A* tariere *G* teraire *M* tauerne *B*, Ceste tariere dicte p. *L*
Ferueur *B* Seruant *A*, Est f. c. *L*
Car *H*, long *G*
h. en fait *B*, p.] trespercier *A*
—Et, auxi *g*
doulcement *A*, guerrend. *M*, le guerd. *g*
—12,899 *TLHg*, Maaille *M*¹
—12,900 *TLHg*, Que *a*
ilz *G*

Si ques, se les vis ont servi,   vifz *G*
Aussi par eus sont resservi.   —par *o*, reserui *TA*
Leur messagiere prestement   12,905   m-gier *T*
Les ressert et ap*er*tement   resert *T*
De mort ressusciter les fait
Par les grans biens que elle leur fait.   —grans *A*, quelle *TM*¹ quel *L*
(Et) purgatoire leur abriege
Et de leur paines (les) aliege.   12,910   peine *TAL*, allaige *A*
Se de la dame veus le non
Savoir, ell'a no*n* Oroison,   elle a a non *B*, oraison *A*¹
(Et) aucune foiz est Priere   aucunes *dAH*
N*om*mee en autre maniere.   N.] Appellee *to*...
Ell'a eles pour tost voler   12,915   —tost *H*
Et pour tantost u ciel monter   u] en *M* ou *G*
Pour (tan)tost faire son message   P. plus tost *d*, f.] porter *M*¹*GA*¹*L*
A Dieu pour humain lignage.   A] Deuant *to*...
De li voir messagiere elle est   veoir *o*
Et procurresse, quant temps est.   12,920   procurerresse *A*¹, procureresse q. t. en e. *L*
Et prestement devant le roi   E. pr. de bonne foy *G*
Se presente et en bone foi   —et *M*, S. pr. devant le roy *G*
Nunce ce qui li est commis;   Noncer *G*, que *A*¹*A*, c.] promis *o*
(Et) par li en defaut [nul] n'est mis   —Et, nul nest *M*, lie *A*¹, Et p. li nest en d. m. *b*
(Nul), mes *soit* sa procuration   12,925   —Nul *M*, soit] que *toTAA*¹*LM*¹*G*, Nul m. que pr. *d*
(Soit) seellee de devotion.   Ait seel de deu. *d*
A li je lo que (tu) t'en voises,   ten uoies *L*, A lui te commende q. tu v. *A*
Et qu[e] au devant (de toi) l'envoies   Je le te lo que a li t. *d*
                                                  quadauant lemcoisez *M*
A la cite ou veus aler.   En *d*, vieux *L*
Bien te sara lieu aprester   12,930   sara] fera *G*
Et co*n*venable mansion   mancion *o* mencion *L*
Ou feras habitation.
N'est pas raison, (que) ta venue   veue *H*
La par devant ne soit sceue.   Au d. ne s. la sc. *b*
Onques ne mist dedens le pie   12,935   mis, piet *T*, O. dedens ne m. *A*¹
Hons qui devant n'eust envoie.   que *A*, nait *d*

Du larron acoustume fu
Qui avec Jhesu fu pendu :
Oroison devant envoia,
Miex l'en fu et touz jours sera. 12,940
Ainsi, se m'en crois, le feras,
Quar mestier comme li en as.

La dame qu'as vëu jouer
Des instrumens et cor porter
Est la guete qui esveille 12,945
Le roy, s'*il dort ou* sou(b)melle ;
Par son juper et son corner,
Se trop se gist, le fait lever ;
En latin Latria nommee
(Elle) est par non et apellee. 12,950
Son cor est l'invocation
De Dieu in adjutorium.
A chascune heure sans laschier
Ainsi elle corne au premier,
Et puis *aus* orgues s'applique, 12,955
Et (la) melodie en desclique,
Et au psalterion se prent
Avec entremesleement.
Lors i a grant melodie
De douz chant et (de) psalmodie. 12,960
Ainsi les instrumens nommes
Sont par leurs non[s] et apeles,
Ce sont les instrumens *plaisant*
Au roi mon pere tout *puissant ;*
Mont aime tel *juglerie,* 12,965
(Et) tel son et (tel) *orguenerie,*
Et pour ce que ce bien li plaist,
De celle qui en joue a fait

p. fu M^1A^1L
Soroison *d*
li en *A*, fust *L*, tousdic *G*
me c. *d*, —le *B*
Q. moult grant m. en aras A^1L Q. moult grant m. tu en as (moult grant *added above*) *o*, mestier moult grant en aras *G*

veue *A* oy *o*
Ce est l. g. M^1GA^1Ld, gleste *L*, gueite li quelle e. *M*
sil dort ou] toute(s) fois quil *to*...
j.] piper *B*, et] par *Tt*, et par s. c. *A*
t. gesoit A^1L
l. est n. *b*, la cria *o*
Par s. n. et a. *d*
linuocion *B*
adiutorion A^1 adiuctorium *G*

Elle c. ainssi *b*, —au A^1
aus] a ses *to*... a ces *M*, sapique *L*
—Et *L*, deslice A^1L deslique *o* desplique *H*
—au *o*, ps-rium M^1T
Auesques *G*, Auecques e-lement *oH* Auec aultre meslem. *A*
Et lors $oTAM^1GA^1LdH$, L. il y a *M*
—de *A*, chans *TM*, psalmonie *b*
leur non *B*, nons TAM^1A^1LMH noms *G*, p. beaux n. *A*
plaisant *M* plaisans *to*...
puissant *BM* puissans *to*...
jugl.] orguenerie*toTBA*^{1}*dM*^{1}*G* organerie*LM* orguerie *eAH*
org.] iuglerie *tTABM*^{1}*GA*^{1}*LH* iougl. *o* iangl. *M*, iuglerie *corr. from* melodie ϵ
q. si b. *M*, bien] plus A^1Ld
jeue *L*, en jonesce a f. *b*, a] et *G*

  (Sa) principal esbaterresse,
  (Et s') especial jouglerresse. 12,970
  Tel chose a roi bien apartient
  Pour son deduit quant il convient."

abat. *o* esbateresse *A* bastelerresse *L*
Et esp. *b* Et sa espic. *L* Et son e. *A*¹, iugl. *TM*¹*GLH*
au r. *GLM*, appertement *B*
d. et li auient *A*¹*L*, il] li *d*

Le pelerin parle. Ainsi comme parloit a moi
  Grace Dieu ce, vi devant moi
  Celle qui les liens tenoit 12,975
  Et qui droit a moi s'en venoit.

ce] ie *ɛbMG*

Obedience parle. "Or ca, dist elle, qui es tu ?
  Que quiers en cloistre et ou vas tu ?
  Je veul que tu le me dies,
  Ne sai, se tu nous espies."— 12,980

quiere *T*, cl. que veulz tu *A*
v. bien q. *M*¹*GA*¹*Ld*, Il conuient q. *M*
Je ne s. *M*¹*GA*¹*LMd*

Le pelerin. "Dame, dis je, pas espier
  Ne vous vieng, mais je veul aler
  En Jherusalem la cite,
  Pour quoi ci endroit amene
  M'a Grace Dieu pour abrigier 12,985
  Ma voie et pour la acourcier."—

—pas *o*
Ne v. veulz *A*¹, —je *A*

Par *AH*, —quoi *L*, P. ce ci e. *M*, P. q. ycy *o*

—Ma *o*, p. lacourcier *AH*, acoucier *T* acointier *B*, p. le recourcir *M*

Obedience. "Ne t'a, dist elle, elle pas dit
  Que cëens trouveras dur lit,
  Dur passage et dure vie,
  Combien qu'il ne (le) semble mie ?"—12,990

Ne ta elle d. e. p. *e*, Di moi ne ta elle p. d. *A*¹*LG* Dont dist ne ta elle p. d. *d*, pas] point *M*

—le *A*¹

L'acteur parle. "Ouil, dis (je), mes bien vourroie
  Faire son gre, se (je) pouoie."—

bien] je *G*

Obedience parle. *Rien n'i a* que bien ne faces,
  Dist elle, se (tu) n'ez trop lasches ;
  Tout tient a bonne voulente. 12,995
  Se bonne l'as, je le sare :
  A l'espreuve tout maintenant
  Te metrai ; or ca, vieng avant !
  Bail ca tes mains, bail ca tes pies !
  Com faucon te metrai es gies." 13,000

Il ni a rien *to*...
—tu *A*¹

b. la *B*, je] bien *A*¹*Ld*

mainrai *A*¹*L*

Baille, baille *oA*, b. ca] et puis *A*¹*GLd*
gez *A*

| Le pelerin. | Quant tex paroles jë oui, | | tes *M*, Q. ie t. p. oy *d* |
| | Mont grandement fu esbahi, | | M. fu g. *d* |

Quant tex paroles jë oui,
  Mont grandement fu esbahi,
Quar pas n'avoie acoustume
D'estre lïe ne encorde,   ny *L*
Fuir n'osai pour Grace Dieu   13,005   Fouir *A*¹*L*, nosoie p. gradieu *A*
Qui m'avoit amene au lieu.   Que *M*
"Or ca, dis je, ce que voules   di *T*, ce] cen *G*, voudrez *A*¹*L*
Faites, je sui abandonnes,
(Je) n'oseraie estre contraire
A chose que *veullies* faire.   13,010   ch. q. me weullies f. є, q. voussissies *to*...
                                                  choses *TB*
Bien m'a avise Grace Dieu   B. av. ma *d*
Que je trouverai en ce lieu   cest *A*¹*LMd*
Contrepois (et), equivalence   equipolence *oAA*¹*GLdMH*
De la haie (de) Penitance."   A la *A*¹*L*

Adonc ses liens desploia   13,015   les l. *A*¹*d*
  Et par les piez si me lia   mes p. *A*
Qu'il me sembloit qu'es aniaus mis   Qui *A*, que a. *B*, quas an. *d*, qua a. pris *G*
Fussë ou au las courant pris.   aus las corr. *M*, l. coucans *B*, coullans mis *G*
Les liens dont lïe m'avoit   liens cout lies *B*
Par l'un des bous aus mains tenoit 13,020   bouz aumains *L*
Et me dist que, quant vourroie   ie v. *oAM*¹*GA*¹*LdMH* ie verroie *B*
Aler un le, autre iroie.   un le] une part *toTAM*¹*GMH* dune part
                                                  *A*¹*L*, Vne part aler *Ad*
Aprez maintes foiz le sceu bien,   m-te *M*¹*B*, soi *d*
Mes de ce n'escrirai je rien,   nescrira *B*, —je *A*
Miex l'ai*m*me une autre foys dire 13,025   une foiz a. d. *A*¹*L* u. a. f. a d. *GTAd*
Que ci en mon livre escrire.   Q. ici en ce l. e. *d*, ici *G*, escire *o*
Apres elle lia mes mains   A. celle *L*, mes *corr. from* les є
Et me dist que seroit brehains   seroie *o*, brah. *A*¹*G*
Tout l'ouvrage que (je) feroie,   De tout ouur. q. f. *o*
Se par li ne le faisoie.   13,030   p. elle ne *AH*, p. li ie ne *TM*¹*GA*¹*LM*
La lengue encor traire me fist   taire *d*, me dist *T*
Et entour i· lien me mist
Et (me) dist que ne parleroie

OLD AGE AND INFIRMITY.

Point, se par li (je) ne parloie.
"Ce lien, dist elle, est nomme   13,035
Silence. Benedicite
Est (ce) qui tout seul le deslie.
De Grace Dieu ne di (je) mie
Ne des dames que vëu as
Ne des autres qu' encor verras   13,040
Qu' a elles ne *puisses* parler,
Quant rien leur vourras demander."

Quant m'ot (ain)si la prioresse
(mis et) lie com[me] chien en lesse,
Une grant piece aprez je vi   13,045
Deuz vielles dont mont m'esbahi.
L'une ·ii· potences portoit
Au col et pies de plonc avoit,
(Et) une boiste par derriere
Avoit (aus)si com messagiere.   13,050
L'autre aussi messagiere estoit
Et sur sa teste ·i· lit portoit
Et avoit les pans au caint mis
Pour luitier, ce m'estoit avis.
Ensemble s'en vindrent a moi   13,055
Et me dirent : "La Mort a toi
Nous envoie pour toi nuncier
Qu'a toi elle vient sanz targier
Et si nous a dit et enjoint
Que de toi ne depart[i]on point,   13,060
Devant que nous t'aron batu
Et aterre et abatu.
Trouver te veut afflit et mat,
Si que te face eschec et mat."

Enfermete parle.

Et cil q. d, —ce A^1L cil Ad, que M
—je A^1, ie ne dis mie GM
des] de ces M, veues H
q. rarras B, que tu verras M^1GA^1Ld
puisses $TABM^1A^1dMH$ puisse L puissent
  to, Que e. *o*
voudra B

Q. m. ce dit la p. *d*, prieur. AB priour. G
Ce dit mis et l. A, Et mot mis c. ch. *d*
Mais ap. trop gr. p. vi M
moult esb. M

En u. boueste L, boeste M^1
Portoit si comme m. A^1GL, Portoit a. M^1d,
  ainssi eA
sus A^1Ld, sus la t. L, sur son col vn l. H
a c. T, ceint A^1GH saint L saing A, au sain
  les p. m. M

se v. TAH
disdrent AG
toi mucier M^1 toi mercier B, p. tournoier *o*
Que elle v. a toy A^1Ld, tarder L
d-tion *a*, nous ne d. B
taion bastu A^1L, q. tarons abatu e
—13,062 B, aterree M, et confondu e
vieust L, veul affie B
—te A, face] baille G math L

13,044 a, b :—Vne grant piece fu leans
            Et de mes pechies repentens. M

Le pelerin parle.	"Qui estes vous, dis je tantost 13,065	
	Je ne vous connois ne la Mort.	
	Se la Mort vostre maistresse est,	
	Je veul bien savoir qui elle est.	—13,068 od
	Et si veul bien savoir aussi,	—13,069 o, Je v. b. d
	Se toutes ·ii· estes a li ; 13,070	toute B, o li A¹L
	Si le me dites, se voulez,	me le d. se vous v. d
	Et vostre non et dont servez."	n. de quoy s. L
	Adonc me dirent : "L'arguer	disdrent AG, distrent arg. A¹L
	Contre nous ne le regiber	Encontre n. et reg. A¹LM¹ Enc. n. ne reg. d
	Rien ne vaut ne contre la mort, 13,075	Ne te v. d
	Quar n'est nul, tant puist estre fort,	Quil n. d
	Qu'aussi tost comme a li venons,	=13,078 A
	Que de touz poins ne l'abatons.	=13,077 Aussi t. c. A
	La mort *sur humaine vie*	s. h. v. ab] si a la seigneurie to..., sus A¹L
	U monde *a la seigneurie*, 13,080	a la ab] sur humaine vie to..., En m. M Au m. G
	Et plus la doutent rois et dus	Et la d. r. et contes B
	Que ne font povres gens menus.	gent G
	Riche et povre elle fait onni	p. tout f. o. M, f. tout o. B, honni A¹ vni AGL, R-s p-s el f. vni L, R-s p-s touz f. o. e Elle f. r. et p. honni d
	Et onques n'espargne nulli,	ne esperne L, nesperne a n. A¹
	Et en mains lieus entre souvant 13,085	maint lieu AG, l. sen vient s. A¹L, liees e. en conuent d
	Ou point n'a envoie devant,	deuent A¹
	Si ques courtoisie t'a fait,	te f. TA
	Quant venir devant nous a fait.	deuant venir Ad
	C'est ·i· certain avisement	
	Que vient a toi hastivement. 13,090	Qui TABA¹GL
	De li (nous) sommes messagieres	lie suimes A¹, Nous s. de li m. d
	Et especial(e)s coursieres.	—Et d, especialz M especial B, courtieres a G courretieres A
	Chascune de nous te dira	Ch-un d
	Son non." Adonc celle palla	parla G
	Qui le lit sur sa teste avoit 13,095	sus BA¹Ld, sus la t. A¹d
	Et qui luiterresse sembloit.	luiteresse MGH
Enfermete parle.	"Jai non, dist elle, Enfermete	

Qui par tout ou je truis Sante
Je me preng a li pour luitier,
Pour li vaincre et li sousmarchier. 13,100
Une heure jus elle m'abat
Et une autre je la rabat,
Mes pou, si com croi, m'abatist,
S'aucun confort ne li fëist
Medecine (l')enhuvetee 13,105
Qui pour moi (en)chacier fu nee.
Souvent avient que je la truis
Assise ou apuiee a l'uis
Par ou (je) doi faire passage
Pour aler en mon message, 13,110
Et (ain)si couvient que retourne
Et (que) grant piece hors sejourne,
(Et) non pour quant maugre ses boestes,
Et (ses) emplastres ses et moestes
Et ses empocionnemens 13,115
Aucune foys jë entrë ens
Et a cil me couple tantost
A cui m'a envoie la Mort.
Jus l'abat (et), jus le trebuche,
Mouelle n'a, (que) ne li succe; 13120
Son sanc boif et sa char mengu
Si qu'il n'a force ne vertu,
Et lors u lit que j'ai le met,
A ce que le truisse tout prest
(La) Mort pour li la vie traire 13,125
Sanz gran(de)ment avoir a faire."

Le pelerin "Tu n'es (pas),dis je, messagiere
parle. (A) cui on doie bonne chiere
Enfermete. Faire."—" Si sui, *voir*, dist elle,
Quar savoir dois que (je) sui celle 13,130

vaintre *M*¹, et s. *AA*¹*L*, sourmarch. *A*¹*LM*

Et lautre h. *M*

c. ie croy *Ad*

la huuetee *M*

apouiee *LM* apoie *A*¹
doie *d*
en *ab*] faire *to*...
retournee *B*, conuient *G*
reiournee *B*
p. tant *L*, bontes *B*
empl. et ses m. *oH*, sec et moistes *BM*, ses]
 chaus *d*, E. s. e. seches e. m. *G*
enpac. o emprisonnemens *A*
Jentre a. f. dedens *d*, entre je ens *M*
a ci me *T*, me c. a celui *d*
qui *TAGLMH*, enuoye *G*
—et oe*TA*, la tr. *M*¹
Il na molle q. *M*, —li *d*
mengus *A* mengue *Bd* maingeu *M*
ques il *o*, vertus *A*, Quil na v. quil ne remue *d*,
 Si ques na *G*
u] en *M* ou *G*, q. ge le m. *L*, la m. *T*
A fin q. *AH*, tout] plus *ae* plust *G*, preste *d*
li] hors *d*, —la *B* la] a є, sa *o*
S. av. g. *d*

.dis je] digne *G*
qui *TAMH*, qui on doient *M*
voir] *ab* certes *to*...
—je *B*

Qui *ramentoif* Penitance
(Fais), quant est mise en oubliance,
Qui les (gens) desvoies ravoie
Et (les) remet en droite voie.
Jadis *cil* qui fist Nature,   13,135
Pour ce qu'il vit que aucuns cure.
N'en avoient et l' avoient
Oublie et pou (le) doutoient,
M'appela et me dist jadis :
Va t'en en mon mondain païs   13,140
Et luite a ceus et abat jus
Que tu trouveras les plus drus.
Pou me prisent pour ce qu'il ont
Sante et en oubli mis m'ont.
Corrige les et (les) chastie   13,145
Et en *ton* lit si (fort) les lie
Quë il ne se puissent lever
Ne a leur volente tourner,
Que de mengier perdent le gout
Et de boire l'appetit tout.   13,150
A celle fin je le te di,
Quar je veul që a moi merci
Il prient et que il s'amendent
Et (qu'a) sauver leur ame entendent,
Que (la) Mort en tel point les truisse 13,155
Que chascuns (d'eus) dire li puisse :
Mort, ï festu je ne te dout !
A mon createur mon cuer tout
Ai mis et tout(e) ma pensee.
Fier, quant (tu) veuz ! m'ame aprestee 13,160
Est de issir de sa terriere,
Penitance (la) lavendiere
L'a (tant) fait estre en sa buee
Que purgïe est et (bien) lavee.

ramentoif *ab* souuenir *to*..., Q. souuent de p. *d*
—Fais *ab*, q. mise est *abd*
auoye *H*
le r. *T*, a dr. *B*
cil] celi *to*..., q. ast n. *B*
—vit *A*, quauc. *TA*, aucun *a*
Nen a.] Nauoient de li *to*..., et si lauoient *G L*, mais lav. *d*
pour *B*, la d. *AA¹M*
—me *o*, dut radis *B*

luitez *M*
Q. tu verras *L*

S. pour ce en o. m. ont *A¹Ld*, mis moult *B*
Corrigiez *B*
ton *ab*] leur *to*..., leur] ton *corr. from* leur ϵ,
—fort *ab*
p. aidier *B*
retourner *T*
Et de *L*, leur g. *AH*, goust *A*
—Et *o*, le petit t. *B*
ten *T*
qua m. *L*
crient *A¹L*, crient et qua moi s. *L*, samentent *B*
au s. *M*, ames *L*, qua sante de lame endent *d*
ne les t. *A¹*
—deus *B*, le p. *BLMd*
te prise *B*
creatour *AA¹L*

F. q. voudras *A¹L*, F. moult tu *B*
E. yssir hors de *H*, diss. hors de *A*, sa] la *M*, tesniere *A¹L* tesniere *G* tenniere *a* carriere *B* tarriere *d*
tant] tout *a*, f. estre] tenue *A¹L*

Le Pelerinage de Vie Humaine.

  "Or te di que, quant dit ainsi 13,165
  M'out, a li tantost obei.
 Mes pans a ma couroie mis
 Et m'en alai par le païs.
 Tant ai fait que mains ai vaincus
 A la luite et mains abatus. 13,170
 Au lit en ai fait gesir mains,
 De toi ne ferai je pas mains.
 Apreste toi, je veul luitier
 Et toi tantost au lit couchier."

Le pelerin. "L'autre dira, dis jë, avant 13,175
  Qui ell' est, si com m'a convant."—
Enfermete. "*Bien le veul*, respondi elle."

 Lors dist l'autre: "Je sui celle
 Qui ja vëoir (tu) ne cuidoies,
 Quant *avec* Jeune(n)ce estoies. 13,180
 "Loing est, a piece ne venra,
 Disoies tu, bellement va,
 Pies a de plonc, ne puet aler,
 Temps ai assez de moi jouer."
 Or te di je que voirement 13,185
 Piez ai de plonc et belement
 Voiz, mes loing petit et petit
 Va on bien; piec'a il fut dit.
 Se belement venue sui,
 Toutevoies aconsui 13,190
 (Je) t'ai et nouvelles t'aporte
 Que (la) Mort qui nul ne deporte
 Vient a toi, messagiere sui.
 Avoir ne pues messagier qui
 En puist parler plus vraiement. 13,195
 Ma compaigne aucune foiz ment

Si te *d*, di quant mot dit a. ϵ, quant mot a. *L*
Moult *A*, Dit a l. *L*, tantost a luy *AdH*,
 Tant. a li ie ob. ϵ
= 13,168 *Ad*, Mais puis a me c. *B*, conroie
 GL
= 13,167 *Ad*
maint *AG*, vaincu *BL*

maint *AdG*, abatu *L*

—13,172 *L*, ie ne f. p. *M*¹, Et de t. ne f. p.
 m. *d*
luter *L* luter *G*
ou l. ϵ

dis ie dira ϵ*TAA*¹*G*
est com ma conuenant *A*¹*L*
—13,177 to 13,540 by the loss of 10 leaves
 between fol. 82 and 93 *G*, Je le v. bien
 to...
Lors] Adonc *to*...
Que ϵ, voair *L*
avec] porte de *to*..., ieunece o*TABM*¹*A*¹*L*
 MH iouesce ϵ
en p. *AdA*¹*LH*
tu quar b. *L*
P. ay *M*, P. de plom a o*A*¹*B*, P. de pelonc
 ne peuent al. *A*
Tant ai *B*, Assez ai temps *Ad*

Ay pies *d*
—loing *H*, p. a p. a*AdM*
b. loing *H*, —piec'a *B*₂ p. la len d. *A*¹*L*, p
 quil *d*

n-e ϵ
que *AH*
la m. s. o sa m. s. ϵ*TABA*¹*LM*¹, m. en s.
 MH, son messaige s. *d*
messaige *M*

a-es *TAH*

412 *Le Pelerinage de Vie Humaine.*

  Pour (aucune) cause [souvent] contraire
  Qui ne li laisse *pas* faire
  Son message, mes empeschier
  Rien ne me puet de vrai noncier. 13,200
  Vieillece ai no*n* la (re)doutee,
  La piaucelue (la) ridee,
  Celle qui ai le chief chanu
  Et bien souvent de cheveus nu,
  Celle a cui conseil demander 13,205
  On doit et grant honneur porter,
  Quar j'ai vëu le temps passe
  Et maint bien et mal esprouve.
  Ce sont de *bon sens* les gloses
  Et (ce) par quoi on set les choses. 13,210
  Ja ne sera nul sciente,

  S'il n'a vëu et esprouve.
  Toutevoies souvent avient
  Et pas taire ne le co*n*vient
  Que, comment qu'aie assez vëu, 13,215
  Assez esprouve et scëu
  Et combien quë aie bien .C. ans,
  Que sui mise u renc des enfans
  Et que radote au derrenier
  Et n'ai nul sens pour conseillier. 13,220
  C'est pour quoi jadis me maudist
  Ysaie quant il me vit."

Le pelerin parle. "Des potences, dis je, me di
  Et puis t'en va tantost de ci.
  Puis quë as ton message fait, 13,225
  Ta presence point ne me plaist."
Viellece parle. "Plaise ou desplaise, respondi
  Elle, pas ne sera ainsi.

P. c. souv. c. *ab*, choze *d*

pas] mie *to*...

Elle ne p. riens de v. n. *d*, v. mucier *a* v. me*r*cier *B*

—la *ab* et la r. *AdA¹L*, La pel chenue *M*, La froncie et l. r. *A¹L*

q. a *ABM*

a qui *eTAdBM¹A¹LMH*

—13,207 to 13,540 by the loss of the last leaves after fol. 97 *o*
Maint b. et maint m. *A¹Ld*
—13,209 *H*, bon sens *ab*] science *to*..., de sciences *M¹* des sciences *Ad*, l. closes *T*
—13,210 *H*, pour q. *aAM*
—13,211 *H*, sciente ta*Md* science *TABM¹* b. sene *A¹L*, Ja homs nul ne saura science *e*
—13,212 *H*, S'il n'a veu l'experience *e*

point *d*, ne taire ne *B*
conuient *B*, quaies *A* quay *H*

Je suis *A*, en r. denf. *A¹LM¹*, denf. *d*
radotee *Ad* redote *A¹* redoubte *L* rassote *H*, rassote par d. *M*
sen *L* scen *M*

maudit *A¹*

dist *A*

d. je] aussi *e*
tantost ten va *B*, dici *d*
—13,225 *M¹*, = 13,226 *A¹L* (plest *L* plait *A¹*)
Foul est celui qui te tient plait *A¹L*

ou ne plaise *MH* ou non pl. *Ad*
—pas *B*, ne s. pas a. *A¹*

Le Pelerinage de Vie Humaine. 413

Avant venra la mort a toi
Que point me departe de toi. 13,230
Je te batrai *tant* maintenant
Que ja mes n'aras joie grant.
Courbe et impotent te ferai
Des grans coups que je te donrrai.
Toutevoies (tant d') avantage 13,235
Aras de moi, së (tu) es sage ;
Que les ˙ii˙ potences que j'ai
Pour toi apuier te baudrai,
Non pas que pour ceste achoison
Tolir te veulle ton bourdon, 13,240
Quar avec l'esperituel
Baston est bon le corporel.
Mes potences corporelz sont
Et pour soustenir le corps sont.
Pour ceste cause je les fis 13,245
Fairë et les troussai et pris.
Courtoise en sui pour ceus que bat,
Quar pas si tost ne les abat.
Qui d'une part est soustenu,
Se d'autre part il est feru, 13,250
Pas si legierement ne chiet
Ne pas si tost ne li meschiet,
Si ques or les pren, se tu veus,
Mestier t'aront bien toutes deus.
Mes coups sont *gries* a soustenir, 13,255
Tost le saras, se je ne muir.

Or ca ! dist (elle) a sa compaigne.
Temps est *de li faire* engaigne.
Luite a li et jus trebuchier

me parte *B*, ie me parte *A*, *Q*. me depart p. d. t. *d*
tant ε*TAdBM* *A*¹*LH* tout *tM*

Corue *A*¹*L*
q. te donnerai *d*

—tant d' *ab*, tant] tout *a*

p-ce *M*, que ai *A*¹
apoier te baidrai *A*¹*L*, bauray ε bailleray *aA*
incoison *M*
te] de *T*, Te v. tolir ε*A*¹*L* Te vueil hoster *d*
ouec *A*¹*L*
et bon *A*¹
c-rel *M* c-reux *M*¹*A*¹*L* c-reles ε*TAH*
les c. *AH*
chose *T*

Courtoisie *aA*, bas *B*
point *d* —pas *L*, se *A*¹, abas *B*
Que *L*, Q. d. p. il est feru *B*
—13,250 *B*, Se il e. d. p. f. *d*
Ne chiet pas si leg. *A*¹*L*, Si l. point ne ch. *d*
Ains sen soustient plus longuement *A*¹*L*
sen tu *T*, vieulx *A*¹
Bien t. m. tout d. *d*, doux *A*¹
gries ε*TAdaM*¹*A*¹*LH* grans *tBM*
les *T*, —je *A*

de li faire *L* que li facon *tεTABM*¹*A*¹*M*,
engraigne *L* ensoingne *M*

13,230 *ab*. Pas ne feray com ta duuee
Qui au besoing sen est volee ε (*added in the margin*).

414   *Le Pelerinage de Vie Humaine.*

<table>
<tr><td></td><td>Le fai et en ton lit couchier</td><td>13,260</td><td>couscher *L*</td></tr>
<tr><td></td><td>Et je d'autre part t'aiderai</td><td></td><td>Et d. p. ie t. *A*¹*L*</td></tr>
<tr><td></td><td>Et a mon pouoir li nuirai."</td><td></td><td>li myrai *B*</td></tr>
<tr><td>Le pelerin parle.</td><td>Adonc (tout) ensemble me prirent</td><td></td><td>—tout *A*¹*Ld* tous *A*, pristrent *A*¹ prinstrent *L*</td></tr>
<tr><td></td><td>Et (tan)tost chaoir jus me firent</td><td></td><td>jus cheoir *ea TBMd*, fierent *B*, Et puis tantost jus me mistrent *A*¹*L*</td></tr>
<tr><td></td><td>Et par la gorge a mangonner</td><td>13,265</td><td></td></tr>
<tr><td></td><td>Me prirent et a fort pousser.</td><td></td><td>Me commencerent et p. *A*¹*Ld*, f. penser *B*</td></tr>
<tr><td></td><td>Crier et braire (bien) pouoie,</td><td></td><td>Bien c. et br. *d*</td></tr>
<tr><td></td><td>Soulas nul autre (je) n'avoie.</td><td></td><td>S. autre nul *L*, Car n. a. s. n. *d*</td></tr>
<tr><td></td><td>U lit *en la fin* me mirent</td><td></td><td>en la f.] finablement *to...*, En, finaublem. *M*, mistrent *A*¹*L*</td></tr>
<tr><td></td><td>Et me lierent et (me) dirent :</td><td>13,270</td><td>liarent *M*, distrent *A*¹*L* didrent *A*</td></tr>
<tr><td></td><td>"Appareille toi, la mort vient.</td><td></td><td></td></tr>
<tr><td></td><td>Se te soupprent, pas il ne tient</td><td></td><td>Sel te *L*, sourpr. *A*¹, Selle te surpr. pas ne t. *Ad*</td></tr>
<tr><td></td><td>A nous, bien avise t'avon</td><td></td><td></td></tr>
<tr><td></td><td>Et bien encor t'en avison."</td><td></td><td></td></tr>
<tr><td></td><td>*A*insi com tenu estoie</td><td>13,275</td><td>Ainsi *ab*] En tel point *tea TBM*¹*A*¹*MH* En ce point *L* Comme en tel point *Ad*</td></tr>
<tr><td></td><td>Et [quë] au lit (ainsi) me gesoie,</td><td></td><td>que *ab*, aussi *aA*, ge gisoie *B*</td></tr>
<tr><td></td><td>Une dame je vi venir</td><td></td><td>vis *AH*, Je vi v. d. v. *d*</td></tr>
<tr><td></td><td>Qui le cuer me fist esjouir.</td><td></td><td>resiouir *AH*</td></tr>
<tr><td></td><td>Un regart avoit simploiant</td><td></td><td></td></tr>
<tr><td></td><td>Et un vout benigne et plaisant,</td><td>13,280</td><td>voult benign *A*¹*L* vis benign *A*</td></tr>
<tr><td></td><td>*Trait avoit* une mamelle</td><td></td><td>Trait avoit] Et avoit trait *to...*, Et] Si *A*¹*L*, traicte *H*, mem. *M*</td></tr>
<tr><td></td><td>Par *le treu* de sa cotelle,</td><td></td><td>le treu *ab*] lamigaut *to...*, lamugot *M*</td></tr>
<tr><td></td><td>Et aussi com alast au fain</td><td></td><td>ainsi c. alat *M*, c. salast *A*¹*LM*¹</td></tr>
<tr><td></td><td>Une corde avoit en sa main.</td><td></td><td>a.] tenoit *A*, Tenoit une c. *L*</td></tr>
<tr><td></td><td>A moi s'en vint et desploia</td><td>13,285</td><td>m. en v. *M*</td></tr>
<tr><td>Misericorde parle.</td><td>Sa corde et puis me dist : "Or ca,</td><td></td><td>—et *L*</td></tr>
<tr><td></td><td>Vien t'en en l'enfermerie !</td><td></td><td>Or ten vien *A*¹*LM*¹, V. t. vieng en l. *M*</td></tr>
<tr><td></td><td>Quar bien ci endroit n'es mie."</td><td></td><td>ycy *H*, tu nes *A*¹*LM*¹*M*, ne es *T* nest *B*</td></tr>
<tr><td>Le pelerin.</td><td>"*A*donc (je) li dis : "Douce dame,</td><td></td><td>Adonc li di ma d. d. *M*, Adonques je li *B*</td></tr>
<tr><td></td><td>Je vous jur et creant par m'ame</td><td></td><td>crant *A* craint *a* greant *A*¹ agre *L*, p.] sur *H*</td></tr>
<tr><td></td><td>Qu' avec vous volentiers irai,</td><td>[13,290</td><td>Quouec *L*</td></tr>
<tr><td></td><td>Mes pour ce que pas je ne sai</td><td></td><td>je] bien *e*</td></tr>
</table>

Le Pelerinage de Vie Humaine.

    Qui vous estes, je vous requier
    Que le me veuilliez enseignier."—   ensoignier *M*
Miseri- "(Et) je le te dirai, dist elle.   13,295
corde.   Saches *de voir* que (je) sui celle   de voir ϵ*TAM*¹*A*¹*LMH* dist elle *tB*
    Qui' apres sentence rendue   renoue *B* tendue *a*
    En tout jugement receue   Et t. j. *L*, touz *a*
    Doi estre, se tort ne m'est fait.   trop ne me *B*
    Quant jadiz ot jugement fait   13,300   jugement ot *H*
    Le roi *haut* d'umain lignage   haut] souurain *teaBM* souuerain *TM*¹*LH*
    (Et) mis a mort par leur outrage,   leur] son *B*
    Si li fis jë oster sa main
    Pour avoir en aucun remain,   P. en auoir *L*
    Je li fis metre ('i') arc sans corde   13,305   sans] en (on erasure) ϵ
    U ciel, (en) signe de concorde.   En c. *M*, en guise de *B*
    La corde en tieng, l'arc devers li   —en *A*
    Est ; onques archier je ne vi   En est o. a. ne vi *M*, —je *BH*
    Qui en tel guise pëust traire,   peult *A*
    Se (de) vers li ne vouloit traire.   13,310
    De la corde dont encorde
    Fu l'arc et que j'ai descorde   q. ia d. *B*, larc que ie ai *H* larc lequel iai *L*
    Je trai et met hors les chetis   chaitiez *A*
    De misere, quant les i truis,   Et mis. *A*
    Et pour ce s'acorde Raison   13,315
    Que Misericorde aie non,   ai ie n. *B*
    C'est a dire *as* chetis corde   as] des *taTM*¹*LMH* de *B* les *A*
    Pour traire les de sent(in)e orde.   scentiue *A*, sentuie corde *B*, P. les t. de
                            santine *L* P. eux t. *M*
    (Ma) mere Charite cordiere   Mame ch. c. *T*, tordiere *A*
    De *la* corde et fillaciere   13,320   la] ceste *.to*..., filac. ϵ*TaBLH*
    Fu. Aussi tost comme rompra,   comme elle r. *A*
    Monter u ciel nul ne pourra."   u] en *M*, —nul *B*

Le pelerin. "Pour quoi, dis jë, avez vous trait
    Vostre mamelle ? I a il lait
    Dont vous me veulliez alaitier?"— 13,325   —me *A*

Miseri-
corde.

"Ouil, dist elle ; plus mestier
Tu en as et aras encor
Que tu n'aras d'argent ne d'or.
Pitie a non. Bien a mestier
Pour la povre gent alaitier.   13,330
J'en alaicte les fameilleus
Et point ne la devee a ceus
Qui u temps passe m'ont meffait.
Aristote si dit que lait
N'est nulle autre chose que sanc   13,335
Qui est mue et tout fait blanc
Par decoction de chaleur
Qui li anulle sa rougeur.
Se (tu) ne scez que ce veut dire,
Tu doiz savoir que hons plain d'ire 13,340
N'a point en soi que rouge sanc
Le quel ja mais ne seroit blanc,
Se Charite ne le cuisoit
Et en blancheur ne le muoit.
Laict blanc devient, quant il est cuit 13,345
Et la rougeur toute s'en fuit,
Et lors celi qui a tel lait
Pardonne tout ce que meffait
On li a ; bien li est sëant
Tel mamelle et bien avenant.   13,350
Mon pere qui en crois fu mis
De tel mamelle desgarnis
Ne fu pas ; n'estoit pas mestier :
Pour monstrer la, il fist percier
Et pourfendre au destre coste   13,355
La cote de s' umanite.
Onques mere n'en fist autant
Ne nourrice pour son enfant.
Lors sa mamelle apparut bien.

alaitie *B*

Et p. nest donee a c. *M*, Et ne lescondi p
  a c. *A*
u] en *M*, —mont *A* moult *B*
Mont A. d. *A*, —si *B*, dist e

et fait tout *AL*, —fait a
—13,337 *H*, de la ch. *A*
—13,338 *H*, —sa *B*
—13,339 *H*, Se tu ne s. *corr. from* Se tu
    veulz sauoir e
—13,340 *H*, —savoir *B*
—13,341 *H*, Na dedens s. q. *L*
—13,342 *H*

li e*TBM*¹
li e*TM*¹*LM*
cuis *B*
r.] blancheur *H*, se f. *T*

Perd. *A*
li] i *M*¹

Ne fut mie *A*

P. la m. *L* P. le m. *M*, monter *B*

coste *BM*, de son hum. *A*, Que de son sanc
    li fut ouste *L*
ne f. *TB*

Le Pelerinage de Vie Humaine. 417

A chascun crestïen dist : Tieng ! 13,360
Qui veut alaitier viengne avant !
En moi n'a mais dë ire sanc.   ire] rouge *A*
Charite l'a mue et cuit
En blanc lait pour commun profit.   lat *M* sanc *H*
Onques tel lait nul ne succa 13,365   Nonques *L*, succha *B*, nul nalaita ε
Ne tel mammelle n'aleta.   ne suca ε

Or te di que ainsi alecte   di ie quainsi *A*, di quainsi descouuerte *L*
 Tous ceus que scai qui' ont souffrete.   Lai a tous c. qui o. soufferte *L*
(Et) ainsi resemble a mon pere,   ausi *M*
Et (en)sui Charite ma mere. 13,370   Et (*added above*) *M*¹, ensuif *M*¹*L* aussi *H*
Et avec ce tu doiz savoir
Quë en touz lieus ou puis vëoir   puet *B* puis *corr. from* puet *t*
Aucun mendiant qui a fain,
Tantost je li donne du pain.
A boire et (a) mengier li donne 13,375
Selonc que (le) bien me foisonne.   fouesonne *L*
Së aucun voi desconforte,
Aucun nu, aucun desrobe,
Je le revest *et* conforte   et *ab*] ie le *ta*ε*TABM*¹*LH* et le *M*, ie le reconf. *A*
Et a pacience (l') enhorte. 13,380   la norte *A*, en p. lenforte *L*
Les pelerins en ma maison
Je recoif et, quant en prison   rechoist *B*
Est aucun, visiter le vois
Au mains en ·i· mois une foys.   vn f. *T*, A. m. vne f. le moix *L*
Ceus qui sont mors j'ensevelis 13,385   —j' *H*, m. et ens. *B*
Et ceus qui se gisent es lis   gesent *L*, aus l. *M*, lit *B*
Par viellece ou enfermete   enf-tes *B*
Je les serf en humilite,
Et pour ce m'a Grace de Dieu   —de ε
Fait enfermiere de cest lieu. 13,390   enfremiere ε enfermerie *M* enfermete *B*, ce l. *TAMH*
Je serf les grans et les petis
Et leur refais souvent leur lis

    Et nulle faute qu' amender
    Puisse ne leur laisse endurer.
    S'avec moi tu t'en veus venir,   13,395
    Je sui preste de toi servir."—
Le pelerin. "Grant volente, dis jë, en ai,   vouloir *A*
    Mes comment ce sera, ne sai.
    Ces messagieres de si pres   m-giers *H*, ci pr. *T*
    Me tiengnent que ne puis apres   13,400
    Vous aler. Se les m'ostïes   mostez *A*
    Grant bonte vous me ferïes."—   Moult gr. b. *M*, ferez *A*
Miseri- "Oster, dist elle, ne les puis,
corde. Mes a ma corde, se je puis,
    Je t'en merrai aveques moi   13,405   te m. *eaTB*, mainre *L* mettrai *B*, mairrai
    En l'enfermerie a recoi.   auec *A*, auec a*AM*
    Les messagieres i venront   enfrem. e enfermiere *B*, la fermerie an r. *M*
    Aussi et point ne te lairont.   m-giers *A*, i] si *L*
    Je pense bien qu' avant la mort
    Venra qu' aies d'elles deport."   13,410

Le pelerin. Adonc sa corde elle lia
     Au lit et tantost m'en mena.   mamena a*M*¹
    Les vielles aussi pie a pie
    I vindrent dont ne fu pas lie.
    La force n'(en) estoit pas moie   13,415   nestoit *A*
    Et amender nel(e) pouoie.   a. pas nel pouoie *M*¹, Ne delivrer ne m'en
                          p. *L*

    Quant en l'enfermerie fu   enfrem. e
     Et une piece i o gëu
    Soutainement et en seursaut   Soud. *TABLH*, Soubd. et *corr. from* Mesme-
    Une vielle qui estoit haut   13,420   ment car lors e
    Montee sur mon lit je vi   sus *BL*
    Dont grandement fu esbahi.

  Between 13,418 and 13,419 the rubricator of the MS. e introduces in the margin 182 lines taken from *V*².

Le Pelerinage de Vie Humaine. 419

    Si m'effrea qu'a li parler
    Ne peu ne li riens demander.
    Une faus en sa main tenoit   13,425
    Et ·i· sarclis de fust portoit
    Et avoit ja ·i· des pies mis
Grace Pour moi estaindre sur le pis.
Dieu. "Ho, ho ! adonc dist Grace Dieu
    Qui n'estoit pas loing de ce lieu,   13,430
    Atent ·i· pou, je li dirai
    Deus mos quë a dire li ai."
La Mort. "Or dites donc (tan)tost ! dist elle.
    Trop he je longue vielle.
    Tantost je me veul delivrer,   13,435
    Quar autre part ai [a] aler."
Le pelerin. Adonc vint Grace Dieu a moi
Grace Et me dist doucement : "Or voi
Dieu. Je bien qu'a l'estroit passage
    (Tu) es de ton pelerinage.   13,440
    Voiz ci la Mort qui venue est
    Qui des choses terribles est
    La fin et l'aterminement.
    Ta vie fauchier ell'entent
    Et metre la tout a declin   13,445
    Et puis ton cors en son cofin
    Elle metra pour li baillier
    Aus vers puans pour li mengier.
    Ceste chose tout(e) commune
    Est a chascun et (a) chascune.   13,450
    Homme en cest monde est expose
    A la mort comme l'erbe u pre
    Est a la faus, quar ce est fain
    Qui hui est vert et sec demain,
    Or as este vert ·i· lonc temps   13,455
    Et as eu pluies et vens,

meffrahay *M* meffrait *L*

f. sur son coul *M*
sarcliers *A* sarqueu *L*, sarcu de f. tenoit *H*
vn de ses p. m. *H*, vn de ses pies *L*
estreindre *ABH*, estra. sus *AB*, sus mon p. *L*
ad. d.] a dit dont *AH*
Q. pas nest. *AH*, —pas *B*, Q. pas n. hors d. *A*

qna d. je lui *H*

he je] mennuie *tTA*... Trop *H corr. from*
 Tost *t*, Car trop *A* Tost *aTBM¹LM*
 Tost *corr. from* Trop *e*
ai a al. *eTBM¹MH* jai a al. *AL*

que a l. *AM* que l. *T* quen l. *a*

terrestres *M*
le term. *eBLH*
v. a f. elle ent. *L*, elle tent *H*
la metre *AL*, toute *eTM¹H*
cophin *eaTM*, Et tantost maintenant a fin *L*
metera p. b. *M*, le *aA*
le *aAL* la *e*
Cest *T*

Homs *M*, H. est en ce m. *B*, en ce m. exp. *A*
lerbe *a*, en pres *M*
que ce *B*, quant ce e. foins *M*, cest le f. *L*
sec est d. *A*

eues *A*, pluiues *T*, et en v. *B*

3 H 2

Mes maintenant te faut fanchier		Et m. *A*
Et en ·ii· pieces despecier.		depicier *T*
L'uis est estroit, (le) cors et (l')ame		
Ne *pueent passer* ensemble.	13,460	pueent p. *ab*] pourroient passer *teaTBM*¹*L* MH pourront passer *A*
L'ame premiere passera		
Et puis apres le cors ira,		
Mes si tost (ce) ne sera mie.		
Avant *iert* la char pourrie,		iert] sera *tTA*..., Quar sera *A*
(Et) nouvelle regeneree	13,465	= 13,466 *A*
En la *commun* assemblee.		= 13,465 *A*, comm. *ab* general *tTA*...
Or regarde, së apointie		r-des *A*, Or te garde *L*
Tu es bien et appareillie.		es et b. ap. *aA*
S'a toi ne tient, tantost verras		
La grant cite ou tendu as.	13,470	ou entendu as *B*
Tu es au guichet et a l'uis		
Quë ou mirour piec'a vëis.		en mireour *M*, mireoir *e* miroir *ABH* miroer *T* mirouer *aL*
Se tu es despoullie et nus,		et mis *B*
Dedens tu seras recëus.		tu] te *B*
Celle entree tu ëus chier,	13,475	Elle e. heux *B*, Tu euz c. e. ch. *A*
Quant tu la vëis au premier.		
Toutevoies tant je te di,		
Qu' a mon pere cries merci		
En prometant (a) penitance,		
(Que) se ne li as souffisance	13,480	—ne *B*, as fait s. *A*¹, Se ne li as fait s. *e L*
Fait, volentiers tu li feras		le f. *A*, Que v. *e*, Vol. tu la li f. *A*¹*L*
En purgatoire ou tu iras."		

With 13,482 (middle of fol. 95 c in *L*) ends this first part according to the rubricator, who adds: *Ci fenist le peregrinage de vie humaine*. Fol. 95 d to 99 d contain French prophecies in prose. Fol. 100 a is headed by: *Ci sensuit le peregrinage de lame*, but the next 10 lines correspond to 13,483-13,492 of *V*. The lines 13,493-13,540 are omitted in *L* as in *A*¹. The text in *A*¹*L* continues with *Ame* 3 7.

DEATH.

Le Pelerinage de Vie Humaine. 421

Or vous di que se j'ëusse
   Pëu parler, mont li eusse
Fait (de) demandes dont avoie   13,485
Doute et que pas (je) ne savoie.
Folie est d'atendre au besoing ;
Quant on cuide que bien soit loing
La mort, elle atent au postis,
Je le seu bien, je fu suppris.   13,490

La Mort laissa sa faus courir
Et fist m'ame du cors partir,
Ce me sembla (si) com songoie.
Mais ainsi comme je estoie
En tel point et en tel tourment   13,495
J'oui l'orloge de convent
Qui pour les matines sonnoit
Si comme de constume estoit.
Quant je l'oui, je m'esveillai
Et tout tressuant me trouvai,   13,500
Et pour mon songe fu pensis
Mont grandement et esbahis.
Toutevoies je me levai
Et au[s] matines jë alai,
Mais (si) afflit et las estoie   13,505
Que rien faire (je) n'i pouoie.
Mon cuer avoie tout fichie
A ce que j'avoie songie :
Avis m'estoit et encor est
Que tel le pelerinage est   13,510
D'omme mortel en cest païs.

Je v. di bien q. *L*, se ie peusse *A*¹, dy ie q.
   se ie peusse *P*
Peur *B*, m.] ge*L*, moult ie *H* certes *P*, Auoir
   parle m. li e. *A*¹
—de *LP*, jauoie *BH*
—je *AA*⁴*LMPH*
destendre *M* satendre *B*

sen b. j. sui sousp. *A*, la sens b. j. sourp.
   *A*¹, le scay b. *LP*, surpr. d*A*⁴*T* sourpr.
   *A*¹*LP* suspr. *BM* souspr. *AH* soupr. *M*¹
couurir *B*
fust *B*, Et me fist du c. departir *LP*
—13,493-13,540 *A*¹*L*, Se *A* Si *A*⁴ Et *B*

aussi a*A*⁴*M*, M. tout ensi com songeroie *A*⁷
poine *M*
lauloge *M*¹, du *AMH* du *corr. from:* de e,
   Le reloge ouy du c. *M*

jou lawi *A*⁷
tress. tout *B*

et] fu *M*¹

Touttefois *A*⁴
aus] a *MH*, je] men *H*
et mas e. *A*⁷, je est. *A*

tant f. a*A*⁴*B* si f. *A*⁷
En ce *H*
enc. mest *a*
—le *H*
en che p. *A*⁷

For 13,493-13,526 *P* has the last 32 lines of *V*².

Et qu'est souvent en tex peris
Et pour ce' en escript mis je l'ai
En la guise que le songai,
Non pas que g'i aie tout mis,   13,515
Quar trop lonc seroit li escris.

tel peril *BM*, perilz *A⁷A⁴H*
—ce *a*, mis en e. *A*, —je *A⁷M*
le] ie ε
q. ie y a. *M*, q. i aie εa*A⁴AT*
les *A⁴*, t. s. lons li ε

Se ce songe n'ai bien songie,
  Je pri qu'a droit soit corrigie
De ceuz qui songier miex saront
Ou qui miex faire le pourront.   13,520
Tant di aussi (que), se menconge
I a aucune que a songe
Soit repute, quar par songier
Ne se fait pas tout voir noncier.
Nulle erreur je ne vourroie   13,525
Maintenir par nulle voie,
Mes bien vourroie et ai voulu
Que par le songe qu'ai vëu
(Tous) pelerins se radrecassent,
(Et) De fourvoier se gardassent.   13,530
Biau, se dit on, (il) se chastie
Qui par autri (si) se chastie.
L'erreur et le forvoiement
D'autri doit estre avisement
Que chascun prengne tel chemin   13,535
Qu'il puist venir a bonne fin.

Celle fin est le guerredon
Et la remuneration
De la joie de paradis

ce] le λ, li s-s nest b. songiei *M*
prie *A*
m. song. εa*TH*, q. faire le saurr. λ
le f. *a*, Et q. f. m. le p. λ
ainsi *B*, Ainsi que se en mon songe λ
auc.] aussi *A⁷*, Ha auc. chose q. λ, q. ou s. *B*
quas pas s. *T*
tous *M*, p. par v. *B*
Car n. λ, ni *A⁴A⁷*
pour *A⁴*, M. y en n. *A⁷*, p. quelconque v. *M*λ

le] ce *H*, q. jai v. *P*
redrassassent *P*

—13,531 *P*λ, Bien a*AA⁴B*, ce d. *AA¹M*¹
—13,532 *P*λ, si] faiz *H*, a. laisse folie *A⁷*
—13,533 *P*, Lorr. λ
—13,534 *P*
—13,535 *P*, A cascun que pr. t. fin Que toudis soit en bon ch. *A⁷A²*
—13,536 *P*, puisse *A¹A⁴*, Par quoy il viegne a b. f. *A⁷A²*
—13,537 *P*, —le *A⁴*, f. si est g. *a*
—13,538 *P*
j.] voie λ, Or nous doint Dieu sy bon aduis *P*

Between 13,516 and 13,517 are inserted lines 11-20 of the 2nd pilgrimage *A⁷*.

Le Pelerinage de Vic Humaine. 423

Que doint Dex aus mers et au[s] vis. 13,540 —doint A^7, Q. dieux doint A^2H, Quen la
           Amen.   fin aions paradis P

The "explicit" in the different MSS. reads thus: Explicit T, Expl. liber peregrationis λ, Explicit le pelerinage de vie humaine tBM, Cy finist le iiii^e liure de vie humaine. Explicit le pel. de v. h. H, Ci finist le pelerinage du corps A^1, Cy finie le romans de v. h. A^4. Cy fine la premiere partie du pelerinage de la v. h. P,

    Chi fine li romans du moisne   Chi define une partie
    Dn pelerinage de vie humaine   De ce miroir de sauvement
    Qui est fait pour le (bon $\sigma\mu$) pelerin   Nest gaires plus de la moitie
    Qui en che monde tel chemin   Qui bien auise au consequent
    Veult tenir qui voise a boin aport (port σ)   Liquelz deuise proprement
    Et quil ait du ciel le deport   Ou lume va quand est partie
    Prins sur le roman de le rose ($-\mu$)   Du corps par droit iungement ($-$1 syll.)
    Ou lart damours est toute enclose ($-\mu$)   Sa desserte li est baillie. A^2.
    Pries pour celui qui le fist ($-\sigma$)
    Qui la fait faire et qui lescripst ($-\sigma$) $A^7\sigma\mu$.

APPENDIX.

The following abstract of *Vie* (first recension), preserved only in MS. *L* (f. 1a-5a), has probably been composed by the scribe of the original of *L*. It is certainly not the work of the author, as it differs entirely from his abstract of *Vie* (second recension), and *Ame*, which will be published at the end of *Ame*, nor can it have been made by the scribe of MS. *L.*, for, of the letters *a* to *v*, with their Roman numerals by which the passages of the text should be marked, *a* ·i· ·ii· ·iii· ·iv· ·v· only figure in the margin of the text of *L*, all the others (from *a* ·vi·-*v* ·ix·) are wanting, the references to these marks (*a* ·vi·-*v*·ix) must have been made for a MS. in which these marks figured in the text. This abstract is therefore copied, not original in *L*. The numbers between [ ] refer of course to the present edition.

Ci commence le prologue et le brief du liure du peregrinage de vie humaine.

(fol. 1a.) Par cest brieuet qui ci commence
De tout le liure la sentence
Pourra par le nombre trouuer
Qui y voudra estudier
Le nombre que l'en trouuera   5
En chescun lieu l'enseignera
Et mainra droit a l'ouuerture
La ou sera celle escripture,
Ou poi deuant commencera
Ou poi apres se finera.   10

L e proufit du liure et la fin
    Est pour moustrer le droit chemin
A la cite de paradis
Que dieu promet a ses amis.
Premier doit chescun regarder   15
En son cuer et considerer
Et mediter o grant desir
La joie qui est sans faillir,
Et puis soi armer et vestir
De bonnes uertuz et garnir   20
Pour soi garder des viex pechiez
Dom maintes gens sont entechiez
Et pour passer segurement
De cest monde le tourment,
Affin de uenir a bon port   25
En l'autre seicle apres la mort.

C est liure ou commencement   a ·i· ·ii· [=l. 1-94]
    Dit que l'auctour apertement
Consideret en vision
De paradis la mansion,   30
Et quant ce ot aperceu,
D' i aler fut bien esmeu.
Apres ilec vit gens uoler   a ·iii· [95-163]
De diuers estaz et monter
(fol. 1b.) Selom les uertuz qu'ilz auoient,   35
Et les sains monter les fesoient.
Par vn autre passage estroit   a ·iv· [164-226]
Don saint pere les cles portoit
Vit passer poures gens et nuz
Qui de tout seroient deuestuz.   40
Puis comment grace dieu troua   a ·v· ·vi· ·vii· [227-390]
Qui doucement pramis li a
Que de tout quanqu'il a mestier

Appendix.

Le pouruerra sans riens lessier,
Et que tourjours ouecques li   45
Sera, s'il ne deffaut en li.

   L ors el li moustra sa meson,   a ·viii· ix· ·x· [391-502]
      Puis baptesme et confirmacion,
Puis des euesques et des prestres   a ·xi· xii· ·xiii· b. ·i· [503-728]
Qui de l'eglise sont les mestres,   50
Et de trois guises d'oignement
Qu'ilz deunt donner doucement.
Com doiuent dedier l'eglise   b. ·ii· [729-796]
Et la garder en sa franchise,
De mariage le sacrement   55   b ·iii· [797-837]
Et puis des ordres ensimant.
Puis com raison si lour sermonne   b ·iv· ·v. [838-932]
Et deuise de lour coronne,
Et com l'euesque les deuise   b ·v· [933-962]
Et baille a chescun son seruise.   60
Il leur ordrene le sacrement   b ·vi· [963-984]
Et ilz le seruent humblement.
Puis il leur donna grace dieu   b ·vii· [985-1000]
Pour estre o eulx en chescun lieu,
Et les en oint en leur baillant   65   b ·viii· [1001-1020]
Un glaiue de ·ii· pars taillant,
Et donna pouoir et licence   b ·viii· [1021-1058]
D'assoudre et de geter sentence.
Apres a touz leur fist reson   b ·ix· ·x· ·xi· [1059-1260]
Du glaiue et des cles lonc sermon,   70
En leur fesant ensaignement
(fol. 1c.) Qu'ilz en vsassent sagement.   b ·xii· [1261-1302]
Lors glaiue et cles demanda
Cest auctour et l'en li bailla,
Mes de ce se desconfortoit   75
Que tout mucie l'en li bailloit ;

3 1 2

Lors raison de ce l'ensaigna   b ·xiii· c ·i· ·ii· [1303-1430]
Et bien longuement l'en prescha.
Puis mua l'euesque pain blanc   c ·ii· [1431-1502]
En char viue et vin en sanc   80
Et donna aus prestres pouoir
Qu'ilz le peussent aussi muer,
De quoi reson moult s'esbahit
Et d'ilec tantost s'en fouit.
Nature moult s'en courrouca   85   c ·iii·-·xiii· [1503-2004]
Et tantost tencer s'en ala
Et arguer a grace dieu
Si com uerrez en icel lieu,
Et moult fut longue leur parole,
Mes nature s'en tint pour fole.   90
Puis vint le peuple pour auoir   c ·xiii· [2005-2038]
De celui precioux diner,
Mes charite et penitence
Vindrent deuant a grant instance,
Chescune sert de son office   95
Affin que n'i ait point de vice.
Premier ensaigne penitance   c ·xiii· d ·i· ·ii· [2039-2186]
Com l'en doit auoir repentance
Des pechiez et contriction,
C'est son maillet qui ainsi a non.   100

A pres est escript du bale   d. ·iii· ·iv· [2187-2278]
  Qui confession est nomme
Ou la langue qui toute ordure
Du pecheour met hors et cure.
Apres des uerges qui ont non   105   d ·v· [2279-2346]
De pechie satisfation
Penitence encor fait sermon   d ·vi· [2347-2382]
Que nul sans grant contriction
(fol. 1d.) Et sans confesser dignement
Ne recoiue ce sacrement.   110

Apres sermonne charite   d ·vii· [2383-2452]
　En racontant sa grant bonte
Et comment Jhesu fist souffrir
Et en la croiz pour nous mourir.
El tient de paiz le testament　　115   d ·viii· [2453-2512]
Dom Jhesucrist nous fist present.
Comment ce don chescun auer   d ·ix· [2513-2588]
Doit a son pouoir et garder,
Premier a dieu, son souuerain,
Et puis a soi et son prouchain.　　120
Lors Charite a touz leur dist   d ·x· ·xi· [2589-2686]
Que nul au diner ne venist
S'il n'auoit paiz et charite;
Et aucuns ont ce bien garde,
Aucuns autres indignement　　125
I vindrent, et non deuement.
Puis cest auctor se merueilloit   d ·xii· [2687-2728]
Que si poi de chouse pouoit
Donner remplage a tant de gent;
A grace enquiert ensaignement.　　130
Adonc grace dieu longuement   d ·xiii· e ·i· ·ii· [2729-2878]
Li sermonne du sacrement,
Et com charite l'ordrena
Et sapience li aida,
Que les parties du sacrement　　135   e ·iii· [2879-2920]
Sont com le tout perfectement,
Dom a nature moult desplest,
Mes parler n'ouse, si s'en test.
Dom aristote enuoie parler   e ·iv·-·x· [2921-3300]
A sapience et arguer;　　140
Mes rien ne vaut son argument,
Quar tout mat et confus le rent
Par pluseurs resons et beaux diz
Qu'a ces nombres la sont escripz.

	Puis grace dieu en sa meson	145	e ·xi· ·xii· ·xiii· [3301-3372]
(fol. 2a.)	Si print l'escherpe et le bourdon		

Et au peregrin les bailla
Et de chescun li deuisa.
L'escherpe foy est apellee,   f ·i· ·ii· [3373-3502]
De douze articles aournee   150
Pour quoi ces articles y sont   f ·iii· ·iiii· [3503-3672]
Que les apoustres mis y ont,
Et pour quoy l'escherpe goutee
Estoit de sanc et coulouree.

Apres est escript du bourdon   155   f ·iiii· ·v· [3673-3690]
  Qui esperance est dit par non
Et des deux pommiaux qui y sont,
Qu'ilz senefient et qu'il y font.
Le haut pommel replendissant   f ·v· [3691-3708]
Est Jhesucrist le roi puissant ;   160
C'est vn mirouer pour mirer
Ceulx qui veulent droit cheminer.
L'autre est l'escherboucle qui luist,   f ·v· ·vi· [3709-3812]
C'est la mere de Jhesucrist.
Apres des armes de uertuz   165   f ·vii· ·viii· ·ix· [3813-3998]
Dom bons peregrins sont uestuz,
De pacience le pourpoint
Qui en nul tourment ne faut point,
Mes au premier a endurer
Semble moult grief et a porter.   170
Apres si vient le haubergeon,   f ·x· ·xi· [3999-4082]
Vne uertu qui force a non,
En toutes batailles est fort
Mesmement contre la mort.
Apres le heaume de salu   175   f ·xii· [4083-4116]
Dom chescun doit estre uestu,
C'est atrempance d'oudourer,

Appendix. 431

  D'ouir, de uoir et de parler.
  Puis vient sobriete la gorgiere   f ·xiij· [4117-4176]
  Pour bien garder la gorge entiere.   180
  De ce doit l'en sa gorge estraindre
  Pour glotonnie bien refraindre.
(fol. 2h.) Des gantelez apres auon   g ·i· [4177-4242]
  Qui double continence ont non,
  C'est de uolente et de fait,   185
  Autrement pas ne suffiroit.

  A pres trouuerez de l'espee   g ·ij· [4243-4318]
   Qui iustice est apellee,
  Celle qui corrige et chastie
  Et reprent ceulx qui font folie.   190
  Puis est humilite trouuee   g ·iii· [4319-4390]
  Qui est le fourrel a l'espee,
  Et la renge perseuerence   g ·iiij· ·v· [4391-4440]
  Et la boucle qui est constance,
  Qui se doiuent entretenir   195
  Sans point d'ensemble departir.
  La targete apres trouuerez   g ·vj· [4441-4492]
  Que prudence apellerez.
  Apres ensuiuant est trouue,   g ·vij· ·viii· [4493-4618]
  Quant le peregrin est arme   200
  De bonnes uertuz et uestu,
  Tost deuient mat et recreu
  Et dit que plus nes portera
  Et que tantost jus les metra.
  Empres com grace l'amoneste   205   g ·ix· ·x· ·xj· [4619-4814]
  Que les armes point ne desueste.
  Mes de rien creue ne l'a,
  Tantost toutes les despoilla.
  Lors deuient tout desconforte,
  Quant a sa faute a regarde.   210

432   *Le Pelerinage de Vie Humaine.*

  Puis grace dieu li amena,   g ·xij· ·xiij· h ·i· ·ij· [4815-4948]
  Qui bien ses armes li porta,
  Memoire qui bien les soustient.
  Et du temps passe li souuient.
  Apres le sacrement recut   215   h ·iij· ·iiij· [4949-5066]
  Le peregrin et puis s'esmut
  En depriant la grace dieu
  Qu'el fust o lui en chescun lieu,
  Et li promet qu'el y sera
(fol. 2c.) Tant com le bon chemin tendra.   220

   Ci achieue le premier liure et commence le segont.

  Apres comment le peregrin,   h ·v· ·vj· ·vij· [5067-5182]
  Quant de touz poins est au chemin,
  Vn vilain treuue o ·i· baston
  Qui rude entendement a non,
  Qui li eust fait grant destourbier,   225
  Si ne li fust venue aidier
  Raison qui bien le retourna
  Et commission li moustra.
  Puis de celle commission   h ·viij· [5183-5256]
  Que grace dieu donne a reson.   230
  Apres arguent longuement   h ·ix· ·x· ·xj· ·xij· ·xiij· [j ·i·] [5257-5620]
  Reson et rude entendement
  Et parlent selom leur nature
  Com uerrez en celle escripture,
  Quar raison parle sagement   235
  Et le foul vilain rudement.
  Point ne leroit son grant baston   j ·ij· ·iij· [5621-5666]
  Qui est dit obstination.
  Pour ce reson si le lessa
  Et au peregrin comenda   240
  Qu'il s'en alast sans dire mot

Appendix.

Et sans doubter le vilain sot.		
Et pour ce tretout peregrin		j ·iiii· ·v· ·vi· [5667-5686]
Qui vieult tenir le bon chemin		
Si doit a raison obeir,	245	
Quar bien le fait de tout joir,		
Et s'il a foul entendement,		
Raison l'en deliure briefment.		
Apres s'ensuit comment reson		j ·vii· [5687-5842]
Au peregrin fait lonc sermon	250	
Pour quoi ne puet porter uertu,		
C'est qu'il a trop son corps peu.		
Et puis el li ensaigne lors		j ·viii· [5843-5874]
Com il doit chastier son corps,		
Et clerement el li prouua	255	j ·ix· [5875-5928]

(fol. 2d.) Qu'en soi double nature il a,
Quar le corps est de pourreture   j ·x· ·xi· [5929-6022]
Et l'ame a de dieu sa nature.
Le corps sans l'ame ne uoit goute,   j ·xii· [6023-6109]
De le vient sa veue toute,   260
Puis comme le corps est porte   j ·xiii·, k ·i· ·ii· [6110-6220]
De son ame et gouuerne,
Et com l'esperit fut raui
En l'air et du corps departi.
Comment le corps ne se mouuoit,   265   k ·iii· [6221-6272]
Tant com l'esperit hors estoit,
Mes tantost retourna au corps,   k ·iiii· [6273-6290]
Plus ne pouoit estre dehors,
Puis com il se desconforta,   k ·iiii· ·v· ·vi· [6291-6401]
Quant chargie du corps se trouua,   270
Et com raison li ensaignoit
Comment il le chastieroit,
Quar si de lui ne se guetoit   k ·vi· ·vii· [6402-6444]
Moult souuent il le deceuroit.
Apres com il prie reson   275   k ·viii· [6445-6482]

3 K

Que o lui soit en toute seson.
El li promet qu'el y sera,
Mes pas toz iours ne la uerra.
Empres comment le peregrin,   k ·ix· [6483-6520]
Quant il se fut mis au chemin,   280
Vne haie espesse trouuoit
Qui son chemin en ·ii· fourchoit.
Puis huiseuse vit a senestre   k ·ix· ·x· [6521-6572]
Et vn labourour vit a destre
Qui le bon chemin li moustra   285
Et de son maintien li prescha,
Comment labour est necessaire,   k ·xi· ·xii· ·xiii· [6573-6736]
Mes le corps ne vousist rien fere,
Aincois decoit le peregrin
Et le maine au mauues chemin   290
Ou il a huisouse trouuee
Qui de tout pechie est l'entree.
Puis com le fist par le passer   l ·i· ·ii· [6737-6904]
(fol. 3a.)   Et ou mauues chemin entrer.
Lors l'apelloit et le blamoit   295   l ·iii· [6905-6960]
Grace, mes point ne la ueoit.
Puis com grace a lui sermonna   l ·iiii· [6961-6992]
Et de la haie li parla,
Et reson qui de la estoit   l ·v· [6993-7032]
Si l'auisoit et l'apelloit ;   300
Mes comme en musant aloit,   l ·vi· [7033-7086]
Paresce en son chemin trouuoit
Qui en ses cordes l'a lie
Tant qu'il a tout bien oublie.

A pres paresce li aprent   305   l ·vii· ·viii· ·ix· [7087-7248]
  Comment elle decoit la gent
Et li conte de sa coignie
Qui est dicte ennui de vie,

Des ·ij· des cordes la sentence,
C'est laschesce et negligence. 310
           l ·x· [7249-7292]
Puis de sa coignee le ferit
Si fort que jus elle abatit,
Lors la corde a desploiee
Qui deseperence est nommee
Et disoit qu'au coul li metroit 315
Et qu'en enfer le traineroit.
Lors o le bourdon d'esperence   l ·xi· [7293-7338]
Se releua en son estence,
Mes quant uost a penitance aler,
Tantost le fesoit retourner. 320
Apres comment le peregrin   l ·xi· [7339-7408]
Treuue orgueil en son chemin.
Vers lui esperonnant s'en vient   l ·xii· [7409-7422]
Sus flaterie qui le soustient.
Lors li conte tout en apert 325   l ·xiii·, m ·i· ·ii· ·iii· [7423-7642]
Son estat et de quoi el sert
Rien ne li cele de son vice
Et de ses oustiz la malice.
La corne porte de fierte   m ·iiii· [7643-7670]
De quoi maintes gens a hurte. 330
Apres li conte du soufflet   m ·v· ·vi· [7671-7782]

(fol. 3b.) De uaine gloire et qu'el en fet,
Et puis du cornet de uantance   m ·vii· [7783-7886]
O quoi el vuide sa grant pance.
Puis li conte des esperons 335   m ·viii· ·ix· [7887-7940]
Qu'el a chauciez en ses talons,
L'un inobedience a non,
L'autre est dit rebellion.

E t empres du mauues baston   m ·ix· [7941-7990]
 Qui a non obstination 340
Dom a plusours fait destourbance

De retourner a penitance,
Puis d'ipocrisie le mantel   m ·x· ·xi· [7991-8094]
Qui moustre de hors le plus bel
Et cele le pechie dedans,   345
Qu'il n'apere de hors aus gens.
Flaterie fausse apres vient   m ·xii· ·xiii· [8095-8190]
Qui orgueil la fiere soustient
Et nourrist les autres pechiez,
Qu'il ne soient point effaciez. 350
Apres uous trouuerez enuie   n ·i· [8191-8230]
Qui du bien d'autri est marrie,
Ses filles porte qui ont non
Destraction et traison.
Apres comme enuie a conte 355   n ·ii· [8231-8312]
Sa malice et sa cruaute
Et de ses glaiues le maintien,   n ·iii· [8313-8336]
C'est joie du mal et duel du bien.
Empres sa fille traison   n ·iiii· [8337-8434]
De son mestier fait grant sermon. 360
Faux visage a pour parement,   n ·v· [8435-8492]
Coutel et boueste a oignement.
Puis trouuerez destraction   ·vi· [8493-8564]
Qui tourne en mal tout bon renon.
En sa bouche tient vne broche 365 n ·vii· ·viii· ·ix· ·x· ·xi· ·xii· [8565-8796]
Qui le bon non d'autrui acroche.
Comment les vieilles s'asemblerent
Et le peregrin aterrerent,
Chascune d'elles le feroit
(fol. 3c.) De tel baston com el auoit. 370
Ja d'ilec eschape ne fust,
Si le bourdon o soi n'eust.

P uis y vint jre la desuee   n ·xiii· [8797-8822]
    Qui d'aguillons estoit armee.

Appendix.

Deux chailleux tenoit do*m* la flambe 375   o ·i· [8823-8894]
Issoit, quant les feroit ensemble,
Dom l'un des ·ii· despit a non
Et l'autre est appelle tencon.
Empres est la seie trouuee   o ·ii· ·iii· [8895-9054]
Qui hainge si est apellee.   380
Puis le peregrin se leua,
Quar memoire li ensaigna.

  Ci achieue le segont liure, et commence le tiers.

A pres auarice trouua   o ·iv· ·v· ·vi· [9055-9168]
 Qui ·vi· mains et ·ii· moignons a,
Et cele vn mahommet auoit   385
Que faire aourer li vouloit.
Apres li moustra vn moustier   o ·ix· (*sic*) [9169-9200]
Que le roy vouloit depecier,
C'est au jour d'ui sainte eglise
Que l'en destruit en mainte guise.   390
Chargiee est de subuencions,
De disiemes et extorcions.

A pres raconte auarice   o ·vi· ·vii· ·viii· [9201-9388]
 De son estat et son grant vice
Et comment el a seignorie   395
Sus seign*ur*s et est leur amie.
De ses mains et de ses moignons   o ·x· [9389-9426]
Fait elle apres moult lons sermons.
La premiere main est rapine   o ·xi· [9427-9482]
Qui tout rauist et agrapine.   400
Et la ·ii·ᵉ main nommee   o ·xii· ·xiii· [9483-9566]
Est larrecin la diffamee.
Puis trouuerez la main d'usure,   p ·i· ·ii· ii· [9567-9722]
Comment le temps uent a mesure

Et le poise en sa balance 405
[ol. 3d.] Pour acroistre sa substance.
Puis est la quarte main trouuee   p ·iii· ·iiii· [9723-9812]
Qui truanderie est nommee.
La quinte main vint de simon   p ·v· [9813-9898]
Et pour ce symonie a non, 410
El achate la grace et vent
Que l'en doit donner simplement.
L'autre main de trichier s'auance,   p ·vi· ·vii· [9899-9978]
C'est tricherie et deceuance
Qui fait les mauues bons sembler 415
Et le bon mal pour deceuoir.
En moult de guises el decoit
Celui qui marchander ne scoit
Comment sa hanche menterie   p ·viii· [9979-10,112]
Est appellee et clocherie, 420
Et com sa langue seursemee
Pariurement est apellee
Et sa boce propriete   p ·ix· ·x· ·xi· [10,113-10,167]
Qui n'a cure de pourete.
Apres trouuerez de l' idole 425   p ·xii· [10,168-10,218]
Le denier qui les gens afole.
Ceulx qui sont jeloux de la querre
Les iex leur tourne uers la terre.
Puis a trouue le peregrin   p ·xiii· [10,219-10,234]
Deux vieilles en me son chemin : 430
Glotonnie qui li jura   p ·xiii· [10,235-10,295]
Que par la gorge le prendra,
Venus qui d'un dart le ferit
[Et] par l'ueil au cuer l'embatit.
Puis il parle a glotonnie 435   q ·i·-·iiii· [10296-10,511]
Qui bien li conte de sa vie
Et li sermonne longuement
Comment gloton vit ordement.

	Puis si li dit dame luxure	q ·v· ·vi· [10,512-10,584]
	De sa vilte et son ordure, 440	
	Comment el het virginite	
	Et parsuit par tout chastete.	
	El si sermonne longuement	q ·ix· ·x· (sic) [10,585-10,696]
(fol. 4a.)	De son ordoux contenement.	
	Adonc venus et glotonnie, 445	
	Auarice qui leur aïe	
	L'abatirent tout d'un randon	
	Et li ousterent son bourdon.	
	Lors fut il moult desconforte	q ·x· [10,697-10,714]
	Plus qu'il n'auoit onques este. 450	
	Penitance moult regretoit	q ·x· [10,715-10,752]
	Et les armes que mes n'auoit.	
	Puis comment grace li aporte	q ·xi· [10,753-10,824]
	Son bourdon et si le conforte.	
	Et il li crie pour dieu merci 455	
	Que encor el ait pitie de li.	
	Puis el li ensaigne qu'el requiere	q ·xii· [10,825-10,882]
	De toute grace l'aumonniere	
	Et sa priere li foria	
	Et tout en enscript la bailla. 460	
	La fourme de celui escript	q ·xiii· r ·i· ·ii· ·iii· ·iiii· ·v· [10,883-11,192]
	Qui par la *a. b. c.* est escript	
	Que li bailla la grace dieu	
	Trouuerez escript en son lieu.	
	Puis quant ot fet son ouroison, 465	r ·vi· [11,193-11,238]
	Si s'apouea a son bourdon,	
	Maugre les vieilles se leua	
	Et grace dieu si li aida.	
	Apres com elle fist plourer	r ·vi· ·vii· [11,239-11,332]
	A grans soupirs et degouter, 470	
	Pour le purgier de son peche	
	Ou longuement auoit este.	

Empres comment il se baigna　　　　　　r ·viii· [11,333-11,372]
En ses lermes et s'i laua,
Mes poi de temps y demoura,　　475
De quoi grace dieu le blasma,
Et de sa veue se partit
Dom moult forment il s'esbahit.
Pois a dieu sa priere fist　　　　　　　　r ·ix· ·x· [11,373-11,406]
Et tantoust au chemin se mist.　　480

(fol. 4b.)　　　　　*Ci achieue le tiers liure et commence le quart.*

Lors trouua la mer de cest monde　　　r ·x· [11,407-11,502]
Ou tempeste et tourment habonde,
Puis l'ennemi trouua peschant
En la mer et ses raiz tendant.
Et apres trouua heresie　　　485　　r ·xi· ·xii· [11,503-11,575]
Qui li eust fait grant vilenie,
Mes de le bien se deffendit
Et de son bourdon la ferit ;
Pour quoi grace dieu s'aparut　　　　　r ·xiii· [11,576-11,604]
Et a aler o lui se esmut.　　490
Puis grace li fait parlement,　　　　　　r ·xiii· [11,605-11,684]
Comment les gens diuersement
Par la mer du monde s'en vont
Selom les estaz ou ilz sont.

Apres de sathan li deuise,　　495　　s ·i· [11,685-11,741]
Comment il prent en mainte guise
Les gens aux laz et o ses rez,
Pluseurs en y a arrestez ;
Et decoit en mainte maniere　　　　　　s ·ii· ·iii· [11,742-11,780]
Et se moustre ange de lumiere,　　500
Dom tant vn hermite souprint
Que son pere tuer li fist.

Puis le peregrin a trouuee   s ·iiii· ·v· [11,781-11,878]
Jeunesce, la bien emplumee,
Qui son affaire li conta   505
Et puis en son coul le troussa,
Sus la mer a uoler se prist
Et souuent en peril le mist.

Apres sont les perilz de mer   s ·vi· [11,879-11,896]
   Et que doiuent senefier.   510
Propre uolente si commence,   s ·vi· [11,897-11,936]
L'autre est mondaine sapience.
Le tiers si est aduersite   s ·vii· [11,937-11,970]
Et le quart est prosperite.
Le cinquiesme solaz mondain   515
Qui moult est deceuant et vain.

(fol. 4c.)   Apres vient tribulacion   s ·vii· [11,971-12,026]
   Qui a double commission,
El a tenailles et martel
Et si est cainte d'une pel.   520
Le martel persecucion,   s ·viii· 12,027-12,050]
Les tenailles destrece ont non.
Confusion si est la pel   s ·viii· [12,051-12,082]
Dom el a fait son dauantel.
Puis moustra ·ii· commissions   525   s ·ix· ·x· ·xi· [12,083-12,280]
Qui moult different par leurs nons.
Puis tribulacion ferit
Le peregrin et l'abatit.
Jeunesce choir le lessa
Et il au bourdon s'apouea,   530
Et lors cria merci a dieu   s ·xii· [12,281-12,344]
Et s'en reuint a grace dieu.
Lors est du tourment eschape   s ·xiii, t ·i· ·ii· [12,345-12,442]
Et grace dieu l'a conforte,

Ouecques le l'en a mene 535
Et brief chemin li a moustre,
C'est vne nef qui par son no*n*   t iii· [12,443-12,554]
Appelee est religion.
Puis grace a la nef le mena   t ·iiii· [12,555-12,622]
Et ouec le dedans entra; 540
Mes le portier, crainte de dieu,   t ·v· ·vi· [12,623-12,632]
O sa mace, veniance dieu,
Le ferit que l'eust aterre,
Si le bourdon n'eust este.
Puis vit leens pluseurs cloist*r*eres 545   t ·vii· [12,633-12,732]
Qui toutes er(oi)ent officieres,
De quoi grace dieu l'ensaigna
Et leur maintien li deuisa.
De la prieuresse commence   t ·viii· [12,733-12,750]
Qui nommee est obedience. 550
La garde l'ordre, discipline,   t ·viii· [12,751-12,764]
Qu' a mal faire nul ne s'encline.

Puis volontaire pourete   t ·viii· [12,765-12,784]
 Qui tout a lesse de bon gre.

(fol. 4d.) Apres chaate, la dortouerrere 555   t ·ix· [12,785-12,826]
 Qui fait les liz com chamberiere,
Puis estude, la pitanciere   t ·x· [12,827-12,854]
Qui repest l'ame qu'el ne muere.
Abstinence o la gorgiere   t ·x· [12,855-12,882]
De leens est refetouerere, 560
Puis la messag*er*e ouraison   t ·xi· [12,883-12,942]
O feruent continuacion
Repest les mors et les aliege
Et purgatoire leur abriege.
Puis la guete qui a office 565   t ·xii· [12,943-12,972]

De chanter le deuin office,
C'est la juglerresse de dieu
Qui le deduit en chascun lieu.

Apres y a la prieuresse   t ·xiii· [12,973-13,042]
Le peregrin com.chien en lesse, 570
Les piez qu'il ne puissent aler,
Les mains qu'el (*sic*) ne puissent ouurer,
La langue qu'el ne puisse parler
Que ce qu'el voudra commender.
Apres vindrent ·i i· mesagieres   575   v ·i· [13,043-13,094]
Les quelles n'auoit pas moult chier[es],
Dire li venoient que la mort
Tantost vient a lui sans deport.
Enfermete parle premiere   v ·ii· [13,094-13,174]
Et li conte de sa maniere.   580
Et puis vieillesce ensuiuant   v ·iii· ·iiii· [13,175-13,256]
Le sien esta li ua contant.
Apres elles ·ii· le prinstrent   v ·v· [13,257-13,274]
Et tantost au lit le mistrent.
Puis vint a lui misericorde,   585   v ·vi· ·vii· [13,275-13,416]
La fille de dieu o sa corde,
O sa mamelle de pitie
De quoi maint poure a alaitie;
De leens estoit enfermiere,
Quar de pitie est aumosniere.   590
En l'enfermerie le mena
Et doucement le uiseta.

(fol. 5a.) Puis vint la mort qui paour li fist,   v ·viii· [13,417-13,461]
Mes grace arrester la fist ;
Et lors se prist a l'auiser   595
Et doucement le conforter,
Et qu'il est venu a l'entree
De la cite qu'a desiree

Et que tantost l'ame passera
En joie qui touz iours durra.   600
Le corps aussi finablement   v·ix· [13,462-13,540]
Ira apres le jugement.
Puis la mort tantost le ferit
Et lame du corps li partit.
Ici fine le peregrin   605
Et de son voiage est a fin.
Dieu nous doint tel voiage fere
Que puisson a bonne fin trere!   Amen.

www.ingramcontent.com/pod-product-compliance
Lightning Source LLC
Chambersburg PA
CBHW071624230426
43669CB00012B/2066